高等院校公共管理类专业系列教材

公共部门
人力资源管理
（第2版）

赵秋成 编著

Human Resource
Management
in the Public Sectors

清华大学出版社
北京

内 容 简 介

本书以人本化管理和打造公共部门可持续竞争力为主线，全面介绍了公共部门人力资源管理的一系列基本概念、理论和方法，讨论了公共部门人力资源管理的制度环境与分类管理、公共部门工作分析与职位评价、公共部门人力资源规划、公共部门人员招聘、公共部门人员职业生涯规划与管理、公共部门人员培训、公共部门人员绩效管理、公共部门人员薪酬管理以及公共部门人员聘用与关系管理等内容，强调了公共部门人力资源管理的系统性、以人为本和重视激励的思想和理念。本书以人性研究为基点、以基本概念讨论为切入点和终极归宿，具有较强的系统性和实用性。

本书可作为高等院校公共管理相关专业的本科生和研究生(包括 MPA)的教材，也可作为公务员和非营利组织人员的培训教材，还可作为公共部门实际管理人员和相关研究人员的参考用书。

本书封面贴有清华大学出版社防伪标签，无标签者不得销售。
版权所有，侵权必究。举报：010-62782989，beiqinquan@tup.tsinghua.edu.cn。

图书在版编目(CIP)数据

公共部门人力资源管理/赵秋成编著. —2 版. —北京：清华大学出版社，2022.6(2023.12重印)
高等院校公共管理类专业系列教材
ISBN 978-7-302-59871-8

Ⅰ.①公… Ⅱ.①赵… Ⅲ.①公共部门－人力资源管理－高等学校－教材 Ⅳ.① D035.2

中国版本图书馆 CIP 数据核字 (2022) 第 007491 号

责任编辑：施　猛
封面设计：常雪影
版式设计：方加青
责任校对：成凤进
责任印制：曹婉颖

出版发行：清华大学出版社
　　　　　网　　址：https://www.tup.com.cn, https://www.wqxuetang.com
　　　　　地　　址：北京清华大学学研大厦 A 座　　邮　编：100084
　　　　　社 总 机：010-83470000　　邮　购：010-62786544
　　　　　投稿与读者服务：010-62776969，c-service@tup.tsinghua.edu.cn
　　　　　质 量 反 馈：010-62772015，zhiliang@tup.tsinghua.edu.cn
印 装 者：三河市君旺印务有限公司
经　　销：全国新华书店
开　　本：185mm×260mm　　印　张：19.75　　字　数：480 千字
版　　次：2014 年 2 月第 1 版　2022 年 6 月第 2 版　　印　次：2023 年 12 月第 4 次印刷
定　　价：59.00 元

产品编号：092206-01

前言(第2版)

党的第二十大报告明确指出,办好人民满意的教育,"深入实施科教兴国战略、人才强国战略、创新驱动发展战略,开辟发展新领域新赛道,不断塑造发展新动能新优势",在文明互鉴及广泛践行社会主义核心价值观、坚持道路自信、理论自信、制度自信和文化自信的同时,走出一条具有中国特色的社会主义现代化道路,是教育和人才培养过程中必须积极、有效落实的重要任务!

本书在《公共部门人力资源开发与管理》(赵秋成,2008年中国商业出版社出版)和《公共部门人力资源管理》(赵秋成,2014年清华大学出版社出版)两本书的基础上调整、修改而成。在编写过程中,作者参考和借鉴了国内外近20年来的一些相关研究和实践成果,这些成果极大地丰富了本书的材料和内容。与此同时,作者结合从事科研、教学及参与社会管理活动的体会,对前几年所编教材中存在的一些不完善、甚至错误的观点和看法进行了修正。也许这种修正并未能从根本上解决问题,但却是十分有益的,因为这充分体现了认识的渐进性和发展性。本书在第1版的基础上增添了一些新的内容,特别是第2章和第5章,调整和修改幅度较大。这些调整和修改,既体现了近些年公共部门人力资源管理理论和实践的发展面貌,也体现了公共部门人力资源管理理论和实践与时俱进的需要。本书具有如下特点。

第一,系统性强。首先,本书在内容上表现为系统性,囊括了公共部门人力资源管理的所有核心模块,而且各章节间紧密关联,环环相扣;其次,本书在章节安排上表现为系统性,书中的各模块自成体系,如人力资源规划、人员招聘、人员培训、绩效管理等,都是自成封闭环路的子系统,这一点在国内大多数相关教材中并未得到充分体现。

第二,具有实用性。在组材和写作过程中,作者特别注意到了公共部门人力资源管理活动的实际可操作性问题。作者认为,"管理"不仅仅是一些抽象的理念和理论,更应是具体、可操作的活动。基于此,作者力求书中的每一个人力资源管理模块尽可能具有可操作性,具有指导公共部门的人力资源管理实践的作用。

本书配有课件,扫描下方二维码即可获取。

在编写过程中，作者参阅了大量国内外相关著作、教材和各种文献资料，在此特向所有著作与资料的编著者表示衷心的感谢。受水平所限，书中定有许多不妥和错误之处，敬请广大读者批评、指正。反馈邮箱：wkservice@vip.163.com。

编者

2023年7月

前言(第1版)

随着20世纪80年代以来"新公共管理运动"(NPM)的发生及其在全球蔓延，公共部门管理体制、机制和模式改革正在以一种不可阻挡之势在世界各国迅速展开，而处于公共部门的核心地位的人事管理体制、机制和制度改革更是当务之急。公共部门人事管理体制、机制和制度改革的核心，就是打破已有的束缚公共部门核心资源——人力资源发展的各种"瓶颈"，还人力资源载体——人以更充分的自主权、发展权和自由，使他们在工作中获得更多尊严及被尊重感、成就感，实现人与岗、职责与权益的有机统一，以及组织与员工个人的共同发展。而要达到此目的，就必须改革传统的管理体制、机制、模式和方法，强化人本管理理念，并将此理念与管理机制、模式和方法有机结合起来，切实发挥其激励在彰示人的价值中的功效与作用，从根本上提高公共部门的管理水平和实际绩效，从而推动公共部门管理体制改革的顺利进行，促进社会管理不断跃上新台阶。

本书在《公共部门人力资源管理》(赵秋成，2006年出版)和《公共部门人力资源开发与管理》(赵秋成，2008年出版)两本书的基础上调整、修改而成。在编写过程中，作者参考和借鉴了国内外近年来的一些相关研究和实践成果，这些成果极大地丰富了本书的材料和内容。与此同时，作者结合近几年来从事科研、教学及参与社会管理活动的体会，对前几年所编教材中存在的一些不完善甚至错误的观点和看法进行了修正。本书具有如下特点。

第一，系统性强。首先，本书在内容上表现为系统性，囊括了公共部门人力资源管理的所有核心模块，而且各章节间紧密关联，环环相扣；其次，本书在章节安排上表现为系统性，书中的各模块自成体系，如人力资源规划、人员招聘、人员培训、绩效管理等，都是自成封闭环路的子系统，这一点在国内大多数相关教材中并未得到充分体现。

第二，具有实用性。在组材和写作过程中，作者特别注意到了公共部门人力资源管理活动的实际可操作性问题。作者认为，"管理"不仅仅是一些抽象的理念和理论，更应是具体、可操作的活动。基于此，作者力求书中的每一个人力资源管理模块尽可能具有可操作性，具有指导公共部门的人力资源管理实践的作用。

本书写作思路和大纲由赵秋成教授提出，经讨论后确定。各章写作的具体分工如下：赵秋成教授编写第1章、第4章、第8章和第10章，曹静讲师编写第2章和第5章，杨秀凌副教授编写第3章、第6章、第7章和第9章；最后由赵秋成教授统稿。

在本书策划过程中，东北财经大学公共管理学院苗丽静教授做了大量工作；同时，本书的出版得到了清华大学出版社领导和责任编辑施猛的大力支持,他们负责任和精益求精的态度,令我们肃然起敬。在此一并谨致谢忱!

　　本书可作为公共管理专业本科生、研究生(包括MPA)的教材,也可作为公共部门人员特别是公务员的培训教材,还可作为公共部门人力资源管理实践者的学习和实践指导用书。受水平限制,书中定有许多不妥和错误之处,敬请广大读者批评、指正。反馈邮箱:wkservice@vip.163.com。

编者

2013年10月

目 录

第1章 导论 ……………………… 001
1.1 概念 ……………………………… 001
 1.1.1 管理的内涵及其与领导的区别 …………………… 001
 1.1.2 人力资源的内涵及特征 …… 003
 1.1.3 公共部门的内涵及特征 …… 009
 1.1.4 公共部门人力资源管理的内涵与特征 ………………… 011
1.2 从人事管理到人力资源管理的演进与发展 …………………………… 012
 1.2.1 管理科学的实践与发展历程 … 012
 1.2.2 从传统人事管理到现代人力资源管理 ………………… 016
 1.2.3 现代人力资源管理与传统人事管理的区别 …………… 019
1.3 公共部门人力资源管理的基本理论 ……………………………… 020
 1.3.1 人性假设 ………………… 020
 1.3.2 人力资本理论 …………… 022
 1.3.3 人本理论 ………………… 023
 1.3.4 激励理论 ………………… 024
1.4 公共部门人力资源管理的基本职能与任务 ………………………… 031
 1.4.1 公共部门人力资源管理的基本职能 …………………… 031
 1.4.2 公共部门人力资源管理的功能和任务 ………………… 033
1.5 公共部门人力资源管理面临的挑战 ……………………………… 034

第2章 公共部门人力资源管理的制度环境与人员分类管理 ……… 038
2.1 公共部门人力资源管理的制度基础 ……………………………… 038
 2.1.1 公共部门人力资源管理制度的内涵 …………………… 038
 2.1.2 公共部门人力资源管理的基本制度安排：公务员制度的形成与发展 ………………… 039
2.2 公共部门人力资源管理的内外部环境 ……………………………… 047
 2.2.1 外部环境 ………………… 047
 2.2.2 内部条件 ………………… 049
2.3 公共部门人员分类管理 ………… 050
 2.3.1 公共部门人员分类管理概述 …………………………… 050
 2.3.2 公共部门人员分类管理的基本制度 …………………… 052
 2.3.3 西方国家政府公务员分类管理 …………………………… 058
 2.3.4 中国政府公务员分类管理 … 060

第3章 公共部门工作分析与职位评价……065
3.1 工作分析概述……………………065
- 3.1.1 工作分析的相关要件及作用… 065
- 3.1.2 工作分析的程序…………… 068
- 3.1.3 工作分析的方法…………… 072

3.2 工作说明书……………………… 083
- 3.2.1 工作说明书的主要内容…… 083
- 3.2.2 工作说明书的编制………… 085

3.3 职位评价………………………… 088
- 3.3.1 职位评价的含义及其作用… 088
- 3.3.2 职位评价的方法…………… 089

第4章 公共部门人力资源规划…………095
4.1 公共部门人力资源规划概述…… 095
- 4.1.1 公共部门人力资源规划的内涵及类型……………………… 095
- 4.1.2 公共部门人力资源规划的影响因素……………………… 097
- 4.1.3 公共部门人力资源规划的地位和作用……………………… 098
- 4.1.4 公共部门人力资源规划的程序……………………………… 100

4.2 公共部门人力资源的核心内容…… 101
- 4.2.1 人力资源需求预测………… 101
- 4.2.2 人力资源供给预测………… 105
- 4.2.3 人力资源供求均衡分析…… 109

4.3 公共部门人力资源规划报告的编写……………………………… 111
- 4.3.1 总体规划…………………… 111
- 4.3.2 具体规划…………………… 111

4.4 公共部门人力资源规划实施与评估……………………………… 113
- 4.4.1 公共部门人力资源规划实施… 113
- 4.4.2 公共部门人力资源规划评估… 114

第5章 公共部门人员招聘……………… 117
5.1 公共部门人员招聘概述………… 117
- 5.1.1 公共部门人员招聘的含义及作用…………………………… 117
- 5.1.2 公共部门人员招聘的原则…… 119
- 5.1.3 人员招聘的一般程序……… 120

5.2 公共部门的招募渠道…………… 122
- 5.2.1 内部渠道…………………… 122
- 5.2.2 外部渠道…………………… 123

5.3 公共部门人员甄选……………… 126
- 5.3.1 公共部门人员甄选的一般程序……………………………… 126
- 5.3.2 公共部门人员甄选的方法… 128
- 5.3.3 公共部门人员甄选方法的选择标准……………………… 143

5.4 人员录用与招聘评估…………… 145
- 5.4.1 公共部门人员录用………… 145
- 5.4.2 公共部门人员招聘评估…… 146

5.5 中国公务员招录制度…………… 148
- 5.5.1 中国公务员招录的相关规定… 148
- 5.5.2 中国公务员招录的原则…… 149
- 5.5.3 中国公务员招录的程序规定… 149

第6章 公共部门人员职业生涯规划与管理…………………………… 152
6.1 职业生涯规划与管理概述……… 152
- 6.1.1 职业生涯规划与职业生涯开发的内涵……………………… 152
- 6.1.2 职业生涯管理的含义、特征和意义……………………… 155

6.2 职业生涯规划与管理的基本理论……………………………… 158
- 6.2.1 职业发展阶段理论………… 158
- 6.2.2 职业选择理论……………… 160

6.3 公共部门人员职业生涯规划…… 164
- 6.3.1 公共部门人员职业生涯规划的障碍……………………… 164
- 6.3.2 公共部门人员职业生涯规划的必要性…………………… 165
- 6.3.3 公共部门人员职业生涯规划设计………………………… 166

6.4 公共部门职业生涯管理………… 169

  6.4.1 公共部门职业生涯管理的内容‥ 169
  6.4.2 职业生涯的阶段性管理……… 172

第7章 公共部门人员培训……………176

7.1 公共部门人员培训概述…………176
  7.1.1 培训的含义……………… 176
  7.1.2 公共部门人员培训的类型…… 177
  7.1.3 胜任素质模型…………… 179
  7.1.4 中国公务人员的培训内容…… 182
  7.1.5 公共部门人员培训的一般
     程序……………………… 184
  7.1.6 公共部门人员培训的作用和
     意义……………………… 186
  7.1.7 公共部门人员培训应坚持的
     原则……………………… 187

7.2 培训需求分析与培训方案设计… 188
  7.2.1 培训需求分析…………… 188
  7.2.2 培训方案设计…………… 192

7.3 公共部门人员培训的实施……… 195
  7.3.1 公共部门人员培训的方法… 195
  7.3.2 公共部门人员培训方案的
     落实……………………… 199

7.4 公共部门人员培训效果评估…… 200
  7.4.1 公共部门人员培训效果评估的
     目的和标准………………… 200
  7.4.2 公共部门人员培训效果评估的
     内容……………………… 200
  7.4.3 公共部门人员培训效果评估的
     步骤与方法……………… 202

第8章 公共部门人员绩效管理…………205

8.1 绩效管理概述……………………205
  8.1.1 绩效的内涵……………… 205
  8.1.2 绩效管理及其与绩效考评的
     区别……………………… 206
  8.1.3 公共部门人员绩效管理的目的
     与作用…………………… 207
  8.1.4 公共部门人员绩效管理的一般
     程序……………………… 208

8.2 公共部门绩效计划的制订与
  实施………………………………210
  8.2.1 绩效计划制订…………… 210
  8.2.2 绩效计划实施…………… 211

8.3 公共部门人员绩效考评…………214
  8.3.1 公共部门人员绩效考评的
     作用……………………… 214
  8.3.2 公共部门人员绩效考评的
     原则……………………… 215
  8.3.3 公共部门人员绩效考评的
     内容……………………… 216
  8.3.4 公共部门人员绩效考评的一般
     程序……………………… 219
  8.3.5 公共部门人员绩效指标体系的
     开发设计………………… 221
  8.3.6 公共部门人员绩效考评主体的
     选择……………………… 227
  8.3.7 公共部门人员绩效考评方法及
     其选择…………………… 229
  8.3.8 公共部门人员绩效考评中的常见
     问题及其解决办法………… 238

8.4 公共部门人员绩效反馈与绩效
  改进………………………………240
  8.4.1 绩效反馈………………… 240
  8.4.2 绩效改进………………… 243

8.5 公共部门人员绩效考评结果的
  应用………………………………245

第9章 公共部门人员薪酬管理…………249

9.1 薪酬管理概述……………………249
  9.1.1 报酬与报酬体系………… 249
  9.1.2 报酬公平问题…………… 251
  9.1.3 薪酬形式………………… 251
  9.1.4 薪酬的作用……………… 255
  9.1.5 公共部门薪酬的影响因素… 255

9.2 公共部门薪酬制度及薪酬设计与
  管理………………………………257

9.2.1 薪酬制度……257
9.2.2 薪酬设计……260
9.2.3 薪酬管理……262
9.2.4 中国公共部门现行薪酬制度及其管理……267
9.3 公共部门人员福利管理……270
9.3.1 公共部门人员福利概述……270
9.3.2 公共部门常见的几种福利项目……272
9.3.3 公共部门福利发展趋势……274
9.4 社会保险……275
9.4.1 社会保险概述……275
9.4.2 中国公共部门的社会保险……276

第10章 公共部门人员聘用与关系管理…284
10.1 公共部门人员聘用……284
10.1.1 公共部门聘用制度及其一般程序……284
10.1.2 聘用合同……285
10.2 公共部门人事关系管理……290
10.2.1 公共部门人员辞职与辞退管理……290
10.2.2 公共部门人员退休管理……292
10.2.3 公共部门人员的申诉、控告与仲裁……294

参考文献……303

第1章 导论

【学习引导】本章从管理、人力资源、人力资源管理和公共部门等核心概念入手，探讨了管理与领导，人力资源与人力资本等的区别与联系，以及人力资源和公共部门人力资源管理等的基本特征，研究了人力资源管理与传统人事管理的区别，以及从经验管理到人事管理，再到人力资源管理的发展过程，并结合人力资源管理的学科特征，分析和介绍了人力资源管理的基本理论、系统架构、主要功能以及现代人力资源管理面临的挑战，使学习者能够由浅入深、由表及里地了解、认识和掌握公共部门人力资源管理的基本概念、理论和方法，学以致用。

本章学习重点：一是人力资源和人力资源管理的内涵与特征，以及人力资源管理与人事管理的区别与联系；二是人性假设理论、人力资本理论、人本理论和激励理论等的内容与实质；三是人力资源管理的基本架构，以及公共部门人力资源管理的特征、功能和主要任务。

本章学习难点：人力资源与人力资源管理的内涵，特别是人力资源与人口、劳动力和人力资本等的区别与联系。

随着时代变迁和人口质量的整体提升，在很多行业，知识技能型员工正在取代体力型员工，人力资本抑或知识资本在组织发展和社会进步中正发挥着越来越重要甚至决定性的作用，组织管理正由传统的以物质资本为中心，向以人力资本或知识资本为中心的时代转变。而现代组织中，员工知识水平和认知能力普遍提高，一方面导致员工的需求日益多样化和高层次化，另一方面员工对组织管理提出了更高要求，使组织管理不断面临新形势和新挑战。在这种情况下，从稳定组织、提高组织绩效和促进组织发展着眼，通过制度、机制及管理模式和管理方法进行创新，来满足员工日益增长和多样化的需求，提高员工满意度及对组织的认同感，进而激发员工的积极性、主动性和创造性，达成组织与员工及其他利益相关者多方共赢的目标，无疑是摆在现代组织及其人力资源管理部门面前的新任务和新课题。

1.1 概念

要想弄清什么是公共部门人力资源管理，就需要从"管理""人力资源"和"公共部门"的概念着手。

1.1.1 管理的内涵及其与领导的区别

1. 何谓管理

管理活动虽古已有之，但管理作为学问特别是成为一门学科，是20世纪五六十年代以来的事。对于管理，不同学科甚至不同人的理解和认识往往不同，以至于到现在仍未形成一个为人们普遍认可和接受的定义，这一方面说明了管理活动和行为的复杂性，另一方面反映出不同人对于管理及其活动的不同认识角度和出发点。

基于不同视角、目的和认知水平，人们对"管理"的关注点往往不同。例如，有人把关注点放在工作任务上，强调管理活动的组织性、协作性，认为"管理就是由一个或多个人来协调其他人的活动，以便收到个人单独活动时无法达到的效果的过程"；也有人把关注点放到人的知识、阅历及处理问题的方式方法和技巧的差异上，强调人的组织力、控制力和权威性，认为"管理就是领导"；还有人把关注点放到人进行决断或决定的行为上，强调决策的作用，认为"管理就是决策"。除此之外，管理还有多种其他定义，不过，这些定义往往强调管理某一方面的活动和问题。综上可见，作为一门学问、技术抑或艺术，管理的复杂性和多样性突出表现在管理问题的多解性上，也就是说，不同的人从事管理活动甚至同一个人在不同时期或不同地点从事同一种管理活动，其行为方式和方法往往不同，这往往因管理对象、管理目标和要求以及内外部环境等的变化而变化，一成不变或照抄照搬式的管理方式和方法往往难以收到良好效果。

那么，到底应如何理解"管理"的内涵才更符合时代赋予管理的功能和任务而又不失管理的本意呢？我们认为，所谓管理，就是在一定目标和价值理念导向下，通过计划、组织、领导、控制和激励等活动，来规范和协调人力、财力、物力以及信息和时间等资源，以便更好达成组织或社会既定目标的过程。

上述定义至少包括三层含义：一是管理的目的性或目标导向性，这是管理活动的基本出发点和归宿；二是管理活动所涉及的行为方式和方法，包括计划、组织、领导、控制和激励等，这5种基本活动又被视为管理的五项基本职能；三是进行计划、组织、领导、控制和激励的目的在于规范和协调人力、财力、物力以及信息和时间等资源，使之达到合理、有效配置的效果，真正做到"人尽其才，财尽其效，物尽其用"，最大限度地发挥资源的功用，促进组织、社会乃至个人目标的达成。

2. 管理与领导的区别

从领导与管理的区别看，领导作为组织变革的力量，其作用在于为组织确定发展方向和目标，勾勒组织的发展远(愿)景，并通过变革和优化组织、激发组织成员斗志，促进组织朝着既定目标前进；而管理则是在组织既定的目标导引下，通过制定规划、计划及制度规章和激励措施等，来组织、协调和配置现有人力、财力、物力以及信息和时间等资源，以达成或实现组织既定目标的过程。具体来讲，领导的作用包括确定组织发展目标和发展方向，优化组织结构，创造性地引导组织持续变革，并不断激发组织内员工的斗志和工作积极性；管理的作用则是以组织既定目标和发展方向为指引，通过制定和落实组织发展规划、计划及制度规章和合理配置组织资源等，来维持组织的结构和秩序，降低组织内耗、运行成本和运作风险，以确保组织的平稳运行和可持续发展。基于领导与管理的上述区别，从事领导和管理活动的人——领导者和管理者，无论是担负的责任还是具有的作用均是不同的。按照管理思想家沃伦·本尼斯(Warren Bennis)的说法：领导者是做正确事的人，而管理者则是正确做事的人[①]。进而，哈佛商学院的

---

① BENNIS, W G. Why Leaders Can't Lead: The Unconscious Conspiracy Continues[M]. Jossey-Bass Publishers，1990：19.

亚伯拉罕·扎莱兹尼克(Abranham Zaleznik)认为，管理者是以消极的、非个人化的态度来看待工作，工作只是不得不完成的任务，因此管理者根据自己在事件和决策过程中扮演的角色与他人发生关系；而领导者是以一种个人的、积极的态度来看待工作，工作具有高度的不确定性和风险，因此领导者以直觉和移情的方式与他人发生联系[1]。更具体地讲，处于现代社会和现代组织中的领导者，应该具有猎犬一样的嗅觉，能够从事物发展和环境变化中敏锐洞察到事物运动的方向和发展的规律性，并以此来把握组织的发展方向，领导组织变革，尽可能地让组织少走或不走弯路，很好地做到与时俱进，因此领导者实际上就是组织发展的引航者和掌舵人，其主要责任是"决策"；而管理者是在组织既定目标导向下，借助组织、控制、激励和协调等手段，通过制定和落实规划、计划、制度规章和激励措施，合理、有效地调配组织的人力、物力、财力、信息和时间等资源，以实现和达成组织既定的目标，其主要责任是"执行"。比较而言，领导者应该更喜欢或善于变化，因为只有变化，才能使组织在市场竞争中不落伍、不掉队，只有变化，才能确保组织永葆活力和基业长青；而管理者应该更强调规则，具有较强执行力，因为对管理者而言，变化往往意味着局势的变动或难以把控，意味着更大的工作量、更多的问题和困难，与领导者不同的是，管理者更希望世界的明天永远像昨天和今天一样有矩可循、有章可依。尽管说领导者和管理者有着明显区别，但在现实生活中，由于领导者和管理者很难在不同场合、不同时间较好地定位和把握自身所扮演的角色及肩负的责任，因此，经常出现角色不清或角色混淆问题，导致角色"越位""错位"或"缺位"，以至于该自己做的事没有做好，或管了不该自己管的事。可见，在现代社会和组织管理中，正确认识、定位和把握自己的角色，并深刻领悟和践行自己的角色，对于做好领导和管理工作，是必要且重要的。

1.1.2 人力资源的内涵及特征

1. 何谓人力资源

人力资源(human resource)是一种极其特殊且与其他资源有着显著区别的资源形态，也称为"第一资源"。然而，对于这种重要且特殊的资源，目前学术界和实际部门对其内涵仍然存在认识分歧，其中原因是多方面的。综合学术界和实际部门的观点，具有代表性的主要有如下两种。

第一种观点：人力资源是"在一定范围内能够作为生产性要素投入社会经济活动的全部劳动力人口总和。它可分为现实的人力资源和潜在的人力资源两部分。现实的人力资源指一个国家或一个地区在一定时间内拥有的实际从事社会经济活动的全部人口……有时又被称为'劳动力资源'。潜在的人力资源则是指处于储备状态，正在培养成长，逐步具备劳动能力的人口和虽具有劳动能力，但由于各种原因不能或不愿从事社会劳动，并在一定条件下可以动员转化并投入社会经济活动的人口总和"[2]。这种观点从人口和人数的角度来认识和解释人力资源，因此可称为"基于人口视角的人力资源观"。目前这种观点在学术界和实际部门仍有一定认可度。

---

[1] 刘建军. 领导学原理[M]. 上海：复旦大学出版社，2001：13.
[2] 孙柏瑛，祁光华. 公共部门人力资源开发与管理[M]. 2版. 北京：中国人民大学出版社，2009：3.

第二种观点：人力资源是指一定范围内能够推动社会或组织发展的人所具有的劳动能力[①]；或指"一个国家、经济体或者组织所能够开发和利用的，用来提供产品和服务、创造价值、实现相关目标的，所有以人为载体的脑力和体力的综合"[②]；还有人将人力资源定义为"人所具有的对价值创造起贡献作用，并且能够被组织所利用的体力和脑力的总和"[③]；等等。这种观点主要从人所承载的能力的价值性角度来认识问题，自20世纪90年代中后期以来正被越来越多学者所认可，因此可称为"基于能力视角的人力资源观"。

对于上述观点这里不做太多评述，总体而言，本书对"人力资源"这一概念的理解和阐释与第二种观点比较类似，但同时我们所阐释的"人力资源"概念又比第二种观点中多数学者的定义更具广泛解释力。

"人力资源"一词最早由J. R. 康芒斯(J. R. Commons)在20世纪初期使用过，但当时他所理解的人力资源与我们现在所理解的人力资源在内涵上相去甚远。"人力资源"一词由"资源"和作定语的"人力"组合而成，从字面上看，它所强调的是人力作为资源的价值性。在《辞源》中，"人力"被解释为"人的能力"，具体地讲，是指人类所具有的体力和脑力，即劳动能力的总和[④]。综合国内外学者对"人力资源"的种种理解，并考证"人力"和"资源"的实际内涵，我们认为，"人力资源"一词应包含如下四层含义：第一层含义，人力资源是一个内容丰富的总体，是人类所具有的体力、智力、知识和技能的合称；第二层含义，作为一种资源，人力资源必须具有开发和利用价值，这就排除了将人口中那些根本不具有或已经失去劳动能力的纯消费人口(如严重智障者、因自然老化而失去劳动能力的老年人、因疾病和伤残等丧失劳动能力的人等)视为人力资源的可能性，同时也意味着将"人力资源"等同于"人口"是失之偏颇的，甚至是对"人力资源"概念的误解；第三层含义，作为资源，人力资源的价值性表现为能给社会和组织的现在及未来带来新增价值，即可能带来人力资本和物质财富目前和未来的增加，否则，其开发的意义将不复存在；第四层含义，人力资源不仅具有时间、地域和空间性等量的规定性，还具有质的规定性，量的规定性是指我们所谈论的人力资源往往指一定时期(点)和一定空间范围(如一定地域、某一企业等)内的人力资源，质的规定性是指人力资源所具有的体质、智能、知识、技能等，体现在劳动人口的体质水平、文化水平、专业技术水平上，是人力资源不同个体或总体之间的相互区别的关键。把握上述四点，对全面、深入理解"人力资源"这一概念十分必要。基于此，我们认为，人力资源有广义和狭义之分。广义的人力资源，是就根本不具有(指先天失去)和已经失去(指后天因疾病、自然灾害、重残和年老等而失去)劳动能力的人之外的人口而言的，是指一定时间和空间(如一个国家、一个地区、一个城市、一个组织或一个群体等)范围内具有现实和潜在劳动能力的人所承载的体能、智能和能力的总称；而狭义的人力资源是针对劳动力人口而言的，是指一定时间和空间范围内劳动年龄人口或劳动力人口所承载的现实和潜在体能、智能和能力的总称，即劳动力资源。需要说明的是，在现代经济中，人力资源与人或人口，或者劳动力资源与劳动者和劳动力

---

① 张德. 人力资源开发与管理[M]. 2版. 北京：清华大学出版社，2001：1.
② 刘昕. 现代人力资源管理教程[M]. 北京：中国人事出版社，2009：3.
③ 董克用. 人力资源管理概论[M]. 3版. 北京：中国人民大学出版社，2011：5.
④ 马克思，恩格斯. 马克思恩格斯全集(第23卷)[M]. 北京：人民出版社，1956：190.

人口均非同一概念，因为人力资源所考察的是一定时间和空间范围内的人所承载的现实和潜在劳动能力，而非人数的多少或规模的大小，实际上，人或人口只是人力资源的载体，而非人力资源本身；同样，劳动力人口只是承载劳动力资源的人的数量表现，是劳动力资源的量的规定性。人力资源与人口、劳动力资源和人才资源的关系如图1.1所示。

图1.1　人力资源与人口、劳动力资源和人才资源的关系

由图1.1可见，从量的规定性来看，人口、人力资源、劳动力资源和人才资源之间是包含和被包含的关系。也就是说，就一定时期某一人口群体而言，受先天条件、伤残和年老体衰等因素影响，那些先天即丧失劳动能力及后天因伤残、年老体衰而丧失劳动能力的人，实际上是不在人力资源这一概念考察范围内的；同样，承载人力资源的非劳动力人口或非劳动年龄人口，也不在劳动力资源的考察范围内，而能够称得上"人才"或"人才资源"的，通常只是劳动力人口或劳动力资源中的一部分。

需要说明的是，劳动力与劳动者和劳动力人口是不能简单等同的。因为，从理论上讲，劳动力(labor force)是劳动能力(labor capacity，或working capacity)的简称，是劳动年龄人口所承载的体力和脑力的总称，也就是说，劳动力是一种具有价值的能力的体现，而非人口的体现；劳动者应指具有劳动能力的人，而劳动力人口指一定时间和空间范围内具有劳动能力的人的总和，劳动者是具有劳动能力这一质的规定性的人的个体体现，而劳动力人口是具有劳动能力这一质的规定性的人的集体或群体表现。现实中将劳动力与劳动者和劳动力人口简单等同的做法无疑忽视了个体或群体人的质的差异，难以解释当今社会不同个体或群体人的差别。

2. 人力资源的特征

与其他资源相比，人力资源除具有资源的一些基本特征外，还具有其他资源不具备的特征。不过，由于人力资源的载体是人，人力资源的这些特征往往与人的特征紧密关联，也就是说，人力资源的基本特征在很大程度上是由其载体——人的特征赋予，或受其载体——人的特征影响的。

(1) 生物性。生物性是包括人类在内的所有生物有机体共有的基本特征，也是人力资源与自然资源、资本资源和信息资源等的重要区别之一。因为人力资源的载体是人，所以人力资源——人的体能、智能和能力的发展变化必然会受到人的生物属性的影响，随着人的成长、成熟、衰老、病残和死亡等而变化，并随着人类的世代更替以及肌体及脑容量和大脑结构的演进而不断变化，这既是人力资源生物性特征的具体体现，也是人力资源与其他资源的重要区别所在。

(2) 社会性。人力资源的社会性一方面体现在作为人力资源载体的人的社会性上，另一方面体现在人力资源的演进、累积及开发、配置和管理的社会性上。从作为人力资源载体的人的社会性角度看，人的社会性将人与一般动物区别开来。在人类社会早期，人类与一般动物无

异,只是在长期的生存抗争以及对自然现象和规律的认识中,人类不仅拥有了自身对大自然的适应能力,还通过发现和反复认知自然现象,探索事物发展、演变的规律,并通过劳动不断改造生存环境和社会生产力,不断改进个体与个体、个体与群体、群体与群体间的生活和生产关系,进而逐渐演变成与一般动物有着本质区别的独特群体——人类。正如马克思、恩格斯所言:"劳动首先是人和自然之间的过程,是人以自身的活动来引起、调整和控制人和自然之间的物质变换过程。人自身作为一种自然力与自然物质相对立。为了在对自身生活有用的形式上占有自然物质,人就使他身上的自然力——臂和腿、头和手运动起来。"[1]在长期的生存和发展过程中,人类借助大脑和四肢,借助个体特别是群体力量,不仅创造和积累了物质财富,还推动了科学技术和社会生产力的进步与发展。我们应认识到,人的社会性是以群居及共同劳动和生活以及相互交流、相互依存为基础的,离开了他人的帮助及与他人的交流,人的社会性将无从谈起,现代社会同样也不例外。人的社会性还表现在人能够创造并利用语言或其他方式表达情感,进行交往和沟通,从与他人交往和交流中获得安全感和尊重感,满足个人的社交愿望,而且,在与他人交往及各种活动中,人们不断改善和提高自身对社会、团体或组织以及他人的适应力。另外,人力资源是随着人类社会的演进以及人类对自然界、对人与人之间关系认识的不断提高,随着人类知识的增多、技术技能的增进以及社会生产力的不断发展,而不断增进和提高的。人类的共同劳动是人力资源不断发生质的跃进、人的能力不断丰富化的驱动力,"劳动创造了人本身"[2],创造了更加多元、多样和高品质的劳动能力。

(3) 主观能动性。作为一种独特的经济资源,人力资源与其他资源的区别还在于,人力资源的载体——人具有思维和创造能力,具有主观能动性。在日常生活和生产活动中,人力资源的载体——人总是有目的、有计划地使用着自身的脑力和体力,并使自身的人力资源——体能、智能和能力尽可能按照自己的要求及预设的目标和方向发挥作用。正如马克思所言:"蜜蜂建筑蜂房的本领使人间的许多建筑师感到惭愧。但是,最蹩脚的建筑师从一开始就比最灵巧的蜜蜂高明的地方,是他在用蜂蜡建筑蜂房以前,已经在自己的头脑中把它建成了。劳动过程结束时得到的结果,在这个过程开始时已经在劳动者的表象中存在着,即已经观念地存在着。"[3]也就是说,与其他资源不同,人力资源不是消极被动地与自然力结合,而是处于主动地位,在劳动过程中起支配作用,通过实现与自然力的有机结合,使自然力为人类社会造福。正是借助人力资源的主观能动性,人类才能通过自身经验和知识的积累及能力的提高,不断深化着对客观世界和人类自身的认识,进而推动着科技和社会生产力进步以及人类社会的不断繁荣和发展。

(4) 可再生性。人力资源的可再生性突出地表现在以下两个方面。一方面,随着社会生产方式进步,人力资源的质和量不断得到提高和更新。也就是说,随着社会生产力发展和社会经济条件改善,人力资源的质不断提高,质的内容不断更新和丰富,适应了新的经济活动和技术的要求;人力资源的量则在人口的生产和再生产过程中不断得到更新与补充。另一方面,人力资源的质具有可恢复性和可增值性。在人类生产活动中,人的体能不断被消耗,而在闲暇及食

---

[1] 马克思,恩格斯. 马克思恩格斯全集(第23卷)[M]. 北京:人民出版社,1956:201-202.
[2] 马克思. 资本论(第1卷)[M]. 北京:人民出版社,2004:208.
[3] 马克思. 资本论(第1卷)[M]. 北京:人民出版社,2004:208.

物消费过程中，失去的体力和脑力又得到补充和恢复，进而在下一轮生产活动中保持旺盛的体能和智能。人的知识、技能和经验，也可在劳动和不断学习、训练中得到增进和更新，例如，因伤病或其他原因暂时退出劳动过程的劳动者，或者因采用新技术导致知识过时、技能落后的劳动者的知识、技能和能力，均可通过继续学习、训练及劳动实践得到恢复、再生和提高，而不像一些物质性资源，如煤炭、石油、天然气等，一旦损耗即无法恢复和再生。

(5) 时效性。时效性是人力资源区别于其他资源的又一显著特征。一般来讲，物质资源不受时间限制，即无论何时、在何种生产力和技术条件下，物质资源的开发和利用都将是有效的，而人力资源则不然。由于人力资源的载体是人，人又是具有不同质的有生命的个体所组成的集合，人力资源的开发和利用必然受到人的生命周期的影响，其开发和利用效果将随着所处生命周期阶段的不同而不同。也就是说，就个体的人而言，只有其生命周期的一定阶段或时期可供社会生产活动之用，未达到或超出这一阶段或时期，如幼儿和童年期、少年期和老年期等，人力资源开发和利用就可能存在效果差、效率低，甚至难以开发和利用的问题。这段时期的长短通常受人的健康状况、劳动能力保持的状态和水平，以及科学技术和社会生产力水平等多方面因素影响。

(6) 时代性。人力资源的时代性突出表现在人类社会发展的不同时期或时代，人们所有的体能、智能和能力的差异性方面。人类社会处于不断发展和演进过程中，在此过程中，人类的基础能力将随着科技进步和社会生产力发展而不断更新和提高，并成为推动科技和社会生产力不断跃升到更高阶段的基本动力。因此，与时代条件及科技进步和社会生产力发展水平相适应，不同时代的人们所具有的体能、智能和能力必然表现出一定的差异性，如生活在网络时代的人们所具有的价值观、能力和认知方式等，明显不同于生活在传统农业社会的人们，当然，未来的人们所具有的价值观、能力和认知方式等，也会明显不同于处于目前科技与社会生产力发展阶段和水平的人们。

(7) 群体性。群体性是人力资源载体——人所具有的重要社会性特征。在现代经济活动中，从事某一生产活动的劳动者通常是由若干个体组成的群体，如科室、班组、车间等，而且群体的凝聚力和士气将直接影响群体乃至组织的绩效。就每一群体而言，个体是其基本的组成要素，群体劳动的数量和质量将受每一个体所提供的劳动的数量和质量影响，当然，在群体规模较大时，单个个体对整个群体的影响往往很小，但其所具有的潜在效力是不容忽视的，因为他完全有可能通过扩大影响而波及群体中其他个体，形成"示范效应"和"木桶效应"。正因为群体是由个体构成的，所以，在市场经济条件下，从提高每一个体乃至群体的绩效出发，在承认劳动力所有权及其商品属性前提下，不仅应重视对劳动者的物质激励，还应重视对劳动者的精神激励，通过激发人的主动性、积极性和创造力，提高组织和社会的绩效。

(8) 增值性。通常，资本具有如下几个特点：第一，资本是投资的结果，也是价值增值的基础，可以在投资活动中为投资者带来收益；第二，资本在使用中会出现有形和无形磨损，即其原值在使用中将不断减少并趋于消失。人力资源作为人力资本的来源，同样具有资本的一般特征。首先，人力资源只有通过开发才能为社会所用，而要对人力资源进行开发，就需要进行人力、物力、财力和时间等的投入。事实证明，人力资源开发的程度与开发过程中投入的多少、投资效率的高低等密切关联，也就是说，在方向正确时，投入越多，投入物的利用效率越高，则人力资源开发程度越高，创造产出的潜力也越大。其次，人力资源是一种增值性资源,因为通过将开发好的人力资源与物质资源进行科学、合理的配置,同时通过对人力资源载体——人的有效激励和管理,就可以使人力资源切实发挥增值资本、创造财富的作用。而且,与一般物质性资本遵循"报酬收益递减"规律不同,人力资源的开发利用遵循着"报酬收益递增"规律,也就是说,在人力资源开发过程中,投入越多,则在之后的利用过程中得到的回报越多。

3. 人力资源与人力资本的区别

人力资源与人力资本(human capital)是两个既有区别又有联系的概念。

一般认为,人力资源是人力资本得以形成的基础,而人力资本是人力资源质的表现,是人力资源资本化的产物。人力资源与人力资本的区别主要表现为以下几点。

(1) 内涵不同。人力资源是指一定时间和一定空间范围内具有现实和潜在劳动能力的人所具有的体能、智能和能力的总称,而人力资本是经过投资形成的、凝结在人身上的健康、知识和技能等。由此可见,人力资源的关注点是人的现实和潜在劳动能力,而人力资本关注的只是人的现实劳动能力,是拿来即能用的能力。

(2) 研究视角不同。人力资本是从投入—产出角度来研究人力在获取收益(包括物质的和精神的)和经济增长中的作用,研究视角主要落在收益方面(即投资是否划算,以及收益率的高低);而人力资源是从人力作为财富源泉的角度,即从人的潜能与财富间关系角度看待问题,是基于更广泛意义对人力问题的研究。

(3) 人力资源仅是一个存量概念,是一种相对静止的量的客观存在;而人力资本兼具存量和流量两个方面特征。人力资源与人力资本的这一特征,是由资源和资本的特征所决定的。从经济活动角度看,人力资本往往与流量核算相联系,表现为产品和服务产出量的变化及劳动者体能和脑力的耗损,以及知识和经验的积累、技能的增进;从投资活动的结果看,人力资本又与存量核算相联系,表现为投资活动价值的有效凝结,即知识的增进、技能的提高、健康状况(包括身体的和心理的)的改善等。

(4) 人力资源的外延大于人力资本。人力资源是现实和潜在劳动能力的综合,它包括自然人力[①]和人力资本两部分;而人力资本是一个反映价值量的概念,是能够直接投入到经济活动中并带来新增价值的价值(马克思把资本解释为"能够带来剩余价值的价值")。

(5) 两者量的规定性存在差异。人力资源量的规定性是指一定时间和空间范围内具有经济开发价值(包括现实价值和潜在价值)的人的数量,而人力资本量的规定性是指投入于教育、培训和健康等的人力、物力、财力等有效凝结在被投资者身上的价值,表现为被投资者健康状况的改进和保持,以及其知识和技术技能的增进等。

人力资源与人力资本的联系主要体现为以下两点:一是两者均强调自身价值性,而且,两者的价值性均在于能够创造人类赖以生存和发展的物质和精神基础与条件;二是人力资本是人力资源质的体现,是在投资基础上对人所承载的人力资源进行开发的结果,而人力资源是人力资本得以形成和发展的基础,是人力资本的源泉。

---

① 所谓自然人力,是指未进行教育、培训、健康和迁移等投资活动而自然形成的体力、智力、经验和技能等。

1.1.3 公共部门的内涵及特征

1. 公共部门的内涵

现代社会中的公共部门(public sector)是相对于私人部门(private sector)而言的。所谓公共部门,是指拥有公共权力,制定和执行国家法律法规和政策,依靠公共财政来维持自身运行,依法依规管理社会公共事务及提供公共产品和公共服务的组织体系。而私人部门是指运用自身资源从事经济活动,以谋求私人利益最大化为目标的组织体系。典型的私人部门是私人企业。

因为人们认识和理解问题的角度不同,所以对公共部门范畴的界定也不一致。结合公共部门的内涵及现代社会的组织存在形式,公共部门应包括如下4种类型的组织:政府组织、事业单位、民间组织、国有企业(或公共企业)。

(1) 政府组织(government organization),或称政府部门(government department),是一种典型的公共部门,其权力来自公民,运营经费来自公共财政,通过制定和执行国家法律法规和政策,代表公民行使公共权力,来管理公共事务、提供公共产品和服务,不以营利为目的,而是以追求社会福利最大化为根本宗旨。政府组织包括国家立法机关、行政机关、司法机关、检察机关等。

(2) 事业单位(institutions),是指出于社会公益目的,由国家举办或其他组织利用国有资产举办的,从事教育、科技、文化、卫生等活动的社会服务组织。事业单位一般靠公共财政全额或部分拨款,不以营利为直接目的,具有特定的服务对象,以提供社会服务为宗旨。我国的事业单位是计划经济的产物,是政府部门的权力和职能延伸至社会服务而形成的组织形式,因此,中国的事业单位通常具有官方或半官方性质。不过,随着管办分离及政事分开、政社分开的不断推进,事业单位经营管理体制改革正在逐步深化,可以预见,不久的将来,中国事业单位的性质和经营管理模式将会发生根本性改变,其社会服务组织的色彩会愈加浓郁。

(3) 民间组织(civil society organizations),是指由民间发起的、在民政部门登记备案的、不以营利为直接目的的公益性组织,通常包括社会团体、民办非企业单位和基金会等。民间组织通常也称"社会组织"(social organization)。

(4) 国有企业(state-owned enterprise,SOE),是指全部或部分由国家投资、由国家委派代表参与和监督经营管理、生产社会需要的产品和服务的、以营利和国有资产增值为目的并以企业化方式运营的组织体系。如公共交通运输公司、国有电力公司、邮电局、电信公司、自来水公司等。从内部运营模式上,国有企业与私人企业没有太大区别,只是由于国有企业的产权属于国有,运营资源主要是公共资源,同时又接受政府主管部门或授权主管部门的管理和监督,国有企业被视为公共部门的一部分。

从公共部门的类别来看,因受传统计划体制下政企不分、政事不分和政社不分的影响,目前我国公共部门的类别划分仍存在管理权限不清、界限不明等问题,特别是事业单位和国有企业的行政等级观念依然存在,从而影响和制约着政府及社会管理体制的深层次改革,因此,加快政府和事业单位管理体制改革,既是我国社会管理体制改革的目标,也是清晰界分政府组织与非政府组织、营利组织与非营利组织的必要前提。

需要说明的是,目前学术界一般将社会经济活动主体分为政府部门、私人部门和第三部门。从这种划分来看,政府部门和私人部门与前文对这两类部门的界定无异,而第三部门包含了政府部门和私人部门之外的所有组织形态。而且，所谓的第三部门目前有多种称谓，如有的把它称为非政府组织(non-governmental organization，NGO)，有的把它称为非营利组织(non-profit organization，NPO)等。这里，我们借用学术界较为公认的定义，将第三部门定义为介于政府部门和私人部门之间的不以追求利润最大化为目标的部门。这些部门主要包括三类：一是公益性组织，如城市中的公共工程公司；二是公共事业组织，如公立学校、公立医院、公办幼儿园、托儿所以及政府投资举办的科研机构、社会福利机构等，这类组织是一种企业化倾向较弱、政府管理较明显的准公共部门；三是非政府公共组织，如妇联、学联、基金会以及各种协会和学会等，这类组织是一种政府管理倾向明显的准公共部门。本书所说的公共部门，实际上包括政府部门和第三部门中的准公共部门。

2. 公共部门的特征

与私人部门比较，公共部门具有如下几个方面特征。

(1) 公共部门拥有的权力属于公共权力。作为负责提供公共产品(public goods)和公共服务(public service)及从事公共事务管理(public administration of affairs)的组织，公共部门所依靠的是公民赋予的公共权力，这种权力产生于社会，并凌驾于社会或公民之上，具有明显的强制性。

(2) 公共部门的基本职能是进行社会公共事务管理。与私人部门不同，管理社会公共事务是公共部门的基本职能。例如，进行人口控制和管理，建设和维护公共设施，保障公民的基本生活，管理社会治安，治理大江大河，提供公共教育、公共医疗和公共卫生服务等。

(3) 公共部门所掌握和运用的资源是一种公共资源。公共部门要通过行使权力来实现其职能，就必须掌握一定的资源，没有一定的人、财、物作为基础，公共部门将难以运转。而在人、财、物等资源中，从政府部门控制角度讲，对财源的控制是最基本的。公共部门的财源主要是全体公民的税收，就此而论，国家财政实质上是一种公共财政。此外，公共部门所控制的国土、矿山、山林、江河湖海以及水利、电力和道路等重要资源，也属于公共资源。所谓公共资源，其实质就是为全体公民所共有，不单独属于哪一个群体、组织或部门的资源。

(4) 公共部门追求的是公共利益或社会福利最大化。作为公共组织，其服务对象是全体公民，不应具有自己的特殊利益，也就是说，公共部门是"公益人"而非"自利人"。公共利益或社会福利最大化是公共部门的既定目标或追求。当然，在某一存在多个团体和阶层的社会中，因为不同团体或阶层间的利益是相互冲突的，而且这些团体或阶层的利益与全体公民的共同利益甚至也存在冲突，所以，在公共部门如何对待公共利益问题上，必然存在以哪个团体或哪个阶层利益为先、为主的问题，但并不能因此否认公共部门以追求公共利益和社会福利最大化为目标这一根本宗旨和事实。

(5) 公共部门向社会提供的是公共产品和公共服务。一般来讲，公共产品和公共服务具有两个方面重要特征：一是非排他性。一个人、一个家庭或组织享用这种产品和服务，并不能排除其他人、其他家庭或组织也享用这种产品或服务，这种产品或服务不是专属哪一个人或群体的，而是为全体公民所共享的。二是非竞争性。对于公共产品或公共服务，一定范围内任何个人或群体对某一公共产品或服务的消费，均不影响其他个人或群体对这一产品或服务的消费，而且，新增他人或群体消费的边际成本为零。比如，就一条高速公路而言，在其合理容量范围内，其消费具有非竞争性。

1.1.4 公共部门人力资源管理的内涵与特征

1. 公共部门人力资源管理的内涵

在明确了"管理""人力资源"和"公共部门"的内涵后,也就比较容易理解、把握和界定公共部门人力资源管理的内涵了。

公共部门人力资源管理(human resource management in public sectors),是指公共组织从自身目标和发展出发,通过建立和完善政策和制度体系,运用激励机制和手段,来管理组织内部人力资源的一系列实践活动。要理解公共部门人力资源管理这一概念,必须把握如下4个要点:

(1) 公共部门人力资源管理是一种实践活动。也就是说,公共部门人力资源管理不仅强调相关理论和技术方法的学习与研究,更强调人力资源管理的实践应用。作为一种实践性科学和实用性艺术,人力资源管理理论和方法来自实践,所以,只有将理论和技术方法应用于实践,接受实践的检验,人力资源管理才有实际价值。否则,人力资源管理只能是"纸上谈兵",毫无实际意义。通常来讲,公共部门人力资源管理涉及的实践活动主要包括人力资源战略与规划制定、员工招聘与人力资源配置、员工职业生涯规划与发展管理、员工培训与人力资源开发、绩效考评与绩效管理、薪酬设计与薪酬管理以及劳动关系管理等。

(2) 公共部门人力资源管理的目的在于提高公共组织绩效、实现公共组织战略目标。公共部门绩效和目标是通过其内部人力资源作用的发挥来达成和实现的。要提高公共部门绩效,实现公共部门的近期、中期乃至长期目标,基本前提之一就是要科学、合理、高效地开发、配置和利用好组织的人力资源,通过激发公共部门人员的积极性、主动性和创造力,来促进现有人员劳动能力的发挥,通过建立和完善识人、选人、育人、用人、留人和激励人等一系列制度和机制,来激发和激励员工把个人智慧、才干和能力应用于实际工作。

(3) 公共部门人力资源管理是依据事先制定和建立起来的法律法规、政策以及规章制度来展开的,它虽然继承了"科学管理"的一些有益做法,但摒弃了传统人事管理的视人为工具、强调惩罚的做法,较好体现了现代人力资源管理的规范化和公平公正性原则。

(4) 公共部门人力资源管理强调沟通和激励。与传统人事管理不同,现代人力资源管理特别强调与员工的沟通和对员工的激励,主张通过诱发员工需求、发掘员工兴趣和特点、借助物质和精神等激励手段与措施,激发员工的工作积极性、主动性和创造力,较好体现了"以人为本"的现代管理理念;而传统人事管理强调对员工的控制,动辄就用惩罚手段来处罚员工,从而使员工产生强烈的被压制感、畏惧感、恐慌感。这是人力资源管理与传统人事管理的本质区别。

2. 公共部门人力资源管理的特征

公共部门及现代人力资源管理的特征,决定了公共部门人力资源管理的特征。与企业人力资源管理比较,公共部门人力资源管理具有如下几个典型特征。

(1) 公益性。从人力资源管理的目的看,公共部门人力资源管理不像企业那样把追求本企业利益最大化作为行动目标。也就是说,企业人力资源管理的根本目的是为本企业带来更多的利益回报,而公共部门人力资源管理是通过提高公共部门人力资源质量、实现人力资源价值最大化,以谋取公共利益或社会福利的最大化。这是因为,公共部门的权力是公民赋予的,公共部门所追求的是公共利益或社会福利最大化，奉行全体公民利益至上原则。

(2) 复杂性。公共部门特别是政府部门是一个纵横交错、层级间相互制约的组织结构体系，它是按照完整统一原则建立起来的，要求目标统一、事权统一和功能配置统一。因此，合理划分各级行政组织特别是中央与地方的人事管理权，建立完整统一的人事管理制度，明确职责范围，是遵循统一原则、高效管理公共部门人力资源的基础。而公共部门人力资源管理权的划分又是一项复杂的系统工程，其复杂性是任何其他组织无法比拟的。另外，第三部门的特殊性也增加了其人力资源管理的复杂性，第三部门人力资源管理既受纯公共部门影响，也受私人部门影响，从而加大了第三部门人力资源管理的难度。

(3) 法制性。公共部门依法对人力资源进行管理，具有强制性特征，这是公共部门人力资源管理不同于企业的鲜明特征之一，主要表现为如下两点：一是公共部门设置的管理人力资源的组织机构及其宗旨和目标、人员编制、行为规范、财政预算等，均必须受相关法律约束；二是公共部门必须依照法律法规来行使人力资源管理权，超越相关法律法规和政策规定的人力资源管理行为将是违法、违规和不被允许的。

(4) 强调德、才测评，绩效考评指标较难量化。公共部门的自身特征决定着公共部门的阶级性，关系着公共部门能否切实代表全体公民的利益，关系着公共部门的社会形象及其权威性，所以在选人、育人、用人甚至绩效考评及建立和实施激励机制时，公共部门均应把员工的思想品德、才干能力放在重要位置。另外，公共部门自身及其管理目标的特殊性，也决定了公共部门产出较难量化，进而导致绩效考评指标较难量化。

1.2 从人事管理到人力资源管理的演进与发展

现代人力资源管理是由传统人事管理演进发展而来的，在传统人事管理向现代人力资源管理的演进发展中，科技和社会生产力进步、员工素质整体改善、管理实践者认知水平提高以及管理科学和行为科学的发展发挥了根本性作用，促进了传统人事管理向现代人力资源管理的演进和发展。

1.2.1 管理科学的实践与发展历程

1. 从经验式管理到"科学管理"

人类的管理活动始于原始社会中后期，是人类为谋求个体、群体乃至族类的生存和生活，在与自然界斗争过程中而逐渐形成和发展起来的。人类早期的管理活动应始于人类对从自然界获取的食物等生活资料的原始统计和分配，然而，由于当时还未发明数字和文字，人们只能用一些天然的石子、小木棒或者通过在木头、石头上刻道等方法来计数，并以洞藏、埋藏或以草、树枝树叶覆盖等方式来将剩余的食物储存下来，以备食物缺乏或获取不到足量食物时之用。相比之下，人类管理思想虽自人类管理活动产生之时即已萌芽，但作为较为完整的思想体系，其形成时期则要滞后得多。应该讲，人类管理思想是人类管理活动产生和发展的必然产物，是人类生活和生产实践过程中群体智慧的结晶，是一个由实践到认识、由感性到理性的过程。在自然经济和传统农耕社会，社会生产力水平和劳动者的知识技能水平普遍低下，经济活动既缺乏严格的规范和规则，也缺乏科学的理论指导，经济活动及其管理行为完全凭借劳动者的切身体会及阅历经验，不同管理者的管理方法往往差异很大，而且管理效果也因时、因地、因管理对象不同而不同，这一时期的管理表现出极强的经验性特征，因此，通常被称为经验式管理(management by experience)阶段。这种管理模式不仅广泛存在于传统农耕社会和工厂制时期，还在实行工业化大生产后的较长时期内仍发挥着重要作用。

"科学管理"(scientific management)肇始于18世纪的工业革命时期，是随着社会化大生产的发展及人们对经济活动和劳动生产过程认知的不断提高与深化而提出来的。美国的工业化开始于19世纪初，到19世纪末，美国已建成了四通八达的铁路网和几条横贯大陆的交通干线。交通运输业的迅速发展，在扩大国内市场、加速资源流动的同时，也带动了煤炭、钢铁和机器制造业的发展。随着铁路运输需求的迅速增长，铁路运输业快速发展，由此铁路运输公司的规模不断扩张，并出现了一些巨型的铁路运输企业，随之，铁路及其公司经营和管理的问题也越来越突出。人们通过研究和解决铁路经营管理中遇到的问题，不仅积累了许多经验，还助推了"科学管理"理念的逐步形成和管理行为的革命。由于美国工业化是在吸引国外技术和资本以及吸纳大量国外劳动力的背景下展开的，来自国外特别是西欧和北欧的移民，除一小部分人具有一定的技术技能外，其余大多数均为纯体力劳动者。进入20世纪后，美国的社会生产力水平得到了迅速提高，不但形成了国内统一的市场，而且生产的社会化、集中化和垄断化程度空前高涨，垄断组织持续扩大。垄断组织从地区扩大到国家，从国家扩大到国际，并出现了跨国公司。随着经营规模扩大，信用制度、股份公司逐渐建立和发展起来，进而导致了所有权与经营权的分离，使得现实中越来越需要专门化的管理职能，并由此出现了越来越多致力于管理技术和方法研究的人员，涌现出一批卓有成就的早期职业管理者和管理学家，像丹尼尔·麦卡勒姆、享利·普尔、享利·汤、弗雷德里克·哈尔西、享利·梅特卡夫以及奥伯林·史密斯等，他们是这一时期的杰出代表。应该讲，在泰勒的"科学管理"产生之前，在社会需求的强力拉动下，麦卡勒姆和普尔对企业组织结构及其职能控制做了充分而深入的讨论，汤和哈尔西对工人的工资报酬及收益分配进行了探讨和实验，梅特卡夫和史密斯则在车间管理上进行了尝试，这些为"科学管理"的诞生提供了客观环境和物质条件[①]。

"科学管理"的基本设想是存在一种最合理的方法来完成一项工作，这种方法不仅最有效率，而且速度最快，成本也最低。这就需要将工作分解为最基本的机械元素，然后将它们以最有效的方式重新组合起来。美国机械工程师弗雷德里克·泰勒(Fregerick Taylor)通过对铁块搬运工、铲掘工和金属切削过程的实验性研究发现，劳动对象(如铁块、铁砂或煤炭、被切削的金属等)的性质、劳动工具(如铲子、车床)的适应条件、工人的工作程序和肢体动作等直接影响着工人的劳动效率。为此，他一方面精心地挑选与工作要求相适应的工人，另一方面为工人们制定了相应的工作程序和方法，并为他们提供专门的工具，经培训后，让他们上岗工作。在工作中，他采用了具有刺激性的计件工资制。结果，工人的劳动效率成倍增长。泰勒认为，通过消除不必要的或重复的步骤可以达到工作效率的最大化，同时可减少懒惰和劳工冗员。如果对泰勒的"科学管理"思想予以总结的话，其管理思想可归纳为如下几个主要方面。

---

① 郭咸纲.西方管理学说史[M].北京：中国经济出版社，2003：87.

(1) 科学地确定劳动定额。他主张劳动定额，既非雇主说了算，也非由工人决定，而是成立由专门人员组成的机构，通过"时间和动作研究"科学地确定定额。

(2) 人事相符，员工与工作相匹配。泰勒主张将过去的工人挑选工作改变为工作挑选工人，每一工作均需挑选最合适的一流工人。工人的挑选工作应由组织内专门的机构去实施，这一部门也就是此后的人事管理部门。

(3) 对员工进行科学培训。泰勒认为合适的一流工人不是天生的，造就合适的一流工人的途径有两种：一是进行严格挑选，二是进行科学培训。他认为培训工作应由专门机构和专门人员负责。20世纪初期开始，泰勒的"科学管理"理论在美国企业界得到普遍推广，并对世界各国企业的人事管理产生了巨大影响，由此，泰勒被誉为"科学管理之父"。

虽然说泰勒的"科学管理"理论使生产过程实现了管理控制的合理化，但同时也把雇员和业主均排斥在了决策过程之外，迎合了管理者的心理，因此，泰勒主义被认为是"削减有组织的劳工、在不增加工人工资情况下榨取工人额外劳动的一种方式"[①]。

2. 从"科学管理"到人际关系管理

20世纪初推行的"科学管理"，在实践中面临诸多问题和挑战。比如，"科学管理"因未顾及员工感受，从而使员工对工作产生不满情绪，并由此影响到员工劳动效率；此外，"科学管理"理论中关于金钱是激励员工和提高员工劳动效率的唯一要素的观点，在实践中也受到越来越多质疑；而且，尽管许多企业采用了泰勒的"科学管理"方法，但劳资纠纷和罢工依然不断。对此，美国工业工程师亨利·甘特指出："不论我们做什么，都必须与人性相符合。我们不能驱使人们。我们要指导他们的发展。"甘特主张要以利益分享来回报学习，指出独裁管理威胁民主[②]。被彼得·F.德鲁克誉为"管理学先知"的玛丽·帕克·芙丽特认为："(发号施令的)第一个缺点就是，如果我们不邀请真正从事这项工作的人来参与决策，决定职责的规则应当是什么样子，那么，我们会失去我们本来可以从他那里学到的东西……专断的命令忽视了人类天性之中最基本的因素之一，明白地说，那就是主宰自己生活的愿望……即使命令是完善地制定的，并且不是以'盛气凌人'的态度发出的，仍然有很多人对他们感觉是命令的任何事物做出狂暴的反应。人们反感的往往是'命令'，而不是命令的'内容'……如果一个工人被要求按照他认为并非最佳的方式工作，他通常会对工作的结果全然失去兴趣。他可以事先就断定自己的工作注定不会有好结果……绝不要影响工人对自己工作的自豪感，这是我们最应当注意的事情之一。"[③]这些问题和挑战，促使管理实践者和学者们努力去探究决定工人劳动效率的因素。

1924年，美国科学院组织了一个包括各方面专家的研究小组，对芝加哥城郊外的西方电气公司(Western Electric)霍桑工厂的工作条件和生产效率进行全面考察和多种实验。

"霍桑实验"是一个以"科学管理"的逻辑为基础的实验，从1924年开始到1932年结束，前后共历时8年。"霍桑实验"先后进行了两个回合：第一个回合从1924年11月至1927年5月，在美国国家科学委员会赞助下进行；第二回合从1927年至1932年，由美国哈佛大学教授E.梅

---

① 肯尼思·克洛克，琼·戈德史密斯. 管理的终结[M]. 北京：中信出版社，2004：25.
② 肯尼思·克洛克，琼·戈德史密斯. 管理的终结[M]. 北京：中信出版社，2004：26.
③ 葆琳·格雷汉姆，玛丽·帕克·芙丽特：管理学的先知[M]. 北京：经济日报出版社，1998：111-113.

奥(E. Mayo)主持进行。"霍桑实验"前后可分成四个阶段：第一阶段为车间照明变化对生产效率影响实验，也称"照明实验"；第二阶段为工作时间和其他条件对生产效率影响实验，也称"福利实验"；第三阶段为了解员工工作态度的会见与交谈实验，也称"访谈实验"；第四阶段为影响员工积极性的群体实验，也称"群体实验"。后三个阶段的实验是在梅奥教授主持下进行的，其实验目的是解决第一阶段所发现的问题。

通过"照明实验"，研究者发现：工作场所中的灯光只是影响生产的一种要素，而且是一种不太重要的要素；由于实验中涉及的因素太多，且其中任何一种因素变化都会影响实验结果，因此，照明对产量的影响实际上无法确定。总体来看，"照明实验"虽未得到满意结果，却为接下来梅奥等人的实验提供了借鉴。承继"照明实验"的初步结果，梅奥等人进一步设计和进行了"福利实验""访谈实验"和"群体实验"，得出实验结果：第一，管理方式的改变(由严格的命令和控制方法改变为对工人来讲自由宽松式的管理方法)有助于员工士气的提高和人际关系改善，从而改变工人的工作态度，促进产量提高。第二，管理者与工人友好相处，注意倾听并理解工人，热情对待工人，关心工人，有利于融洽人际关系的达成及员工士气的提升。第三，企业中存在非正式组织(群体)，这种非正式组织(群体)的职能在于控制其成员的行为，对外保护其成员，使之不受来自管理层的干预，这种非正式组织均存在自然形成的领袖人物。这种非正式组织的形成是与更大的社会组织相联系的。

在"霍桑实验"基础上，1933年梅奥等人正式出版了《工业文明中的人的问题》(*The Human Problems of an Industrial Civilization*)一书，与蒙特斯伯格共同建立了"人际关系学说"。

3.行为科学的发展与人力资源管理时代的到来

尽管人际关系学说对科学管理理论进行了补充和矫正，但有学者认为，人际关系管理方法在提高员工产出和增加员工满意度上没太大作为，这是因为，行为科学模式下的人际关系管理方法有其自身缺陷，主要表现为以下几点：第一，人际关系管理方法是建立在简单组织中人的行为分析基础上的，然而，"快乐的员工是一个好的员工"的论点并未得到事实证明。第二，人际关系管理方法未考虑个体差异性。每个员工都是具有不同需求和价值观的复杂个体，对某一员工有激励作用的方法对另一员工未必有激励效果；"快乐"和"感觉好"对某一员工的劳动效率可能没有影响。第三，人际关系管理方法没有认识到对工作结构和员工行为控制的需要。在很大程度上，它忽视了生产过程、标准和指导员工朝组织目标努力的规章制度的重要性。第四，人际关系管理方法没有认识到人际关系只是保持员工激励的必要条件之一，因为员工劳动效率的提高还可以通过绩效考评与管理、职业生涯管理、培训以及工作的丰富化和挑战性等加以实现。

20世纪50年代后，行为科学的产生和发展进一步矫正、补充并扩展了人际关系理论的内容。行为科学运用心理学、社会学和人类学等多学科的理论和方法，通过对一般意义上组织中个体和群体行为的研究，认为员工的行为是多种多样、复杂多变的，员工需求影响和决定着员工的动机和行为，分析和把握员工需求并采取有效的激励措施，是有效管理员工、提高员工工作效率的有效方法。行为科学的最大进步在于它认识到了员工不是机器，而是有需求、有动机、有个性、有感情的组织成员，员工的需求、动机、个性和组织因素均会影响员工行为，因此，在管理实践中，应从员工需求出发，运用恰当的激励手段来激发员工的积极行为，克服其消极行为，以提高企业的劳动效率。这一时期最具代表性的理论有亚伯拉罕·马斯洛(A. H. Maslow)的需求层次论、克莱顿·奥尔德弗(K. Alderfer)的生存—关系—成长理论(Existence, Relatedness and Growth, ERG理论)、弗雷德里克·赫茨伯格(Frederick Herzberg)的双因素理论、维克多·弗洛姆(Victor Vroom)的期望理论、利曼·W. 波特(Lyman W. Porter)和劳勒的综合激励模型、戴维·麦克利兰(David McClelland)的成就需求理论、道格拉斯·麦格雷戈(Douglas McGregor)的Y理论、埃德加·沙因(Edgar Schein)的"复杂人"假说、以美国著名行为主义学家斯金纳(B. F. Skinner)为主要代表的强化理论和亚当斯(J. Stacey Adams)的公平理论等。这些理论主要从个体角度来研究人的行为，强调从人的需求出发来激励人，以提高员工工作效率，在组织目标与个人目标统一基础上实现组织发展。此外，有的学者从组织和领导行为角度进行研究，如卡特·勒温(Kurt Lewin)的群体动力学理论、美国行为学家亨利和鲍莫尔等人的领导品质理论、坦南鲍姆和施密特的领导模式理论、美国行为学家布莱克和莫顿提出的管理方格理论以及美国管理学家威廉·大内(William Ouchi)的Z理论等。这些理论特别强调组织和领导者对员工的关心，认为组织和领导者对员工的关心是获得组织高绩效的根本所在。尽管上述理论分别从不同角度研究和探讨了人的行为，但总体来看，这些理论大多是从人本主义立场看待管理问题的，体现了浓郁的人本管理色彩，为人力资源管理奠定了坚实的理论基础，标志着一个新的管理阶段——人力资源管理时代的到来。

1.2.2 从传统人事管理到现代人力资源管理

人事(human affairs)是指以人治事过程中发生的人与人、人与组织以及人与事(工作)之间的相互关系。人事管理(human affairs management)则指对人事关系或与人相关的事务的管理，目的在于达到人与人、人与事间的最佳配合，以实现组织目标。因此，人事管理一般是围绕人与事(工作)的关系特别是以事为中心展开的，它所追求的是事得其人、人事相宜。

人事管理起源于古埃及和古希腊时期，是随着国家和组织的出现而产生的。现代意义上的人事管理是随着工业革命发展起来的。发端于18世纪的工业革命促成了以机械化大生产为特征的组织的产生，规模化大生产和装配线的出现加强了人与机器的联系，大工厂的建立导致员工雇用数量急剧增加。工业革命在提高劳动专业化水平和社会生产力水平的同时，也对生产过程的管理，尤其对生产中员工的管理提出了更高要求，从而出现了专门的管理人员，由他们专门负责监督员工的生产、管理与员工有关的事务。

现代企业是在工业革命大潮中形成和发展起来的，在几百年的发展过程中，人事管理作为企业管理的重要一环，逐渐得到发展和完善。最早，在手工作坊式的工厂中，企业主或资本家集财产所有者和经营管理者于一身。作为管理者，许多具体的企业管理职能，如生产、财务、人事、营销等，都由企业主或资本家本人负责。随着企业规模扩大，管理幅度越来越宽，资本家直接管理一切企业活动已是心有余而力不足，于是出现了企业主或资本家雇佣管理助手来协助自己对员工进行控制的管理形式。随着企业活动的进一步复杂化，组织机构越来越复杂，出现了财务、技术等专业性的职能管理部门。随后，人事部门也产生了。招聘工人由具有专门技能的人事管理者通过一系列方式(如笔试、面试等)进行测评和筛选。但在开始时，由于用人治事的权力主要掌握在各部门直接主管手中，人事部门工作者只是一线主管的助手，在企业中的地位不高，对企业战略及重大决策很少或根本没有发言权。

中国传统的人事管理制度基本上是封闭的。这种封闭式的人事管理制度本质上与传统计划经济体制相适应，而且，这种传统管理范式给社会主义市场经济体制的建立及现代企业发展带来了以下种种问题。

(1) 人才流动难，导致以市场为主导的人力资源优化配置功能难以得到有效发挥。同时，人才归部门所有，劳动者按干部和工人身份进行管理，导致劳动力市场的调节、开发、储存和服务功能难以发挥，人力资源浪费极其严重。

(2) 国家统一调配人员的管理办法导致分配中的"大锅饭""平均主义"等现象，单位对所属工作人员的生活福利一管到底，致使机构臃肿、人浮于事，极大地降低了组织和部门的效率，加重了公共财政负担。

(3) 人事管理权过于集中，使得用人单位缺乏应有自主权，难以适应市场经济自主经营管理的需要。

(4) 管理短视，透明度低，不能集思广益，导致人事管理工作失误频频。

(5) 管理过程缺乏公平公正性。因封闭式管理具有较强的计划性和保密性，从而使得社会监督功能难以有效发挥，腐败行为难以得到有效遏制。

在人事管理半个多世纪的发展中，人事管理的研究对象及管理活动的实施对象都是建立在把组织中的员工视作"经济人"而非"社会人"基础上的。随着科技进步和社会生产力发展，人类社会开始向知识经济时代迈进，在此过程中，员工素质和需求在不断变化，知识技能型员工大量涌现，这些员工的个人需求与传统体力劳动者存在较大差异，他们不仅有着较高的物质需求，还有着强烈的精神需求，以及参与组织管理和自我管理的愿望，有着强烈的自我实现需要。对于这些员工，如果仍采用传统的人事管理方法，很难收到好的管理效果，因此就需要对传统人事管理理念、制度、机制和方法等进行变革。当然，受传统观念和实际管理水平制约，从人事管理向人力资源管理转变很可能要经历较长时间，但这是时代向管理提出的客观要求，是一种不可逆转的趋势。

"人力资源"一词是由美国著名管理大师彼得·德鲁克(Peter Drucker)于1954年在《管理实践》(The Practice of Management)一书中正式使用并予以界定的。在这部著作中，德鲁克提出了管理的三种基本职能：管理企业、管理经理人员和管理员工及其工作。在讨论管理员工及其工作时，德鲁克引入了"人力资源"这一概念。他指出：与其他所有资源比较，唯一区别就是人力资源的载体是人，并且是经理们必须考虑的具有"特殊资产"的资源。德鲁克认为，人力资源拥有其他资源所没有的素质，即"协调能力、融合能力、判断力和想象力"。德鲁克要求管理人员在设计工作时必须考虑人的精神和社会需求，采取积极行动激励员工，为员工创造具有挑战性的工作以及对员工的能力进行开发。德鲁克指出了当时人事管理的三个基本错误：一是认为员工不想工作的假设；二是忽视对员工及其工作的管理，把人事管理作为专业人员的工作而非经理的工作；三是把人事管理活动看成"救火队的工作"，是"消除麻烦的工作"，而不是积极、建设性的活动。总之，德鲁克在《管理实践》一书中表达了对改进员工管理的迫切期望。按照德鲁克的观点，当时的人事管理已经不能适应组织对员工有效管理的要求，必须用人力资源管理替代人事管理。

自20世纪70年代开始，一方面，"人事管理"逐渐被"人力资源管理"取代，人们开始注意提高员工的生活质量；另一方面，管理的东西方交流逐渐展开，美国公司开始学习日本企业的成功做法，如无工会的人力资源管理活动、全面质量管理等。1984年，亨特提出了人事管理重点转移的看法，该观点引起了实际人事管理工作者的广泛重视，引发人事管理向人力资源管理转变。1984年，美国哈佛商学院的迈克尔·比尔等人集几年开设人力资源管理课程教学的经验，出版了《管理人力资本》(Managing Human Assets)一书，对人力资源管理的概念和内容进行了较为全面的阐述，并提供了一个有价值的人力资源管理分析框架。不过，他们并未明确指出人力资源管理与传统人事管理的区别，这一问题直到1992年才由斯托瑞在《人力资源管理的发展》(Developments in the Management of Human Resource)一书中得到阐释[1]。

随着私人部门借助人力资源管理在组织绩效提高方面取得巨大成功，以及公民对高绩效政府和服务型政府的呼声日甚一日，公共部门特别是政府中基于官僚制管理模式的根基开始动摇。20世纪70年代末、80年代初，随着撒切尔夫人上台，一场以提高政府绩效、强化民主参与管理及提高政府服务水平和质量的政府治理和"政府再造"(government reengineering)运动首先在英国轰轰烈烈地展开，并迅速扩展到美国、新西兰、澳大利亚以及斯堪的纳维亚半岛和整个欧洲大陆，并对世界所有国家形成了不同程度的影响[2]。这场席卷欧美的政府治理和"政府再造"运动，被学术界称为"新公共管理运动"(new public management movement，NPMM)。澳大利亚学者休斯(Owen·E.Hughes)概括了"新公共管理"(new public management，NPM)模式的六大特点：①该模式意味着传统行政管理模式的重大改变，最大变化是注重结果的实现和管理者负个人责任；②该模式是一种脱离官僚制的趋势，目的是使组织、人事、任期等更具灵活性；③该模式明确规定组织和人事目标，以便用明确的绩效指标衡量工作业绩，以及对项目实施系统评估，其背后的推动力是经济、效率和效能，即"三E标准"(economy, efficiency and effectiveness)；④公共管理人员更具政治色彩，而不是政治中立或无党派立场；⑤政府职能更有可能受市场检验(如合同外包)，或休斯本人所说的"将掌舵与划桨分开"，政府介入并不一定指政府非得通过官僚制手段实施管理不可；⑥通过民营化或市场检验以及合同外包等方式减少政府职能的趋势[3]。经济合作与发展组织将"新公共管理"模式的主要内容概括为以下几点：①提高政府人力资源管理水平；②员工参与决策与管理过程；③放松管制并推进绩效目标管理；④信息技术的利用；⑤顾客服务；⑥使用者付费；⑦合同外包；⑧取消垄断性管制规定[4]。总体来看，"新公共管理运动"是一场涉及政府管理目标、管理理念、管理体制、管理机制和管理模式的改革，其中，对传统人事管理理念和管理模式的改革无疑占有重要地位，是"政府再造"和"政府治理"的核心内容之一。"新公共管理运动"中人事管理改革的基本思路有两种：一是改革管理中长期以事为中心的管理理念；二是利用现代企业成功的人力资源管理理论和方法来改革传统人事管理模式，从而形成既符合公共部门特点，又具有效率的新型人本化人力资源管理模式，以满足社会对高效、民主和服务型政府的需求。

---

① 滕玉成，俞宪忠. 公共部门人力资源管理[M]. 北京：中国人民大学出版社，2003：41.
② 简·莱恩. 新公共管理[M]. 北京：中国青年出版社，2004：3.
③ 陈振明. 政府再造：西方"新公共管理运动"述评[M]. 北京：中国人民大学出版社，2003：30.
④ 陈振明. 政府再造：西方"新公共管理运动"述评[M]. 北京：中国人民大学出版社，2003：31.

1.2.3 现代人力资源管理与传统人事管理的区别

无论是在管理理念、管理原则、管理内容和管理方法上,还是在管理机制及管理部门在组织中的地位上,现代人力资源管理与传统人事管理均有着显著区别,突出表现为以下几点。

(1) 管理理念和方法不同。传统人事管理以事为中心,组织管理围绕"事"来运作,在这种理念下,人事管理的根本目的是通过对员工的规范化管理,使其按既定目标和规程完成任务,因此强调命令、控制和服从是传统人事管理的典型特征之一。与传统人事管理不同,现代人力资源管理强调以人为中心,要求组织管理围绕"人"来运作,管理的根本目的是通过与员工的沟通及对员工的引导和激励,提高员工对组织的满意度,凝聚人心,激发士气和潜能,以达到最大限度开发和利用人所承载的知识、技术和能力的效果,进而提高组织绩效,实现组织发展目标,因此强调沟通、激励、员工参与和共赢是现代人力资源管理的典型特征之一。

(2) 对人及其作用的认识不同。在传统人事管理模式下,人被视作成本,视作为完成组织工作和任务而存在的工具或机器,与工作相比,人永远处于附属的、次要和被动的地位;而在现代人力资源管理模式下,人被视作"资源",是承载着组织赖以存在和发展的"无形动能"的力量之源,是组织中唯一具有能动作用的要素,并由此决定了人在组织中应有的地位,即处于核心的、首要的和主体的地位。

(3) 对待员工的态度不同。由于传统人事管理与现代人力资源管理对人及其作用认识的差异,从而导致管理实践中对待员工的态度产生极大差异。传统人事管理很少考虑员工对组织管理和工作的感受,很少关注员工的个人发展,"重使用,轻开发"是人事管理的特征之一;而现代人力资源管理强调人力资源的使用与开发并重,重视激发员工潜能及员工的成长与发展,强调参与式管理,尊重人、爱惜人、发展人。

(4) 管理的基本职能和重点不同。从基本职能看,传统人事管理主要包括员工录用、考核、奖惩以及工资管理、档案管理和劳动关系等,内容相对单一;而现代人力资源管理除保留了传统人事管理的一些基本职能外,还增加了人力资源规划、员工测评和人力资源优化配置、员工职业生涯规划与发展管理、员工培训、绩效管理、员工激励管理、人际管理与沟通,以及人力资源管理研究等,内容相对丰富。特别重要的是,相较于传统人事管理,在现代人力资源管理模式下,员工不仅仅是被管理对象,还变成了组织管理活动的参与者,"主人翁"地位得到彰显和明确。从管理重点来看,传统人事管理的重点主要集中在"进""管""出"三方面,突出事务性管理;而现代人力资源管理的重点集中在员工潜能开发、人力资源有效配置和利用、员工成长与发展以及人际关系管理等方面,突出潜能开发及战略性管理和人际关系管理。

(5) 人力资源管理部门与组织中其他部门的关系发生了重大变化。在传统人事管理模式下,人事管理部门与其他部门间是对立或管理与被管理的关系,管理中强调各行其是;而在现代人力资源管理模式下,人力资源管理部门与其他部门间是平等的战略合作伙伴关系,虽然各自的分工、任务和职责不同,但战略目标是共同或一致的。

上述区别充分体现了人力资源管理活动由"事本"或"物本"向"人本"的转变,标志着管理理念、管理理论、管理制度、管理机制和管理方法等的重大变革。深刻认识和领悟现代人力资源管理的要旨与特征,明确其与传统人事管理的不同,是全面实施和做好人力资源管理工作,切实改善组织管理作风和管理模式,提高组织管理水平,提高组织整体绩效的基本前提和根本保证。

1.3 公共部门人力资源管理的基本理论

1.3.1 人性假设

人力资源管理的直接对象是人，而终极目标是人的心理和行为，因此，管理者对人性的认识，直接影响和决定着管理中所采取的方式及其有效性。人性假设是人力资源管理的着力点和理论基础，因为人力资源管理的制度设计、机制建设、方法选择以及效果评估，均是以对人性的认识为前提的。虽然有关人性认识的观点很多，但其中有代表性和影响力的当数以下几种，即"经济人"假设、"社会人"假设、"自我实现人"假设和"复杂人"假设。

1. "经济人"假设与X理论

"经济人"假设(economic man assumption)，有时也称为"理性—经济人"(rational-economic man assumption)或"唯利人"假说，该假设源自享乐主义哲学观及亚当·斯密关于劳动交换的理论，是一种基于"性恶论"的界说，也是西方经济学和传统组织管理理论构建和方法设计的基础。"经济人"假设的观点主要有以下几点：第一，人是由经济诱因来引发工作动机和行为的，其目的在于谋取个人经济利益；第二，经济诱因往往在组织的控制之下，因此，人在工作中总是被动地接受组织的操纵、激励和控制；第三，人总是以一种合乎理性、精打细算的方式来行事，总是力图以最小成本换取最大收益。

美国著名管理学家麦格雷戈在其1960年出版的《企业的人性面》(*The Human Side of the Enterprises*)一书中，结合"经济人"假设的基本观点，归纳总结出了X理论。X理论属独裁主义的管理风格。X理论的观点主要有以下几点：第一，人生性懒惰，生来厌恶工作，只要有可能就想逃避工作。第二，人生来以自我为中心，漠视组织需要，这会导致个人目标与组织目标的矛盾。为了达到组织目标，组织必须通过强迫、控制、指挥和胁迫等方法来对员工行为予以约束和管制。第三，人缺乏理性，易受他人影响，随时会被煽动者当作挑拨是非的对象，从而做出一些不适宜的行为。第四，人是经济人，视自己的利益高于一切，为了追求个人利益，他们会选择那些在经济上有利可图的事情去做。

基于以上假设，以X理论为指导思想的管理方式可概括为以下几点。

(1) 管理者应以利润为出发点来考虑对人、财、物等生产要素的运用。

(2) 管理者的角色应是家长，是指挥者和督导者，管理者对员工的工作要加以指导、控制，纠正其不适当的行为，使之符合组织要求。

(3) 管理者把人视作机器，忽视人的自身特点和精神需求，把经济手段当作激励人们工作的主要手段。

(4) 管理者应制定严格的管理制度和规章规程，运用领导者和管理者的权威及严密的控制手段来确保组织目标的实现。

(5) 管理者应采用"胡萝卜+大棒"的管理方法来实施管理。

2. "社会人"假设

"社会人"假设(social man assumption)由美国人际关系学派的首倡者埃尔顿·梅奥(Elton

Mayo)等人率先提出。通过霍桑实验，梅奥等人得出了如下结论：工人不是机械的、被动的机器，而是活生生的社会人；影响人的劳动积极性的因素，除了物质因素外，还有社会的、心理的因素；每个工人都有自己的特点，个体的特点和个性都会影响个人对上级命令的反应和工作表现。因此，应把工人当作不同的个体和社会人来看待。在霍桑实验得出的结论基础上，美国行为科学家埃德加·沙因归纳出了"社会人"假设。"社会人"假设的基本观点主要有以下几点。

(1) 社会需要激发人的工作积极性。物质激励虽然对人的积极性有影响，但责任感、成就感、尊重感和认同感等社会因素对人的积极性的影响更大。

(2) 影响员工工作效率的最主要因素是人际关系。工作效率主要取决于组织成员在家庭和各个社会群体中人际关系的协调程度。

(3) 非正式组织是影响组织成员行为的潜在力量。

(4) 人们最期望领导者承认并满足他们的社会需要。

基于"社会人"假设，在管理实践中，组织和管理者应帮助员工建立并保持融洽的人际关系，注意员工的心理感受，激励员工的工作士气。

"社会人"假设一改"经济人"假设或X理论视人性为"性恶"的观点，开始从"性善"的角度来看待人的行为，而且，它在肯定物质因素的激励作用的同时，也看到了精神激励或关注人的心理的重要性，因此，可以说，霍桑实验和"社会人"假设预示着管理科学对人的心理和行为关注的开始。

3. "自我实现人"假设与Y理论

"自我实现人"假设(self-actualizing man assumption)源自马斯洛的需求层次论。埃德加·沙因将"自我实现人"假设的观点归结为以下几点：第一，人的需要有低级和高级之分，人们工作的目的在于达到自我实现的需要。第二，人们力求在工作上有所成就，实现自我管理和独立，发展自己的能力和技术，以便富于弹性和适应环境。第三，人们能够自我刺激和自我控制，外来的激励和控制会对人产生威胁，并造成不良后果。第四，个人目标与组织目标并非冲突，而是一致的，在适当条件下，个人应自动调整自己的目标，使之与组织目标契合。

在"自我实现人"假设基础上，结合X理论，麦格雷戈提出了Y理论。Y理论属于参与式管理风格，其核心理念类似于中国古代的性善论。Y理论的主要观点有以下几点：

第一，人并非生性懒惰，也并非生来厌恶工作。

第二，外部控制和以惩罚相威胁并非鞭策人们努力实现组织目标的唯一方法，人们更愿意通过自我管理和自我控制来达成他们认同的目标。人追求自我欲望的满足，这与组织需要没有矛盾，只要管理得当，人们就会把个人目标与组织目标统一起来。

第三，在合适的条件下，人们不但能接受且愿意承担责任，而且懂得主动承担责任。逃避责任、丧失进取心、对工作安全的关注，并非人的本性，而是后天经验的结果。

第四，大多数人都有相当高的解决问题的想象力、灵活性和创造力，只是人的智力潜能往往难以得到充分利用而已[①]。

---

① 丹尼尔·A.雷恩，阿瑟·G.贝德安. 管理思想史[M]. 6版. 孙健敏，黄小勇，李原，译. 北京：中国人民大学出版社，2016：510-511.

以Y理论为指导的管理方式和方法与X理论截然不同，其管理方式和方法可简单归纳为以下几点：第一，人的行为管理的着眼点在于创造使人能充分发挥个人才能的工作环境，使员工在实现组织目标的同时达成自己的个人目标，以实现组织目标与个人目标的有机统一。第二，在工作中应该给员工更多信任、责任和自主权，鼓励员工参与自身目标和组织目标的制定，相信他们能自觉地完成任务。第三，外部控制、操纵、说服和惩罚，绝非促进人们努力工作的有效方法，管理者的角色应当是辅助者、训练者和提供帮助的人。

在管理实践中，管理者应该用启发式代替命令式，用信任代替监督，用激励代替惩罚，促使员工既为了组织目标也为了自己的目标而努力工作。

4. "复杂人"假设与Z理论

"复杂人"假设(complex man assumption)是史克斯等人在20世纪60年代提出的。在1965年出版的《组织心理学》(organizational psychology)一书中，埃德加·沙因对其做了进一步归纳。"复杂人"假设的基本观点主要有以下几点：第一，人是复杂人，人的需求、能力和动机存在差异性。第二，一个人在组织中可以学到新的需求和动机，一个人在组织中表现的动机模式是其原来动机模式与组织经验交互的结果。第三，人在不同组织和部门中可能具有不同的动机模式，在正式组织中不能合群的人，在非正式组织中有可能达成自我实现的目标。第四，一个人能否感到心满意足，是否愿意为组织出力，决定于他本身的动机构造及其与组织的关系，工作的性质、个人的工作能力和技术水平、动机的强弱以及与同事的关系等，均有可能影响其工作状况、工作效果及其对组织和工作的满意度。第五，人可以依据自己的动机、能力和工作性质对不同的管理方式做出反应。

在"复杂人"假设基础上，美国管理学家威廉·大内通过对日本企业的跟踪研究，提出了Z理论。Z理论的基本观点有以下几点：第一，实行稳定的雇佣制度，使员工与企业同甘苦、共命运。第二，建立并实施员工长期考核和晋升制度。第三，培养员工正直、善良的品行，实行岗位轮换制度，培养适应各种工作环境的多专多能的人才。第四，领导者和管理者共同制定新的管理战略，明确共同的经营管理宗旨。第五，采取集体研究与个人负责相结合的决策方式，即吸收有关人员共同讨论、协商、集思广益，最后由领导者作决策并承担责任。第六，通过高效协作、弹性激励等措施来贯彻执行组织目标。第七，培养管理人员的沟通技巧。第八，鼓励员工参与组织管理，建立员工与组织的全面整体关系。

Z理论是一种强调民主参与的管理理论，代表着组织管理发展的方向，因此，目前这种理论正在引起人们越来越多关注，很多企业通过推行Z理论的管理方法，收到了良好管理效果。

1.3.2 人力资本理论

人力资本理论(the theory of human capital)产生于20世纪五六十年代，它是应理论研究和社会实践的需要而产生的。在人力资本理论产生后的半个多世纪中，虽然该理论一度遭到理论界的质疑和批判，但由于它附和了科技进步和人类社会发展的趋势，特别是脑力劳动替代体力劳动成为社会生产力进步及经济社会发展的核心动力和决定性力量，因此，在经历了长时间的质疑和批判后，仍然坚毅地存活下来，并显现越来越强的解释力和广泛的社会接受度。人力资本思想源于英国古典政治经济学创始人威廉·配第(William Petty)和英国古典政治经济学主要代表人物亚当·斯密(Adam Smith)，而人力资本理论则由美国著名经济学家西奥多·舒尔茨(Theodore W.Schultz)、加里·贝克尔(Gary S.Becker)和雅柯布·明塞尔(Jacob Mincer)等人共同推出和创建。与人力资源一样，人力资本是一种无形的资本，其载体也是人。人力资本是人力资源质的表现或质的规定性，是人力资源管理的理论基础。

概括人力资本的理论和实践成果，可将其基本理论观点归纳为如下几点。

(1) 人力资本是一种具有增值力的无形资本，这种资本表现为人所具有的经验、知识、技能和健康等，是科技进步和社会生产力发展的决定力量和动力源泉。

(2) 人力资本投资(investment in human capital)不仅能够为被投资者带来直接经济收益，还能带来间接的心理或精神收益。

(3) 人力资本的形成和累积是在先天基础上进行后天人力资本投资的结果。人力资本的投资形式主要有正规教育、职业和技术培训、医疗与卫生保健、干中学(learning by doing)、劳动者的迁移与流动、就业信息获取等。

(4) 劳动者所拥有的人力资本与其劳动力价值成正比关系，现代社会中劳动者的价值主要体现在其所拥有的能够为社会和组织带来新增价值的人力资本存量上。

(5) 组织人力资源管理的根本目的在于管理劳动者的人力资本，并通过物质和精神激励等措施，将劳动者的人力资本转化为组织和社会的价值或收益增值。

(6) 人力资本是一个国家或地区社会经济发展的动力引擎，是现代农业经济、工业经济、网络经济、信息经济和知识经济发展的动力源。

1.3.3 人本理论

人本管理(people-oriented management)源于人本主义思想，它是在现代行为科学基础上发展而来的一种管理模式。所谓人本主义，泛指任何以人为中心的学说，它是一个区别于神本、事本或物本的概念。现代人本管理理念虽然源自传统人本主义，但却与传统人本主义在认识、关注点和内容上有很大不同。现代意义上的以人为本是在充分认识人的需求和动机基础上，从爱惜人、尊重人、理解人和发展人的层面提出的一种与社会进步相适应的理念，是对以个体形式存在的人的个性的充分肯定和弘扬。现代人本管理运用心理学、社会学、经济学、管理学、人类学等多学科的理论和方法，从把人视为自然人、经济人、社会人和自我实现人的有机统一体的基础上，从张扬人的个性、充分彰显人的价值、发挥人的能力、尽可能满足人的自我发展需要角度，来对人实施激励、引导和管理，它所强调的是组织和个人目标统一基础上的员工自治或自我管理。

人本思想在中国早已有之，如中国传统流行的"人为五行之尊""节用爱人""万事民为本""得人者得天下""唯才是举""得人、育人"，等等，即是人本主义在中国社会的现实体现，并深刻影响着中国历朝历代的统治者。然而，长期以来，这种人本主义思想更多地停留在思想层面，在管理实践中并未得到贯彻和弘扬。在西方社会，20世纪五六十年代以来，行为科学的兴起，极大地推动了人本管理由思想向理论和社会实践的转化，20世纪70年代以后，很多欧美企业纷纷将人本管理理念、理论和方法引入到企业管理中，通过改革企业人事管理制度及管理模式和方法，更多地关注员工需求和发展，积极推进参与式管理方法，通过统一组织目标与员工目标,不仅大大提高了企业的核心竞争力和企业绩效,还极大地改善了劳资关系,提高了员工和客户的满意度,收到了良好的管理效果。应该讲,现代人本管理模式是在迎合社会发展潮流、适应利益相关者共赢目标前提下快速成长及被推广应用的理念,是建设和谐组织乃至和谐社会的重要理论基础。

综合人本思想的发展及人本管理的实践成果,可以归纳出人本管理的如下几个特征。

(1) 人本管理是以人为中心的管理。这种管理区别于以事或物为中心的管理模式,视员工为组织发展的"第一资源",而不是把员工当作实现组织目标的工具,充分体现了组织管理的人性化特征,同时也是对人的价值性和地位的充分肯定,是管理之于人性的复归。

(2) 人本管理是为了人的管理。这里的"人本管理是为了人的管理"有两层含义:一是组织管理必须以员工为核心,爱惜员工,理解员工,关心员工,尊重员工,注意把组织目标与员工目标协调统一起来,为员工提供尽可能多的发展机会和可能。只有如此,才能切实提高员工对组织的认同感和满意度,才能获得员工对组织的忠诚及其对工作的高度热忱,进而提高组织绩效和客户满意度。因为"员工第一"是"客户第一"目标得以实现的前提。二是组织管理必须以客户为本,为客户提供热情、周到、及时、快捷、高质量的服务和产品,提高客户对组织及其产品的信任感和满意度,实现组织和客户的共赢。因为"客户第一"是"员工第一"的必要保证。

(3) 人本管理的主体是组织的全体员工。人本管理把全体员工看成组织管理的主体,强调员工参与式管理和民主自治,鼓励员工为组织和部门的发展献计献策,实施全面激励,以充分激发员工对工作的积极性、主动性和创造力,有利于员工个性的张扬及能力的充分发挥,也有利于增强员工爱岗敬业的"主人翁"意识。

1.3.4 激励理论

激励(motivation)是一心理学术语,有"激发、鼓励"之意。激励是一种过程,更是一种效果。在管理学中,人们一般将"激励"定义为:"通过创造满足员工各种需要的条件,来激发员工动机,使之产生实现组织目标的特定行为的过程。"对于激励的作用,威廉·詹姆士曾经指出,按时计酬的员工,只要发挥其个人潜力的20%~30%即可保住饭碗;若通过恰当激励,员工个人潜力可发挥出80%~90%,创造的价值将不可估量。

激励理论是西方行为科学理论的核心,也是现代人力资源管理的重要理论基础。大量的管理实践业已证明,激励理论对改善组织管理、激发员工潜能、提高组织绩效具有积极的实践意义。

20世纪二三十年代以来,结合管理实践,管理学家、心理学家和行为科学家提出了一系列激励理论。这些激励理论大致可分为三大类,即内容型激励理论、过程型激励理论和行为改造型激励理论。

1. 内容型激励理论

内容型激励理论从人的需求和动机角度来研究人的工作行为,其中具有代表性的是马斯洛的"需求层次论"、赫茨伯格的"双因素理论"、奥尔德弗的ERG理论和麦克利兰的"成就需求理论"。

(1) 需求层次论。需求层次论(the theory of need hierarchy)是由美国著名人本主义心理学家和行为科学家亚伯拉罕·马斯洛(A. H. Maslow)在20世纪40年代出版的《人类的动机理论》(*A Theory of Human Motivition*)一书中提出的。马斯洛把人的各种需求归纳为五大类，即生理需求、安全需求、爱和归属的需求、尊重需求和自我实现需求。这五大类需求相互作用和影响，而且按重要程度先后发生，如图1.2所示。

图1.2 马斯洛需求层次等级

马斯洛指出，生理需求(physiological needs)主要包括维持生活和繁衍后代的各种物质需要，如衣食住行和性欲等，这是人类最基本的、也是推动力最强的需求。安全需求(safety needs)是有关免除危险和威胁的各种需要，如防止工伤事故和有伤害的威胁、被资方解雇、生病或养老以及财产安全、婚姻安全和心理安全等。爱和归属的需求(love and belonging needs)，也称为社交需求，包括与家人、朋友、同事和上级等保持良好的关系，给予别人并从别人那里获得友爱和帮助，被某一组织或群体公认为其中成员等。尊重需求(esteem needs)则涉及自尊心、自信心、能力、知识、成就和名誉地位需要等。自我实现需求(self-actualization needs)是指一个人能做他最适合做的工作，能发挥自己的最大潜能，实现理想，并不断自我创造和发展。以上五类需求很难都得到满足，一般来讲，需求等级越低，越容易得到满足。需求层次理论为员工激励和组织薪酬设计提供了重要理论指导。

(2) 双因素理论。双因素理论(two-factor theory)是由美国心理学家赫茨伯格(Frederick Herzberg)在1966年出版的《工作和人的性质》一书中提出来的。赫茨伯格通过对工程师和会计师群体的调查发现：一类事物当它存在时可引起满意，当它缺乏时不是引起不满意，而是根本没有满意；另一类事物当它存在时人们并不觉得满意，而是没有不满意，但当它缺乏时则会引起不满意。前一类因素如成绩、成就感、赞赏、有挑战性的工作、责任感、上进心及发展和成长的机会等，这类因素如果能得到满足，可以激励个人或集体以一种成熟的方式成长，赫茨伯格把这类因素称为激励因素(motivators)。激励因素解答的是"我为什么要更努力地工作"这一问题。对于这类因素，若处理得当，不仅能给员工带来较大程度的激励，产生工作满意感，还有助于充分、有效、持久地调动他们的积极性。后一类因素如金钱、监督、地位、个人生活、安全、工作环境、政策、福利待遇、工作保障和人际关系等，当这类因素低于人们认为可以接受的水平时，就会导致人们的不满，而当人们认为这类因素与可接受的水平相当时，不满就会消除，但并不会带来积极的态度，而是形成某种既不感觉不满意也不感觉满意的中性状态。因这类因素发挥作用的方式与医疗保健的原则类似，因此赫茨伯格称这类因素为保健因素(hygiene factors)。保健因素回答的是"我为什么要在这里工作"的问题。这类因素若运用不当，会导致员工不满，甚至引发怠工和辞职，以致挫伤员工积极性；若处理得当，则能防止员工产生不满情绪。

双因素理论是对需求层次理论的修正和发展。在薪酬管理和员工管理实践中,这两种理论的运用应兼收并蓄,相互补充。

(3) 生存—关系—成长理论。生存(existence)—关系(relatedness)—成长(growth)理论,也称ERG理论,是克雷顿·P.奥尔德弗(Clayton P. Alderfer)在于1969年发表的《人本需求新说的经验性研究》(*An empirical Test of a New Theory of Human Needs*)一文中提出的一种理论。生存—关系—成长理论是对需求层次论的修正和发展。奥尔德弗在大量调查的基础上指出,人的基本需求不是五种,而是三种,即生存、关系和成长。他认为,生存需求是最基本的,指人在穿衣、饮食和住房等方面的需求,这种需求一般通过金钱得到满足,它相当于需求层次论的第一级和第二级需求;关系需求指人与其他人和睦相处,建立友谊和有归属感,相当于需求层次论的第三级需求;成长需求指个人在事业、能力等方面有所成就,相当于需求层次论的第四级和第五级需求。

这三种需求并非与生俱来的,有的(如关系和成长需求)需要后天努力才能得到。人的需求并非严格按由低到高次序进行,而是可以越级的,当高一级需求得不到满足时,人们就会退一级来寻求自己的需求(见图1.3),所以管理者需要了解员工的不同需求,以激励和控制员工的行为,实现组织目标。

图1.3 奥尔德弗的ERG理论

对于奥尔德弗的ERG理论,有的学者认为,其对需求的分类并不比马斯洛的需求层次论更完善,对需要的解释也并未超出马斯洛需求层次论的范围,如果说马斯洛的需求层次论系带有普遍意义的一般规律的话,则奥尔德弗的ERG理论更偏重对个体差异性的考查,原因是ERG理论对不同需求间联系的限制要比马斯洛的需求层次论少。

分析ERG理论,可以发现该理论具有如下特点:第一,该理论不强调需求层次的顺序,认为某种需求在一定时间内对行为起作用,而当这种需求得到满足后,可能去追求更高层次的需求,也可能没有这种上升趋势;第二,该理论认为,当较高级需求的满足受挫时,可能会降而求其次;第三,该理论还认为,某种需求在得到基本满足后,其需求的程度不仅不会减弱,还可能会增加,这与马斯洛的观点是不同的。

(4) 成就需求理论。成就需求(need for achievement)理论由美国哈佛大学教授、心理学家戴维·麦克利兰(David Meclelland)在1966年出版的《促使取得成就的事物》一书中提出。麦克利兰认为,人的需求有三类:对权力的需求、对交往的需求和对成就的需求。麦克利兰指出,一个人是否有持续做某种工作或选择某种工作的倾向,要看他个人追求的动机程度、工作成功的可能性以及该工作所具有的诱因价值。具有强烈成就需求的人,喜欢从事具有一定风险的活动,愿意对自己的行动负责,他们会从自己以往的成就中感受到激励。

麦克利兰指出,高成就需求者是人类的精英。在实际工作中,重视成就需求的人比不重视的人提升得更快。组织和国家更需要具有高成就需求的人。麦克利兰指出,高成就需求的人通常具有如下特征。

第一个特征,高成就需求者喜欢设立具有适度挑战性的目标,他们不喜欢凭运气获得成功,也不喜欢接受那些在他们看来特别容易或特别困难的工作任务。他们不满足于随波逐流和随遇而安,总是想有所作为;他们总是精心选择自己的目标,很少自动地接受别人的目标,包括上司为其选定的目标。除了请教能提供所需技术的专家外,他们一般不喜欢寻求别人的帮助。高成就需求者喜欢研究和解决问题,不愿意依靠机会或他人取得成就。

第二个特征,高成就需求者在选择目标时会回避过分的难度。他们喜欢中等难度的目标,这类目标的达成,既不是唾手可得的,也不是只能靠运气。他们会揣度某件事可能达成的程度,然后选择一个力所能及的目标,即选择在其能力许可范围内且需通过努力才能达到的目标。对他们来讲,当一件事的成败可能性均等时,才是他们能从自身奋斗中体验成功喜悦和满足的最佳机会。

第三个特征,高成就需求者喜欢能立即给予反馈的任务。达成目标对他们来说非常重要,因此他们希望得到有关工作绩效的及时而明确的反馈信息,以便了解自己是否有所进步。这是高成就需求者之所以选择专业性职业或从事销售、参与经营活动的原因之一。

麦克利兰指出,金钱刺激对高成就需求者的影响很复杂。一方面,高成就需求者往往对自己的贡献评价甚高,自抬身价。他们有自信心选择特定工作,因为他们了解自己的长处,也了解自己的短处。如果他们的工作出色,但薪酬不高,他们就会不满,甚至选择"跳槽"。另一方面,他们通常总以自己的最高效率来工作,金钱固然是成就和能力的鲜明标志,但由于他们觉得这配不上他们的贡献,仍可能会感到不满。

2. 过程型激励理论

过程型激励理论试图通过弄清人们对于付出努力、取得绩效和奖酬价值的认识,来达到激励的目的。其中具有代表性的有弗鲁姆的期望理论、亚当斯的公平理论及波特和劳勒的激励过程模式。

(1) 期望理论。期望理论(expectancy theory)是由美国心理学家和行为科学家弗鲁姆(V. H. Vroom)1964年在《工作与激励》(*Work and Motivation*)一书中提出来的。期望理论的前提假设是"动机是在各种行为之间做出选择的一个过程,而动机是价值和期望的产物"。在这里,价值是某种特定的回报对个体的价值,而期望是个体对某种特定行为模式是否能使其需求获得满足的判断[①]。1986年,布朗(R. A. Baron)在《组织中的行为》一书中对该理论进行了补充,该理论简称VIE,即效价(Value)—手段(Instrumentality)—期望(Expectancy)理论。该理论认为,人们只有在预期其行动有助于达到某种目标时,才会被充分激励起来,进而采取行动以达到这一预期目标。期望理论的基本思想可用公式表示为

---

① 丹尼尔·A.雷恩,阿瑟·G.贝德安.管理思想史[M].6版.孙健敏,黄小勇,李原,译.北京:中国人民大学出版社,2016:519.

$$激励力量(M) = 效价(V) \times 期望值(E)$$

其中，激励力量(M)是指调动一个人的积极性、激发人的内部潜力的强度；效价(V)，即目标价值，是指个人对某项工作及其结果(可实现的目标)能够给自己带来满足程度的评价，直接反映人的需要动机的强弱；期望值(E)是人们根据过去经验，来判断自己达到某种目标可能性的大小，即能够达到目标的主观概率，可反映人们实现某种需要、达成某种动机的信心的强弱。效价的大小并无客观标准，主要取决于个人对它的评价。具有不同价值观的人，对事物的评价结果往往不同。对于同一目标，因每个人所处环境不同，需求不同，其效价也不同。同一个目标对每一个人可能有三种效价，即正、零、负。效价越高，激励力量越大。期望值的高低取决于个人对自己能力和对外在因素影响大小的评价，如条件是否具备，时机是否成熟等。工具或手段与效价有关。个人的预期目标通常分为二级目标和一级目标：二级目标是指个人在某一行动过程中最终期望达到的目标，一级目标则是为达到二级成果必须达到的最初目标。因此，一级成果可视作达到二级成果的工具或手段，是一个过渡性概念。

对于如何使激励力量达到最好状态，弗鲁姆提出了如图1.4所示的期望模式。

图1.4 弗鲁姆的动机作用模式

图1.4的期望模式的4个因素需要兼顾如下三个方面关系。

首先，努力与绩效的关系。人们关心的是，如果我付出了最大努力，能否达到组织要求的工作绩效水平，是否会在绩效考评中体现出来？如果他认为达到目标的概率很高，就会有信心，并激发出很强的工作动力；反之，如果他认为目标太高，通过努力也不会有很好绩效，就会失去努力的动力，将处于消极工作状态。

其次，绩效与奖励的关系。人们关注的是，如果达到这一绩效水平，组织会给我什么样的奖赏或报酬？如果他认为取得绩效后能得到合理奖励，就会激发他的工作热情，如奖金、晋升、提级、表扬等；如果他认为没有得到合理的物质和精神奖励，他的积极性就会消失。

最后，奖励与个人需要的关系。人们关心的是，这一报酬是否是我急需的、对我是否重要？人们总是希望自己所获得的奖励能满足自己某方面的需要。然而，由于人们的年龄、性别、资历、社会地位和经济条件等不同，他们对各种需要得到满足程度的要求也不同。也就是说，对于不同的人，同一种奖励办法满足需要的程度是不同的，由此激发出的工作动力也不一样的。

综上可见，在VIE理论应用中，必须做好如下三方面工作：一是弄清员工的期望；二是把报酬与绩效相联系；三是考虑报酬的效价。

(2) 公平理论。公平理论(equity theory)，也称社会比较理论，是由美国心理学家J. S. 亚当斯(J. Stacey Adams)在1956年提出来的。公平理论的基本思想是，要求对个人公正评价和公平对待。公平是指处理事情要合情合理，不偏袒哪一方。该理论着重研究工资报酬分配的合理性、公平性及其对员工工作积极性的影响。该理论认为，员工的工作动机不仅受其所获得的绝对报酬的影响，还受其获得的相对报酬的影响。相对报酬主要来自纵向比较和横向比较。所谓纵向比较，是将自己目前劳动报酬和劳动投入的比值与自己过去的劳动报酬和劳动投入的比值进行比较，即

$$\frac{\text{现在的劳动报酬}}{\text{现在的劳动投入}} : \frac{\text{过去的劳动报酬}}{\text{过去的劳动投入}}$$

若比值相当，员工会觉得公平满意；反之，就会产生不满情绪。所谓横向对比，是指员工将自己的劳动报酬和劳动投入的比值与他人的劳动报酬和劳动投入的比值进行比较，即

$$\frac{\text{自己的劳动报酬}}{\text{自己的劳动投入}} : \frac{\text{他人的劳动报酬}}{\text{他人的劳动投入}}$$

若比值相当，员工会产生公平感；否则，就会产生不满情绪，进而影响员工的工作积极性。

若将公平理论应用于薪酬制度，可得到公平的三种表现形式，即外部公平、内部公平和个人公平。其中，外部公平所强调的是本组织的薪酬水平与其他组织的薪酬水平相比较时的竞争力；内部公平强调的是组织内部不同工作(岗位)之间、不同劳动技能水平之间报酬的公平程度；个人公平是员工将自己现在的劳动所得和劳动投入的比值与自己过去的劳动所得和劳动投入的比值相比较而得出的公平与否的结论。

丹尼尔·A.雷恩(Daniel A. Wren)和阿瑟·G.贝德安(Arthur G. Bedeian)认为，公平理论虽然对理解人们为什么会产生不满情绪做出了贡献，但对于理解人们如何被激励没有多大的帮助。而且，该理论实际上对某些特定问题，如人们如何选择自己的比较对象、进行比较时所使用的信息有多么准确等，并未做出回答[①]。

(3) 激励过程模式。激励过程模式，又称综合激励模型，是由波特(L. W. Porter)和劳勒(E. E. Lawler)在弗洛姆期望理论基础上提出来的。该模式把努力、绩效、能力、环境、认识、酬赏、公平感和满足等多个变量融于其中，认为激励、绩效和满足均为独立变量，满足取决于绩效，甚于绩效取决于满足。该理论将内激励和外激励综合在一起，并在报酬和满足感间加入了"公平的报酬"这一中间变量，成为传统思想的转折点。该模式的重点是"努力"。努力是受个人能力、品性及其对新承担角色应起作用的认识所制约的，同时又受报酬的主观价值与努力取得报酬的可能性的影响。波特和劳勒认为，首先，在内激励和外激励等多因素作用下产生实际绩效，然后根据绩效标准给予奖惩，最后得到满足。激励过程模式如图1.5所示。

---

① 丹尼尔·A.雷恩，阿瑟·G.贝德安.管理思想史[M].6版.孙健敏，黄小勇，李原，译.北京：中国人民大学出版社，2016：521.

图1.5 激励过程模式

3. 行为改造型激励理论

行为改造型激励理论侧重于研究如何改造和转化人的行为，探寻变消极行为为积极行为的方法和规律。其中，具有代表性且与人力资源管理关系最为密切的是强化理论。

强化理论(reinforcement theory)，也称条件反应理论或行为修正理论，其中最负盛名的代表人物是美国哈佛大学的斯金纳(B. F. Skinner)。强化理论侧重于研究个体的外在行为表现，强调人的行为结果对其行为的反作用。也就是说，当行为的结果有利于个体时，该行为就可能重复；反之，会消退和终止。这种现象在心理学上称为"强化"。斯金纳把人的行为分为两类：一类是应答性行为(respondent behavior)，是一种本能性行为；另一类是操作性行为(operating behavior)，必须在后天习得。他认为，应答性行为是环境对人起作用而引起的反应；操作性行为则是人们为达到某种目的而作用于环境的行为。从人们作用于环境的结果看，若使人的需要得到满足，这种行为的频率就会增加，因此称为强化刺激。凡能增强反应强度的刺激物，均称强化物，如工资、资金、晋升等，人们可通过控制强化物来控制和改造人的行为。

在实际工作中，运用强化理论来改造人的行为的方式一般有以下四种。

第一种为正强化或积极强化(positive reinforcement)，是指当某人采取某种行为时，能从他人那里得到某种令其感到愉快的结果，这种结果反过来又成为推进某人重复此种行为的改造方式。例如，组织运用某种强化物，如奖金、休假、晋升、认可、表扬等，来表示对员工某种行为的肯定，从而增强该员工继续重复该行为。

第二种为负强化或消极强化(negative reinforcement)，是指预先告知某种不符合要求的行为或不良绩效可能引起的后果，要求员工避免不符合要求的行为来回避一种令人不愉快处境的改造方式。例如，企业安全管理人员告知工人不遵守安全规程，要受到批评甚至可能受到处罚，从而驱使工人为了避免此种不期望结果而认真按操作规程进行安全作业。

第三种为自然消退(extinction)，是指对原先可接受的某种行为强化的撤销，通常是对某类不想要的行为不予理睬，任其自行消失。例如，企业曾对员工加班加点完成生产定额给予奖励，后经研究，认为这不利于员工身体健康和企业长远利益，因此不再奖励，从而使自愿加班加点的员工逐渐减少。

第四种是惩罚(punishment)，是指在某一行为发生后，用某些刺激因素使行为者感到痛苦或不快，以表示对这类行为的反对和否定，从而减少和消除这些行为发生的可能性的一种行为改造方式。如批评、降薪、降职、罚款和开除等。尽管惩罚往往带有一些副作用，但它一直是而且仍将是一种改变人的行为的手段，只是在使用时要特别注意其不良后果。

1.4 公共部门人力资源管理的基本职能与任务

1.4.1 公共部门人力资源管理的基本职能

从人力资源管理的流程看,公共部门人力资源管理具有公共部门人员的"入口"管理、在职人员管理和公共部门人员的"出口"管理三方面职能。其中,公共部门人员的"入口"管理是针对公共部门人员的招聘问题展开的,主要包括工作设计和工作分析、人力资源规划、测评与选拔等;在职人员管理是针对公共部门内部人员所开展的一系列管理活动,主要包括员工职业生涯规划与管理、人员培训、绩效考评与绩效管理、职位评价、薪酬设计与管理、职务升降任免管理、工作轮换管理、纪律惩戒和权益保障、劳动安全和劳动关系管理等;公共部门人员的"出口"管理针对的是离开及退出公共部门人员的管理,主要包括人员退休、退职、调离、辞职、辞退、解雇或开除等管理活动。

从某种意义上讲,公共部门人力资源管理的主要目的在于提高公共部门绩效、促进公共部门人员的安定团结与公共组织的可持续发展。围绕这个目标,公共部门人力资源管理的基本职能可概括为如下几个方面。

1. 工作设计、工作分析与职位评价

工作设计与工作分析是公共部门人力资源管理的基础性环节,是一个结合组织战略目标来确定岗位及岗位职责、任务和规范的过程。工作设计决定着基于组织战略目标的组织结构及其岗位设置和工作安排,精简、高效是工作设计应坚持的基本原则。工作分析则是结合岗位特点和任务,来研究和界定每一工作岗位应承担的职责、具有的权限,以及员工要成功完成该工作应具备的基本素质和能力。工作分析的成果——工作说明书是组织招聘甄选员工、人员升降任免、人员培训以及绩效考评和薪酬管理的重要依据。

职位评价既是依据各职位所承担任务、职责以及任职资格等来确定和评价各职位在部门及其组织中价值大小的过程,也是确定各岗位从业人员薪酬高低的主要依据和方法。

2. 人力资源规划

人力资源规划是人力资源管理部门结合公共组织的目标及社会和组织劳动生产率发展趋势,对公共部门未来发展中所需要的人力资源数量、质量和结构进行预测,并付诸相应的实施程序、实现措施以及政策和时间。人力资源规划是公共部门人力资源管理战略得以落实的重要环节,也是保证公共部门在发展过程中获得适宜数量、质量和结构的人力资源的前期工作。

3. 招聘、甄选和录用

满足人力资源需求的前提是从组织内或组织外进行招聘,并通过科学的甄选程序和方法,来选拔、录用合格的人员。由此就需要按照公共组织的目标和岗位要求,来对应聘人员进行测评和选拔。招聘是公共部门从组织外获取合格员工的重要途径。

4. 员工职业生涯规划与管理

职业生涯规划与管理关系着公共部门人员的个人成长与发展,关系着个人能力能否得到有效开发和充分发挥,同时也关系着员工对公共部门及其管理的满意度及公共部门的可持续发展。公共部门人员职业生涯规划与管理的关键是将公共部门的发展目标与员工个人发展目标有机结合起来,通过各种方法和手段,在实现公共部门战略目标的同时,帮助员工达成个人发展目标,实现组织和个人的共赢。

5. 培训与开发

培训与开发是提升公共部门人员能力,改善人员知识、技能和能力结构,使人员适应公共部门和社会发展需要的关键环节,也是公共部门实现可持续发展的必要保证。在现代人力资源管理中,培训与开发正发挥着越来越重要的作用。

6. 绩效考评与绩效管理

员工绩效是公共部门绩效得以累积形成的基础,也是公共部门改进组织绩效的基本关注点。没有员工的高绩效,就一定不会有公共组织的高绩效。为了改进并提高员工绩效,就必须将员工绩效与相应的激励措施有效结合起来,由此就需要对员工一定时期的绩效进行公平、公正、科学地考评,以监测员工的工作行为表现及确定员工的绩效水平,并将其作为薪酬分配及员工职位调整和职务晋升的依据。绩效管理一改传统绩效考评"盖棺定论"的做法,结合组织发展战略和阶段性目标,通过将员工绩效达成过程与组织阶段性目标实现、将员工的成长和发展与组织的发展壮大有机结合起来,以"向前看"的视野和"组织与员工共同发展"的理念,帮助员工改善能力和提高绩效,充分体现了现代人力资源管理的"以人为本"理念。

7. 薪酬管理

薪酬管理是公共部门人力资源管理的重要内容。员工为组织工作的根本目的在于获取自身生存、生活和发展所需要的经济报酬或物质资料,而薪酬制度就是组织为满足员工个人需求、激励员工的主动性、积极性和创造力而设计的一种制度。同时,好的薪酬管理还是吸引、激励和留住员工的有效方法。

8. 职务升降任免管理

职务升降和任免既关系着员工的个人成长和发展,也关系着公共部门的成长与发展壮大,是公共部门人员职业生涯规划与管理的具体实践,也是薪酬管理、员工激励或奖惩的重要内容,在公共部门人力资源管理实践中占有重要地位。

9. 劳动关系管理

劳动关系管理直接关系着公共部门人员的能力能否得到正常发挥,以及劳动关系是否融洽、和谐。根据行为科学理论,融洽、和谐的劳动关系有利于员工满意度的提高,以及员工积极性、主动性和创造力的充分发挥。同时,劳动关系管理有助于优良的公共组织文化的形成和建设。

10. 人力资源管理研究

人力资源管理研究是组织人力资源管理的重要部分。每一个组织所面临的人力资源管理问题都是具体的、特殊的,为适应时代发展需要,就要不断改善人力资源管理模式、机制及方式方法。研究并开发适合不同组织发展目标、愿景、文化和特点的有效的人力资源管理系统，是现代人力资源管理研究面临的迫切而艰巨的任务。

1.4.2 公共部门人力资源管理的功能和任务

1. 公共部门人力资源管理的功能

功能和职能是两个既有联系，又存在明显区别的概念。人力资源管理职能所说的是在组织管理中，人力资源管理需要承担哪些职责、从事哪些活动等；人力资源管理功能则指人力资源管理在组织管理中所具有或发挥的作用。通常来讲，人力资源管理功能是借助人力资源管理职能来实现的。从上述意义上讲，人力资源管理的功能可概括为吸纳、维持、开发和激励[①]。所谓吸纳，主要是指通过一定手段来吸引并让优秀员工加入本组织；维持是指通过完善管理手段，让已经加入组织的优秀员工长期留下来；开发是指通过培训和激励等手段，确保员工能够保持满足组织目前及未来发展需要的知识、技能和能力等；激励则指通过完善制度、改善政策和管理方式方法，让员工在现有岗位上创造出更加优良的绩效。从人力资源管理的四种功能看，吸纳功能是基础，激励功能是动力，开发功能是手段，维持功能是保障。

2. 公共部门人力资源管理的任务

在实践过程中，人力资源管理的上述功能可用识人、选人、育人、用人、激励人和留人来体现。基于此，可将公共部门人力资源管理的主要任务概括为以下几项。

(1) 建立能够吸引外部优秀人才、留住现有优秀人才、开发内部人力资源并有利于公共部门人员成长和发展的体制、机制及政策和制度体系。人力资源管理部门作为公共组织的重要部门之一，其首要任务就是通过政策和制度建设，以及管理方式和方法改良，来保证为公共部门提供合格、优秀的人才。这些政策和制度涉及公共部门人力资源管理的理念、思想和原则，以及公共部门人力资源管理的体制和机制，同时也包括有利于人才成长和发展的人力资源管理模式及组织文化等。

(2) 识人与选人。识人与选人是指人力资源管理部门通过各种渠道、运用各种手段，为公共部门吸引并挑选出合适的优秀人才的过程。由此，一方面需要建立完善的劳动力市场体系，包括外部劳动力市场和内部劳动力市场，扩展人才来源的社会基础和组织基础；另一方面，需要通过建立严格、规范、统一的人才标准，做好公共部门人力资源战略规划工作，同时通过建立并不断完善公共部门的识人和选人机制，保证公共部门既能从社会广泛获取优秀人才，又能从组织内部及时选拔优秀人员，为公共部门发展持续地输送新的血液和动力。

(3) 育人。育人是公共部门人力资源管理的重要内容之一。随着社会经济发展和科技进步，一方面公共部门的工作方向、工作目标和工作内容在不断变化，另一方面公共部门的工作方式方法、岗位职责及其对劳动者素质和能力的要求也在不断变化，这就需要人力资源管理部门及时适应这种变化，通过建立健全员工教育培训和人力资源开发制度、完善员工培训和人力资源开发体系，不断开发员工的潜能，调动员工的工作积极性，使其在适应社会、组织和部门

---

① 董克用. 人力资源管理概论[M]. 3版. 北京：中国人民大学出版社，2011：22-23.

发展需要的同时，通过有效的职业生涯规划和管理来实现自身价值，达成自身发展目标。

(4) 用人。用人实际上属于公共部门人力资源的配置过程，是指将选拔出的人员配置到合适的岗位上，使之能较充分发挥自身特长和能力的方式。合理配置人力资源，既体现了组织对员工的真正关心和尊重，也能保证人尽其才，才尽其用。在公共部门管理过程中，只有用好人，员工才能切实感受到自身之于组织的价值，才有可能吸引和留住优秀员工，实现组织与员工的共赢。从公共部门发展及其人力资源管理角度讲，用人是公共部门人力资源管理的核心任务之一。

(5) 激励人。人力资源管理的一项重要内容是通过建立激励机制来激发员工对工作乃至对部门和组织发展的主动性、积极性和创造性，这种激励机制涉及员工培训、员工职业生涯规划、员工绩效考评与管理、薪酬管理以及晋升和奖惩制度等方面，是一个综合的体系或系统。激励人是维持公共部门员工士气及组织凝聚力和战斗力、提高公共部门绩效、树立公共部门良好形象的关键，也是优秀人才脱颖而出的必要保证。

(6) 留人。人才是公共部门兴盛和发展之本，留住优秀人才是公共部门人力资源管理的重要任务。二八定律指出，组织中80%的绩效源自组织中20%的员工，而组织中80%的员工实际上仅提供了组织20%的绩效。创造组织80%绩效的那20%的员工是组织的核心或骨干员工，是组织得以发展壮大的根本力量。通过建立完善的政策和制度体系来留住组织的核心员工，是公共部门人力资源管理的重要任务。通常来讲，留人的关键在于深入研究员工的需求、把握员工的心理动向，并采取一系列制度和措施，尽可能地满足员工物质和心理需求，否则只能事倍功半。

公共部门人力资源管理的任务及其相互关系如图1.6所示。

图1.6　公共部门人力资源管理的主要任务

1.5　公共部门人力资源管理面临的挑战

20世纪90年代特别是21世纪以来，随着经济全球化以及以互联网、大数据和人工智能为标志的高新技术时代的到来，公共部门在面临急剧的管理体制、机制、制度和模式变革的同时，公共部门人力资源管理也面临着诸多挑战，由此对公共部门人力资源管理提出了更高和更富变化性的要求。

1. 来自经济全球化的挑战

从人类发展的眼光和世界经济发展的趋势看，经济全球化是大势所趋和不可逆转的潮流。自中国实行社会主义市场经济体制，特别是加入世界贸易组织(WTO)以来，中国经济融入全球经济体系的脚步变得越来越快，融入的广度和深度也在持续加大、加深，由此给中国公共部门带来的问题和挑战也在不断增加。为了了解、审视和分析当前及今后中国经济、社会、文化以及体制、机制和法规制度等所面临的新情况、新问题和更加复杂的国际环境，就要求公共部门必须学会站在全球化和经济一体化高度来看问题、想事情、做决策，尽可能透视全球政治、经济、文化、科技、市场以及国际法律规定的演变特征和趋势，并快速、精准地做出决断及制定出相应的战略、战术，以应对国际政治、经济及国际关系和环境的变化，应对来自国外公共部门和企业的挑战。这些问题和挑战乍看来是对公共部门的，实际上也是对公共部门人力资源管理的，因为公共部门的凝聚力、战斗力和核心竞争力是通过公共部门人员来体现的，而这种凝聚力、战斗力和核心竞争力则需要公共部门人力资源管理系统来培育、激发和锻造。

2. 来自科技进步及工作方式变革的挑战

随着科技进步，网络化、信息化和智能化等高新技术给公共部门及其人力资源管理带来的挑战可谓无处不在，计算机技术和互联网技术的广泛使用，给公共部门及其人力资源管理带来的影响也是巨大的。笔记本电脑、智能手机和互联网等的使用，不仅使公务人员的办公变得更加机动、灵活和高效率，还为公务人员不再局限于某一固定空间(如办公室)和时间范围办公提供了可能，因为只要公共部门的规章制度及服务对象和工作内容允许，公务人员就可以选择更加符合自己喜好和需要的工作地点和工作时间，如采取"居家办公"模式、选择"弹性工作制"及参加网络视频会议，等等，这在大多数人看来无疑是更加人性化及更符合科技进步和时代发展需要的。然而，这种无固定办公场所和固定时间的工作模式对公共部门人力资源管理提出了重大挑战！因为它使公共部门管理者更加难以把握工作人员的工作状况和状态，难以对公务人员的自我管理和服务供给情况实施有效的过程监控管理，从而使部门和员工管理趋于"碎片化"。更为重要的是，这种场所不固定、时间弹性化的工作方式对原有的人力资源管理模式及管理方式方法提出了变革要求，进而大大增加了公共部门人力资源管理的幅度、难度和成本。

3. 来自组织发展、管理变革及员工素质提升的挑战

为适应科技进步、社会发展和环境变化，同时不断地壮大组织及提高组织生存和发展能力，公共组织的规模、结构、目标及管理体制、机制、模式等均处于不断变化和发展之中。其中不仅包括因新事务、新情况和新问题出现而引致的公共组织的新职能、新业务和新部门的产生，也包括因某些业务和服务需求缩减而引致的公共组织原有职能、业务和部门的裁减，同时还包括公共组织的一些领域的管理模式由部门管理向项目管理转变而引起的管理体制和机制变化，等等。这些均会给公共部门人力资源管理带来新问题和新挑战。另外，随着公共部门人员受教育程度和素质整体提升，人们对人力资源管理的多样化、人性化和参与式管理的要求也在提高，这一方面会极大地促进公共部门人力资源管理水平和质量改善，另一方面会因人们民主化意愿的增强而降低决策和管理的效率，进而提高管理成本。另外，如上文所述，弹性工作制和不固定办公场所的工作方式的引入，在给公共部门人员带来诸多便利、自由和更大自主权的

同时，也使组织对员工的监督控制能力下降，如何解决好员工自主或自治需求与组织规范化、有序化管理的矛盾，是未来公共部门人力资源管理必须面对的一项重大课题。

4. 来自利益相关群体需求的挑战

公共部门利益相关群体主要包括公共部门工作人员和公共部门服务对象，如全体公民、企业组织及其他公共部门等。随着社会发展和科技进步以及人们诉求的觉醒和增加，各利益相关群体对公共部门的要求在不断增长和变化之中，人们对公共产品、公共秩序、公共服务、法规政策建设及其执行或落实情况的需求和要求越来越高，也越来越多样化和层次化。而为了满足这些需求和要求，公共部门就必须通过加强自身建设，特别是提高人力资源管理水平，来不断改进自身素质和能力，在提高公共产品和服务质量的同时提升公共部门的管理和服务效率，以谋求利益相关群体的利益最大化。

5. 来自公共部门人员的挑战

出身、经历、受教育程度、性格及个人需求和个人能力等的不同，决定了公共部门人员的多样化、层次性和复杂化，从而给公共部门人力资源管理带来挑战。针对快速发展的社会生产力及不断增长的多样化、层次化需求，从确保和提高公共部门服务水平、服务质量和效率角度讲，人力资源管理部门必须通过持续的人员培训和人力资源开发，不断改革和完善激励机制及选人、用人和留人机制，以提高公共部门人员素质和业务能力，激发公共部门人员工作积极性、主动性和创造力，增强他们对公共部门的认同感和忠诚度，进而良化公共部门在公众心目中的形象。这就对公共部门人员培训及激励机制的优化和激励措施的有效落实提出了较高要求，也决定了公共部门人员培训和员工激励工作的永续性和不断创新性。

关键术语

管理	人力资源	人力资本
公共部门	公共部门人力资源管理	"经济人"假设
"社会人"假设	"自我实现人"假设	"复杂人"假设
X理论	Y理论	Z理论
人本管理	需求层次论	双因素理论
ERG理论	成就需求理论	期望理论
公平理论	强化理论	

复习思考题

1. 管理与领导的区别有哪些？结合公共部门的工作实践，谈一谈领导者和管理者应如何准确地界定和扮演好自己的角色。
2. 人力资源的特征有哪些？人力资源与人力资本有何区别与联系？
3. 与私人部门比较，公共部门有哪些重要特征？
4. 公共部门人力资源管理的特征有哪些？
5. 简要论述人力资源管理的发展演变历程。

6. 现代人力资源管理与传统人事管理的区别有哪些？
7. "经济人"假设的主要观点有哪些？X理论的主要观点有哪些？
8. "社会人"假设的主要观点有哪些？
9. "自我实现人"假设的主要观点有哪些？Y理论的主要观点有哪些？
10. "复杂人"假设的主要观点有哪些？Z理论的主要观点有哪些？
11. 人力资本理论的主要内容有哪些？
12. 现代人本管理对公共部门管理实践有何指导意义？
13. ERG理论与需求层次论有何不同？
14. 双因素理论对人力资源管理有何积极意义？
15. 简述期望理论的主要思想。
16. 公平理论对公共部门人力资源管理实践有何启示意义？
17. 强化理论的核心思想是什么？
18. 公共部门人力资源管理的基本职能有哪些？
19. 公共部门人力资源管理的主要任务有哪些？
20. 公共部门人力资源管理面临的挑战有哪些？并简要说明。

华为是如何凝聚15万知识分子的？

第2章 公共部门人力资源管理的制度环境与人员分类管理

【学习引导】本章主要介绍公共部门人力资源管理的制度基础及其所依存的内外部环境,同时介绍公共部门人员分类管理及中外公务员管理的模式与特征。

本章学习重点:一是了解公共部门人力资源管理的制度基础及其发展历程;二是了解和掌握公共部门人力资源管理的内外部环境,学会对公共部门人力资源管理的内外部环境进行PEST和SWOT分析;三是了解和掌握公共部门人员分类管理的基本理论和方法,以及中外公务员管理的主要模式及其特征。

制度基础和内外部环境,是公共部门人力资源管理的制度和政策依据及基本环境条件,而人员分类是简化公共部门人员管理、提高公共部门人员管理科学性和效率的有效方法。

2.1 公共部门人力资源管理的制度基础

公共部门人力资源管理的制度基础是就公共部门在人力资源管理方面所依据或遵循的制度规范,特别是法律制度而言的。与企业人力资源管理活动以《中华人民共和国劳动法》(以下简称《劳动法》)和《中华人民共和国劳动合同法》等相关法律制度不同,公共部门人力资源管理是以《中华人民共和国公务员法》(以下简称《公务员法》)和非营利组织及其人员管理的相关法律规定为基础或依据的,同时公共部门人力资源管理还必须遵循国家和执政党有关公务人员管理的相关法律规定。

2.1.1 公共部门人力资源管理制度的内涵

公共部门人力资源管理制度是指在公共部门人员招聘选拔、培训培养、绩效管理和绩效考评、薪酬管理及人员使用和奖惩激励过程中,国家或社会给予公共部门的相对稳定的管理权限和管理模式,以及维护公共部门人员权益的相关制度和法律约定等。我们可以从以下几个方面来理解公共部门人力资源管理制度这一概念。

(1) 公共部门人力资源管理制度主要是针对公共部门在人力资源管理活动所作的权属和权限规定,及对公共部门人员应承担职责、义务及所享有权利的规定。就公共部门而言,通常意义上的人事管理权主要包括人员选拔和任用的建议权、考核权和决定权,以及人员晋升使用的考核权和任命权。公共部门人力资源管理制度是各公共组织从事人力资源管理实践的基本制度规范和政策依据。

(2) 在公共部门人力资源管理活动中,对公共部门人事管理权具有影响力的组织主要有以下几类：政党，特别是执政党；国家和地方权力机关；国家和地方行政机关；以及其他政治组织或利益团体等。在现代政党制度下，政党和政府构成的人事管理权限划分的关系格局是公共部门人力资源管理制度的主要方面。

(3) 一定时期的公共部门人力资源管理制度规定了该时期人力资源管理的方式、依据和基本原则，即公共部门人力资源管理是采取"人治"还是"法治"形式，以及采取什么样的管理原则来行使人事管理权，进而确保公共部门人员工作效率的改善和提高。

(4) 公共部门人力资源管理制度具有相对稳定性，其优劣是通过人力资源管理实践过程及其效果来体现和验证的。

总体来讲，公共部门人力资源管理制度不仅影响着公共部门人员构成及其素质的变化，还关系着国家安全、政治安定以及社会和谐与经济可持续发展，是保证公共部门有效行使公共权力、发挥领导和管理效能的制度支撑，也是维护公共部门及其人员权利的重要制度保障。

2.1.2 公共部门人力资源管理的基本制度安排：公务员制度的形成与发展

公务员(civil servant)，是指国家依照法定程序任用的、在国家各级行政机关工作并纳入行政编制的、依法行使国家行政职权和执行国家公务的人员。各国对公务员的称谓有所不同，英国称"文职人员"，美国称"政府雇员"，法国称"职员"或"官员"等。目前，各国将公务员大致分为两类：政务类公务员(政务官)和事务类公务员(事务官)。通常，政务类公务员经选举或特殊任命产生，实行任期制，负责制定国家政策、行使国家权力；事务类公务员则通过公开招聘、择优录用产生，实行常任制，负责执行国家政策和国家公务。西方国家的公务员主要指事务官之类不与政府内阁共进退的政府文职公务人员。《公务员法》将公务员定义为："依法履行公职、纳入国家行政编制、由国家财政负担工资福利的工作人员。"

公务员制度(civil service system)，是指通过制定法律规范，对政府中行使国家行政权力、执行国家公务的人员，特别是事务类公务人员的选拔、任用、培训、晋升、奖惩、流动、退休和工资福利等进行科学管理的各种制度的总称。公务员制度是现代政府体制中重要的组成部分，与政府管理有着密切关系，在现代政府系统中具有重要地位和作用。

1. 西方国家公务员制度的形成与发展

1) 西方国家公务员制度的形成与演变

西方国家的公务员制度形成于19世纪中后期，是随着西方国家法治化进程的形成和发展而逐渐产生的，是西方国家革新吏制的重大成果。

随着西方国家工业革命的陆续完成，社会生产力和国家经济得到了空前发展，社会化大生产导致政府的社会事务日益增多，功能分化明确，客观上需要有一支职业化和专业化的公职人员队伍来管理国家和社会事务。与此同时，在工业革命过程中，资产阶级逐步成长，不断发展壮大，在经济上逐渐占据了统治地位。在这种情况下，资产阶级从自身需要和利益出发，一方面要求政府改革旧的吏制，建立一个廉洁、高效的政府；另一方面要求将政府公职向社会公开，从而为公民提供更多的参与国家政治事务和社会管理的机会，以提高政府部门的效率和效能，适应社会生产力的发展。而随着各主要资本主义国家政党政治和官职分赃制度的相继形成，腐败及周期性政治动荡等一系列问题和现象不断出现。政府公职人员选拔和任用上的裙带关系、山头主义、任人唯亲、结党营私等现象异常突出。同时，一些优秀人才受到压制，政府公职人员队伍中优秀人才匮乏，政府行政管理秩序混乱，工作效率低下，这就造成公众怨声载道，强烈要求改革政治、改革分赃和恩赐式的用人制度。在这种情况下，统治阶级从稳定政局和发展社会经济出发，不断总结政党政治经验，并逐渐认识实施政务官和事务官管理制度的必要性。此外，资产阶级大革命后提出的"天赋人权""人人生而平等"的思想主张，一方面得到了广大民众的支持，另一方面逐渐得到各国法律制度的承认，从而为西方国家公务员制度的形成提供了强有力的理论和思想基础。

英国是首创国家文官制度即公务员制度的国家。19世纪初至19世纪30年代，为了保证官员的相对稳定及其连续性，英国在政府的一些部门设立了常务次官职务，并由此发展为政务官和业务官两大类。1853年，牛津大学历史学教授麦考莱在对东印度公司人事制度进行调查的基础上，提出了通过公开考录办法竞争取士的建议。1854年，查尔斯·屈维廉等人完成的《关于建立英国常任文官制度的创造》调查报告，正式揭开了英国政府人事制度改革的序幕。经过一段时期酝酿，1870年，英国政府正式确立了公开竞争考试录士的现代文官制度。从19世纪30年代至19世纪末，英国政府陆续出台了一系列法令和政策，为建立较完整的现代文官制度奠定了基础。20世纪上半叶是英国文官制度逐步发展和完善时期，这一时期英国政府通过借鉴美国职位分类制度对其文官制度中比较粗糙的品位分类制度进行了改革，使公职管理更加规范化和科学化。1966年，由富尔顿爵士等人提出的《富尔顿报告》，建议对文官制度进行更深层次的改革。1979年，撒切尔夫人执政后，再度改革文官主管机构，并削减了文官的部分权力。

美国的公务员制度从确立至今经历了政党分赃制到功绩制的曲折发展过程。与政党分赃制相伴随的任人唯亲、官员腐败、党派倾轧，引起了社会的强烈不满和反对，民主人士和社会各阶层强烈要求对"政党分赃"的人事管理制度进行改革。1853年，美国国会率先对公务员制度进行立法。1883年，美国国会颁布了《调整和改革美国公务员制度的法案》(即《彭德尔顿法》)，标志着美国公务员制度的正式确立。该法律取消了"政党分赃制"，开始实行"功绩制"。1912年，美国又制定了考绩制度；1923年通过了《职位分类法》，开始推行职位分类制度；1950年通过了《工作考绩法》；1962年制定了《联邦工资改革法》。1978年，美国又通过了著名的《公务员制度改革法》，该法案对功绩制、公务员职位分类制度、公务员人事主管机构和培训机构，以及公务员的选录标准及公务员的权力等进行了改革，美国公务员制度由此进入了一个新的发展阶段。

法国也是建立公务员制度较早的国家之一。1789年，法国资产阶级大革命在摧毁封建王朝统治、建立资产阶级专政的同时，也使法国的官吏制度发生了根本变化，法国现代公务员制度初见雏形。19世纪至20世纪前半期，法国政局的动荡以及政府官员任用上"恩赐官职制"和"党派分肥制"的交替使用，导致政府腐败盛行、工作效率低下，并危及法国资产阶级的根本利益和统治地位。在此情况下，法国部分官员提出了改革公务员管理制度的建议，并出台了一系列法案。法国公务员制度是第二次世界大战结束后，在发展旧的公务员制度基础上形成的。为了建立统一完整的公务员制度，戴高乐政府在1945年首次设立了专门管理公共职务的"公职管理总局"，同年还设立了国立行政学院，统一考选、培训高级公务员。1946年，法国制定颁布了公务员总章程草案。此后，法国政府又于1959年对1946年制定的公务员制度做了进一步修改和补充，从而使得法国公务员制度逐步发展成为一个统一、完整、健全、配套的现代人事管理制度。

从西方国家公务员制度的特点和发展情况看，法国公务员制度呈现鲜明的集权制、官僚化及重视考试、研修与任用紧密结合的选人用人特色，具有典型的部内制(所谓部内制，是指通过在各行政部门内设立人事机构，来掌管各部门内部公务员的考录、任免、考评、调动和薪酬管理等各种人事行政事务的制度形式)特点；美国的公务员制度则体现出分权制、民主型、政治化、专业化与专才型相结合的特色，具有典型的部外制(所谓部外制，是指通过在政府系统外设置相对独立的人事管理机构，来独立行使公务员考录权、统一掌管公务员考评、晋升、薪酬发放及退休等人事行政事务的制度形式)特征；而英国的公务员制度综合了部内制和部外制的部分做法，具有折中制(所谓折中制，是指通过在政府行政系统外设立独立的公务员管理机构来专门掌管公务员考录，除考录外的其他公务员事务，则由设在行政系统之内的公务员管理机构和各行政部门内的人事机构自行管理的制度形式)特征。

传统人事行政管理模式被看作一种与西方工业社会的政府管理相适应的实践模式，这种模式有如下4个基本特征：一是政府组织及其结构是根据韦伯的官僚制(科层制)原则建立的，严格遵守这一原则是政府运作的最佳方式；二是公共物品及服务由政府机构(官僚机构)来提供，即政府是公共物品的唯一提供者；三是政治(政策制定)与行政(政策执行)分开，并且文官在政治上保持中立，有助于责任制的落实；四是行政被当作一种特殊管理形式，必须由终身受雇的职业化的官僚来担任[1]。

2) 西方国家公务员制度的改革与发展趋势

20世纪70年代后，曾经主导西方公共行政领域近一个世纪的传统公共行政制度遭到了来自全球化、信息化、国际竞争加剧等外部环境及政府财政困境和政府绩效下降等内部环境的共同挑战，传统公共行政制度赖以建立的两大理论基础——威尔逊与古德诺的政治—行政二分论和韦伯的科层制理论均无法回答和解释政府所面对的日益严重的问题和困难：政府财政危机。此时，社会福利难以为继，政府机构庞大和臃肿，效率低下，公众对政府能力失去信心，"政府失灵"论开始占据主导地位。同时，传统公务员制度的一些重要原则和核心特征也在动摇，主要表现为以下几点：第一，因合同用人制未纳入传统公务员制度中，公务员常任制原则实际上已名存实亡；第二，"政治中位"原则受到了来自政府管理实践的挑战；第三，随着公务员选录和晋升等权力向政务官和行政部门的转移，文官管理机构的权力正在被削弱，机构甚至被解散。而一些企业组织随着组织再造、组织管理理念更新及新的人力资源管理模式、机制和方法的使用得到蓬勃发展。在摆脱政府财政困境、提高政府效率和效益、打造服务型政府的强大呼声中，一场改革传统行政管理理念、理论和模式的运动——新公共管理运动[也称政府再造(government reengineering)运动]于20世纪80年代在英、美等国兴起，并迅速扩展到欧美大陆。

新公共管理运动(new public management，NPM)是一场以现代经济理论和现代管理理论及其方法为基础的、以优化政府组织及提高政府绩效为目标的管理革命。新公共管理理论认为，那些已经或正在为私人部门成功运用的管理理论和方法，如目标管理、标杆管理、绩效管理、薪酬管理和人力资源开发等，完全可以运用到公共部门管理中来。

纵观西方各国公共部门人事管理制度，特别是公务员制度改革，尽管因国情、历史文化传

---

[1] Hughes O. Public Management and Administration: An Introduction (2nd ed.)[M]. Macmillan Press Ltd., 1998: 1.

统、政治管理体制的不同，人事管理制度在改革的切入点和进程方面存在一定差异，但因面临的问题及改革的目标具有一致性，因此，公共部门人事管理制度特别是公务员制度改革表现出一些共同特征和趋势，主要表现为以下几点。

(1) 压缩政府机构编制、精简公务员数量是西方各国人事制度改革的先导和共同取向。

(2) 通过改革分类制度，增强制度的活力，推动公共部门人力资源管理模式转变。目前西方各国公共部门人员分类出现了职位分类与品位分类制度交叉融合的趋势。

(3) 改革用人方式，实行合同制管理。西方发达国家借鉴私人部门的灵活用人方式，逐渐用聘用合同制代替终身制。

(4) 完善竞争机制，吸引优秀人才。为了吸引和选拔优秀人才，西方国家近30年来一直致力于完善公共部门的竞争机制。公务员管理部门在劳动力市场上像私人部门一样，努力地推销和宣传政府，扩大政府的影响，吸引人才。

(5) 扩大交流范围，不断增强公务员队伍活力。为了克服职务连任造成的公务员管理的封闭性，西方各国普遍加强了公务员的交流。

(6) 改革绩效考评制度，提高公共管理和公共服务的效率。西方国家在公务员考评上倡导引进市场机制，强调管理上的客户导向和公民导向。

(7) 强化培训，重视公务员能力建设。西方国家特别注意把人力资源开发放在突出位置，通过加大培训力度，开发公务员个人潜能，推进公务员队伍的能力建设。

(8) 完善激励保障机制，建立灵活的薪酬制度。薪酬制度是调动公务员工作积极性、主动性及保持公务员队伍稳定的重要制度。发达国家通过改革传统的等级制薪酬结构，实行以绩效工资为主要形式的灵活的薪酬制度。

2. 中国公务员制度的形成与发展

我国现行公务员制度是在1949年以后建立的干部人事制度(cadre system)基础上发展演变而来的，它大致经历了改革开放前、改革开放后两个发展阶段。

1) 改革开放前，中国干部人事制度的形成

中华人民共和国成立后，党和国家在继承革命战争年代干部制度基础上，根据当时形势发展需求，并仿效苏联的一些做法，逐渐建立起了一套系统的干部人事制度。从1957年至改革开放前，干部人事制度虽几经变化，但基本模式一直保持着新中国成立之初建立起来的制度。这一时期我国干部人事制度有以下几个主要特点。

(1) 国家对全国人才资源实行计划配置。全国各行各业中以脑力劳动为主要特征的工作人员，包括国家机关工作人员、党团组织和社会团体的专职工作人员、企事业单位的管理人员和专业技术人员，统称为干部。国家采取"统包统配"的方式，统一选拔、统一管理和利用干部。各行各业需要的人才，均由国家统一制订计划，统一下达指标及统一分配或派遣。

(2) 采取单一层级化结构，按级别对干部进行管理。在革命战争年代，中国共产党采取了党、政、军一体化的管理体制，对所有干部实行集中统一管理。在中共中央和各级党委统一领导下，在党的组织部门统一管理下，实行分级分部管理体制。主要做法如下：将全国各行各业的干部融入单一层级的构架之中。一是根据职务高低，将干部职务从上到下分为国务院总理、国务院副总理(国务委员)、部(省)级正职、部(省)级副职、司(厅)级正职、司(厅)级副职、处(县)

级正职、处(县)级副职、科(乡)级正职、科(乡)级副职、科员和办事员12个层级；二是按照工作所在部门，将干部进一步划分为军队干部、文教工作干部、计划和工业工作干部、财政与贸易工作干部、交通和运输工作干部、农林和水利工作干部、民主党派人士、政法工作干部以及党群团体工作干部等类别，分别由中央及各级党委的相应部门进行管理。一般来说，中央国家机关的司(局)长、省(市)正副厅局长、地委正副书记、专员以上干部，以及重要工矿企业的厂长(经理)的选拔、考核、任免、调动等管理工作，由中央及其有关部门负责；县级机关及其派出机构的领导干部及与此级别相当的企事业单位领导干部，由省级干部管理机构负责管理；县管理科(乡)级以下干部。改革开放前，干部管理权限虽然经过多次调整，但这种体制构架基本未变。

(3) 干部选拔主要采取领导推荐方式。国家机关、国有企业和事业单位的各层次干部职位出现空缺，由干部管理机构按照一定标准和条件，采取直接或间接推荐的方式进行选拔，然后按规定程序进行任命。每个干部均必须服从上级统一调动与任用安排。

(4) 干部的工作、生活所需的一切物质资料均由国家负责提供。国家在按规定发放干部工资的同时，对干部的养老费用、医疗费用等也完全包揽下来，由国家财政现收现付。干部个人不缴纳保险费用，退休后仍由原工作单位负责管理。国家投资、单位集资(只占很小部分)建设住房，以很低的租金提供给干部居住。国家还兴建文化宫、俱乐部、图书馆、疗养院等文化娱乐设施，为干部提供服务，同时还解决干部乘车、就餐，以及子女入托、入学和工作等问题。

改革开放前的干部人事管理模式与高度集中的计划经济体制和政治体制相适应。优点是可以有计划地调配全国的人才资源，维护全国各地区人才资源的平衡。该制度模式对巩固新生的国家政权、集中力量进行重点建设，曾发挥过积极的作用。其弊端是缺乏科学分类，造成党政不分、政企不分、政事不分；忽视了国家机关、企业、事业单位的不同特点及各类人才成长规律的差异；管理权限过于集中，用人与治事相脱节，用人单位，特别是企事业单位缺少用人自主权；选人用人过程中缺少法制规范和公平竞争，优秀人才难以脱颖而出；用人过程中存在严重的不正之风，任人唯亲、裙带关系现象屡禁难止。

2) 改革开放后，中国干部人事制度的发展

改革开放后，党和国家根据改革开放和社会经济发展需要，对干部人事制度进行了系统改革。改革的方向是建立一套与社会主义市场经济体制和民主政治相适应的人事管理制度。改革的目标有以下几个：从中国国情出发，创建一个公开、平等、竞争、择优的用人环境；建立一套能上能下、能进能出的充满活力的管理机制；形成一套法制完备、纪律严明的监督体系；开创人才辈出、人尽其才的局面；培养一大批适应社会主义市场经济、满足社会经济发展需要的各类人才，为实现经济和社会发展提供充分的人才保证。人事管理制度改革主要包括以下内容。

(1) 根据国家机关和企业、事业单位的不同特点，建立起体现公开、平等、竞争和法制原则的人员分类管理制度。在国家行政机关建立公务员制度，在企事业单位建立与市场经济相适应的现代企事业人事制度。

(2) 建立和完善人才市场机制，充分发挥市场在人力资源配置中的基础性作用。下放管理权限，扩大用人单位自主权，本着个人自主择业、单位自主用人、国家宏观调控、市场调节供求、社会服务完善、人才合理流动的原则进行人才的配置和管理。

(3) 贯彻按劳分配和按生产要素分配相结合原则，建立符合市场经济规律，适应国家机关、企业和事业单位工作性质及劳动特点的收入分配制度。

(4) 建立多层次的国家机关、企事业单位工作人员社会保障制度，使国家机关、企事业单位工作人员在养老、失业、医疗等方面得到可靠的社会保障。

(5) 建立现代人力资源管理制度体系，实现管理的法治化，加强国家对人力资源管理的宏观调控。

(6) 转变管理观念，树立以人为本理念，把人力资源开发作为人力资源管理工作的出发点和落脚点；面向世界，面向未来，制定人力资源开发战略；拓宽人力资源管理工作的领域，根据社会发展和人才成长规律，对人力资源进行全方位的深入开发；扩展政府人事部门的服务范围，提供全方位、周到、人性化的服务。

在干部人事制度改革中，建立和完善公务员制度是重中之重。从20世纪80年代初，党中央确立干部"革命化、年轻化、知识化、专业化"方针、废除领导职务终身制、下放干部管理权限，到1993年《国家公务员暂行条例》颁布以及其后一系列有关薪酬改革、职位分类办法和公务员选拔录用、考核、任免、辞职、辞退、培训等法规条例的颁布实施，再到2005年《公务员法》的出台，我国事业单位人事制度改革在政事分开、加强事业单位用人自主权及建立符合社会主义市场经济的事业单位人事管理制度的思路下逐步展开，并不断深化。

3. 中国现行的公务员制度

中国现行公务员制度的主体是《公务员法》。2005年4月颁布、2006年1月正式施行的《公务员法》，共有18章107条。该法对公务员应具备的条件、具有的权利、应承担的义务以及公务员的职务和级别分类等做了具体界定，并对公务员人事管理中的录用、考核、职务升降和任免、奖惩、培训、工资福利保险、退休以及公务员个人权益维护等问题做了详细规定。

2018年12月，第十三届全国人民代表大会常务委员会第七次会议对2005年出台的《公务员法》进行了修订。修订后的《公务员法》调整为18章113条。修订后的《公务员法》表现出如下几方面特点：一是对原制度中存在的非领导职务设置不科学、不合理及属性界定不清晰等问题进行了修订，拓宽了公务员特别是基层公务员职业发展的上升空间，明确规定了公务员职务与职级并行、职级与待遇挂钩制度。二是在明确"领导成员因其他原因不再适合担任现任领导职务的，或者应当引咎辞职本人不提出辞职的，应当责令其辞去领导职务"的同时，还规定了"公务员的职务、职级实行能上能下，对不适宜或者不胜任现任职务、职级的，应当进行调整"，以及"公务员在年度考核中被确定为不称职的，按照规定程序降低一个职务或者职级层次任职"等问题。三是扎牢了严管公务员的制度"笼子"，将第九章章名"惩戒"调整为"监督与惩戒"，并增加两条监督方面的规定，将监督作为严管的重要环节在法条中予以明确，同时规定公务员必须按规定请示报告工作、报告个人有关事项，实现了公务员监督与相关法律法规的无缝对接，而且将公务员的不担当、不作为行为列入违纪行为范畴。四是新增专项考核方式，规定考评指标根据不同职位类别、不同层级机关分别设置，着力解决一把尺子量到底问题，同时明确了"定期考核的结果作为调整公务员职位、职务、职级、级别、工资以及公务员奖励、培训、辞退的依据"，规定公务员奖励实行定期奖励与及时奖励相结合、突出奖励时效的原则，并将"勇于担当"作为奖励的重要情形，树立崇尚担当作为的鲜明导向；在权益保障方面，针对公务员工作任务重、压力大和经常加班加点等情况，规定公务员在法定工作日之外加班的，应当给予相应补休，不能补休的按国家规定给予补助，从而使"公务员义务加班"成为历史。

1) 中国公务员制度的特色

与西方国家公务员制度相比，我国《公务员法》具有如下几方面特色。

(1) 中国公务员的范围比西方国家公务员的范围要宽泛。中国公务员是指依法履行公职、纳入国家行政编制、由国家财政负担工资福利的工作人员，而西方国家的"公务员"一般指通过非选举程序被任命担任政府职务的国家工作人员。中国公务员的范围包括中国共产党和各民主党派机关工作人员、各级人大机关工作人员、各级国家行政机关工作人员、各级政协机关工作人员、法官和检察官等。

(2) 中国公务员是党的干部队伍的重要组成部分，必须接受党的领导，坚持社会主义方向，不搞政治中立。在西方国家，法律规定公务员在国家政治活动中要保持"政治中立"，公务员参加政党或其他政治组织的活动受到禁止或限制，而中国公务员不仅可以参加政党和政党的活动，还可以积极参与国家的政治生活，对机关及其领导人员的工作提出批评和建议。同时，根据党章规定，公务员中的中共党员还有义务贯彻执行党的基本路线和各项方针、政策，自觉遵守党的纪律，执行党的决定，服从组织分配，积极完成党的任务，参加党的组织生活，接受党组织的监督并宣传党的主张。

(3) 我国《公务员法》坚持党管干部原则，确立由公务员主管部门负责公务员的综合管理工作。西方国家大多实行两党制或多党制，两党或多党竞争，轮流执政。为了避免执政党更替造成政府工作人员更替的混乱，西方国家强调公务员是一个独立的管理系统，不受政党干预，与党派脱钩，党派不得直接管理公务员，而是由独立的机构进行管理。而在中国，公务员制度是党的干部制度的重要组成部分，按照现行干部管理体制，政府机关中处于较高职务层次的公务员是由党委组织部门管理的；党的机关与人大、政协等机关也是由党委组织部门统一协调和管理的。具体而言，各级机关的领导成员和其他重要干部由各级党委管理，他们的任命由党委组织部门考察，党委讨论决定，依法由各级人民代表大会选举，或由各级人大常委会决定人选或决定任命，或由各级政府或部门任命。为了适应对公务员队伍的依法统一管理的需要，《公务员法》与现行干部管理体制相衔接，在法律上明确公务员主管部门在实际工作中由党委组织部门和政府人事部门根据职责分工履行公务员综合管理的职责。

(4) 中国实行的是共产党领导下的多党合作和政治协商制度，对公务员没有政务类和事务类的划分。西方国家公务员基本类型的划分可能不完全相同，但适用于公务员法律的公务员范围大致相同，即主要是通过公开考试、择优录用，实行职务常任、不与内阁共进退的职业文官，而不适用于公务员法律的公务员基本上是经选举产生或政治任命的官员。因此，西方国家公务员大致可以分为政务官和事务官两大基本类型：政务官服从政党政治需要，体现执政党的意志和利益，并随政党执政地位的变化而更迭；事务官独立于党派之外，与政务官之间一般不能相互转任。而在中国，中国共产党是中国特色社会主义事业的领导核心，是执政党；各民主党派是接受中国共产党领导、同中共通力合作、共同致力于中国特色社会主义事业的参政党，因此，不存在多党轮流执政的情况；在各级机关中，不论是领导层次的公务员还是非领导层次的公务员，不论是选任制公务员还是委任制公务员，尽管他们在产生方式上有所不同，但如无特别规定，所有公务员的权利、义务和管理都适用《公务员法》，所有公务员都是人民的公仆，其工作性质是基本一致的；他们之间也可以按照规定的条件和程序进行交流。

(5) 中国公务员与其他类别的工作人员，可根据工作需要和本人条件，进行相互交流调配，不搞封闭的管理系统。在西方国家，公务员队伍较为封闭，政务官和事务官各有各的管理办法，是两个截然分割的系统，一般不能从公务员以外人员中调入。另外，西方国家公务员为了维护自身利益，通常通过公务员自己的组织(如公务员工会)向政府提出要求，与政府进行谈判；政府设置专门机构来协调政府与公务员的关系。而在中国，公务员队伍不是一个封闭系统，机关的公务员和其他系统从事公务的人员，包括领导层次的公务员和非领导层次的公务员，可以通过规定的程序和条件，以调任、转任和挂职锻炼等方式进行交流；公务员可以在公务员队伍内部交流，也可以与公务员队伍外的国有企事业单位、人民团体和群众团体中从事公务的人员交流，中央机关公务员与地方机关公务员之间也可以进行交流。同时，中国的公务员既是人民的一分子，又是人民的公仆，要廉洁奉公，不搞特权和以权谋私。《公务员法》规定，公务员必须坚持全心全意为人民服务、执政为民的宗旨，接受人民监督。

(6) 中国公务员的任用，坚持任人唯贤、德才兼备的原则。在西方国家，对公务员主要强调业务表现和工作绩效；在录用和考核标准上，有的强调"专才"，有的强调"通才"，把业务能力、工作绩效等作为录用和考核的主要标准。而在中国，任人唯贤、德才兼备是党的干部路线的基本内容，也是《公务员法》规定的任用公务员的一项原则。坚持任人唯贤、德才兼备原则，就是在选拔、使用公务员时，要用"德"和"才"两把尺子去衡量，公务员要具备两者，同时还要具备"能、勤、绩、廉"，并强调注重工作实绩。这与西方公务员制度强调功绩制有所区别。

2) 中国公共部门人力资源管理制度的体系框架

国家法律法规和制度规定是公共部门进行人力资源管理活动的制度规范和政策依据。因为公共部门由政府和第三部门组成，所以在人力资源管理实践中，两部门所遵循的制度规范主要包括需共同遵循的一般性制度规范、部门内部专门的制度规范及带有一定交叉性特征的制度规范三类，而且，有的制度和政策侧重规范组织及其管理行为，有的侧重规范组织内部一般人员的行为。在政府和第三部门人力资源管理活动中，需要共同遵循的一般性制度规范如《中华人民共和国宪法》《劳动法》等；部门内部专门的制度规范如《公务员法》《国家公务员考核规定(试行)》《公务员录用面试组织管理办法(试行)》《国家公务员录用面试暂行办法》和《行政机关公务员处分条例》等与《公务员法》配套的实施细则以及《事业单位人事管理条例》《事业单位工作人员考核暂行规定》等；而像《劳动合同法》《干部教育培训工作条例》等，则属带有交叉性特征的制度规范。这些制度规范一方面规定了公共部门及其人力资源管理的行为规范和基本工作目标，对公共部门及其人力资源管理活动具有指导、规制和维护作用；另一方面规定了公共部门人员的职责、义务和基本权益，具有维护和保障公共部门人员基本权益，督导公共部门人员在日常工作中严肃、严格执法、守法及为所服务部门和组织尽职尽责的作用。

当然，由于真正意义上的法治化在中国起步不久，目前仍处于初期阶段，虽然中国公共部门人力资源管理的制度体系框架已基本确立，但与建立完善、系统的人力资源管理制度体系的目标和要求仍有一定距离，仍需要做大量全面且深入的工作，以确保公共部门人力资源管理体制、机制和模式改革的顺利进行。

2.2 公共部门人力资源管理的内外部环境

公共部门人力资源管理环境是指客观存在的并直接或间接影响和作用于公共部门人力资源管理系统及管理行为的各种物质和精神要素的总称。虽然公共部门人力资源管理环境是一种客观存在,不受公共部门行为的影响和控制,却影响着公共部门人力资源管理活动的过程和结果,决定着公共部门人力资源管理的绩效水平,是公共部门人力资源管理过程中必须考虑的方面。通常来讲,公共部门人力资源管理环境主要包括外部环境和内部条件两个方面。

2.2.1 外部环境

公共部门人力资源管理的外部环境主要指处于公共部门或公共系统外部的、能够对公共部门人力资源管理活动形成影响和制约的所有因素的总称。公共部门人力资源管理的外部环境主要包括政治环境、经济环境、社会环境、技术环境,以及国际环境等。

1. 政治环境

政治环境(political factors)通常是指公共部门及其人力资源管理活动赖以存在和发展的国家政治制度、行政体制和法律法规制度等外部环境。政治制度通常包括国家政权的组织形式及其相互关系、政治体制、政治结构、政治权力集中或分散程度、政治组织的性质以及政党政治的状况等。行政体制包括行政权力的性质、政府首脑的权力、行政组织与其他政权组织的关系、行政权力的划分结构等。公共部门人力资源管理既是行政系统,也是政治系统的一个子系统,与国家政治制度和行政体制的关系极为密切。具体而言,政治制度与行政体制中所规定的国家管理权限划分的原则和方式,决定了人力资源管理的体制及其人事管理权的划分方式,决定了公共部门高层和中层人员的选拔和任用方式。另外,公共部门人力资源管理还通过选人、育人和用人,有效维护着国家政治体系和行政体系的稳固与良好运行。

2. 经济环境

经济环境(economic factors)指一定时期国家的经济制度、所有制形式、经济结构及其变化、社会生产力及社会经济发展水平、居民收入水平和消费水平以及国家或地区经济发展实力等。经济环境是公共部门人力资源管理的重要物质基础。国家或地区的经济环境及其经济所处的发展阶段,不仅影响和决定着公共部门的发展目标和发展方向,还影响着公共部门的组织机构设置、岗位设置和岗位职责的变化,进而影响着公共部门的人力资源规划、人员招聘、人员培训、绩效考评以及薪酬管理等具体管理环节。

3. 社会环境

社会环境(social factors)通常指国家的社会结构、社会制度、社会阶层分布及其变化、社区发展情况、社会保障状况和水平、社会公平程度、社会文明程度、社会管理水平,以及人口、就业和文化教育状况及其发展特征和趋势等。其中,需要着重介绍的是人口环境、社会保障状况和水平及文化教育环境。

(1) 人口环境是就一定时期内社会能够向公共部门提供的人力资源的品质、数量、质量、结构等而言的，它直接关系着一定时期内公共部门人力资源的数量和质量水平及结构能力。这是因为人口是人力资源的载体，数量充裕的高质量的人口是公共部门获取足够数量的高品质人力资源的基础，是一定时期公共部门管理目标得以实现的人力保障。

(2) 社会保障状况和水平虽然不能对公共部门人员的工作积极性和工作效率产生激励作用，却是吸引外部人员、留住现有人员和提高公共部门人员社会福利待遇、保障公共部门人员生活质量的重要因素，同时也是公共部门人员薪酬的重要组成部分。社会保障状况和水平，一方面与一定时期一国或地区社会生产力和社会经济发展水平有关，另一方面与该国或地区的社会分配制度及其公平公正性密切关联。

(3) 文化教育环境是公共部门赖以存在和发展的重要外部环境。所谓文化环境，通常是指国家的社会历史背景、意识形态、价值观念和社会道德准则，以及由此生成的社会人际关系、交往方式和理念等的总称。文化环境对公共人力资源管理的影响主要表现在两个方面：一是社会文化所提倡的价值观和行为准则会促使公共部门人力资源管理选择特定的管理模式；二是公共部门及其管理者所接受和形成的社会意识形态、价值观念、领导方式等，会直接或间接作用于公共部门人力资源管理的实践过程。所谓教育环境，是指一个国家或地区的教育制度、教育水平以及国家或地区对教育的重视程度和全体公民的平均受教育水平及专业技能水平等。教育是人力资源开发的主要形式之一，一定时期教育的发展水平是社会人力资本投资水平和人力资本积累程度的综合体现，是公共部门获取高品质人力资源的基础保证。

4. 技术环境

技术环境(technological factors)是指全社会技术发展、进步和创新水平，以及技术作为新知识和新技术手段被全社会认识、重视并广泛学习应用的程度。技术环境不仅关系着公共部门及其人力资源管理使用新技术、新方法的可能性，还关系着公共部门人力资源管理理念、方法和内容的变革。随着工业社会向知识经济社会的发展演进，公共部门人力资源管理部门及其管理者以及其管理对象应及时跟上技术进步的脉搏，不断加大管理改革和管理创新力度，以适应时代发展对公共部门人力资源管理的现实和未来要求。

政治环境、经济环境、社会环境和技术环境既是公共部门赖以存在和发展的重要外部环境，也是公共部门人力资源管理获取能量和汲取营养的重要母体环境，因此，无论是在公共部门发展和管理中，还是在公共部门人力资源管理中，均应重视政治环境、经济环境、社会环境和技术环境等的变化，并及时做好PEST分析(所谓PEST分析，主要指基于政治、经济、社会和技术等环境层面所开展的调查分析)，以做到对公共部门人力资源管理外部环境的及时了解和准确把握，进而提高公共部门人力资源管理绩效。

除此之外，公共部门人力资源管理还往往受到国际环境，如国际政治、经济、军事、文化价值体系和国际交流等诸方面因素的影响。特别是在经济全球化的今天，随着互联网技术的推广及跨国组织的快速发展，国际环境给中国带来的影响与日俱增，从一定意义上讲，无论是公共部门还是私人部门，从未像今天这样深刻感受到国际环境的影响，因此，研究国际环境的变化趋势，既是公共部门做好人力资源管理的必要前提，也是公共部门较好适应国际环境、谋求更大发展的动力所在。

2.2.2 内部条件

内部条件是指公共部门系统内部的、对公共部门人力资源管理活动具有直接或间接影响的各种因素和条件，主要包括公共部门内部的政治和行政体制、公共部门的发展目标及其行政改革动因、公共部门的法治环境和政策制度，以及组织文化等几个方面。

1. 公共部门内部的政治和行政体制

公共部门既是一个政治系统，也是一个行政系统，公共部门人力资源管理部门及其活动是这一系统中至关重要的子系统。从上述意义上讲，人力资源管理是公共部门改革和发展的基本方面和重要组成部分，加快政府行政体制改革、提高政府效率和效能的基本前提之一是政府部门人力资源管理理念、模式和方法的改革。虽然从20世纪90年代初中国即开始推行市场经济，现代人力资源管理理念、理论和方法已为一些公共部门的领导者和管理者所认可，但目前来看，中国公共部门人力资源管理仍然留有深刻的传统人事管理的烙印；人力资源管理实践在公共部门仍处于起步阶段。公共部门人力资源管理的推进，是与中国公共部门政治体制和行政体制改革的广度、深度和速度密不可分的。

2. 公共组织的发展目标及其行政改革动因

公共组织发展目标是公共部门及其人力资源管理活动的基本目标或起点。从本质上讲，公共部门人力资源管理活动是为一定时期公共组织目标的实现服务的，也是随着公共组织目标的变化而变化的，公共部门人力资源的数量、质量、结构及其种类以及由此决定的培训开发目标和方向，均以公共组织的性质、发展趋势和发展要求为定位依据。公共部门人力资源管理的最终目的是为公共组织的发展提供足量、适宜的人才。随着科技进步和社会生产力发展和知识经济时代的来临，迫切需要公共部门特别是政府以新的视角来审视并重新为自己的职能和角色定位，加快服务型、高绩效政府的建设，还企业和公民以充分的自主权。而在公共组织变革和发展中，以公共组织所确定的目标为基础，通过治事与治人理念和方法的变革，实现岗人匹配、岗尽其责、人尽其才、才尽其用，是政府行政改革和人事管理改革的重要内容和动因所在。可见，行政改革是以公共组织的目标要求为前提的，进而，行政改革又会影响公共组织的人事管理制度变革，而人事管理制度变革的方向、程度和水平，反过来又决定着公共组织行政改革和行政发展水平，决定着公共组织目标能否如期实现。

3. 公共部门的法治环境和政策制度

公共部门的法治环境是公共部门及其人力资源管理活动得以规范化的重要制度保证，而政策制度是公共部门人力资源管理得以高效、顺利进行的重要依据。公共部门人力资源管理并非一种单纯的技术活动，公共部门的人员选拔、录用、教育培训、绩效考评与管理、劳动关系管理、工作时间、工资标准、劳动合同、劳动安全、福利和社会保险、晋级与晋职、奖惩和辞退等，均应遵守一定的法律法规，依法管理。只有如此，才能切实维护好公共组织、人力资源管理部门以及公共部门人员的正当权益，才能体现公共部门人力资源管理的公平公正性。公共部门的法治环境和政策制度是人力资源管理部门行使部门权力、落实人力资源管理事务、进行有效人力资源管理的依据和保证。

4. 组织文化

组织文化是指组织中所有成员共同享有并作为公理传递给组织新成员的一整套价值体系，是将组织成员聚合在一起的一整套行为方式、价值观念和道德规范。组织文化是组织内部环境的综合体现。优秀的组织文化可告诉员工什么是对的，什么是不对的，他们应该怎样做；优秀的组织文化应当鼓励员工不断进取、不断创新，应该把组织目标与个人目标统一起来，同时允许员工进行争辩和公开批评。组织文化对组织中成员的行为具有持久、深远的影响。优秀的组织文化可以凝聚和整合员工，激发员工士气，提高组织战斗力和组织绩效。

此外，为了对公共部门外部环境和内部条件有一个更加全面、深入的了解和把握，以做到知彼知己，公共组织通常需要开展SWOT分析工作。SWOT分析，也称态势分析(TOWS分析)，是指为了解和准确把握公共组织在市场或社会中所处位置和竞争状况，结合历史统计数据和实际调查资料，来对自身所具有的优势S(strengths)、劣势W(weaknesses)及其面临的机会O(opportunities)和挑战T(threats)进行列举分析和比较的过程。其中，优劣势分析主要着眼于对公共组织自身实力及其与市场或社会中竞争对手的对比，而机会和挑战分析则重在分析和了解公共组织所处的外部环境情况及其可能给公共组织带来的影响。SWOT分析是企业或公共组织全面、深入了解自身实力和条件及其所处外部环境状况、制定发展目标和竞争战略时常用的分析框架或思路，而非一种研究方法。

2.3 公共部门人员分类管理

人员分类管理是科学管理的基础，也是一个厘清头绪、简化事物、使复杂问题简单化的过程。

2.3.1 公共部门人员分类管理概述

1. 公共部门人员分类管理的含义及发展趋势

公共部门人员分类是指将公共部门中的人员或职位按工作性质、责任大小、工作环境和资历条件等因素分门别类地设定等级，从而形成一定官职序列的过程。公共部门进行人员分类的目的在于为公共部门人力资源管理提供相应的管理依据及方法和规范。因为公共部门分类的对象是公共部门中的工作人员或职位，所以就形成了公共部门两种典型的人员分类制度：一种是以"人"或"人的官阶"为中心的分类制度，即品位分类制度(rank classification system)；另一种是以"事"或"职位"为中心的分类制度，即职位分类制度(position classification system)。

公共部门人员分类管理制度是在特定经济、社会、政治和文化背景下产生的，同时又受经济、社会、政治和文化发展趋势以及公共部门管理目标的影响，特别是在经济全球化趋势下，国际经济、政治、文化环境的变化，对公共部门人员分类管理制度不断提出新要求，无论是品位分类制度，还是职位分类制度，在实际运行过程中均在不断遇到新现象、新问题，从而呈现新的发展趋势。纵观世界各国公共部门人员分类管理制度的发展，主要呈现三大趋势。

(1) 品位分类与职位分类相互融合，呈现明显的互补趋势。公共部门职能的日益复杂化、专业化和知识技能化，使品位分类原有的粗线条分类方式越来越不适应公共部门及社会发展的需要，一些实行品位分类的国家纷纷吸纳职位分类的有益做法，使分类管理日趋规范化。如以品位分类为代表的英国，20世纪70年代即开始对原来的公务员分类制度进行改革，引入了职位分类方法，把公务员分成10个职等、26个职组和84个职系，从而极大地提高了人员分类的科学化程度。美国则在职位分类制度改革中，将一般职务类(GS)中的GS15~GS18职等改为品位分类，取消了职等，只设工资级别，实行"级随人走"，从而方便了高层官员的职位流动。

(2) 人员分类管理制度呈逐步简化趋势。近些年来，随着"政府再造"运动的兴起，绩效越来越成为各国衡量其公共部门，特别是政府执政能力和管理能力高下的重要标准，因此，从提高公共部门特别是政府绩效出发，一些国家的公共部门越来越致力于简化人员分类管理制度。在美国，传统职位分类程序非常复杂，成本也很高，不利于管理效能的提高。为了改变这种状况，以加利福尼亚州中国湖的海军武器中心和圣地亚哥的海军海洋系统中心为试点，把所有职位简化为5个系列，并把一般职位(GS)序列的18职等归并为每个职位系列分别只有4、5或6个，如将GS-9、GS-10和GS-11级的工程师归并为一个等级[1]。

(3) 新的人员分类方法不断被引入公共部门。随着新公共管理运动的不断推进，一些产生并运用于私人部门的人员分类方法不断被引入公共部门和准公共部门。例如，20世纪80年代产生于私人部门的宽带制，1981年被美国联邦政府引入，并进行了局部试点[2]。宽带制通过借鉴或适当应用宽带薪酬结构来拓展公共部门人员薪酬制度的弹性空间，在保留职位分类优点的同时，力图保证公共部门人员管理的灵活性，将职位置于宽幅的职业分类和少数薪酬带之中，薪酬水平主要由任职者的实际工作绩效和市场平均薪酬水平决定，特别是以绩效为核心要素，职位价值因素退居次要地位。新的人员分类方法的引入，是对创新传统人员分类管理制度、提升公共部门人力资源管理绩效的有益和有效尝试。

2. 公共部门人员分类管理的意义

(1) 有助于公共部门人力资源管理规范化。在公共部门人力资源管理中，无论按哪种方法进行分类，都是为公共部门人员或职位的客观评价提供依据。

(2) 有助于提升公共部门人力资源管理效率。公共部门人力资源管理有其复杂性，而通过人员分类管理可以极大地简化公共部门人力资源管理的流程，有助于提高公共部门人力资源管理的效率。过去，中国行政机构往往在精简后很快又膨胀起来，自觉或不自觉地陷入"精简—膨胀—再精简—再膨胀"的怪圈，其中主要原因在于，我国公共部门人事管理一直缺乏一套科学、系统的人员分类管理制度，职位、职级及岗位和人员编制等的设置存在较大随意性，因人设岗问题非常突出。人员分类管理通过按公共部门一定时期的工作量、工作复杂程度和难度以及一定时期劳动生产率等，在工作分析基础上进行职位或职务设置，可有效保证公共部门人员的工作饱和度及工作效率，避免人浮于事和机构冗员，降低公共部门行政成本，提高公共部门整体绩效。

---

[1] 戴维·奥斯本，等.改革政府：企业精神如何改革着公共部门[M].上海：上海译文出版社，1996：107.
[2] 赵曼，陈金明.公共部门人力资源管理[M].2版.北京：清华大学出版社，2006：41.

(3) 有助于责任型政府建设。公共部门人员分类管理通过明确各个职位和职级的工作内容和职位责任，既为公共部门明晰职责奠定了基础，也为问责制在政府部门的实施提供了条件。官僚制的相关研究表明，公共部门管理中若没有明确、具体的人员分类管理和甄别体系，往往会因权责在各职位间分配不合理，或因职位责任界定不明晰而出现履责不到位或越位问题。另外，从发展角度看，建立责任型政府既是公共管理改革的方向，也是提高政府公务人员履职能力、建设高绩效、服务型政府的客观要求，而通过人员分类管理及由此确定下来的岗位职责分配规则，可以将公众需求有效传递到公共部门及其职位和履职者身上，从而为责任型、服务型和高绩效政府建设提供条件和保证。

2.3.2 公共部门人员分类管理的基本制度

从目前国内外人员分类管理制度的发展情况看，主要有两类基本的人员分类管理制度，即品位分类和职位分类。

1. 品位分类

1) 品位分类的含义

品位分类的"品"是指官阶，"位"是指职位或职务，品位是指按官位高低、职务大小所进行的等级排列，即官阶的等级位置。所谓品位分类(rank classification)，是指按照人们官阶大小、职务高低来对公共部门工作人员进行等级或类别划分的一种人员分类方法。通常，官阶代表着任职者地位的高低和资历深浅；而职务则代表着任职者所具有的权力等级和担负责任的轻重。

品位分类的历史悠久，中国古代的官员分类即是一种典型的品位分类，如魏晋以后将官阶分为九品，到隋唐时，官阶得到进一步细化，除了将每一品分为正级和副级外，四品以下又分为上下，总共九品、三十级。清代则将官吏分为九品、十八级。在西方社会，随着国家文官制度的建立，品位分类逐渐由封建社会的注重特权和身份转变为注重任职资格条件。进入19世纪后，随着社会进一步分工，许多专业类、技术类人员开始进入公共部门，体现在分类上，品位分类则增加了横向划分，即先把公共部门人员分为行政类和技术类等大类，各类内部再建立各自的品位类。如法国，按职位的工作性质和所需教育程度，将政府公务人员分为A、B、C、D四类。品位分类适用于等级观念浓厚的国家。

2) 品位分类的特征

品位分类具有如下几个特征。

(1) 品位分类是一种以"人"为中心的分类体系。品位分类所注重的是任职者的学历、资历、经验和能力，任职年限、德才表现等通用资格条件是任职者晋升的主要依据。

(2) 品位分类的职类划分比较简单。在品位分类中，首先需根据职务性质进行粗线条划分，然后根据各职务在公共部门中所处位置、承担责任和资格条件等做进一步细分。比如，某一政府部门可能会有上百个职位，然而职务却比较有限。

(3) 品位分类的分类与分等相互交织。品位分类通常采用的是先确定等级，再划分类别的方法。

(4) 品位分类强调的是人员的综合管理能力，注重"通才"，而不注重人员某一方面的特殊知识和技能。人员调动、交流和晋升一般不受专业和以往工作性质的限制。

(5) 官位、等级与职位相对分离。在品位分类中，官位、等级是任职者的固有身份，可随人走，任职者薪酬取决于官位、等级，而不是所从事工作。

3) 品位分类的优缺点

品位分类的优点主要体现在如下几个方面。

(1) 品位分类没有严格的程序，方法简单易行。

(2) 品位分类注重工作人员的个人条件，如学历、资历等，有助于吸纳高学历人才。

(3) 品位分类注重人员的综合管理能力，有利于"通才"的培养。

(4) 官阶与职位相对分离，免除了职位变动给公共部门人员带来的不安全感，有利于个人发展和人员流动。

虽然品位分类有其自身优势，但也存在着如下缺点。

(1) 以"人"而非以"事"为中心的分类体系，容易导致因人设岗和机构臃肿现象。

(2) 在管理中主观随意性太强，缺乏系统、规范的分类标准，不利于严格的科学管理。

(3) 容易导致论资排辈问题，不仅限制了资历浅但能力强者的发展，同时易导致"官本位"倾向。

(4) 不重视专业人才培养和选拔，不利于专业技术类人员的发展及工作效率提高。

(5) 以官阶定身份、定待遇的管理方式，既会滋长一些领导者的身份等级心理，也会带来"同工不同酬"现象，不利于公共组织对人员的激励。

2. 职位分类

1) 职位分类的含义

职位(position)是指工作承担者所担负的职务和责任，而不是指担负某一职务和责任的具体人员，它是职务、责任和职权的集合体。职位先于任职者而存在，而与人员变动无关。

通常，职位可按一定标准和方法划分为若干职系和职等。所谓职系，通常指由工作性质及其特征相同或相似，而责任轻重和繁简难易程度不同的一些职位所构成的职位系列。职系划分的标准是工作性质，即同一职系的职位，其工作性质应该相当或相似。通常，一个职系往往相当于一种专门职业，比如不同学科的中学教师，即属同一个职系。职等是指把不同职系中工作繁简和难易程度，以及责任大小和所需资格条件等相同的职级归结在一起所形成的等级。职级则指同一职系中工作性质、繁简难易程度、责任轻重和所需任职资格要求相同或相似的职位，如中学教师所划分的一级教师和二级教师，即属中学教师这一职系中的两个职级。职级与职等的区别在于：职等不是同一职系内不同岗位间的等级划分，而是不同职系间相似岗位等级的比较和平衡，而职级是就同一职系的工作而言的。比如，中学教师中的二级教师与机械操作职系中的五级车工，虽然两者在业务与工作性质上存在很大差异，但抛开这些差异，如果他们在工作水平上存在相似性，即可视为同一职等。除了职系、职等和职级，职组和职门也与职位分类有着密切关系。职组是指工作性质相似的若干职系的组合，如公共部门的办事员职系、速记员职系和秘书职系通常组合成文书职组；而职门，也称职类，是指若干工作性质和特征相近的职组归结在一起所形成的集合。不同职门的职位，性质通常相差较大，例如行政执行职门与专业技术职门，即属两个性质完全不同的职门。通常，以职门、职组和职系为横向标，可将职位划分成若干职门，每一职门又可分为若干职组，每一职组再分为若干职系，如图2.1所示。以职级、职等为纵向标，每一职位均可归属于一定的职级和职等。通过职位分类的横向和纵向交叉分类，每一职位均可找到自己在整个职位体系中的确切位置。

图2.1 职位、职系、职组和职门之间的关系

职位分类(position classification)是指在工作分析基础上，将适合职位分类的工作人员的职位，按工作性质、责任轻重、工作难易程度和所需资格条件分成若干不同类别和等级的过程。职位分类的前提是工作分析。

2) 职位分类的特征

职位分类始于美国，是以美国为代表的许多西方国家普遍采用的一种人员分类制度。职位分类具有如下几个特征。

(1) 职位分类有一套严格、规范的分类程序。职位分类从职位调查和工作分析入手，对适用职位分类的每一职位进行详细调查，了解其性质、任务和责任等；在此基础上对职位进行分级、分等和分类；最后制定出相关的规范性文件，如职位说明书、职系说明书、职级规范和职等标准等，并以法规形式制度化，作为人事管理工作的依据。

(2) 职位分类是一种以"事"为中心的分类体系。职位分类所看重的首先是职位的性质、责任大小、工作的繁简难易程度，其次才是人所具备的资格和条件。职位分类是事在人先，突出事对人的价值。

(3) 职位分类方式是先横后纵。在职位分类过程中，首先要进行横向的职系、职组和职门的区分，然后依据工作难易、繁简程度和责任大小等来划分纵向等级。

(4) 职等与官等合一。职位分类中的职位和官位密切相联系，职位不随人走，它严格执行按职位定薪酬原则，追求同工同酬。

(5) 职位分类所实行的是严格的功绩制。功绩制是职位分类制度中人员升迁和加薪的唯一标准。

(6) 职位分类强调人员的专业知识和技术技能。职位分类注重"专才"，人员任职调动、交流和晋升一般在同一职系或至多在同一职组范围内进行，很少有跨职系和跨行业的人员流动和升迁。

3) 职位分类的优缺点

作为具有相对科学性的管理制度，职位分类管理具有如下几个优点。

(1) 职位分类方法科学、规范，为公共部门人力资源管理提供了客观依据和具体标准。

(2) 因事择人、以岗定员的理念，有利于公共部门及其岗位获得合适人选，可以极大地改善公共部门人浮于事和机构臃肿问题，有利于政府机构精简和绩效改进。

(3) 职务等级与职位责任和薪酬待遇相联系，从而使责权更加分明，并可有效解决推诿扯皮问题，促进同工同酬。

(4) 以资格条件和职位要求、规范是否相符来选拔和确定人选,有利于量才选用。

当然,职位分类管理也有其不足之处,突出地表现为以下几点。

(1) 职位分类过程复杂,程序烦琐,而且成本高昂。

(2) 人员在不同性质的职位间流动比较困难,不利于通才的培养。

(3) 职位分类过于规范和强调量化,导致整个分类体系缺乏弹性和灵活性。

(4) 官等和薪酬随职位变动而变动,对人员的激励性相对减弱,容易导致公共部门人员,特别是高级公务人员心理上的不稳定感。

4) 职位分类的原则

职位分类的基本指导思想是"因事设岗",该指导思想具体体现为系统原则、整合分原则、能级原则和最低职位数量原则。

(1) 系统原则。作为公共部门人力资源管理系统的一部分,职位分类不仅需要考虑某些职位是否需要设置以及设置得是否合理,还要考虑职位分类与公共部门人力资源管理其他子系统或子模块是否协调一致,以及能否与其他子系统或子模块相互配合,以确保公共部门人力资源管理目标和任务的实现。

(2) 整合分原则。整合分原则是指组织系统在整体规划下的明确分工及在合理分工基础上的有效整合。按照整合分原则,公共部门职位分类首先要根据一定时期公共部门的总体目标和使命进行分目标和子目标的层层分解,然后将分解后的任务和责任落实到每一具体部门和具体职位,并保证每个部门和职位的设置以具体、明确的目标为基础,同时保证每个具体职位和具体目标最终服务于公共部门的总目标。在整体目标层层分解基础上,还要对子目标和分目标进行逐层逐级的综合,以使职位间协调配套和相互配合。

(3) 能级原则。"能级"是一个物理学名词,指处于不同梯级和层次上的电子在能量上表现出来的等级差别。在公共部门中,由于各职位存在职责和权力上的差异,职位与职位所处的能级往往不同。按照权责对等原则,职位所担负责任大、权力相对大的,往往处于较高能级;职位担负责任小、权力相对小的,则处于较低能级。此外,公共部门中处于不同层次上的政府组织或部门也存在能级差别,如中央政府与地方政府。然而,任何一个组织系统均可分为由高到低的不同层次的能级,即决策层、管理层、执行与操作层。

(4) 最低职位数量原则。职位是职务、责任和权力的集合。职位是为完成一定任务、承担一定责任、履行一定权力而设置的,因此,在职位设置时,职位数量必须遵照最低职位数量原则,一方面尽可能避免职责和权力重叠,另一方面要保证每一项任务、每一份责任均有相应职位的人员负责,争取以最低投入、最小成本获得最大效益和最高效率。

5) 职位分类的步骤

职位分类是一项复杂而且技术性较强的工作,职位分类一般包括5个步骤,如图2.2所示。

图2.2 职位分类的一般步骤

(1) 职位分类前的准备工作。职位分类前的准备工作主要包括职位分类机构和职位分类人员的确定、职位分类计划的拟定以及经费预算等。

职位分类机构一般由国家最高行政机关来确定，职位分类机构主要负责研究和确定职位分类范围、确定职位分类的实施程序和标准、制定及管理各项书面文件、培训职位分类工作人员、总结和评价相关实施结果以及监督职位分类工作的实施等。职位分类人员不仅应具备一定的理论素养，包括公共行政学、人力资源管理、组织理论、职位分类理论及社会调查理论与方法等方面的知识，还应具备从事人力资源管理工作的实践经验以及调查研究能力、分析判断能力、综合概括能力、组织协调能力、团队协作能力和文字表达能力等，同时要具备较高的思想道德素质及对职位分类工作认真负责的精神。

拟定职位分类计划是职位分类准备阶段的重点内容，是全面掌控职位分类过程并根据实际需要和实际情况进行适时补充和修正的必要前提。

(2) 职位调查。职位调查是全面调查、了解公共部门职位信息、从而获取职位分类有关资料的过程。职位调查的对象是现有职位及拟实行职位分类的现任工作人员。职位调查的内容主要包括以下几项：一是职位本身情况，包括职位的工作性质和特点、职位存在的目的及其工作范围、职位的职务、职责和权限、完成该职位工作所必需的任职资格和条件。二是职位与其他方面的联系状况，包括职位所处的环境状况、职位与其上下级职位间的关系、该职位的工作流程状况等。三是有关职位调查的其他资料，包括与职位相关的法规、预算情况和薪酬规定等。

在职位调查结束后，需要对调查中所获取的相关资料或信息进行审核与整理，并根据各职位情况，运用获取的相关资料或信息来撰写职位说明书。职位说明书的撰写过程请参见第3章。

(3) 职位分析与职位评价。通过职位调查，对职位的了解往往仍停留在感性认识上，既不深入，也不透彻，因此，为了对职位有一个更深入的认识和了解，就需要对调查结果和职位进行系统而全面地分析，并结合每一职位的工作内容、繁简难易程度、职责、工作条件和工作强度等进行客观、公正的评价。

职位分析是职位分类的关键步骤和环节。职位分析主要是对调查中所获取的信息资料的分析，为职位归类和归级及最终形成职位分类序列提供条件。职位分析通常涉及两个层面：一是对职位调查结果进行统计分析，即对职位的数量、类别等展开分析；二是对职位调查结果进行理论分析，即借助概念、判断、推理和归纳等思维形式，系统分析职位的内容及其内在联系。职位分析的具体过程和方法见第3章。

职位评价则是在职位调查和职位分析基础上，依据基本分类要素，对职位的职系、职级和职等进行区分。职位评价可按横向和纵向进行区分。所谓职位的横向区分，是指根据职位的种类和性质，将工作性质充分相似的职位归为同一职系的过程。区分职系是一个由粗到细、由远及近的逐层划分的过程。在区分职系前，首先需要对"职门"和"职组"进行划分。凡工作性质大致相当的职位可归入同一职门；在每一职门中，工作性质比较接近的，可归为同一职组。例如，将职位分为行政执法职门和专业技术职门，再将行政执法职门划分为一般行政、综合行政和人事行政等职组，最后将综合行政职组划分为计划行政、统计行政、政策法规行政等职系。划分职系后，还应制定相应的职系说明书。一个职系应有一份职系说明书，职系说明书数量与所设定的职系数量是一致的。职系说明书主要由三个部分构成：第一部分为职系名称和编号。职系名称简单地说明了职系的工作性质,如人事行政职系、金融保险职系等。职系编号一般由两部分构成,前一部分代表职组,后一部分代表职组内的职系,这两部分一般均用符号和数字标记。第二部分为一般叙述。一般叙述主要指职系说明书开头部分的说明,通常由两部分构成:一部分说明本职系包含职级所涉及的职责;另一部分说明处理本职系各职级工作所需的知识、技术和能力。第三部分为主要工作项目列举,主要列举本职系所包括的各种业务,这些业务必须是本职系中较重要且最能代表本职系特性的,而且必须是工作量较大或花费时间较长、投入较大的。表2.1给出了职系说明书的例子。

表2.1 职系说明书举例

职系名称	人事行政职系	职系编号	×××
本职系包含职级所涉及的职责	涉及人事行政管理方面的职责,并需要具备人事行政管理方面的知识、技术和能力		
主要工作项目	本职系内的职位,主要是从事管理、研究、审核、检查、指导、协调、实施以及执行等任务: 1. 负责机关组织,人员编制,公务人员及专门职业技术人员的考试录用工作 2. 负责公务人员的任免、调迁、工资、考评、奖惩、培训、福利保障、退休等工作 3. 从事计划、研究、拟订方案、审核、督导、实施人事行政管理的工作		

资料来源:孙柏瑛. 公共部门人力资源开发与管理[M]. 北京:中国人民大学出版社,2006:198.

职位的纵向区分则指在职系内划分若干等级,形成职级,而后将职系中各职位按其工作性质、工作繁简难易程度、职责大小及所需资格条件等分别归入不同职级,并将工作繁简难易程度、职责大小、所需资格条件等大体相同的职级统一划等,构成职等,以形成统一的薪酬体系的过程。区分职级时,应按各职位工作繁简难易程度、职责大小和所需资格条件是否相似等予以分类,凡上述分类因素充分相似的,即可归入同一职级。至于说一个职级所设定的职位数量,一般根据一个职系中各职位职责大小及相距幅度大小进行确定。设立职等的目的是比较不同职系间职位的级别。一般来说,每个职系的职级数是不一样的,有的多达十几个,有的只有两三个,多数在四至七个之间,然而,它们均可归到相应的职等,以建立相互的对应关系。通过职级的划分,组织可以使职位分类计划充分发挥人事行政工具的作用,例如,如果不能将不同职系间职位的级别加以比较,组织不仅无法进行有效的人事行政管理,也无法制定公平合理的薪酬待遇标准。

(4) 职位归级。职位归级是指按照一定标准和程序,将经过分类的各职位归入到相应职系、职级和职等的过程。职位归级标准,即职位分类标准,由职系说明书、职级规范和职等标准三部分构成。职系说明书前文已作介绍。职级规范是规定和叙述每一职级的工作性质、繁简难易程度、责任大小及所需资格条件的书面文件。职级规范一般由职级名称、职级编号、职级特征或职责、工作举例、所需资格条件和其他等几部分构成。职等标准是叙述每一职等的工作繁简难易程度、责任大小和所需资格条件的书面文件,它包括一般叙述、职责程度叙述和所需资格条件叙述等内容。职位归级过程大致可分为两步:第一步是将职位说明书中的工作项目、所需技能等有关内容,与职系说明书的相关内容进行比较,进而确定该职位所属职系;第二步是将职位说明书中的工作描述、工作职能、工作标准等内容,与该职位所属职系的职级规范进行比较,以决定该职位所属职级和职等。职位归级确定后,职位分类就将与工作人员直接发生联系,职位的现任人员就要依据所归入的职级享受相应报酬,因此,职位的现任人员若认为职位归级不当，可于接到归级通知后次日起的一定期限内，以书面申请的形式向原归级机关或被授权办理机关申请复核，原归级机关或被授权办理机关则应于接到书面申请后的一定期限内加以复核，经复核审定后的归级将被视为职位的最终归级，一般不得再次提出复核申请。

(5) 职位分类的复核与后续管理。职位分类的复核是职位分类的后续工作。职位分类复核主要包括三方面内容：一是复核职系、职组和职门的划分是否符合实际、现存职位归入的职系和职组是否恰当；二是复核职级、职等的区分是否符合实际、现存职位的列举是否合理；三是复核职位上工作人员的列举是否恰当、薪酬给付是否合理等。

职位分类的后续管理主要围绕职位的增减和职责的变更展开，归结起来主要包括两方面内容：一是职责变更的职位的处理。随着机构事务增减和职责变化，机构可能会出现增设新职位、废止原有职位及调整职位归级等情况，由此就需要对相关职位出现的问题进行处理，并对变化的职位进行重新归级。二是机构增设、合并与撤销时职位的处理。机构变动必然引起职位的变化，机构增设或合并后，必须根据新机构的新职能重新设置职位，并按一定标准和程序归入适当职系、职级和职等；机构撤销后，则需按照一定程序履行职位废止手续，原有归级也一并注销。

3. 品位分类与职位分类比较

品位分类与职位分类各有优劣势，比较而言，这两种分类方法的区别主要表现在以下几点[①]。

(1) 分类标准有别。品位分类"以人为中心"，从纵向来划分职务等级，是一种以人为标准，人在事先的人员分类管理法；而职位分类"以事为中心"，根据工作性质及任务繁简难易程度、责任大小进行分类，是一种事在人先、以事择人的分类方法。

(2) 分类依据有别。品位分类依据工作人员的资历、德才和学历、贡献等高度人格化的要素对人员进行分类，对人不对事；而职位分类依据工作任务的繁简难易和工作性质进行分类，对事不对人。

(3) 适用范围不同。品位分类具有较高弹性，比较适用于工作弹性大、工作经常变化、工作效果不易量化的工作；而职位分类适用于稳定性高、专业化水平高及事务性工作。

2.3.3 西方国家政府公务员分类管理

从各国政府公务人员分类的发展历史看，政府管理职能相对简单且实行等级制度的传统社会，通常采用品位分类管理模式；政府管理职能相对复杂且强调专业化分工的现代社会，则大多实行职位分类管理模式。然而，由于近些年各国职位分类制度一直处于变化发展中，实行品位分类管理的国家在不断借鉴职位分类管理的优点，而实施职位分类管理的国家也在不断吸取品位分类管理的有益成分，目前各国政府公务人员的分类管理呈现一种相互补充、取长补短的发展趋势。

1. 美国公务员的职位分类管理

职位分类制度源于美国，它是美国人事管理的基础，也是文官管理的一大特色。美国的职

---

① 滕玉成，于萍. 公共部门人力资源管理[M]. 2版. 北京：中国人民大学出版社，2008：127.

位分类制度产生于19世纪，是美国政府为了回应政府雇员对同工不同酬现象的不满，以及泰勒"科学管理"方法在政府管理中的应用而逐渐形成和发展起来的。

20世纪初，美国各地陆续实施职位分类制度。1923年，美国国会正式出台了《联邦政府职位分类法》，并成立了联邦人事分类委员会专门负责政府职位分类制度的设计与实施。1949年，美国对职位分类法做了进一步调整，并建立了一套以一般职位(general schedule，GS)为主体的职位分类制度，从而奠定了现行公务员职位分类制度的基础。之后，美国逐渐将工作分析和职位评价等方法引入政府公务员职位分类中，借助工作分析和职位评价来确定职位等级，使职位分类日益标准化和科学化。1978年，美国国会通过了《文官制度改革法》，对联邦政府的职位分类制度进行深层次改革：一是建立相对独立的高级公务员系统；二是对高级公务员系列之外人员的职位分类进行改革。20世纪80年代后，随着声势浩大的重塑政府运动的展开，美国的职位分类制度也在发生着更加深刻变革。

因为以一般行政类职务序列为主体的联邦政府职位分类制度存在诸如职位分类与机构使命脱节、职位分类过于烦琐及职位分类缺乏与环境相适应的灵活性等问题，所以，《重塑人力资源管理报告》(reinventing human resource management)建议对此前建立的职位分类制度进行更深层次的改革。

2008年，美国制定出台了《职位级类手册》(handbook of occupational groups and families)。新的职位分类方案将美国联邦政府的职位分为两类，即一般职位(GS)和联邦工资系统(federal wage system，FWS)，这两类职位分别对应白领职位和蓝领职位，其中行政职门(即一般职位，GS)分为专业类、行政类、技术类、文员类以及其他类共五大类18个职等，联邦工资系统(FWS)则包括了工作族(job families)和职业(occupations)。

2. 英国公务员的品位分类管理

英国的品位分类产生于19世纪中期。1870年，英国因政府颁布了关于文官制度的第二个枢密院令，将政府文官正式区分为执行政策的上层和办理日常事务的下层，至此，英国文官分类制度的框架初步形成。

进入20世纪后，英国政府多次对其文官分类制度进行调整。1968年，富尔顿委员会(fulton committee)在《富尔顿报告》中指出了英国文官分类制度存在的诸多问题，并建议实行以职业为基础的统一等级结构。1971年，英国政府采纳《富尔顿报告》建议，开始建立和实施"公开结构"。20世纪70年代末期以后，撒切尔政府对英国文官分类制度进行了较大规模改革，进一步精简了文官队伍，缩小了文官规模。

20世纪90年代后，英国文官分类制度改革进一步向纵深推进。1994年，英国政府发表了《英国文官制度的继续与变革》白皮书，提出了进一步改革文官制度的建议。1996年，高级文官组织成立，高级文官组织成员单独与部门签订合同，根据职位说明、职位重要性及业绩结付薪酬。

英国文官分类制度改革实际上是一个不断借鉴和吸收职位分类有益成分的过程，在体现职位分类基本原则的同时，通过因事设岗、简化职级等措施，来打破文官队伍内部严格的等级限制，削弱过分强调资历、学历等品位分类的消极因素，从而改变了英国原有的品位分类制度，使英国的品位分类制度向品位分类与职位分类相融合的混合分类制度转变。

3. 法国公务员的分类管理

法国公务员分类属于品位分类与职位分类相混合的分类模式，但与英国不同的是，法国的分类系统更多地引入了职位分类因素，而且，虽然其分类系统在类别上也有等级之分，但等级间相对开放。

法国公务员分类制度有如下基本框架：按学历来划分类别，即职组；按工作性质来划分职系；根据责任大小、工作难易程度来划分职等；按资历和考核结果来确定职级。法国分类管理的形式主要有两种：一是划分政务类公务员和业务类公务员；二是划分为常任公务员和非常任公务员。

法国按照职位的工作性质和学历高低，依据组织层次自上而下将公务员划分为A、B、C、D四类：A类公务员也称行政类，是法国政府中的高级公务人员，主要承担领导、计划、设计和决策等方面工作；B类公务员也称执行类公务员，主要职责是执行法令和实施政府决策，并可在法令实施过程中对原则性规定做出解释；C类公务员也称书记和打字类公务员，主要职责是担任执行计划和实施决策的辅助性工作，一般属于操作性岗位；D类公务员也称信差类公务员，工作职责最为简单，属于勤杂人员，此类公务员履行职责一般不需要经过专门训练。按照工作性质不同，法国又将公务员职位区分为若干职系，每一职系又划分为若干职等和职级。职等是按所在职位工作责任大小和工作的繁简难易程度划分的，职等幅度一般在1~4等之间；而职级是将每一职等按所需资历和考核等级做进一步划分，幅度一般在1~8级之间。

20世纪80年代后，法国对公务员职位分类制度做了进一步调整：一是简化了分类制度，将D类公务员并入C类；二是在A类公务员任用中使用了委任制。目前，法国公务员类别的划分主要通过外部招考和内部招考两种方式确定，低一级职位公务员要进入高一级职位必须通过公开考试和竞争，从而保证了公务员队伍选拔的公平公正性。

2.3.4 中国政府公务员分类管理

中国公务员的分类管理是传统干部人事管理制度的衍生物，它随着20世纪90年代以来公务员制度的推行而不断深化和发展，在吸纳现代职位分类管理的有益成分的同时，合理保留了中国传统人员分类管理制度的特点，形成了以职位分类为主兼容品位分类的、具有中国特色的人员分类管理制度。

1. 中国政府公务员的职位分类

对公务员实施职位分类管理，是公务员选拔录用、考核、职业生涯与发展、培训开发、奖惩、薪酬管理以及保障公务员合法权益的基本前提。我国《公务员法》明确规定："国家实行公务员职位分类制度。"公务员职位分类采取"职务与职级并行"的方法，"各机关依照确定的职能、规格、编制限额、职数以及结构比例，设置本机关公务员的具体职位，并确定各职位的工作职责和任职资格条件"。

(1) 中国公务员职位类别。2018年新修订的《公务员法》规定："公务员职位类别按照公务员职位的性质、特点和管理需要，划分为综合管理类、专业技术类和行政执法类等类别。"综合管理类是指机关内从事规划、咨询、决策、组织、指挥、协调和监督等管理活动，以及机关内部行使管理职责的职位。它是公务员职位的主体,在公务员中所占比例最大。专业技术类是指机关中从事专业技术工作,履行专业技术职责,为实施公共管理提供专业技术支持和技术手段保障的职位。专业技术类职位一般具有如下特征:一是纯技术性,该类职位只对专业技术业务本身负责,不直接参与公共管理,不具备决策权和行政执法权;二是低替代性,此类职位具有较强的专业技术性要求,与其他职位间的替代性较差;三是技术权威性,该类职位的权威性主要体现在为行政领导决策提供技术性的参考和支持,技术结论不受行政领导主观意志的干预。例如,公安部门的法医鉴定、痕迹检验、理化检验、影像技术等职位,国家安全部门的特种技术、特种翻译等职位,以及外交部门的高级翻译等职位,均属专业技术类职位。行政执法类是指行政机关中直接履行行政监管、行政处罚、行政强制和行政稽查等现场执法职责的职位。行政执法类职位主要集中在公安、海关、税务、工商、质检、药监、环保等部门,且只存在于这些部门中的基层单位。与综合管理类和专业技术类职位相比,行政执法类职位具备执行性和现场强制性等特征。一般来讲,行政执法类职位只有对法律法规的执行权,这类职位可依照法律、法规来直接对具体的管理对象实施监管、处罚、强制和稽查,但不具有解释权和裁定权,也不具有研究、制定法律、法规、政策的职责。

除了上述三类职位外,还有法官、检察官等职位。这两类职位分别行使国家审判权和国家检察权,具有自身的特殊性,因此,法官、检察官等职位在等级、义务、权利、资格条件、任免程序和回避等方面的管理与其他类别的公务员有所区别。未将法官、检察官同其他公务员合并起来进行分类,体现了公务员分类管理的科学性原则。

(2) 公务员职务序列、层次和级别。职务是职位、职责和职权的统一。根据公务员职位类别和职责,我国《公务员法》将公务员职务划分为领导职务和职级序列。领导职务是指在公共部门内具有决策、组织、管理和指挥职能的职务。公务员领导职务根据宪法、有关法律和机构规格设置。公务员职级在厅局级以下设置;综合管理类以外其他职位类别公务员的职级序列,根据《公务员法》由国家另行规定。

从职务层次上分,领导职务层次可分为国家级正职、国家级副职、省部级正职、省部级副职、厅局级正职、厅局级副职、县处级正职、县处级副职、乡科级正职、乡科级副职;综合管理类公务员职级序列分为一级巡视员、二级巡视员、一级调研员、二级调研员、三级调研员、四级调研员、一级主任科员、二级主任科员、三级主任科员、四级主任科员、一级科员、二级科员。公务员领导职务、职级与级别的对应关系,由国家规定。公务员领导职务采用选任制、委任制和聘任制三种任用形式,而公务员职级则实行委任制和聘任制两种任用形式。根据有关法律的规定,通过选任制任用的领导职务包括以下几类:①国家主席、副主席;②国务院总理、副总理、国务委员、各部部长、各委员会主任、审计长、秘书长;③中央军委主席、副主席和中央军委委员;④最高人民法院院长、副院长、审判员、审判委员会委员、军事法院院长、最高人民检察院检察长、副检察长、检察员、检察委员会委员和军事检察院检察长;⑤省长、副省长,自治区主席、副主席,市长、副市长,州长、副州长,县长、副县长,区长、副区长;⑥乡长、副乡长,镇长、副镇长;⑦本级人民政府秘书长、厅长、局长、委员会主任、科长;⑧地方各级人民法院院长、副院长、庭长、副庭长、审判委员会委员、审判员,地方各级人民检察院副检察长、检察委员会委员、检察员。另外,通过选任制任用的公务员领导职务还包括各级党委、人大、政协机关的领导职务。通过委任制任用的领导职务包括国务院各部委的副职领导人、县级以上人民政府组织部门的副职领导人,以及各机关内设机构的领导职务等。

综合管理类以外其他职位类别公务员职级序列,由国家另行规定。国务院及其他主管部门可以根据授权,视公务员管理的实际情况,采取行政法规、部门规章或发布的决定、命令等规范性文件,对上述公务员的职务序列做出具体规定。

在职位分类基础上对公务员进行级别划分,是我国公务员制度的一大特色。我国公务员职务层次及级别对应关系如表2.2所示。

表2.2　我国公务员领导职务和职级序列与职务等级的对应关系

领导职务	职务等级	职级序列	职务等级
国家级正职	1级	—	—
国家级副职	2~4级	—	—
省部级正职	4~8级	—	—
省部级副职	6~10级	—	—
厅局级正职	8~13级	一级巡视员	8~13级
厅局级副职	10~15级	二级巡视员	10~15级
县处级正职	12~18级	一级调研员、二级调研员	11~18级
县处级副职	14~20级	三级调研员、四级调研员	13~20级
乡科级正职	16~22级	一级主任科员、二级主任科员	15~22级
乡科级副职	17~24级	三级主任科员、四级主任科员	17~24级
—	—	一级科员	18~26级
—	—	二级科员	19~27级

综上可见,我国公务员的职务与职级间并不存在完全的一一对应关系。除国家级正职外,公务员其他领导职务或职级序列可以对应多个职务等级,而公务员领导职务或职级序列具体对应哪个职务等级,通常视公务员的德才表现、工作实绩和任职资历等情况而定。如果公务员在其任职岗位上表现优异,即使因为机构规格、职数编制限制等客观原因致使其职务或职级序列难以升迁,也可以在同一职务或职级序列层次上晋升职务等级,这种职务或职级序列晋升与职务等级晋升的"双梯制",可以充分调动公务员的工作积极性。对德才表现、工作实绩较好、任现职时间和工作年限较长的公务员,可以在其职务级别范围内,确定较高的职务等级。另外,公务员职务层次越低,与职务等级的交叉对应幅度也越大,体现了向基层倾斜的指导思想。基层公共部门的机构规格低,绝大多数处于乡科级以下,大部分公务员的职务或职级序列层次也较低,由于基层职务等级交叉幅度较大,使大量职务较低的公务员可以通过定期晋升职务等级而提高薪酬待遇,这对调动基层公务员的工作积极性具有重要意义。

2. 中国公务员职位分类制度的特征

我国公务员的职位分类制度是在借鉴和吸纳了西方职位分类制度优点的前提下,在传统的干部人事制度基础上发展起来的,其特征主要体现在以下4个方面。

(1) 中国的职位分类制度是以职位分类为主、以品位分类为辅的分类制度。我国传统的干部人事制度是以品位分类为基础的,随着社会主义市场经济体制的确立及加入WTO、参与到全球经济一体化之中,原来的以品位分类为基础的干部人事制度越来越不适应时代发展的要求,在1993年《国家公务员暂行条例》基础上,2005年4月我国颁布了《中华人民共和国公务员法》(以下简称《公务员法》),2018年底对《公务员法》进行了重新修订。新修订的《公务员法》以优化管理、提高政府的效率和效能为目的,以激励、竞争和保障为主线,以职位分类为导向,在保留品位分类有益成分的基础上,重新设置了一套新的分类制度。这套新的分类制度不仅体现了以职位分类为主导、以品位为类为补充的思想,还充分考虑了中国国情,对公共部门人力资源管理实践具有重要指导价值。

(2) 以事为中心,兼顾人的因素。强调以人为中心,因事、因岗择人,是职位分类的显著特征。我国的职位分类以工作性质、工作的繁简难易程度和责任大小来确定职位,划分职系、职组和职等,同时兼顾人的因素,合理吸收品位分类的长处,主要体现为以下几点:①职等双轨。职等双轨主要指我国职位分类中的职等是由职位职等和人员职等双重等级构成的,前者依据职位的四大要素进行分析评价,后者则根据任职者的学历、资历因素进行评价。②一职多等。一职多等是针对职务而言的,它与我国所实行的职等双轨制密切相关。③等随人走。等随人走是指人员的职等可随任职者工作关系的调动而迁移。职位、职等依附于职位,不具备流动性,而人员职等依附于人员自身,具有流动性,这体现了职位分类与品位分类的有机结合。④调转灵活。我国公务员制度规定,高职等与低职等人员的调转不受限制。行政执行类公务员可以在同一个职组范围内调转,专业技术类人员可在同一职系内调转,特殊情况的调转可做特殊处理。

(3) 项目合一,直接评分。项目合一是指职位调查项目与职位评价项目合二为一。通常来讲,职位分类中的调查项目与评价项目是不一致的,存在一个将调查项目转化为评价因素的过程,我国的职位分类则简化了职位分类的难度和复杂程度,实行项目合一,从而提高了可操作性。直接评分则指对调查项目结果直接进行评分。在项目合一基础上,我国的职位分类将每一调查项目分为若干档次,每个档次按评价体系的要求赋予相应分值,职位调查一旦完毕,每个项目的评分同时完成。

(4) 全国统一,分级管理。我国的职位分类是在中共中央、国务院的统一领导下,由国家公务员管理部门直接管理或授权各级公务员管理部门来统一管理的。我国的政府公务员分为12个职等、27个职级,这些职等、职级由不同层级的公务员管理部门直接和授权管理。

关键术语

公共部门人力资源管理制度	新公共管理	公务员
公务员制度	部内制	部外制
公共部门人力资源管理环境	PEST分析	SWOT分析
人员分类	品位分类	职位
职系	职等	职级
职组	职门	职位分类

复习思考题

1. 西方公务员制度改革表现出怎样的趋势与特征?
2. 改革开放前的我国干部人事制度的主要特点有哪些?它存在哪些突出问题?
3. 改革开放以来我国公共部门人事制度改革的主要内容有哪些?

4. 与西方公务员制度比较，中国现行公务员制度有何特色？

5. 公共部门人力资源管理的外部环境和内部条件主要包括哪些方面内容？

6. 公共部门人员分类管理制度的发展趋势是怎样的？

7. 公共部门人员分类管理有何作用和意义？

8. 品位分类有何特征？其优点和缺点是什么？

9. 职位分类有何特征？其优点和缺点是什么？

10. 职位分类应坚持的原则有哪些？职位分类的一般步骤是怎样的？

11. 美国、英国和法国的人员分类各属于哪种分类制度？

12. 中国公务员分类制度有何特征？

本章案例

从论资排辈到竞争上岗

第3章　公共部门工作分析与职位评价

【学习引导】本章主要介绍工作分析的一般理论和方法，以及工作说明书的内容和编制等问题，同时介绍了职位评价的方法，从而为公共部门人员招聘、培训、绩效考评和绩效管理、员工职业生涯规划和发展管理以及薪酬设计等提供依据和理论支持。

本章的学习重点：一是对工作分析概念、作用和方法的理解和把握；二是了解并掌握工作说明书的结构、内容及编制程序；三是了解并掌握职位评价的概念、作用和方法。

工作分析是公共部门人力资源管理的起点和开端，正如怀勒·卡塞欧(Wayne F. Cascio)所说："工作分析对于人力资源专家而言，就如同钳子对于管道修理工一样。"实际上，有效的人力资源管理活动通常是建立在科学、有效的工作分析基础上的，在公共部门人力资源管理实践中，要想做到人尽其责、岗得其人，首先就需要了解组织中各职位或岗位的特点、所担负的责任和任务，以及职位或岗位对任职者素质和能力等的要求。因此，只有做好工作分析，才能更好地做到按岗择人、岗人匹配，才能实现人尽其才、才尽其用，实现公共部门内部人力资源的优化配置，进而提高公共部门的整体绩效。

3.1　工作分析概述

3.1.1　工作分析的相关要件及作用

1. 工作的相关要件

工作分析是一个解剖麻雀的过程。也就是说，如果我们想了解工作的内部结构和构成，就需要将工作拆分开来，以便了解它到底由哪些要件构成，各要件的作用和功能是什么，以及这些要件之间存在怎样的联系。因此，要想了解一项工作，或一个岗位、一个职位，首先就需要明了与工作有关的一些要件或术语。

(1) 工作要素。就像一台电脑是由许许多多具有不同功能的元件按一定结构和顺序联结组合而成的一样，工作通常也是由一系列微小单元构成的。构成工作的这些微小单元，通常称为工作要素。所谓工作要素(element)，是指工作活动中不能再分解的最小活动单位。比如，拾起、运送、放置等均为最小的活动单位，即工作要素。一组工作要素按一定顺序组合在一起，就形成了某一任务的完成过程。

(2) 任务。任务(task)是指为达到某种目的所从事的一系列活动。任务通常在人们为了一定目的而做出体力、脑力上的努力时才被完成的。例如，办公室秘书撰写文书或起草报告、营销人员推销产品、会计记账等,均是在相关人员付出了一定体力和脑力后才能完成的,而且,每一任务的完成不仅有一定目的性,还包含一组按一定规则和顺序相互联系和联结的工作要素。

(3) 职责。职责(duty)是指处于某岗位上的人所承担的一系列任务的集合。职责与责任(responsibility)既有区别,又有联系。通常来讲,责任是指担当某一角色的组织或个人要履行的义务及要承担的过失;职责则与某一特定工作或职业相联系。如,教师的职责是教书育人,军人的职责是保卫国家安全,公民的责任则是遵守公共道德和遵纪守法。

(4) 职位。职位(position),也称岗位,是指构成一个员工全部工作的任务和责任的集合,是人与事有机结合后所形成的基本单位。例如财政局局长、银行出纳、公司保安等,均是职位。一般来讲,组织中的职位与人员是一一匹配的,也就是说,组织中有多少个职位,就应雇佣多少名员工。职位与职务是有区别的。职务通常由一系列性质相同或近似的职位构成,一个职务可能同时对应着两个或两个以上的职位。如,财政局副局长这一职务,就可能同时对应着财政局的多个副局长职位,他们有的负责人事教育、机关党委、工会、法制和宣传,有的负责国库、财务、信息和监督检查,有的负责债务管理、经济建设、公共事务、金融和外事,有的负责税政、关税、社会保障、资产管理、财政数据,有的负责纪检监察,等等,虽然这些均是副局长职务,但分属于不同职位。

(5) 工作。工作(job)是指由一个或一组在主要任务和责任相似的职位所构成的事项,即相同或相似岗位(或职位)的总称。例如,人力资源管理部的培训工作。一个职位只能对应一个人,而一项工作可由多个人来做。工作虽然与职位不同,但与"职务"却非常相似,也就是说,工作与职务一样,同一类型工作可以对应一个以上的人。例如,培训工作可由两个或两个以上的人来做,但这些人所占据的职位却不同。

(6) 职业。职业(occupation)是指在不同组织中从事相似活动、担负相似责任的一系列工作的总称。职业是社会需求推动和社会分工的结果,同时又与经济和社会生产力水平以及社会政治制度等密切相关,随着科技进步和社会生产力发展以及人们需求的变化而更新。职业对人们的生产和生活方式、社会地位和收入水平等有着重要影响。按照国家人力资源和社会保障部的职业分类,目前我国的职业被分为8大类、66个中类、413个小类和1932个细类(职业)。例如教师、律师、医生等均为职业。

2. 什么是工作分析

工作分析,实际上就是分析工作,也就是将某一岗位或职位所担负的责任和任务以及承担这些责任、完成这些任务所需要的素质、知识、技术技能和经验等进行研究的过程。严格来讲,工作分析(job analysis)是指在调查及收集相关信息和资料基础上,对某一工作所担负的责任及包含的任务进行明确划分与界定,并确定该工作的承担者要成功完成该工作所需具备的素质和能力等的过程。在中国,由于工作与岗位、职位和职务间内涵相近或存在概念混淆问题,工作分析通常也被称为职位分析、岗位分析,或职务分析。工作分析是一切人力资源管理活动的基础。一般来讲,如果没有对工作性质、任务和责任的准确界定,在实际工作中,就非常容易出现权责不清、任务不明的问题,从而导致相互推诿扯皮和工作效率低下等问题。而且,如果工作分析做得不好,那么必然会影响员工招聘、培训、绩效考评甚至薪酬设计和职业生涯管理等人力资源管理工作的顺利开展。

工作分析的思想源远流长，一般认为，它与社会分工是联系在一起的。历史上最早进行大规模工作分析活动的，据说是18世纪中期的D. 狄德罗(D. Diderot)，但科学、规范的工作分析活动始于F. W. 泰勒。在1903年出版的《车间管理》(Shop Management)一书中，泰勒详细介绍了把工作分成若干部分并进行计时以提高劳动效率的事实。在1911年出版的《科学管理原理》(The Principle of Scientific Management)一书中，泰勒指出，要对组织进行科学管理，就必须对组织中的每一份工作进行研究，从而科学地挑选和培训工人。1913年，泰勒学说的积极支持者吉尔布雷斯夫妇在《动作研究》一书中研究了操作动作及其对工作效率的影响，首开"动作研究"之先河，其中，吉尔布雷斯夫妇所提出的"微动作研究"技术使动作照片在研究中的应用成为可能。20世纪20年代后，宾汉(W. V. Bingham)、斯考特(W. D. Scott)、巴鲁什(I. Baruch)等学者以及美国社会科学研究会(social science research council，SSRC)、美国国家就业局职位研究委员会(occupational research program，ORP)等开展了一系列有关工作分析项目的研究，提出了一些对完善工作分析具有促进意义的理论和方法，同时也助推了工作分析在美国企业组织的广泛使用。到1930年，美国采用工作分析的工商企业已达39%，1940年这一比例进一步提高到75%[①]。1979年，另一位泰勒理论的积极支持者罗莫特(W. Rohmert)在总结其几十年对工作设计和工效方法研究成果的基础上，提出了AET方法，即工作分析工效学调查法。

从工作分析产生和发展的过程看，工作分析概念应包含三个方面内容：一是应首先确定工作的内涵，对岗位名称、地点、任务、权责、工作对象、劳动资料、工作环境及本岗位与相关岗位间的联系、制约方式等因素进行系统表达，这些通常称为工作描述；二是岗位对员工的要求，即本岗位工作人员应具备的知识、技能、工作经验、道德标准、身体状况、心理素质等；三是对工作分析结果的表述，即编制出相应的工作说明书。

3. 工作分析的作用

工作分析在公共部门人力资源管理中的作用具体表现在如下几个方面。

(1) 工作分析是公共部门定岗、定编的基础和依据，是解决公共部门权责不清及权责交叉重叠问题的有效方法，有助于公共部门更为精简、高效。所谓定岗，是指公共部门根据一定时期自身的工作目标和工作任务，结合该时期科技进步和部门劳动生产率水平，在满负荷工作条件下来确定该部门的岗位设置、数量及岗位分布等的过程。所谓定编，是指公共部门在定岗前提下，按照岗位设置和要求，来确定组织所需要的人员数量、质量和人员构成等的过程。定岗定编是相互联系、密不可分的。通常，工作分析既是定岗(按组织和部门的工作量、劳动强度和难度以及职责大小等来确定职位数)的基础，也是定编(根据一定时期、一定科技水平下劳动者的知识、技能和能力等来确定组织和部门需要的人员数量和构成)的依据。而且，在工作分析基础上进行定岗定编，既有助于厘清各岗位的权责及其边界，责任到岗、到人，有效避免任职者的越职、越权或不作为现象，解决部门间和岗位间的相互推诿、扯皮问题，也是改变公共部门机构臃肿、人浮于事、效率低下问题的有效手段，从而使公共部门人事管理步入科学化、规范化、法治化轨道。

(2) 工作分析既是制定工作规范的依据，也是公共部门选拔和招录合格人才的基础。工

---

① 付亚和. 工作分析[M]. 上海：复旦大学出版社，2004：18.

规范，是公共部门某一岗位或职位对员工素质、技术技能、能力及其行为方式、价值标准等的要求。工作规范只有在对工作进行深入、细致分析的基础上才能建立起来。进一步讲，在工作分析基础上所确定的岗位要求和工作标准，是公共部门选拔和招录员工的重要依据，也是科学选人、确保人岗匹配的必要前提。

(3) 工作分析是开发员工绩效考评指标、确定员工绩效标准的有效方法，有助于绩效考评和绩效管理的科学化。通过工作分析，组织不仅可以明确岗位或职位的权责、任务，还可以确定岗位任职者应具备的素质、能力和经验，这一过程实际上既为岗位任职者指定了工作内容及职责任务，也为任职者指明了工作的努力方向及应达到的绩效要求，而这些工作内容、职责任务和绩效要求恰恰是设计员工绩效考评指标、确定员工绩效标准的重要依据，也是员工绩效考评的重点。在员工绩效指标设计和绩效标准确定时，如果脱离工作分析而开发设计绩效指标和确定绩效标准，不仅会导致绩效考评与岗位责任、任务和要求等脱节，还会使绩效考评和绩效管理陷入为考评而考评和盲目管理的误区，无助于绩效考评和绩效管理的科学化以及员工和组织绩效的共同提高。

(4) 工作分析为公共部门人员教育和培训提供了客观依据。通过工作分析，组织可以明确从事某项工作者应具备的知识、技能和其他各种素质条件。在公共部门中，并非所有员工均能满足其任职岗位或职位的条件与要求，由此就需要公共组织根据工作分析结果，参照员工的实际工作绩效和知识、技能，通过开发设计有针对性的员工培训方案，在对组织和部门正常工作没有影响或影响不大的情况下，有计划、有步骤地开展培训工作，改善员工的知识结构和工作技能，进而提高员工和部门绩效。

(5) 工作分析有助于公共部门人力资源的有效配置。人岗匹配的基本前提是充分了解员工素质、能力和心理特征，以及岗位或职位对员工素质、能力和经验等的要求，只有如此，才能切实把合适的人放到合适的岗位上，以达到岗得其人、人适其岗的效果。而工作分析就是通过对岗位或职位的研究，来确定岗位或职位特征及要求，做好选择适合该岗位或职位的员工的准备。

(6) 工作分析为薪酬设计和管理奠定了基础。通常来讲，薪酬设计是以职位评价为基础的，而职位评价是从各岗位或职位所担负的职责及其对组织的价值大小或重要程度高低而展开的，它必须以工作分析结果为参照。而且，薪酬管理也离不开人们对各岗位或职位在组织中所处地位、担负的职责及其变化等的认识，也就是说，工作分析和职位评价是薪酬管理的参考和依据。

3.1.2 工作分析的程序

工作分析是一项技术性较强的工作，因此，为了确保工作分析达到预期效果，必须严格按照工作分析的程序、采用合适的技术和方法来进行。

因组织的性质、特点、战略目标和实施工作分析的目的不同，工作分析的程序可能略有差异，但总体来讲，工作分析通常包含如下程序，即准备阶段、调查和信息收集阶段、分析阶段、完成阶段、维持和修正阶段，如图3.1所示。

图3.1 工作分析的程序

1. 准备阶段

准备阶段的主要任务包括确定工作分析的目的和用途、成立工作分析小组并对参与人员进行相关知识和技能培训、了解情况并选取工作分析样本、设计调查方案等。这一阶段的具体工作如下所述。

(1) 确定工作分析的目的和用途。不论在什么时候,任何组织或部门开展工作分析都有一定目的性,弄清其目的性,了解其具体用途,是做好工作分析的必要前提。因为工作分析的目的和用途不同,选取的调查样本、需要掌握信息的规模和数量、使用的方法等也往往不同。

(2) 成立工作分析小组并对参与人员进行相关知识和技能培训。工作分析小组一般由组织和部门领导、人力资源管理部门和相关业务部门专业人员、外聘专家和顾问等三类人员组成。工作分析小组成立后,从确保工作分析的效率和效果着眼,还需要由外聘专家或顾问对工作分析小组成员进行培训,以熟悉工作分析的流程及技术方法,进一步统一认识。

(3) 了解情况并选取工作分析样本。根据工作分析的目标和要求,对组织、部门及其岗位情况进行初步了解,掌握相关数据和基本资料,选取工作分析样本。

(4) 设计调查方案。包括确定调查内容,设计调查问题,编制调查问卷,确定调查时间进度表和使用的调查方法等。同时,做好调查前的宣传、解释工作,打消员工疑虑。

2. 调查和信息收集阶段

本阶段的主要任务是对工作过程、工作环境、工作内容和工作人员等进行全面调查,收集与所分析岗位相关的信息、资料。这一阶段的工作主要包括以下几项。

(1) 综合运用各种方法收集岗位信息。

(2) 根据工作分析的目的,有针对性地收集有关岗位的特征及所需的各种数据和资料。

(3) 重点收集工作人员必需的特征信息。

(4) 了解与工作有关的有形和无形因素,包括完成工作所要涉及或运用的知识、技能、经验,以及心理素质和能力要求等。

(5) 要求被调查岗位的员工对各种工作特征和人员特征的发生率和重要性做出等级评定。

在工作分析过程中,需要收集的信息通常包括组织结构图,工作流程图,工作的范围和主要内容,工作的具体职责,胜任工作所需要的相关知识,胜任工作所需具备的技术和能力,工作要求的灵巧与正确程度,承担工作需要具备的相关经验,与工作设备相关的操作技能,必要的年龄限制,工作对受教育程度的要求,与组织内其他工作或部门的关系,与组织外相关工作或部门的关系,有关工作环境的信息,工作环境对任职者身体和心理的影响,工作的繁简难易程度、劳动强度、特殊的心理品质要求,国内外工作分类标准,等等。

3. 分析阶段

分析阶段的主要任务是对调查所收集到的有关信息和资料进行整理、审查、分析和取舍，并对短缺的信息和资料进行必要补充。

分析阶段的工作主要有以下几项。

(1) 整理并认真审核已收集到的各种信息、资料。

(2) 创造性地分析、发现有关工作及其人员的关键信息。

(3) 对工作分析所需信息、资料和要素进行归纳以及取舍和补充修正。

(4) 对照最初列出的主要任务，针对工作分析提出的问题，提出改进建议，并重新划分工作范围、内容和职责等，确保所提出的问题尽可能得到解决。

分析阶段的具体项目包括工作名称(工作名称既要能准确反映工作内容，又要易于引起人们的认同和好感)；工作编码；所属部门；工作任务(该工作所包含的各种活动及其相关联系、所要达到的目的、完成任务的标准等)；工作责任(包括风险责任、过错责任、领导责任等)；职责权限划分(为完成工作任务、承担责任所必需的自主权力)分析；工作繁简难易程度、工作强度以及工作的危险程度分析；工作环境(包括物理环境、安全环境、社会环境、心理要求等)分析；与其他工作的关系(包括与组织内其他工作关系和组织外相关工作的关系等)分析；任职资格(包括品德、知识、技能、能力、心理、年龄、身体素质和经验等)分析；等等。

4. 完成阶段

完成阶段的主要任务是根据所收集到的信息、调查结果、得出的结论以及提出的改进建议等，按照一定规范要求，来编制工作说明书。在此过程中，应特别关注相关岗位员工的合理化建议，以及其他组织相同或相似岗位的变化情况和变化趋势，以保证工作说明书的质量。

5. 维持和修正阶段

工作分析完成后，不仅应对工作分析的过程进行回顾、总结，将工作说明书归档保存，并将其应用于实际工作，还要注意收集应用后的反馈信息，注意社会和组织发展中工作变化的趋势，并随时对工作说明书进行补充、完善，以适应时代和组织发展的要求。一份工作说明书完成得如何，可以通过"6W1H"加以检验，看某一工作说明书是否达到了"6W1H"的要求，即用谁做(who)、做什么(what)、为什么做(why)、何时做(when)、在何地做(where)、为谁做(for whom)，以及如何做(how)。

其中，用谁做(who)，主要是指对从事该项工作的人员应具备的资格条件，包括身体素质、心理素质、知识技能、受教育程度和培训要求、相关经验和个性特征要求等提出相关要求；做什么(what)，是指某岗位所包含的具体任务，具体包括任职者应完成的工作任务及其结果或产出，以及任职者应达到的绩效标准等；为什么做(why)，是指任职者工作的目的，也就是说，该工作在整个组织和部门中所具有的作用，包括工作目的、工作在组织和部门中与其他工作之间的联系和相互作用关系等；何时做(when)，是指该项工作活动的时间安排，包括工作时间是否有固定的时间表、工作活动的频度等，如每日进行的活动、每周进行的活动，以及每月进行的活动等；在何地做(where)，是指工作地点、场所和环境等，包括工作的自然环境(如室内或室外、温度条件、湿度条件、照明度、整洁程度等)、工作危险性(如对身体有无伤害、对心理有无不良影响、对视力和听力有无损害)等;为谁做(for whom),是指在工作中与其他岗位发生的关系及相互影响,包括工作的请示和汇报对象、工作信息提供对象或工作结果提交对象,以及工作监控和指挥对象等;如何做(how),是指任职者如何开展工作活动才能达到预期结果,包括工作活动的流程、工作活动涉及的工具和机器设备、工作活动涉及的文件记录以及工作中的关键控制点等。

以下资料列示了美国联邦政府传统工作分析的一般步骤。

传统工作分析的步骤(美国联邦政府)

1. 文献分析

(1) 收集现有的工作相关资料,总结归纳该工作的主要任务、职责、功能、工作流程等信息。

(2) 制定工作职责清单,作为访谈的框架。

(3) 记录不清晰、模棱两可或需要澄清的问题。

2. 首次观察工作现场

(1) 首次观察工作现场的目的是便于工作分析员熟悉工作布局、机器设备以及工作场景等,避免被访谈者花费许多时间介绍复杂而不常见的机器设备。

(2) 在观察工作现场之前,访谈管理者,以获得管理者对现场观察工作的指导。

3. 访谈

(1) 在访谈任职者之前,先访谈高层管理者,便于系统地了解职位之间的协调关系和各个职位的作用。

(2) 制定访谈计划,包括访谈时间、访谈地点、访谈对象、访谈内容等。需要注意的是,每天访谈的人数不超过4人,每次访谈的时间不超过3小时。

选择的访谈对象,应了解该职位,并且在该职位工作半年以上,工作业绩处于中等水平(而非实习生或者业绩突出者)。选择访谈对象时,要尽可能地考虑不同种族或性别的搭配。

4. 第二次观察工作现场

(1) 第二次观察工作现场的目的是澄清、确认和精简访谈时得到的信息。

(2) 如同第一次实施工作现场观察,在第二次观察工作现场时,先访谈管理者,以获得他对现场观察工作的指导。

5. 分析、整理工作信息

(1) 把从各种渠道(管理者、在职员工、现场观察、有关此工作的书面材料)得到的资料放到一起,分析信息,整理成一篇连贯的、全面的工作说明书。

(2) 高层管理者等对工作分析人员提供业务方面的帮助。

(3) 检查最初列举的职责和问题清单是否已全部得到解决和确认。

6. 核实工作说明书
(1) 召集所有的访谈者确认工作说明书的准确性和完整性。
(2) 将工作说明书分发给高层管理者和接受访谈的任职者。
(3) 工作分析员逐条审核工作说明书，在任何遗漏、模棱两可或需要澄清处做注释。
(4) 核实所有资料，修改完善工作说明书。

资料来源：乔治·T·米尔科维奇，杰里·M·纽曼. 薪酬管理[M]. 6版. 董克用，等译，北京：中国人民大学出版社，2002.

3.1.3 工作分析的方法

工作分析成功与否，很大程度上与工作分析过程中所选用的方法是否科学、使用是否得当等有关。工作分析方法包括定性分析方法和定量分析方法两大类。

1. 定性分析方法

定性分析方法很多，但较常见也较常用的主要有访谈法、问卷法、直接观察法、工作日志法和关键事件法。

1) 访谈法

访谈法(interview)，或称面谈法，是指根据工作分析的目的和要求，通过有针对性的面对面交谈来获取工作信息的方法。访谈法的形式主要有两种：个别访谈和集体访谈。访谈时，可以要求被访谈者叙述所从事工作的内容，以及完成工作的程序和方式方法。比如，某岗位的工作内容、工作职责，从事该工作过程中遇到的重点和难点问题及其症结，胜任该岗位需要具备的基础能力、核心能力和素质要求，以及该岗位与其他岗位间的关系等。该方法通常用于工作分析人员不能实际参与观察的工作岗位。为了保证所获信息和资料的真实、可靠、全面，访谈者首先需要向被访谈者明确访谈的目的，尽可能避免对被访谈者形成精神或心理压力，还应尽可能在最短时间内与被访谈者搞好关系，使访谈在友好气氛下进行。

该方法的优点是能够迅速地获得工作分析所需要的信息，有利于管理者和人力资源管理部门深入了解所调查岗位的工作活动和行为，且成本较低，推行起来较容易。缺点是时间成本较高，而且被访谈者在回答问题时往往带有一定的主观性，从而导致信息失真，影响工作分析的质量和效果。表3.1是访谈法的通用提纲。

表3.1 工作分析访谈法的提纲

1. 关于岗位目标
(1) 此岗位的工作目标是什么？
(2) 此岗位最终要取得什么结果？
(3) 从组织和部门的角度讲，这个岗位有何意义和作用？
2. 岗位在组织和部门中的地位
(1) 上级对此岗位作用的评价如何？
(2) 此岗位直接为哪些部门或个人效力？
(3) 哪些岗位与此岗位同属一个部门？
(4) 此岗位一年所需的各种经费(比如经营预算、销售额、用于员工本身的开销)大约有多少？

(续表)

3. 内外部关系
(1) 您依据怎样的原则、规章制度、先例和人事制度办事？
(2) 此岗位的行为或决策受哪些部门或岗位的控制？
(3) 在组织内部，该岗位与哪些部门或岗位有频繁的工作联系？有哪些联系？
(4) 您是否需要经常会见上司，与上司商讨或者汇报工作？
(5) 您通常需要与上司讨论哪些问题？
(6) 您有下属吗？若有，哪些职位由您管辖？有多少职位？有多少人？分别是谁？
(7) 在组织外，该岗位与哪些部门或个人有最频繁的工作联系？有哪些联系？
(8) 该岗位任职者需要出差吗？频率如何？经常去哪里出差？为什么出差？

4. 工作中的问题
(1) 您认为此工作对您的最大挑战是什么？
(2) 您对此工作最满意和最不满意的地方分别是什么？
(3) 此工作需要解决的关键问题有哪些？
(4) 您面临的问题是否各不相同？不同之处表现在哪些方面？
(5) 处理问题时有无指导或先例可以参照？有哪些处理依据？
(6) 您在工作中遇到的问题在多大程度上是可以预测的？
(7) 您对哪些工作有自主权？
(8) 哪些问题您需要提交上级处理？
(9) 您是否经常请求上司帮助，或者上司是否经常检查或指导您的工作？
(10) 您的上司如何指导您的工作？
(11) 您是否有机会采取新方法来解决问题？

5. 工作成果
(1) 您的工作中能够取得什么成果？其中最重要的成果有哪些？
(2) 通常可以用什么标准来衡量您的工作成果？
(3) 上司对工作任务的完成情况是否起决定性作用？

6. 岗位要求
(1) 该岗位要求任职者具备哪些知识和技能？请按重要程度列示，并举出工作中的实例加以说明。
(2) 可以通过什么样的培训方式来掌握该岗位所需要的知识和技能？
(3) 该岗位要求任职者具备什么样的文化程度？
(4) 该岗位要求任职者具备哪些能力？请按重要程度列出，并举出工作中的实例来说明。
(5) 该岗位对任职者的品行和职业道德有何要求？

　　1979年，麦考米克提出了访谈法的一些标准，例如，提出的问题要与工作分析的目的有关；分析人员语言表达要清楚，含义准确；问题必须清晰、明确，不能太含蓄；问题和谈话的内容不能超出被访谈者的知识和信息范围；问题和谈话的内容不能引起被访谈者不满，不要提涉及被访谈者隐私的问题；等等。

　　2) 问卷法
　　(1) 问卷法的含义。问卷法(questionnaire)是指结合工作分析的目的和内容，事先将欲调查的问题和了解的信息等设计成调查问卷，由被调查者结合工作实际填写，然后由工作分析人员在整理归纳基础上进行分析、研究的一种方法。问卷法一般通过邮寄方式、当面作答或追踪访问等方式进行填答。

　　(2) 问卷法的类型。常见的调查问卷类型主要有封闭式问卷和开放式问卷两类。封闭式问卷是在全面深入研究基础上，事先设计好一系列有针对性的问题及供被调查者选择的答案，由被调查者结合自身情况独立做出选择的问卷形式。封闭式问卷因有固定的问题和备选答案，因此通常便于进行统计分析或量化研究。开放式问卷则通过提出一系列笼统、开放性的问题，让被调查者结合自己工作实际独立作答的一种问卷形式。开放式问卷因只提供问题，不提供备选答案，因此答案往往比较分散，难以用来统计分析或量化研究。

工作分析调查问卷既可由被调查者来填写，也可由工作分析人员代为填写。

(3) 问卷的组成。问卷法的关键是问卷的设计和调查样本的选取(对非全样本调查来讲)。问卷一般由卷首语、问题与回答方式、编码和其他资料组成。

卷首语通常包括调查的目的、意义和主要内容，选择被调查者的途径和方法，对被调查者的希望和要求，填写问卷的说明，回复问卷的方式和时间，调查的匿名和保密原则，以及调查者的名称等。为了能引起被调查者的重视和兴趣，争取他们的合作和支持，卷首语的语气应谦恭、诚恳，文字应简明、通俗易懂、有可读性。

问题与回答方式是调查问卷的主体部分，通常包括所调查的问题、回答问题的方式及对回答方式的指导和说明等。一般来讲，问卷设计时必须做到提问要准确，表格要精练，语言表达要通俗易懂，问题切忌模棱两可，以避免产生歧义。

编码是指把问卷中询问的问题和被调查者的回答，全部转换成代号(如A，B，C，D…)和数字，以便于运用计算机对调查结果进行处理。

其他资料包括问卷名称、被调查者的地址或单位(可以是编号)、访问员姓名、访问的起止时间、访问完成情况、审核员姓名和审核意见等。这些资料，是对问卷进行审核和分析的重要依据。此外，有的自填式问卷还有一个结束语。结束语可以是简短的几句话，对被调查者的合作表示感谢；也可以稍长些，顺便征询一下被调查者对问卷设计和问卷调查的看法。

(4) 工作分析调查问卷的内容。工作分析调查问卷中一般包括如下几方面内容。

① 职位基本信息，包括任职者姓名、职位名称、所在部门、学历、工作经历、年龄和工资水平等。

② 工作目的，要求任职者使用一段简短、概括性的语句来描述职位在组织中存在的目的和作用。填写格式为：工作依据("根据……")+工作内容(动词+工作对象)+工作成果(主要描述工作要达到的目的)。

③ 工作职责，按照工作任务的重要程度排列，写出该职位的工作任务，填写格式为：动词+工作对象+工作目标。还需要任职者估计某一工作职责占其全部工作时间的百分比。

④ 绩效标准，指各项工作职责应达到的绩效标准，包括工作结果的数量、时限、质量，以及对组织的影响等。

⑤ 工作联系，即与本部门内其他职位、其他部门、上级以及组织外的联系对象的联系，以及联系的内容、频率和重要性等。工作联系一般应为稳定、长期性的工作联系，而非突发性、偶尔的工作联系。

⑥ 组织结构，包括二级上级(直接上级的直接上级)、直接上级、直接下级(下属)以及平级等。

⑦ 工作特征，包括工作时间、出差比重、工作负荷等。

⑧ 任职资格，即工作对任职者学历、工作经验、知识结构、工作技能、能力与素质等的要求。

⑨ 所需要的培训，包括培训的目标、内容、时间长度、频率和考核方式等。

⑩ 职业生涯，包括可晋升的职务、薪酬待遇和等级。

问卷法具有如下几个优点：工作人员不必亲临工作现场，手续简便，便于全面开展调查；节省时间，费用低；容易在短时间内从众多任职者身上获得广泛、丰富的信息；由于调查表是一种标准化、指标化、格式化的表格形式，便于资料整理。但问卷法也具有如下几个缺点：对问卷的编制技术要求高，耗费时间和精力较多；被调查者的主观态度对调查结果有较大影响，或者因填表人原因导致所填内容与事实不符问题，使调查所获信息的真实性降低；如果调查表设计不完备或与工作分析目的不相符，还可能导致工作信息遗漏问题；问卷法的成本相对较高。因此，在采用问卷法时，应特别注意以下三点：问卷设计应力求与工作分析目的相符；工作信息要素应尽量完备；对被调查者应进行事前培训，力求将主观干扰降至最低程度。表3.2列出了工作分析调查问卷的一般格式。

表3.2 工作分析调查问卷(举例)

一、基本信息

姓　　名		填写日期	年　月　日
职位名称		职位编号	
所属部门		主管职位	

二、调查信息

1. 请准确、简洁地列举您的主要工作任务(若多于6条可附纸填写，下同)：
(1)_____ (2)_____
(3)_____ (4)_____
(5)_____ (6)_____
请详细描述您的日常工作内容(如果有工作日志，请附后)：_____
_____
3. 请详细列举您有决策权的工作项目：_____
4. 请详细列举您没有决策权的工作项目：_____
5. 请简明地描述您的上级是如何监督您的工作的：_____
6. 请简明地描述您的哪些工作是不被上级监督的：_____
7. 请详细描述您在工作中需要接触哪些职位的员工，并请讲明接触的原因：_____
_____
8. 请列举您直接领导的下属的职位和工作内容：_____
9. 请简明地列举您编写的需要作为档案留存的文件名称和内容提要：_____
10. 请列举工作中需要用到的主要办公设备和用品：_____
11. 请描述您在人事和财务方面的权限范围(如果涉及的话)：_____
12. 您认为胜任该职位需要几年的相关工作经验？
　　□不需要　　□1年　　□2年　　□3年　　□4年　　□5年及以上　　□不好估计
13. 您认为胜任这个职位需要怎样的文化程度？
　　□小学　　□初中　　□高中　　□大专　　□本科　　□硕士及以上　　□不好估计
14. 您认为一位没有相关工作经验的大专学历的人员，需要多长时间培训才可胜任该工作？
　　□不需要培训　　□3天以内　　□15天以内　　□1个月以内
　　□3个月以内　　□半年以内　　□半年以上　　□不好估计
15. 您认为什么性格的人能胜任该职位？_____
16. 您认为胜任该职位的人需要具备哪些能力？_____
17. 您认为具有何种心理素质的人员能更好地胜任该职位？_____
18. 您认为具有何种知识范围的人能更好地胜任该职位？_____
19. 请描述该职位的工作环境，您认为什么样的工作环境更适合工作？_____

(续表)

20. 您对该职位的评价：＿＿＿＿＿＿＿＿＿＿＿＿＿＿＿＿＿＿＿＿＿＿＿＿＿＿＿＿＿＿＿＿

21. 请将该表中没有列出的但您认为有必要强调的内容写出来：＿＿＿＿＿＿＿＿＿＿
＿＿＿

填表人签字		工作分析 负责人签字	

3) 直接观察法

(1) 直接观察法的含义。直接观察法(direct observation)是指工作分析人员亲临工作现场，通过感官直接观察任职者的工作状况，包括工作过程、行为、内容、性质、工具和环境等的一种方法。直接观察法主要适用于周期性、重复性较强的工作。这种方法对直接运用身体和四肢活动来工作的岗位比较有效，而对以脑力劳动为主的岗位很难奏效。

(2) 直接观察法的操作流程。图3.2是运用直接观察法收集工作信息的操作流程。

图3.2　运用直接观察法收集工作信息的操作流程

资料来源：赵光忠.人力资源管理模板与操作流程[M].北京：中国经济出版社，2004：32.

(3) 运用直接观察法的注意事项。直接观察法虽然简便易行，但在运用时应注意如下几个问题：观察前应预先准备好详细的观察内容提纲；被观察的工作应相对静止，即在一段时间内工作内容、工作程序及其对工作者的要求不会发生明显变化；尽可能不引起被观察者注意，至少不应干扰被观察者正常工作，并取得被观察者的理解与合作；应注意工作行为本身的代表性。

(4) 直接观察法的优缺点。直接观察法便于工作分析人员全面、深入了解工作要求和特征，并且简便、易行。但难以衡量以脑力劳动为主的工作，对负责处理紧急、偶然、突发事件的工作也不适用。

4) 工作日志法

(1) 工作日志法的含义。工作日志法(employee recording)，也称工作日记法，是借助任职者一定时期内对所处职位工作活动的完整、详细记录，来对某职位的职责和特征等进行分析、研究的方法。工作日志法要求任职者将一定时期所从事工作的具体活动按时间顺序详细、如实地记录下来，之后工作分析人员通过研究岗位任职者的工作记录来对工作进行分析。工作日志法适用于工作状态稳定、程序标准、工作周期较短的岗位，具有信息较可靠，信息量大，成本低的优点，但应用范围窄，信息整理量大，归纳烦琐。

(2) 工作日志法的操作流程。工作日志法的操作流程包括三个阶段：准备阶段、日志填写阶段和信息分析整理阶段。

准备阶段的任务主要有以下几项：①表单设计。一个完整的工作日志通常包括前言、填表说明、任职者信息和日志内容四部分。其中，日志内容的填写项目包括活动名称、编号(即工作活动的顺序)、活动方式(即工作活动是如何进行的)、活动对象(即工作活动的客体)、活动结果(主要指直接结果)、频率(即一段时间内活动重复的次数)、起止时间、活动地点、工作联系(包括部门内部联系和外部联系两方面)、性质(指某活动是常规性还是偶发性的)和重要程度(通常分为很重要、重要和一般等三个级别)。②目标定位。若某目标职位的任职者较多，一般选择其中5～10位具有代表性的任职者来填写；如果任职者较少，则每位任职者均需要填写。③培训相关人员。在对选定对象的培训过程中，需要向他们说明工作分析的目的、操作程序，以及最终影响等，打消填表者的顾虑。④确定填写周期。一般来讲，对能够划分完整周期的职位，在可能情况下，可把一个工作周期作为一个填写周期；对大多数职位，一般选取一个月到一个半月为一个填写周期。

在日志填写阶段，要借助中期讲解、阶段成果分析、工作分析交流会等方式进行过程监控，督促被调查者保质保量地填写工作日志，而且要尽可能避免甚至杜绝被调查者在工作结束后通过回忆方式来填写表单，以保证信息收集的质量。

表3.3列出了某广播电台听众服务岗位一天中填写的工作日志。

表3.3 某广播电台听众服务岗位的工作日志

填写日期：2001年12月13日　　　　　所在部门：听众服务部
职位名称：听众服务　　　　　　　　　任职者姓名：李巍

序号	工作活动名称	工作活动内容	工作活动结果	起止时间	工作地点	工作关系	临时/常规	备注
1	信件	领取听众信件	16封	8:00—8:10	传达室	传达室信件收发者	常规	
2	信件	阅读并回复听众来信	阅8封，回6封	8:10—9:20	办公室		常规	
3	热线	接收听众服务热线并做记录、回答听众问题	3次热线	9:20—9:30	办公室	听众	常规	
4	咨询	向节目部门咨询听众问题答案	1次	9:32—9:40	办公室	节目部门	常规	
5	电话回复	给听众打电话解答热线电话未能解答问题	1次	9:42—10:00	办公室	听众	常规	

(续表)

序号	工作活动名称	工作活动内容	工作活动结果	起止时间	工作地点	工作关系	临时/常规	备注
6	网上回复	阅读并回复电台网站上听众的问题	回帖9条	10:02—11:00	办公室		常规	
7	热线	接听听众服务热线并做记录、回答听众问题	2次热线	11:02—11:15	办公室	听众	常规	
8	接待	登记、接待来访听众	1次	11:18—11:38	办公室	听众	临时	
9	听众档案	记录听众档案	2页	11:40—11:58			常规	
10	信件	阅读并回复听众信件	阅2封，回6封	13:00—13:50	办公室		常规	
11	信件	录入整理有代表性的听众意见	10封	13:52—14:30	办公室		常规	
12	热线	接听听众服务热线并做记录、回答听众问题	3次热线	14:30—14:45	办公室	听众	常规	
13	网上回复	阅读并回复电台网站上听众的留言	回帖35条	14:47—15:45	办公室		常规	
14	网页	更新电台"听众之友"网页内容	10项	15:46—16:10	办公室	节目部门	常规	
15	意见整理	录入、整理听众来信，网上和电话中提出意见	3页	16:10—16:40	办公室		常规	
16	汇报	上交主任初审《听众反映专辑》，汇报回复听众意见落实情况	1次	16:45—17:00	办公室	主任	常规	

直接上级评语：情况属实

填写人(签字)　　　　　　　　　审核人(签字)

资料来源：朱勇国.工作分析与研究[M].北京：中国劳动社会保障出版社，2006：125-127.

信息分析整理阶段的工作主要包括以下内容：一是提炼工作活动。根据各项活动不同的完成方式，采用标准的动词形式，将其划分为大致的活动板块，例如"文件起草""手续办理"和"编制报表"等，然后根据各板块内部工作客体的不同，对工作任务加以细化和归类，形成对各项活动的大致描述。二是工作职责描述。根据日志内容特别是工作活动中的"动词"，来确定目标职位在工作活动中所扮演的角色，结合工作对象、工作结果和重要评价形成任职者在各项工作活动的职责。三是工作任务性质描述。区分工作活动的常规性和临时性，对于临时性的工作活动，应在工作描述中加以说明。四是工作联系描述。将相同的工作联系客体归类，根据联系频率和重要性加以区分，在工作说明书相应项目下填写；五是工作地点描述。对工作地点进行统计分类，并按出现频率进行排列，对特殊工作地点进行详细说明；六是工作时间描述。运用相应统计分析软件做出目标职位的时间—任务序列图表，并确定工作时间的性质。表3.4是对表3.3工作日志进行信息分析整理后得出的统计结果。

表3.4 工作分析日志统计(举例)

	工作内容	工作职责	临时频次	常规频次
1	处理信件	领取听众来信，阅读并回复听众来信，录入整理具有代表性的听众意见，并对听众信件进行存档		4
2	接听热线	接听听众服务热线并做记录，回答听众问题		8
3	咨询	向节目部门咨询听众问题		1
4	意见整理	录入、整理听众来信及网上、电话中提出的意见		1
5	听众档案	记录听众档案		1
6	接待听众	登记、接待来访听众	1	
7	网站管理	阅读并回复电台网站上的听众留言，及时更新电台"听众之友"网页内容		2
8	汇报工作	向主管领导提交初审《听众反映专辑》，汇报回复听众意见落实情况		1

资料来源：朱勇国. 工作分析与研究[M]. 北京：中国劳动社会保障出版社，2006：128.

运用工作日志法进行工作分析时，一是要注意向任职者说明原因和提出相应要求，并得到任职者全力配合；二是要注意剔除工作日志中的冗余信息，并准确把握和提取关键信息。

5) 关键事件法

(1) 关键事件法的含义。关键事件法(critical incidents technique，CIT)，也称典型事例法，是指借助岗位任职者对工作中经历的好的或坏的事件或事例描述来分析工作的一种方法。关键事件法是美国匹兹堡大学的J. C. Flanagan在1954年提出来的，其主要原则是认定员工与职位有关的行为，并选择其中最重要、最具典型性的部分来评定其效果。该方法最初用于培训需求分析和绩效考评。

(2) 关键事件法的内容。关键事件的描述内容通常包括导致该事件发生的背景和原因；任职人员有效的或多余的行为；关键行为的后果；任职人员控制上述后果的能力。

(3) 关键事件法的操作流程。

第一步，获取关键事件。关键事件的编写应具备如下特征：特定而明确；集中描述工作所展现的可观察行为；简单描述行为发生的背景；能够说明行为的结果。

获取关键事件所采用的方法主要有关键事件讨论会议和非工作会议(包括访谈和问卷调查等)两种。这两种方法的目的在于帮助工作人员整理能体现工作绩效和行为的范例。在获取关键事件过程中，最为普通和常用的方法是关键事件讨论会议。

① 确定专家。关键事件讨论会议一般有6~12名相关领域专家参加，由熟悉关键事件的专家来主持会议。专家对即将分析的工作要熟知，并有充足的机会观察员工完成工作时的各种水平的行为表现(包括典型的、较差的和特别出色的)。也就是说，要选择有这种工作经验的管理者，或有足够经验和观察力的工作人员。

② 确定会议方向。在讨论会开始时，会议主持人应向大家解释讨论的目的、为什么要编写关键事件、如何编写关键事件，以及最终如何应用等。

③ 记录关键事件。较常用的记录关键事件的方法有两种：一是采用事先制定好的关键事件记录表，二是采用非结构化方法。采用第二种方法时，不仅要求组织者事先准备好一份包含每一事件主要信息的简明且全面的说明书，还需要组织者引导大家就行为规范展开讨论，记录大

家的发言，并按要求整理成文字。

第二步，编辑关键事件。在获取关键事件后，必须对其进行编辑、加工，为下一步应用关键事件做好准备。在关键事件编辑过程中，除了要纠正其中的描述性错误外，还要按要求检查每个范例的内容是否完整、前后格式是否统一，以及范例的长度是否合适(范例太短，提供的信息不完备；范例太长，则会给阅读者带来困难)。

采用关键事件法进行工作分析时，应特别注意以下问题：一是调查期限不宜过短；二是关键事件的数量不能太少，应保证说明问题；三是正反两方面的事件都要兼顾，不得偏颇。关键事件法在绩效考评表格设计及确定培训需求时也经常使用。

2. 定量分析方法

定量分析方法大多是以调查问卷为基础的。一般来讲，这种调查问卷所涉及调查内容较多，而且对问题的每种可能均给出了对应分值，以便于工作分析时使用。常见的调查问卷有职位分析问卷(PAQ)、管理职位描述问卷(MPDQ)、任务分析清单法(TIQ)和功能性工作分析法等。

1) 职位分析问卷

职位分析问卷(position analysis questionnaire，PAQ)是由心理学家E. J. 麦克米克(E. J. Mccormick)和P. R. 杰纳雷特(P. R. Jeanneret)等人花费近10年时间在1972年开发设计的。职位分析问卷是从员工活动角度对工作进行分析的高度专门化的工具，它利用194个被称为工作要素的描述符来详细地描述员工的6种主要活动类型。

(1) 信息输入，即工作承担者从哪里以及如何获得完成工作所必需的信息。

(2) 脑力过程，即在完成工作时需要完成的推理、决策、计划以及信息加工活动。

(3) 体力活动，即员工要进行什么体力活动以及使用什么工具和设备等。

(4) 与其他人的关系，即员工在完成工作时需要同他人建立的联系以及所发生的关系。

(5) 工作环境，即工作是在什么样的物理和社会环境下进行的。

(6) 其他特征，包括除以上描述外的其他与工作有关的活动、条件和特征，如工作时间安排、报酬给付方法等。

在对工作进行分析时，工作分析者首先必须确定上述每一个问题是否都适用于被分析的工作；然后根据应用范围、时间长短、对工作的重要性、发生的可能性、适用性以及特定代码(在某一特定问项中所使用的评价尺度)这6个维度来对这些问项加以评价。这些评价结果被提交到工作分析小组，最后运用一种特定的计算机程序产生一份报告，说明某种工作在工作各个维度上的得分情况。

尽管职位分析问卷在国外一些组织已得到广泛应用，但这种方法的缺陷也非常明显：其一，对被调查者文化程度要求较高；其二，其通用化和标准化格式导致工作特征抽象化。因此，在编写工作描述及进行工作再设计时，职位分析问卷并非一种理想的手段。

2) 管理职位描述问卷

管理职位描述问卷(management position description questionnaire，MPDQ)是W. W. 托诺(W. W. Tornow)和P. R. 平托(P. R. Pinto)在1976年编制的。管理职位描述问卷是专门为分析管理者职位所设计的高度结构化问卷，包括与管理责任、约束、要求和其他多方面职位特征有关的208个项目。这208个项目被分成13种类型，分别是产品、市场与财务战略规划；与组织中其他部门和人员的协调；组织内部事务控制；组织产品与服务责任；公众与顾客关系；高级咨询；行动的自主权；财务承诺许可；员工服务；员工监督；工作的复杂性与压力；高层财务管理责任；广泛的人事管理责任。

MPDQ同样适合对公共部门管理层次以上职位进行量化测试。它为公职人员从事管理工作所需要的培训提供了依据，为正确评价管理工作提供了标准，为管理工作的归类提出了目标，同时也为薪酬管理、公职人员选拔程序和绩效考评的制定奠定了基础。

3) 任务分析清单法

任务分析清单法(task inventory questionnaire，TIQ)，是指工作分析专家将工作中所有可能要完成的任务清单问卷发放给任职人员及其主管人员，针对每项任务进行的"是否需要完成""完成任务的频率""任务的相对重要性""所用时间的长短"等内容的调查。一旦这样的清单被提供出来，工作分析专家即可展开评价分析，然后用特定计算机程序把这些任务按相似任务范畴进行组织。任务分析清单法强调的是在既定工作中所需完成任务的详细信息，这些信息的细节对甄选测试方案和确定绩效考评标准非常有用。表3.5列示了一个税务局办公室文员的工作任务详细目录问卷。

表3.5　某税务局办公室文员的工作任务清单目录问卷(部分)

任务的优先顺序	是否需要完成	重要性	所用时间
	(1) 是	(1) 极度不重要	(1) 明显低于平均水平
	(2) 否	(2) 非常不重要	(2) 低于平均水平
		(3) 不重要	(3) 略微低于平均水平
		(4) 略微重要	(4) 平均水平
		(5) 重要	(5) 略微高于平均水平
		(6) 非常重要	(6) 高于平均水平
		(7) 极度重要	(7) 明显高于平均水平
打印办公室的文件信函	(1) (2)	(1) (2) (3) (4) (5) (6) (7)	(1) (2) (3) (4) (5) (6) (7)
打印税务局相关文件信函	(1) (2)	(1) (2) (3) (4) (5) (6) (7)	(1) (2) (3) (4) (5) (6) (7)
打印其他部门应急文件	(1) (2)	(1) (2) (3) (4) (5) (6) (7)	(1) (2) (3) (4) (5) (6) (7)
复印各种文件信函	(1) (2)	(1) (2) (3) (4) (5) (6) (7)	(1) (2) (3) (4) (5) (6) (7)
收发传真	(1) (2)	(1) (2) (3) (4) (5) (6) (7)	(1) (2) (3) (4) (5) (6) (7)

资料来源：姚先国，柴效武. 公共部门人力资源管理[M]. 北京：科学出版社，2004：223.

4) 功能性工作分析法

(1) 功能性工作分析法的含义。功能性工作分析法(functional job analysis，FJA)，也称职能工作分析法，是由美国劳工部(DOL)提出的、以工作为导向、以员工需要担负的职能为核心的方法。

(2) 功能性工作分析法的要素。功能性工作分析法的理论基础是人与工作关系的理论，即所有工作均涉及工作承担者与信息(data)、人(person)和事务(task)的关系。通过工作承担者与信息、人和事发生关系时的工作行为，可以反映工作的特征、工作的任务和人员的职能。比如，在信息方面，工作承担者的基本职能是综合、协调和复制等；在人的方面，工作承担者的基本职能包括辅导、谈判和监督等；在事务方面，工作承担者的基本职能包括操作、照料和驾驭等。而且，工作承担者的每一种职能(信息、人和事务)均可按其基本活动的复杂程度划分出若干难度等级，如表3.6所示。通常来讲，职能的难度等级越高，其行为难度越大，所需要的能力越高。比如，你正在分析的是办事员的工作，你可能根据信息、人和事务三方面的职能分别标示出5、6、7，它们分别代表复制信息、以交谈或示意方式与人沟通及驾驭一些事务。然后，通过给每种职能赋予一定的时间百分比(三种职能的百分比之和为100%)，用某职位在信息、人和事务三方面的各自最高得分组合(比如用4、6、5)对职位进行总体评价。如果想为4、6、5所对应的职位找一位任职者，那么该任职者必须能够完成计算(4)、以交谈或示意方式进行交流(6)以及照料(5)。从职位评价的角度讲，4、6、5所对应的职位等级应该比6、8、6所对应的职位等级要高。

表3.6 工作承担者的基本职能要素

信息		人		事务	
等级	描述	等级	描述	等级	描述
0	综合	0	辅导	0	创建
1	协调	1	谈判	1	精确操作
2	分析	2	指示	2	操纵/控制
3	汇编	3	监督	3	操作
4	计算	4	取悦	4	处理
5	复制	5	说服	5	照料
6	比较	6	交谈/示意	6	送进/移出
		7	服务	7	驾驭
		8	接受指令/协助		

注：表3.6中，"0"代表最高等级，"6""8""7"分别为信息、人和事务的最低等级。

资料来源：G.德斯勒.人力资源管理[M].12版.刘昕，译.北京：中国人民大学出版社，2012：139.

(3) 功能性工作分析法的基本观点。后来，法恩(S. A. Fine)对功能性工作分析法进行了修改和详细说明，其中包括对任务描述方式的特殊规定，其基本观点有以下几项：①"做好了什么事"，与员工"做了什么"来完成该事不尽相同。②任何工作均与处理资料数据、人员和事务三种基本要素有关，只是有关的程度有所不同。③对此三种基本要素所进行的活动，可以区分若干不同的功能。每一特定要素的活动功能可以区分为不同层次，高层次功能包括低层次的功能。④任何工作或活动均可依此三种基本要素来界定或评定其功能层次属于哪一等级。

法恩的功能性工作分析法不仅依据数据、人员和事务对工作进行分类，还考虑了如下4个因素：一是执行工作时需要得到多大程度的指导；二是执行工作时需要运用的推理和判断能力应达到什么程度；三是完成工作所要求具备的数学能力有多高；四是执行工作时所要求的口头和语言表达能力如何。另外，法恩的功能性工作分析法还需要确定工作的绩效标准和工作对任职者的培训要求等。

(4) 功能性工作分析法的优缺点。功能性工作分析法为工作内容提供了一种非常全面的描述，对培训的绩效评价非常有用。但其要求对每项职位都做详细分析，因而撰写工作说明书时费时、费力，并且该方法不记录有关的工作背景，对于员工必备条件的描述也不理想。

3.2 工作说明书

3.2.1 工作说明书的主要内容

工作分析的最终结果是形成一份完整的工作说明书。工作说明书是描述岗位名称、性质、特征、担负的责任和任务、与其他部门和岗位的关系以及该岗位任职者需要具备的素质和能力等的书面文件。一份完整的工作说明书通常包括对工作的描述和对任职资格条件的描述两个部分。工作描述和工作规范有时合并为一份文件,工作规范列在工作描述之后,统一称为工作说明书;有时则分成两份文件。

1. 工作描述

工作描述(job description)是对有关工作内容及其所担负权责、任务、工作条件以及工作对人身安全危害程度等工作特征方面信息所做的书面描述。工作描述应说明任职者做什么、何时做、在哪里做、如何做以及在什么样的条件下履行其权责等问题。工作描述主要包括以下几个方面的内容。

(1) 工作认定,包括岗位名称、岗位等级、岗位编号、定员标准、所属部门及其直接上级的职务、岗位薪酬待遇,以及工作描述的编制人、编制日期和审批人等。

(2) 工作概要,是对该岗位的工作任务、职责、活动等进行概括性描述,也称工作提要。

(3) 工作职责,包括所要完成的工作任务、岗位责任、使用的原材料、机器设备和信息资料的形式等。在工作说明书中,要求详细罗列岗位职责。

(4) 工作关系,包括以下几项内容:①所受监督,即工作承担者向谁报告;②所施监督,即谁向该工作承担者报告;③主要联系,包括组织内的联系和组织外的联系。由此可以清楚地确定该工作岗位在组织或部门中的位置。

(5) 工作内容和工作要求。工作内容指工作承担者所要从事的具体任务事项;工作要求则指对该项工作应达到的标准和规模等的具体规定,是绩效考评的重要参考依据。

(6) 工作权限。工作权限必须与岗位责任相对应,应做到权责一致。

(7) 工作时间。规定工作的具体时间和具体要求,是保障员工正当权益的需要。

(8) 工作环境和条件,包括物理环境、安全状况、职业的危害性等。

(9) 职业流动,即工作承担者将来可以晋升的职位或职务。

表3.7列示了政府某部门人事处培训科科长的工作描述。

表3.7 政府某部门人事处培训科科长的工作描述

职位名称	培训科科长	所属部门	人事处
职位代码	××	编制日期	2001年3月18日
工作概要	在人事处主管处长领导下,对全局人员实施培训活动,增进全局人员的知识、技能和能力,提高全局的效率和效能		
主要关系			
直接上级	人事处主管副处长		
直接下级	培训科所属办事人员		

(续表)

内部沟通	部门内部其他处室
外部沟通	政府劳动部门和人事部门、教育培训机构、管理咨询公司等

岗位职责	绩效标准
1. 制度规范 (1) 草拟本局培训制度，提交人事处和局主管领导 (2) 拟订本局培训工作的程序，提交人事处和局主管领导 (3) 制定新录用人员手册，组织和编制本局内部培训教材和资料	制度可行、完备、有效 培训程序规范、清晰 培训教材和材料适用
2. 培训活动 (1) 制订新录用人员教育和培训计划，并具体负责实施 (2) 根据各处室提交的培训需求，结合全局工作任务和实际情况拟订年度培训计划，提交人事处和局主管领导 (3) 按照培训程序，具体实施全局知识技能更新培训 (4) 负责本局基层管理人员的知识和技能培训	新录用人员及时融入本局 培训费用节省 受训人员满意
3. 业务指导 (1) 指导各处室制订本处室的人员培训计划 (2) 检查各处室培训计划的落实情况	各处室满意 培训计划落实得好
4. 其他 (1) 对各处室外出参加教育培训进行审核，并备案 (2) 领导交办的其他工作	主管领导满意

岗位环境和条件	
经常性工作场所	培训科
工作设备	计算机、打印机
工作时间	每周5个工作日，每天工作8小时(8：00—17：00)
可晋升职位	人事处副处长

资料来源：付亚和. 工作分析[M]. 上海：复旦大学出版社，2004：54.

2. 工作规范

工作规范(job specification)是对岗位任职者在完成某岗位工作过程中应具备的素质、能力以及其他特征等条件的具体规定。

工作规范涉及的内容主要包括以下几项。

(1) 工作承担者的身体要求，包括年龄、性别、健康状况、身高、体重、体力、耐力和运动的灵活性等。

(2) 工作承担者的知识和能力要求，包括文化程度、知识和技能要求、培训情况以及工作经验或经历等。

(3) 工作承担者的心理要求，包括理解力、创造性、数学计算能力、语言表达能力、态度、事业心、合作性等。

表3.8列示了某职位的工作规范。

表3.8 某岗位的必备任职资格和期望任职资格

任职资格项目	必备资格	期望资格
教育水平	(1) 本科毕业(含同等学历)，具备经济管理的相关专业知识 (2) 熟悉经济、法律政策和法规 (3) 了解行政管理的一般特点及相关业务知识	(1) 硕士研究生毕业 (2) 具备中等的英语水平
工作经验	具有8年以上工作经验，其中管理工作5年以上	熟悉政府部门的规章制度、业务流程
特殊技能和能力	(1) 核心能力：沟通能力、分析判断能力、协调能力、发现和解决问题的能力等 (2) 基本能力：领导能力、做计划的能力、信息管理能力等	创新能力、判断能力
个性品质	沉稳，具有较强的开拓精神，能够承受较大的心理压力，责任心强，忠诚，具有协调精神，服务意识	对细小差错的敏锐洞察力，先进的管理理念，巧妙的工作艺术和工作技巧
身体要求	身体健康	较强的生理、心理承受能力

资料来源：付亚和.工作分析[M].上海：复旦大学出版社，2004：59.

3.2.2 工作说明书的编制

1. 编制工作说明书的基本标准

在编制工作说明书时，应始终坚持以下几条基本标准。

(1) 工作说明书应力求明确、清楚。工作描述中对工作内容的陈述应尽可能翔实、清楚。对分析有重要意义的、组织中不言而喻的事情必须包含其中，这样可以为人力资源管理部门进行员工绩效考评提供依据。另外，描述必须无遗漏、无夸张，对细节的描述不能违背事实，不能信口开河，一定要从实际出发。

(2) 工作说明书的语言应通俗易懂。在描述工作过程中，既不能采用模棱两可的语言，也应避免使用晦涩难懂的词语。

(3) 不同岗位的说明书应有所区别，切忌千篇一律。现代公共组织中工作说明书的最大缺点就是有些职责虽然在每个组织或部门中都存在，但实际上很少发挥作用。

2. 编制工作说明书的一般步骤

编制工作说明书的一般步骤如图3.3所示。

图3.3 编制工作说明书的一般步骤

资料来源：赵光忠.人力资源管理模板与操作流程[M].北京：中国经济出版社，2004：40.

3. 编制工作说明书的注意事项

在编制工作说明书过程中还应注意以下几个问题。

(1) 工作说明书的内容可根据工作分析的目的进行调整，内容可简可繁。

(2) 工作说明书可以用表格形式表示，也可以采用叙述形式。

(3) 工作说明书中如有需个人填写的内容，应运用规范术语。

(4) 工作说明书应运用统一格式编写。

(5) 工作说明书的编写最好由组织高层主管、岗位任职者、人力资源部门代表、工作分析专家协同工作，共同完成。

工作说明书完成后，并不意味着工作分析的工作已经结束，应该在工作实践中不断修正和完善。因为再先进、再完好的工作说明书，也会随着科技进步和社会经济发展以及组织、部门及其岗位功能的变化而逐渐过时。对人力资源管理部门及其他相关部门来讲，不断修正和完善工作说明书，是保证工作说明书长期有效的重要步骤。

工作说明书的范例见表3.9和表3.10。

表3.9 工作说明书范例(一)

	岗位名称		岗位编码	
	所属部门		直接上级	
工作概要				
任职资格	学　　历			
	专　　业			
	工作经验			
	知识技能			
	能力要求			

(续表)

工作关系	内部关系		
	外部关系		
职责描述			
岗位职责		职责一	
	工作任务	1.	
		2.	
		职责二	
	工作任务	1.	
		2.	

表3.10 工作说明书范例(二)

岗位名称		岗位编码		所属部门	
岗位类型		上级职位		编写日期	
职位概要					
岗位职责及考评要点					
岗位职责			占用时间		绩效标准
1.					
2.					
3.					
4.					
5.					
6.					
工作关系	直接下属人数		间接下属人数		
	内部主要关系				
	外部主要关系				
工作条件	工作场所				
	工作时间				
	设备条件				
职位转换和晋升	可转换部门	部门:		职位:	
		部门:		职位:	
	可晋升职位	部门:		职位:	
		部门:		职位:	
一般条件	学历要求			学位要求	
	专业要求				
	资格证书				
	年龄要求			性别要求	

(续表)

必要知识和工作经验	必要知识	
	外语要求	
	计算机要求	
	工作经验	
必要的业务培训		
必要的能力素质	能　　力	
	素　　质	
其他要求		

3.3 职位评价

职位评价是在工作分析基础上进行的工作，同时是确定各岗位工作价值的过程，是公共部门进行薪酬设计和薪酬管理的基本前提。

3.3.1 职位评价的含义及其作用

1. 职位评价的含义

职位评价(job evaluation)，也称工作评价、岗位评价、职务评价，是指运用科学的程序和方法，对组织中某一职位的"相对价值"进行分析和比较，进而确定该职位"相对价值"大小的过程。职位评价的最终结果是划分员工的工资等级或薪酬等级，因此，它是薪酬设计和薪酬管理的基础。职位评价的基本原则是那些要求任职者具备更高任职资格条件、承担更多责任和履行更为复杂工作职责的职位，应当比这些方面要求低的职位的价值高[①]。职位评价是一种以事或职位为中心的评价，而不是以担任该职位的人员为中心，是一个就事论事的过程。

2. 职位评价的作用

职位评价的作用主要表现在如下几个方面。

(1) 职位评价是确定公共部门职位等级的手段。职位等级在组织内部有着非常重要的作用，常常作为确定薪酬级别、福利标准、出差待遇、行政权限等的依据。职位评价能够通过科学系统的评价方法对公共部门内部各职位进行比较，得到各职位间的相对价值，并形成职位等级。

(2) 职位评价是明确薪酬分配的基础。在很多组织的薪酬结构中，一般都有岗位薪酬(或基本薪酬)这个项目，而该项目的确定，正是通过职位评价获得的。职位评价是确定职位等级的手段，因此，通过职位评价就能够准确地获得公共组织内部的职位等级，即各职位在公共组织中的相对价值。在此基础上，根据能级对应原则，就能科学地确定职位薪酬(或基本薪酬)的差异。职位评价有助于消除薪酬结构中的不公平、不公正因素，为公共部门薪酬等级间的逻辑关系和公平公正奠定了坚实基础。

---

① MARTOCCHIO J, JOE J. Strategic Compensation[M]. Pearson, 2002，31(1): 65-78.

(3) 职位评价为公共部门人员指明了职业发展及职位晋级通道。职位等级是公共部门人员在公共组织内晋升时的参考依据。从职位等级角度讲，晋升就是职位等级的提高。明确的职位等级，可以使公共部门人员清楚地了解公共部门内部的晋升渠道，帮助公共部门人员认识到达到何种标准才能晋升到更高职位等级。同时，透明化的职位评价标准，还便于公共部门人员清楚地理解公共部门的价值标准，为公共部门人员职业生涯规划和职业发展指明方向。

3.3.2 职位评价的方法

职位评价的方法很多，但常见的职位评价方法主要有4种：职位排序法、职位归类法、计点法和因素比较法。前两种方法属定性方法，后两种属定量方法。

1. 职位排序法

排序法(ranking method)，也称排列法，是将组织内所有工作按责任轻重、繁简程度等因素由高到低或由低到高予以排列和评价的方法。职位排序法是一种比较简单的定性评价方法。该方法的实施有以下几个步骤。

(1) 获取职位信息。通过工作分析，对职位进行清晰描述，包括工作职责、任职条件等信息。

(2) 确定标杆职位。美国学者P.基利等人认为，标杆是"管理机构所建立的标准或绩效水准"[①]。所以，标杆职位(benchmark positions)或标杆工作(benchmark jobs)就是指组织或部门中具有典型特征的职位或工作，这些职位是组织中的锚定职位，其他职位根据各自对于组织的相对价值，围绕这些职位来确定它们的位置。一般来讲，职位评价中所选取的标杆职位数量占职位总数的10%~15%。

(3) 排列其余职位。标杆职位确定后，接下来要参照标杆职位来对其余职位进行排序，从而形成一个由高到低的职位序列。

(4) 对职位进行分级。职位排序完成后，还要根据工作的相同或相似性对这些职位划分等级，以适应薪酬体系的需要。

职位排序法方法简单，易操作，时间成本低。但也有如下缺点：一是缺乏精确的评价尺度，可靠性差；二是主观性太强，尤其是对评价人员工作经验和工作熟练程度的依赖性太大，只有那些工作经验丰富并训练有素的人，才有可能对职位价值及其序次做出公正的判断；三是对那些不相似、无关的职位，如保安和司机等，往往很难确定孰重孰轻。该方法适用于岗位比较少的公共组织。

2. 职位归类法

职位归类法(job grading or job classification)，也称职位分类法，是将职位分成若干等级，从每一等级中选出一个或两个关键职位，并附上工作说明书和工作规范，接着评价每一职位，逐一与各级中的关键职位进行比较，相似的归为同一等级，最后排出各等级的高低顺序的方法。职位归类法操作简单，得到了广泛应用。该方法适用于公共部门。职位归类法的实施有以下几个步骤。

(1) 按职位进行分类。如分为领导管理类、专业技术类、非领导管理类等。

---

① 帕特里夏·基利，史蒂文·梅德林，等. 公共部门标杆管理：突破政府绩效的瓶颈[M]. 北京：中国人民大学出版社，2002：39.

(2) 确定等级数量和等级定义。不同性质的组织，影响其职位重要性的因素往往不同。如美国联邦政府就以八大因素来评价职位的相对重要性，这八大因素是：①工作难度与多样性；②监督他人和被他人监督的程度；③判断的应用程度；④创造力的需要程度；⑤工作关系类型；⑥职责；⑦经验；⑧所需知识。在此基础上来对所分等级进行概念性明确描述。

(3) 将工作说明书与职位等级定义相比较，来确定职位所归属的等级。例如，若某一岗位工作说明书的内容与职位等级定义中第二级的定义一致，则该职位应归入第二等级。

职位归类法操作简单，费用较低。而且，由于这种方法在等级定义时参考了指定的工作因素，比职位排序法更准确、客观。但职位归类法不能清楚地定义等级，特别是对职位数量多、内容变化大的组织或部门来讲，划分等级费时费力，工作量较大。职位归类法适用于工作内容变化不大的组织，如美国、加拿大等国的政府部门的职位评价用的就是归类法。

3. 计点法

计点法(point method)，也称点数法、计分法或评分法，是在确定影响职位的主要因素基础上，将这些因素按其对被评价职位影响程度的不同来确定其价值，并赋予这些因素一定的点数或分值，最后计算出被评价职位的总点数的方法。目前，这种方法无论是在企业组织，还是在公共部门，均有着比较广泛的应用。计点法常用的最大点数有500点和1000点两种。在职位评价过程中，是使用500点还是1000点，并不影响职位评价的结果。

计点法的实施有以下几个步骤。

(1) 选择基准职位。基准职位，也称关键职位，是指整个行业或部门中最具代表性的职位。选择基准职位的总体思路是：选择数量有限的基准职位(一般为岗位总数的20%左右)，且这些职位能代表整个薪酬结构及要评价的主要职位类型。基准职位的选择应充分体现所要评价岗位的责任、义务及工作要求的范围。基准职位是确定组织中员工基准薪酬的基础。表3.11列出了基准职位的特征。

表3.11 基准职位的特征

- 工作内容是大家熟知、长期相对稳定且被员工认可的。
- 是很多不同员工都从事的工作。
- 代表着组织中被评价的一系列职位。
- 被劳动力市场广泛通过该职位用来确定工资水平。

资料来源：约瑟夫·J.马尔托奇奥.战略薪酬：人力资源管理方法[M].2版.北京：社会科学文献出版社，2002：182.

(2) 在基准职位基础上选择主要评价因素。主要评价因素，通常称为报偿因素(compensable factors)，是指被组织认定的那些有较大价值的工作特征，这些工作特征通常决定着组织给予岗位任职者的薪酬。在确定影响职位的报偿因素时，一般从如下4个方面考虑：一是工作的难易、繁简程度；二是工作责任的大小；三是劳动强度大小以及环境条件的好坏；四是工作的紧张和困难程度。显然，不同职位的影响因素不尽相同。一般来讲，除了"一般"评价因素——技术、责任、工作环境和努力程度外，有时选择一些其他与工作相关的因素来确定职位报酬。报偿因素有时需要细分为次等因素(subfactors)。例如，技术可以包括工作知识、教育、智力能力、身体能力、准确性和灵活性；努力程度可分为精神努力程度和身体努力程度；责任可分为与财务人员责任、行政管理责任、后备人员培养责任等；工作环境可分为好的工作环境、差的工作环境甚至恶劣的工作环境等。

(3) 定义不同级别的报偿因素。虽然报偿因素是用来描述一系列基准职位的，但各职位的范围和内容都不一样，因此，进行职位评价时需要把报偿因素划分为不同的级别，代表每个职位中该因素的水平。一般来讲，划分级别的数量往往依据方案的复杂程度而确定，但通常不超过5个或6个等级。如果方案涉及较少的职位，如科员，只需要分少数几个级别即可；而如果方案涉及所有职位，所分级别就应该多一些。

(4) 确定每一报偿因素的重要性，即权重。报偿因素的重要性是指该因素对于职位的价值大小，通常用百分比或权重来表示，由管理层或职位评价小组确定。首先，应把所有因素以其相对重要性按先后次序排列。然后，通过讨论和分析，来决定其重要性的百分比或权重。例如，如果某税务局确定了技术、责任、工作环境和努力程度等因素的相对重要性，"责任"是最有价值的因素，权重为45%；"技术"为第二重要的因素，权重为25%；"努力程度"因素的权重为20%；"工作环境"因素的权重为10%。

(5) 确定各报偿因素及其不同等级所对应的点数。报偿因素分值的确定步骤通常有三步：第一步，确定一整套报偿因素中每一报偿因素的最大点数。根据经验，一整套报偿因素的总点数即可直接确定，如选用最大点数为500点或1000点的总点数，也可按"报偿因素的数量×250"这一经验公式来确定。如某税务局把1000点(4×250)作为总点数。二是结合赋予各报偿因素的权重及整套报偿因素总点数来计算每一报偿因素的总点数。如某税务局中"责任"因素的权重为45%、"技术"因素为25%、"努力程度"因素为20%、"工作环境"因素为10%，因此"责任"因素的总点数为450点(1000×45%)，"技术"因素的总点数为250点(1000×25%)，"努力程度"因素的总点数为200点(1000×20%)，"工作环境"因素的总点数为100点(1000×10%)。三是确定各报偿因素的每一级别的点数。通常，级别越高，点数越大。最高级别的点数一般为该报偿因素的最大点数。这里以"责任"这一报偿因素为例，来说明确定各级别点数的方法。假如"责任"这一报偿因素共分5个级别，其中，第一级代表的是最基本的责任要求，第五级代表的是最高级别的责任要求。从每一级别到最高级别的增量为90点（"责任"报偿因素的最大分值450点/5级)，由此，可得到各级别的点数依次为：

第一级，90点(90点×1)；
第二级，180点(90点×2)；
第三级，270点(90点×3)；
第四级，360点(90点×4)；
第五级，450点(90点×5)。

(6) 检验报偿因素级别和点数值，并评价所有职位。职位评价小组在计算出某一职位各报偿因素的点数后(见表3.12)，还要检验每一职位的总点数。检验时，应认真研究所计算出的各报偿因素的等级结构是否符合组织战略规划和工作内容。例如，就某税务局而言，"责任"这一报偿因素对一般税务人员来讲非常重要，因此，其点数就高；"工作环境"这一报偿因素对一般税务人员来讲价值相对较小，因此，其点数应该较低。如果出现赋点不合理的情况，职位评价小组应重新考虑报偿因素的定义、权重及对基准工作的实际评价。

表3.12 某税务局职位评价(举例)

职位名称：_____
评价时间：_____
评价人：_____

报偿因素		职位价值级别					总点数
一等因素	次等因素	1级	2级	3级	4级	5级	
技术	智力技术	30	60	90	120	150	250
	体力技术	20	40	60	80	100	
努力程度	精神努力	24	48	72	96	120	200
	身体努力	16	32	48	64	80	
责任	管理	56	112	168	224	280	450
	部门预算	34	68	102	136	170	
工作环境	室内环境	8	16	24	32	40	100
	室内环境	12	24	36	48	60	
职位总点数							1000

(7) 撰写职位评价手册，开展职位评价。职位评价小组在测试、改善评价系统后，接下来就需要把要素及其等级定义和点数整合到一个实用的手册中，即撰写职位评价手册。在完成手册后，评价者可根据手册对职位进行评价。在评价每一职位时，应先考虑哪个级别的定义最适合该职位及其相应的点值，再把每一职位所有的点值相加，得到每一职位的总点数，而后把职位根据各自的总点数进行排列。

计点法具有如下优点：一是通过清楚明确的评价因素界定来进行职位评价，减少了主观因素对评价结果的影响；二是具有广泛适应性。缺点是对职位评价人员的技术要求较高，费时、费力，而且，报偿因素的选择、确定以及权重的分配带有一定的主观性。该方法适用于岗位类别和数目比较多的组织。

4. 因素比较法

因素比较法(factor comparison method)，也称要素比较法，是在排序法基础上发展而来的一种职位评价方法，它是尤金·本基(Eugene Benge)在1926年提出的，目的在于克服计点法的不足。因素比较法是结合工作特征在确定出报偿因素基础上，通过对职位的分析和排序来评价各职位价值。与计点法不同的是，计点法所使用的评价尺度是点数，而因素比较法使用的评价尺度是货币。因素比较法的实施有以下几个步骤。

(1) 获取职位信息。获取有关组织岗位设置及各岗位工作说明书的相关资料，为职位评价做好准备。

(2) 选定具有代表性的关键性职位。在了解组织和部门职位信息基础上，职位评价小组接下来需要挑选一定数量(一般为15～20个)关键职位，这些职位必须具有一定的代表性，而且，它们的参考价值能被广泛接受。

(3) 结合关键职位特征来确定报偿因素。一般选定的报偿因素是智力要求、技术、体力要求、责任和工作条件。

(4) 权衡并比较每一关键职位各报偿因素，按由高到低的顺序进行排序。政府某关键职位按因素排序情况如表3.13所示。

表3.13 政府某局关键职位按因素排序情况

工作岗位	智力要求	技术	体力要求	责任	工作条件
局长	1	5	5	1	5
处长	2	4	4	2	4
科长	3	2	3	3	3
秘书	4	1	2	4	2
司机	5	3	1	5	1

(5) 为各报偿因素建立以货币为单位的评价尺度量表(表3.14为政府某局各职位以"责任"这一报偿因素为例的评价尺度),并给各报偿因素分配薪酬待遇。各报偿要素薪酬的分配应在职位评价小组讨论、协商的基础上进行。政府某局关键职位的薪酬分配情况如表3.15所示。

表3.14 政府某局各职位"责任"因素评价尺度

货币金额/元/月	关键职位	货币金额/元/月	关键职位
330		1140	
350		1230	科长
670	司机	1330	
700		1430	
730		1550	
780		1670	处长
830		1820	
880	秘书	1970	
930		2120	
980		2300	局长
1060			

表3.15 政府某局关键职位的薪酬分配情况　　　　单位：元/月

职位	智力要求	技术	体力要求	责任	工作条件
局长	650	220	100	2300	150
处长	480	280	110	1670	180
科长	380	340	130	1230	210
秘书	240	360	170	880	240
司机	180	300	180	670	280

(6) 比较、调整并最终确定关键职位各因素的顺序。通过比较分析，将各关键职位各报偿因素初始排序有争议的地方进行修正；若无法修正，则予以删除。

(7) 排列其余职位。将组织中未评价的其余职位与现有已评价完的关键职位进行比较，按相近条件的关键职位的薪酬待遇来计算其余职位中某职位各因素的薪酬，而后累计该职位所有因素的薪酬，最终得出该职位的薪酬待遇。如"副局长"这一职务所对应的智力要求、技术、体力要求、责任以及工作条件等处于"局长"和"处长"两职位之间，有的因素比较偏向"局长"这一关键职位的相应报偿因素，如智力要求、责任、工作因素等，有的则偏向于"处长"这一关键职位的相应报偿因素。对此，可按偏向程度来确定"副局长"这一职务的各因素的薪酬，之后将分配的各因素的薪酬加总，即可得到"副局长"这一职位的薪酬待遇。

因素比较法具有如下优点：所选定的报偿因素较少，且各因素均无上限，从而避免了重复，同时也扩大了适用范围；在排序基础上，赋予了报偿因素货币值，各职位的薪酬待遇可通过职位评价直接得出来，减少了薪酬设计的工作量。但因素比较法具有如下缺点：所选定的职位报偿因素不一定适合组织中的所有职位；各报偿因素的相对价值在总价值中所占的份额很大程度上依赖于职位评价人员的主观判断，从而使精确度受到较大影响；程序比较烦琐，对职位评价人员的技术水平要求较高。

关键术语

工作分析	职责	访谈法
问卷法	直接观察法	工作日志法
关键事件法	职位分析问卷	管理职位描述问卷
任务分析清单法	工作描述	工作规范
工作说明书	职位评价	职位排序法
职位归类法	计点法	因素比较法

复习思考题

1. 工作分析的作用有哪些？
2. 工作分析的程序或步骤是怎样的？
3. 工作分析的定性分析方法有哪些？各有何优点和缺点？
4. 工作分析问卷一般包括哪些方面的内容？
5. 工作日志法包括哪几个阶段？
6. 编制工作说明书的一般步骤是怎样的？编制工作说明书时应注意哪些问题？
7. 职位评价的作用是什么？
8. 职位排序法的一般步骤是怎样的？其优点和缺点是什么？
9. 职位归类法的步骤是怎样的？其优点和缺点有哪些？
10. 计点法的一般步骤是怎样的？其优点和缺点是什么？
11. 因素比较法的一般步骤是怎样的？其优点和缺点是什么？

本章案例

B市政府某局工作分析组织和实施计划草案

第4章 公共部门人力资源规划

【学习引导】本章主要介绍人力资源规划的内涵及类型、人力资源规划的影响因素、公共部门人力资源供给和需求预测的方法,以及如何编制公共部门人力资源规划等内容。

本章的学习重点:一是对人力资源规划及其与人力资源战略等概念的区分和理解,了解人力资源规划在人力资源管理中的地位和作用;二是了解并掌握公共部门人力资源需求和供给预测的常用方法;三是了解公共部门人力资源规划的主要内容以及编制过程。

常言道:凡事预则立,不预则废。对公共部门来讲,要想做好人员招聘、培训、绩效管理和薪酬管理等工作,前瞻性地了解和掌握公共组织人员的未来需求和供给,很好地配合公共组织其他部门的工作,最终实现公共组织目标和战略,就必须开展公共部门人力资源规划工作。可以说,没有人力资源规划,人力资源管理很可能陷入无计划性和盲目性,甚至会影响公共部门人员招聘、培训、绩效考评和薪酬管理等工作的有序开展。正如布里斯定理告诉我们的:好的规划是成功的开始。

4.1 公共部门人力资源规划概述

公共部门人力资源规划是公共部门人力资源管理活动的重要组成部分,也是公共部门在适当时间得到适当数量合格员工的必要前提。人力资源规划是20世纪五六十年代以来逐渐发展起来的一项人力资源管理技术,这项技术在20世纪80年代后逐渐成熟,并广泛应用于企业和公共部门人力资源管理中。

4.1.1 公共部门人力资源规划的内涵及类型

1. 何谓公共部门人力资源规划

在汉语中,规划(program)是指"比较长的分阶段实现的计划"。规划与战略、计划等术语既有区别,又有联系。通常来讲,战略(strategy),本为一军事术语,解释为"战争谋略"。之后,"战略"一词被应用到政治和经济领域,其含义也趋于一般化。现代意义上的"战略",是指统领性、全局性、左右任务能否顺利达成的谋略和方案。计划(planning),在《辞海》中解释为"工作或行动以前事先拟定的具体步骤和内容",一般来讲,计划要比规划更细致、更详尽,具有更强的可落实性。从管理学角度讲,"战略"一般是基于组织长远目标和愿景的、粗线条的发展谋略和行动方案,是一种具有长期预见性的目标导向,指明了组织未来努力的目标和方向;规划是在组织目标和发展战略基础上,为落实组织战略、实现组织中长期目标而制定的阶段性的行动方案；计划是为达成组织目标、落实组织规划而拟定的短期的具体行动步骤和工作方法。简而言之，战略是基于组织目标和愿景的长期性行动方案；规划是为落实组织战略、达成组织目标而进一步细化的行动方案；计划是对规划的进一步细化和具体化，比战略和规划更具可落实性。从时间跨度上讲，战略的时间跨度更大，规划次之，计划的时间跨度最小。

所谓公共部门人力资源规划(human resource program or human resource planning，HRP)，是指公共组织根据一定时期内的战略目标，确定组织对人力资源的需求情况，并确保组织在恰当时间里在恰当工作岗位上有恰当数量合格人员的过程。人力资源规划所说明的是"要做什么""如何做""需要配备多少人力"，以及"在何时何处做"等问题。人力资源规划实质上是公共部门在既定发展方向和目标下所进行的人力资源计划管理。公共部门人力资源规划提出并解决了一定时期内公共组织需要什么样的人力资源，以及应采取什么样的措施来确保这种需求的满足等问题。

2. 公共部门人力资源规划的特征

由公共部门人力资源规划的定义可知，公共部门人力资源规划具有如下几个特征。

(1) 公共部门人力资源规划是以一定时期公共部门的战略目标为基础的。人力资源开发管理活动是为实现组织战略目标服务的，是为配合组织战略目标的实现而进行的，因此，一定时期的组织战略目标是制定人力资源规划的基本条件和方向指南。如果人力资源规划背离了公共部门战略目标，或者与公共部门战略目标发生偏离，那么公共部门人力资源开发管理活动不仅将失去其应有的价值，还会影响公共部门战略目标如期实现。

(2) 公共部门人力资源规划是一个系统的、综合平衡的过程，通常受公共部门内、外部环境变化的影响。一般来讲，人力资源规划是由若干要素按一定结构和作用机制相互联系而成的统一整体，是公共部门人力资源管理分系统的一部分，并与公共部门的其他分系统存在着千丝万缕的联系。考虑并注意这种联系，是综合平衡人力资源规划内部及其与其他子系统和分系统关系的重要前提。通常来讲，公共部门人力资源规划至少包含如下三方面的综合平衡：一是人力资源规划子系统本身的综合平衡。在公共部门人力资源规划子系统中，总体规划与具体规划，如人员补充规划、人员使用规划、人员教育和培训规划、人员职业生涯和发展规划以及人员绩效考评和激励规划之间存在密切联系，必须充分注意它们之间的平衡与协调；二是人力资源规划与公共部门内部其他规划系统的综合平衡。人力资源规划必须与组织的财务规划、物资规划、设备规划等相互协调；三是人力资源规划与组织外部环境的综合平衡。公共部门人力资源规划不仅受到内部因素影响，还受外部环境变化的制约，这就要求在制定人力资源规划时，必须充分考虑公共部门自身的优势和不足，以及公共部门在未来发展中可能面临的政治、经济、社会、法律和技术等环境变化，做好PEST分析和SWOT分析。

(3) 公共部门人力资源规划是中长期规划，必须把公共部门及其人员的中长期发展问题纳入规划之中。作为公共部门的战略活动，人力资源规划着眼于为公共部门的未来战略目标和活动预先准备好未来发展需要的各类人才。就此而论，公共部门中个别的或局部的人员调配不属于人力资源规划的范畴，短期的人事安排也不属于其规划范畴，而是要考虑到公共部门人力资源规划的中长期性。因此，在规划过程中，必须统筹考虑公共部门内部现有人员的未来发展问题，结合人员素质测评和能力分析，把公共部门人员的个人中长期发展与公共部门的中长期发展统一起来。

(4) 公共部门人力资源规划必须与必要的人力资源管理政策和措施相配合，以切实保证公共组织人力资源的需求和供给。这些政策和措施涉及公共部门内部人员的培养、晋升和使用政策、公共部门人员奖惩政策以及外部招聘政策等。只有制定出科学、有效的人力资源开发与管理政策和措施，才能确保公共部门人力资源供给的及时、充足与可靠。

3. 公共部门人力资源规划的类型

(1) 从宏观和微观层次上，公共部门人力资源规划可分为宏观人力资源规划和微观人力资源规划。所谓宏观人力资源规划，是指从整个公共组织及其人员队伍角度，在公共组织结构和预算走势基础上，分析和确定一定时期内公共组织的人员总体需求情况，并以此制定出相应的获取、利用、保持和开发策略，以寻求组织职位与人员数量、质量和结构达到总体均衡的过程。宏观人力资源规划不仅具有战略性，还具有一定计划性。微观人力资源规划则指各公共部门根据本部门发展目标和预算走势，在工作分析基础上，确定本部门一定时期内对人力资源的需求情况，进而制定出相应的人员获取、利用、保持和开发策略，以寻求本部门职位与人员数量、质量和结构等基本均衡的过程。微观人力资源规划是宏观人力资源规划的基础和有机组成部分。从程序上讲，先有微观人力资源规划，后有宏观人力资源规划。从结果上看，微观人力资源规划必须服从宏观人力资源规划的战略要求；反过来，微观人力资源规划的精度又决定着宏观人力资源规划的准确性。

(2) 从时间长度上看，公共部门人力资源规划可分为长期、中期和短期三种。长期人力资源规划的时间一般在10年以上，中期人力资源规划一般为3～5年，短期人力资源规划一般为6个月～1年。通常，规划期的长短与环境不确定性影响间的关系如表4.1所示。

表4.1 环境不确定性与规划期长短的关系

短期规划：不确定/不稳定	长期规划：确定/稳定
组织面临诸多竞争者 飞速变化的社会、经济环境 不稳定的产品/服务需求 政治法律环境经常变化 组织规模小 管理水平低	组织居于强有力的市场竞争地位 社会、政治、技术等环境变化是渐进的 强大的管理信息系统 稳定的产品/服务需求 管理水平先进

资料来源：LEAP. T. L, CRINO M D. Personnel, Human Resource Management[M]. Macmillan Press Ltd., 1989.

(3) 从规划的性质上，公共部门人力资源规划可分为战略性人力资源规划和战术性人力资源规划。战略性人力资源规划具有全局性和长远性的特点，通常是人力资源战略的表现形式，时限一般不少于5年；战术性人力资源规划则是具体的、短期的，具有较强的针对性，时限一般在1～2年。

4.1.2 公共部门人力资源规划的影响因素

影响公共部门人力资源规划的因素很多，概括地讲，主要有如下几方面因素。

1. 政治和政策因素

公共部门人力资源规划首先要受政治因素和政策环境的影响。一般说来，政治因素和政策环境不外乎政治制度、政治体制、政党制度以及法律法规和政策规定等。中国实行的是一党领导下的多党合作和政治协商制度，党管干部是我国公务员制度应坚持的基本原则。而西方国家大多实行多党制，文官管理不受政党干预，与党派政治脱钩。政治制度、政治体制、政党制度的差异，必然会带来公共部门特别是政府公务员人事管理制度的不同。政府行政管理体制及其改革同样会影响公共部门人力资源规划。20世纪80年代以来，随着我国行政体制改革的不断深入，各级党委及政府的管理权限在不断变化之中，在政府和事业单位追求"精简""效能"的大趋势下，人力资源规划受到政府人事管理制度改革的影响；而管理权限放开及其下移，同样给各级人事部门的管理活动带来较大影响。另外，与公共部门人力资源管理活动有关的一系列法律法规和政策规定的出台及其修改，也会给公共部门人力资源规划带来不同程度的影响，如《公务员法》及与之配套的一系列管理制度的推行，往往会从不同方面影响公共部门人力资源规划。

2. 经济和社会因素

随着社会主义市场经济体制的进一步发展，人力资源的市场化配置程度在不断提高。干部终身制的解体以及人员聘任制和公务人员优胜劣汰机制的逐步推行，不仅加速了公共部门人员的流动，还使公共部门人力资源规划的工作量和难度增大、变数增多。而整个社会文化环境及教育、培训等人才成长环境的变化，一方面为公共部门提供了极为有利的人力资源基础，另一方面对公共部门及其人力资源管理工作提出了更高要求，与其他部门一样，我国公共部门正受到来自人口老龄化、经济全球化、文化和需求多样化等多方面因素的影响。

3. 技术因素

20世纪90年代以来，计算机技术和互联网技术的普及应用和快速发展，不仅使公共部门人力资源管理活动变得更加高效、便捷，大大提高了人力资源规划的效率，还对公共部门人员素质和技术技能提出了更高要求。公共部门人力资源需求正随着办公技术的自动化、智能化和高效化而越来越难准确把握。

除以上外部因素外，公共部门内部因素，如人员素质、工作效率、组织文化、价值观念等，也在对人力资源规划产生着或大或小、或轻或重的影响，使公共部门人力资源规划变得越来越具挑战性，也越来越不易准确把握。

4.1.3 公共部门人力资源规划的地位和作用

1. 公共部门人力资源规划的地位

公共部门人力资源规划是公共部门战略目标得以实现的人力资源保证，是公共部门实现人力资源有效配置的基础和前提，也是公共部门应对急剧变化的外部环境的必要保障。随着社会主义市场经济的深入发展以及经济全球化进程的进一步推进，加之公众对公共部门特别是政府公共管理要求的日益提高，公共部门特别是政府所面对的内、外部环境越来越复杂多变，管理任务也越来越艰巨。在这种情况下，公共部门特别是政府如何通过自身改革来提高应对外部环境变化及进行社会治理的能力，在达成公共部门未来战略目标的同时树立良好的公众"口碑"，是公共部门及其人力资源管理活动面临的重大课题。作为公共部门人力资源管理的主要内容之一，公共部门人力资源规划是保证公共部门战略目标得以实现的基本前提，是公共部门人力资源管理的方向指南。

图4.1显示了人力资源规划在公共部门人力资源管理中所处的承上启下的重要地位。

图4.1 人力资源规划在公共部门人力资源管理中的地位

2. 公共部门人力资源规划的作用

人力资源规划在公共部门及其人力资源管理中占有突出地位，具有十分重要的作用，这些作用具体表现在如下几个方面。

(1) 人力资源规划是实现公共部门目标和发展战略的必要保证和关键环节。公共组织的领导层在制定组织目标和发展战略时，首先必须考虑未来人力资源的需求和供给情况。公共部门人力资源管理部门引进人力资源规划，实际上就是对领导层关注组织目标和发展战略实现过程中人力资源需求和供给问题的回应。没有科学的人力资源规划，公共部门在实现自身战略目标过程中就可能遇到困难，甚至会影响公共部门战略目标的如期实现。通过制定科学、有效的人力资源规划，明确公共部门在未来战略目标实现过程中的人力资源需求情况；通过建构科学有效的人力资源供求预警系统，可较大程度地确保公共部门人力资源需求的及时满足，为公共部门提供充裕、高质量的人力资源供给，以适应外部环境的变化。

(2) 人力资源规划在公共部门人力资源管理中发挥着桥梁和纽带作用。在公共部门人力资源管理活动中，人力资源规划不仅具有战略性，还能在公共部门总体战略实施过程中，通过影响人力资源管理政策和措施，从而指导人力资源管理活动。它既是进行定岗定编、员工素质测评和人力资源信息系统(HRIS)等人力资源管理活动的基础，又是人员招聘、选拔、调配、升降、薪酬管理以及员工培训等人力资源管理活动的方向和目标，在公共部门战略目标与公共部门人力资源管理活动间发挥着桥梁和纽带作用。

(3) 人力资源规划有利于人力资源的合理开发及有效配置和利用。公共部门是由许多不同种类、不同层次的人所组成的复杂综合体，而通过人力资源规划，不仅可以明确公共部门对各类人员的数量需求及知识和技能要求，还可以为人力资源管理部门有针对性地进行员工培训、人力资源开发和人员引进提供依据，同时也可使员工及时了解自己对组织现在和未来工作的适用性，明确自身素质与组织要求的差距，从而及时做出个人发展规划调整和素质改进。

(4) 人力资源规划有助于调动公共部门人员的积极性。人力资源规划在努力达成公共部门战略目标的同时，也考虑到公共部门人员物质利益和精神需求的满足，力求有效激发他们的工作积极性。例如，作为人力资源总体规划的重要组成部分，人力资源职业规划通过对公共部门人员职业生涯所作的规划安排，如职务晋升、公开选拔和竞争上岗等制度安排，可以使公共部门人员明确自己的发展目标和努力方向，从而积极发挥自己的工作潜能，努力工作。而调任、转任等交流方式则是基于合理地配置人才，充分发挥公共部门人员专长的需要，有利于激发公共部门人员的工作积极性和创造性。正是由于人力资源规划能够促使公共部门将自身的发展和战略目标与工作人员的发展和需要相匹配，将公共部门人员的个体价值实现与公共部门的战略目标达成有机结合，才能不断地提高公共部门人员的满意度及其对组织的认同感和归属感，从而进一步调动他们的工作主动性、积极性和创造力，为公共部门发展贡献他们的能力和智慧。

(5) 人力资源规划有助于降低公共部门人力资源管理成本。人力资源虽然对公共组织发展具有重要作用，但它在为公共组织创造价值的同时也会带来成本。而且，从某种意义上讲，人力资源管理既是以提高公共组织产出为目标的，也是以降低公共组织管理成本为宗旨的。科学、有效的人力资源规划，不仅可以为公共组织未来发展提供强有力的人力资源支持，避免"有岗无人"的现象，最大限度地满足公共管理和公共服务需要，还可以尽可能地防止人浮于事及人岗不匹配，将人力资源需求控制在合理范围内，从而节省人力资源成本，提高公共部门人力资源利用效率。

4.1.4 公共部门人力资源规划的程序

公共部门人力资源规划程序主要包括如下几个程序：规划目标确定与调查分析、人力资源需求和供给预测、供求均衡分析与规划制定，以及规划实施、评估和反馈，如图4.2所示。

图4.2 公共部门人力资源规划的程序

1. 规划目标确定与调查分析阶段

这一阶段的主要任务有以下两项：一是结合公共组织目标来确定人力资源规划目标。具体涉及人员的年龄构成、学历、层次、人员流动、成本、各类人员的比例、人事政策和人员价值观等。二是对公共部门所处的内、外部环境进行调查分析。具体涉及组织外部环境的PEST分析，包括政治和政策环境、经济环境、社会和文化环境、科学技术环境及劳动力市场环境等方面，还涉及组织内部的SWOT分析，包括公共部门的自身优势(strengthes)和劣势(weaknesses)、所面临的机遇(opportunities)和挑战(threats)等。

2. 人力资源需求和供给预测阶段

这是人力资源规划的关键环节。在这一阶段，要求在收集及分析所获取的数据和资料基础上，运用现代人力资源需求和供给预测技术和方法，对未来一定时期内公共组织的人力资源需求和供给情况进行预测及分析。

3. 供求均衡分析与规划制定阶段

结合人力资源供求预测结果及组织目标、内外部环境分析结果等，一方面对公共组织未来的人力资源需求和供给情况进行均衡分析，指出并分析未来公共组织人力资源需求和供给存在的问题；另一方面需要根据公共组织的战略目标和要求，制定具体的人力资源规划，并对未来公共组织可能面临的人力资源供求矛盾提出具体政策建议和解决办法。人力资源规划涉及的具体规划包括人员补充和获取规划、人员使用规划、人员教育和培训规划、人员职业生涯规划以及公共部门人员绩效考评和激励规划等。

4. 规划实施、评估和反馈阶段

这是人力资源规划的最后一个环节。人力资源规划制定完成后，就要付诸实施，并根据实施效果对规划进行评估、反馈和修正。现实中，人们往往比较重视人力资源规划的制定和实施，而忽略了人力资源规划的评估和反馈工作，使人力资源规划这一子系统成为一个没有反馈回路的开环体系。实际上，有效的人力资源规划是与对它的评估及对实施效果的及时反馈分不开的，否则，我们很难知道规划的错误和缺陷，也难以有效指导整个人力资源管理工作。

4.2 公共部门人力资源的核心内容

人力资源规划通常包括人力资源需求预测、供给预测及供求均衡分析三方面的核心内容。

4.2.1 人力资源需求预测

人力资源需求预测是分析和了解公共部门未来一定时期内人力资源需求状况和趋势的重要手段，是结合公共部门未来一定时期的发展目标及过去人力资源配置和劳动产出等情况，对公共部门未来人力资源的需求状况和趋势进行预估和测算的过程。人力资源需求预测的方法很多，可以从不同角度来分类，然而，更为普遍的分类方法是分为定性方法和定量方法两大类。

1. 定性方法

定性方法实际上是一种判断预测方法(judgment forecast method)，是依据管理者或专家的经验性直观判断，基于过去一定时期的情况，对未来发展趋势所作的预测和分析。常见的定性方法主要有经验估测法、德尔菲法和头脑风暴法等。这里我们主要介绍前两种方法。

1) 经验估测法

经验估测法，也称经验判断法或主观判断法(managerial judgment)，是指有关人员根据以往经验，利用现有信息和资料，结合本组织和本部门情况及特点，估测未来所需人力资源的一种方法。

经验估测法可分为"自上而下"和"自下而上"两种。"自上而下"是指由领导层和管理层拟定本组织和本部门的用人计划，然后传达给下属各部门执行。"自下而上"是指基层管理部门根据本部门工作要求和员工需求状况，向上级部门层层提出申请或建议。在实践中，上述两种方法应结合使用，即先由公共组织上层制定指导性建议，再由各下级部门根据指导性建议提出具体用人需求，这样就能确定组织总的用人需求。这种方法的优点是简单易行，且实施成本较低。缺点是主观性较强，估测结果相对粗略，准确性较差。

2) 德尔菲法

德尔菲[①]法(Delphi technique)，也称专家打分法，是通过专家组织会议或函询的方式，广泛征询专家对影响组织某一领域的发展情况(例如组织对人力资源的未来需求)的看法，最终达成一致性意见的结构化方法。德尔菲法是20世纪40年代由O. 赫尔姆(O. Helmer)和戈登(Gordon)首创，1946年由兰德公司(The Rand Corp.)最先使用并不断发展而来的。20世纪60年代以来，该方法被广泛用于社会、经济、科技和军事等领域。在德尔菲法中，专家一方面来源于组织内部员工，另一方面是组织外请专家。组织内专家的选择标准是对组织及部门的基本情况有深入了解的人员。

在德尔菲法下，专家们互不见面，通过人力资源管理部门或人员来进行协调。首先，人力资源管理部门将咨询内容编制成若干意义明确的问题，而后发给或寄给有关专家，请专家结合自身看法以书面形式予以回答；然后，人力资源管理部门集中各位专家意见，加以反馈；接着，专家对反馈回来的归纳结果重新考虑，在此基础上修改自己的估测或保留原有意见，并说明修正或保留的原因，再次将结果寄给相应的人力资源管理部门；如此反复多次。经过多次修改反馈后，专家的意见趋于一致，通过最后处理即可得出符合大多数专家意见的结果。

实施德尔菲法时，应注意以下几个问题：被咨询专家必须有一定数量，一般不少于30人，且问卷回收率不低于60%；应给专家提供充分的信息；所提问题必须有一定高度，且避免造成误解和歧义；实施前首先要取得参加者的支持，以提高回答问题的质量和有效性；只需专家粗略地估计数字，无须精确。

2. 定量方法

定量方法属统计预测方法(statistical forecast method)，是根据过去的统计资料，通过量化分析或建立模型，对未来的发展趋势进行预测。人力资源需求预测中常用的定量方法主要有比率分析法、趋势预测法和回归分析法。

1) 比率分析法

比率分析法(ratio analysis method)是根据一定时期的人员投入与劳动产出的比率关系来推算未来人员需求情况的一种方法。例如，某公共组织过去一年的劳动产出量为100个单位，当时该组织的人员数量为20人，即去年每个工作人员的劳动产出率为5单位/人·年。如果该组织今年的工作量增加到150单位，若员工劳动产出率保持不变的话，那么，今年所需要的人数应为30人，即需要比去年增加10人(30人-20人)。

比率分析法的通用公式为

---

① 德尔菲是阿波罗神殿所在地的希腊古城堡，传说阿波罗是太阳神和预言神，众神每年均到Delphi集合来预言未来，故后人将征询专家意见的预测方法称为Delphi法。

$$未来时期人力资源需求 = \frac{未来时期任务量}{目前人均劳动生产率 \times (1 + 预期的劳动生产率变化率)}$$

比如，未来一定时期某公共组织的任务量预计为1800单位，目前该公共组织的人均劳动生产率为10单位/人·年，预期的人均劳动生产率增长率为1%，那么，运用上述公式不难预测未来时期该公共组织的人员需求量178.21人，即需要179人。用未来时间预期的人员需求量(179人)减去该公共组织现有人数，即可以计算出该公共组织需要增加的人员数量。

2) 趋势分析法

趋势预测法(trend analysis method)是在确定组织中哪一种因素与人员数量和结构关系最大的前提下，通过找出这一因素随员工人数的变化趋势，推算出其未来发展趋势，进而得出将来人员需求情况的一种方法。这种方法的计算公式为

$$NHR = a[1+(b-c)T]$$

式中：NHR代表未来一段时间内需要的人力资源；a表示目前已有的人力资源；b代表每年组织计划的平均发展百分比；c表示组织人力资源发展计划与组织发展的百分比差异，主要体现组织在未来发展中提高人力资源效率的水平；T为时间长度。

运用趋势分析法时需要注意以下两点：第一点，选择与人员数量有关的组织因素应至少满足两个条件，一是所选因素应该与组织的基本特性直接相关；二是所选因素的变化必须与所需员工人数的变化成比例。第二点，在运用这种方法时，可以完全根据经验进行估计，也可以利用计算机进行回归分析来预测。

3) 回归分析法

回归分析(regression analysis method)就是利用历史数据找出组织中某一个或某几个因素与人力资源需求量之间的关系，并将这一关系用数学模型表示出来，进而借助这个数学模型来推测公共组织在未来一定时期内的人力资源需求情况的方法。回归分析法有一元线性回归分析和多元线性回归分析两种。

(1) 一元线性回归分析。当公共组织历年人力资源需求量与组织某一产出呈规律性趋势分布时，可用最小二乘法求出一元线性回归方程，进而预测人力资源需求量。

一元线性回归方程的一般形式为

$$y = a + bx$$

式中：$a = \frac{\sum y}{n} - b\frac{\sum x}{n}$；$b = \frac{n(\sum xy) - (\sum x)(\sum y)}{n(\sum x^2) - (\sum x)^2}$。

【例4-1】某公共服务部门2009—2020年每年完成公共服务的件数及所需用的相应人数如表4.2所示。请问：如果2021年公共服务的件数增加到30 000件，那么应该配备多少工作人员？(假设工作人员的工作效率不会发生突然性的变化)

表4.2　某公共服务部门2009—2020年间公共服务件数和工作人员数统计表

年份	公共服务件数 x_i/千件	工作人员数 y_i/人
2009	4	100
2010	6	130

(续表)

年份	公共服务件数 x_i/千件	工作人员数 y_i/人
2011	7	140
2012	9	160
2013	11	180
2014	14	210
2015	16	230
2016	17	240
2017	20	255
2018	22	270
2019	24	285
2020	27	300

首先，以公共服务件数 x_i 为自变量，以工作人员数 y_i 为因变量，来建立一元线性回归模型

$$y_i = a + bx_i$$

然后，结合表4.2所提供的2009—2020年各年度的统计数据，来计算上述一元线性回归模型的系数。

运用SPSS统计分析软件或Eviews计量分析软件，很容易得到上述一元线性回归模型的系数：$a=80.686$，$b=8.654$。将系数代入上述一元线性回归模型，可得到该部门公共服务件数与工作人员数之间的关系方程，即

$$y = 80.686 + 8.654x$$

将2021年的预计公共服务件数30千件代数上述方程，即可得到2021年所需要的工作人员数应为340人。

(2) 多元线性回归分析。运用多元线性回归分析进行人力资源需求预测量，采用的通常是两个或两个以上自变量，根据多个自变量的变化来推测与之有关的因变量的变化。多元线性回归方程的一般公式为

$$y = a_0 + a_1 x_1 + a_2 x_2 + \cdots + a_n x_n$$

式中：y 表示待估的人力资源需求量；n 表示自变量个数；a_0、a_1、a_2……a_n 为待估的回归系数；x_0、x_1、x_2……x_n 为自变量。

多元回归预测法通常分五步进行。第一步，确定与人力资源需求量有关的组织因素。组织因素应与组织的基本特征直接相关，它的变化必须与所需的人力资源需求量变化成比例。第二步，找出历史上组织因素与员工数量之间的关系。例如，医院中病人与护士数量的比例关系，学校中学生与教师的比例关系等。第三步，计算劳动生产率。第四步，确立劳动生产率的变化趋势及其对趋势的调整方式。要确定过去一段时期中劳动生产率的变化趋势必须收集该时期的产量和劳动者数量的数据，依此算出平均每年生产率的变化和组织因素的变化，这样就可预测下一年的变化。第五步，预测未来某一年的人员需求量。

多元线性回归分析法涉及的自变量较多，且自变量之间可能存在自相关、共线性等问题，还需要对回归方程和自变量系数进行相关检验，因此，虽然该方法更贴合实际，且预测结果也

更可靠和准确,然而,相比于比率分析法、趋势分析法和一元线性回归分析等方法,多元线性回归分析法要复杂得多,难度也大得多。

4.2.2 人力资源供给预测

人力资源供给预测,是对未来一定时期内公共部门内部和外部人力资源供给情况所进行的预测。通过供给预测,公共部门可以了解规划的合理程度,并有效地配备各种资源,降低用人成本,提高资源利用效率。通常,人力资源供给包括内部供给和外部供给两部分。

内部供给是公共部门人力资源供给的主要部分(除新建公共部门外),公共部门未来人力资源需求的满足应首先考虑内部人力资源供给。通常,影响内部人力资源供给的因素主要有公共组织人员年龄分布、人员的自然流失(伤残、退休、死亡等)、内部流动(晋升、降职、平调等)、跳槽(辞职、解聘等)、新进人员的情况、公共部门人员填补预计空缺岗位的能力等。

1. 人力资源供给预测的步骤

公共部门人力资源供给预测的步骤通常如下所述。

(1) 人力资源盘点,以了解公共部门人员及其能力现状。

(2) 分析公共部门的职位调整政策及历史上工作人员的调整数据,统计调整比例。

(3) 向各部门人事决策者了解可能出现的人事调整情况,包括部门工作量、工作难度、劳动生产率以及部门人员的调进调出和自然减员情况等。

(4) 汇总(2)和(3)的情况,对公共部门内部人力资源供给进行预测。

(5) 分析影响外部人力资源供给的地域性因素,主要指该公共部门所在地的人力资源整体现状,包括教育水平、年龄结构、有效人力资源供求现状,以及该公共部门所在地的经济社会发展水平和对人才的吸引力等。

(6) 分析公共部门能够提供的薪酬和福利待遇情况及其对当地人才的吸引力。

(7) 分析影响外部人力资源供给的全国性因素,包括全国相关专业大学生毕业人数及分配情况;国家在就业方面的法规和政策;全国范围内公共部门人才供需状况;全国范围从业人员的薪酬水平和差异。

(8) 根据对(5)和(6)的分析,对公共部门外部人力资源供给进行预测。

(9) 将公共部门内部人力资源和外部人力资源的供给预测汇总,得出公共部门人力资源总体供给预测。

2. 人力资源供给预测的方法

公共部门人力资源供给预测的主要方法有人员替换法、技能清单法、人员接续计划和转换矩阵法等。其中前三种方法为定性方法,后一种为定量方法。

1) 人员替换法

人员替换法(personnel replacement method),也称人员替代图(personnel replacement charts),或职位替换卡,它是通过一张人员替代图来预测组织内的人力资源供给的。人员替代图中注明了部门、职位名称、在职员工姓名、每位职工的职位、绩效与潜力以及工作年限等信息。人员替换图能够清楚地体现公共部门内部人力资源供给与需求情况。人员替代图的一般形式如图4.3所示。

图4.3 政府某局人员替代图

2) 技能清单法

技能清单(skill inventory)是一个用来反映公共部门人员姓名、特定特征和技能的列表。这张清单所包括的人员工作能力涉及以下内容。

(1) 个人情况，如年龄、性别、婚姻状况等。

(2) 工作技能，包括教育背景、工作经历、培训情况。

(3) 特殊资格，如特殊成就、获取的职业资格证书等。

(4) 个人薪酬和工作历史，包括现在和过去的薪酬、加薪日期、承担的各种工作等。

(5) 组织和部门数据，如福利计划数据、退休信息和资历等。

(6) 个人能力，包括在心理或其他测试中的测试成绩、健康信息等。

(7) 个人的特殊偏爱，包括地理位置、工作类型等。

技能清单是对公共部门工作人员竞争力的清晰反映，可用来帮助人力资源规划人员确定现有人员调换工作岗位的可能性以及决定哪些人员可填补留下的岗位空缺。表4.3为政府某部门技能清单例表。

表4.3 政府某部门人员技能清单(例表)

姓名：		部门：	科室：	工作地点：	填表日期：
到职日期：		出生年月：	婚姻状况：	工作职称：	
教育背景	类别	学科种类	毕业日期	学校	主修科目或专业
	高中				
	大学				
	硕士				
	博士				
训练背景		训练主题	训练科目		训练时间

技能	技能种类		证书	
志向	你是否愿意承担其他的工作？		是	否
	你是否愿意调至其他部门工作？		是	否
	你是否愿意接受工作轮调以丰富自身工作经验？		是	否
	如果可能，你愿意承担哪种工作？			
你认为自己需要接受何种训练？		改善目前的技能和绩效：		
		提高晋升所需要的经验和能力：		

由于计算机的广泛利用，目前技能清单法在人力资源管理中正在得到越来越广泛的应用。技能清单法的优点是提供了一种迅速和准确地估计组织内可利用技能的工具。这种信息除了帮助组织做出晋升和调动决策，还对进行其他决策起指导作用。

3) 人员接续计划

人员接续计划(personnel continuous planning)，又称管理人员接续计划，或人力资源"水池"模型(human resource pool model)，是在对内部人员流动情况进行调查和评价基础上，预测内部人力资源供给的一种方法。人员接续计划一般从职位出发来预测未来某一时期的人员流出情况，进而判断人力资源供给。对公共部门来讲，使用该方法有两点好处：一是可以避免因人员流动可能导致的某些职位人力资源供给中断的风险，二是可以帮助公共部门人员更好地规划职业生涯。在人员接续计划中，人员流动情况可通过图4.4形象表现出来。

图4.4 人员接续计划

对每一层次的职位而言，人员流入包括组织内平行职位调入、上级职位降职、下级职位晋升和外部流入等，人员流出则包括平行职位调出、向上级职位晋升、向下级职位降职、退休和辞退等，表示公式为

内部未来人员供给量=现有人员数量(A)+人员流入量−人员流出量

人员流入量=提升上来人数(E)+外部招聘人数(C)+降职下来人数

人员流出量=提升上去人数(D)+退休人数(F)+辞退人数(G)+提升受阻人数(H)

在对组织内所有层次的职位人员变动情况进行分析基础上，就可以得到公共组织未来内部供给量和总供给量，如图4.5所示。

图4.5　人员接续计划示例

3. 转换矩阵法

转换矩阵法(transitional matrices)，也称马尔科夫模型(Markov model)，是一种用来进行组织内部人力资源供给预测的方法。该方法的基本思想是通过寻找人力资源变动的规律，推测出人力资源的变动趋势。转移矩阵所描述的是组织中员工流入、流出和内部流动的整体情况。这种方法的基本假定是，组织内部员工的流动模式与流动比率会在未来呈现大致重复倾向，由此可根据过去的流入流出比率大体上预测出未来的人员数量。

该方法用于预测具有等时间间隔的时刻点上各类人员的分布状况。

如果 $n_i(t)$ 表示 t 时刻 i 类的人数；P_{ji} 表示从 j 类向 i 类的转移率；$r_i(t)$ 为时间 $(t-1, t)$ 内 i 类所补充的人数。因而有：$n_i(t) = \sum_{j=1}^{k} n_{j(t-1)} \cdot P_{ji} + r_i(t)$ ($i, j = 1, 2, \cdots, k$；$t = 1, 2, \cdots$)。其中 k 为职位分类数。

若定义 $N(t) = [n_1(t), n_2(t), \cdots, n_k(t)]$ 为 t 时刻人数的行向量；$R(t) = [r_1(t), r_2(t), \cdots, r_k(t)]$ 为 $(t-1, t)$ 时间内补充人数的行向量；$P = \begin{bmatrix} P_{11} & P_{12} & \cdots & P_{1K} \\ P_{21} & P_{22} & \cdots & P_{2K} \\ \vdots & \vdots & & \vdots \\ P_{k1} & P_{k2} & \cdots & P_k \end{bmatrix}$ 为各类人员之间的转移矩阵，因此，有：

$$N(t) = N(t-1)P + R(t) \quad (t=1, 2, \cdots)$$

如果知道一个组织的人员转移率，即可通过不同的 t 值逐级向前推算，确定未来人员分布。

【例4-2】有一个三类人员的人事系统，其转移矩阵为：$P = \begin{bmatrix} 0.6 & 0.3 & 0 \\ 0 & 0.4 & 0.3 \\ 0 & 0 & 0.6 \end{bmatrix}$

初始人员分布情况分别为140、100和60人。假如今后每年为第1类补充30人，第2类补充10人，第3类补充5人，求今后5年的人员供给状况。

解：据已知条件，可把流入、流出均加入到原来矩阵中，使之变成四阶矩阵：

$$P = \begin{bmatrix} 0.6 & 0.3 & 0 & 0.1 \\ 0 & 0.4 & 0.3 & 0.3 \\ 0 & 0 & 0.6 & 0.4 \\ 0.667 & 0.222 & 0.111 & 0 \end{bmatrix}$$

上述矩阵中，最后一列为各类人员每年外流或流出的概率，最后一行为每年各类人员的补充率，为(30/(30+10+5),10/45,5/45)=(0.667,0.222,0.111)。

一次转移后，得：

$$p_1 = (140,100,60,45) \cdot \begin{bmatrix} 0.6 & 0.3 & 0 & 0.1 \\ 0 & 0.4 & 0.3 & 0.3 \\ 0 & 0 & 0.6 & 0.4 \\ 0.667 & 0.222 & 0.111 & 0 \end{bmatrix} = (114,92,71,68)$$

一年后，三类人员分别为114人、92人和71人，总人数为277人，流出人员数为68人。

$$p_2 = (114,92,71,45) \cdot \begin{bmatrix} 0.6 & 0.3 & 0 & 0.1 \\ 0 & 0.4 & 0.3 & 0.3 \\ 0 & 0 & 0.6 & 0.4 \\ 0.667 & 0.222 & 0.111 & 0 \end{bmatrix} = (98,81,75,67)$$

则，第二年后，三类人员分别为98人、81人和75人，总人数为254人。同理，可求得第三年三类人员分别为89人、72人和74人，总人数为235人；第四年分别为83人、66人和71人，总人数为220人；第五年分别为80人、61人和67人，总人数208人。

影响公共部门人力资源外部供给的因素很多，如宏观经济形势、人口发展状况、劳动力供给和劳动力市场发展情况、全社会劳动就业状况、劳动者就业意识和择业心理偏好，以及地区经济发展水平、收入和消费水平、教育水平、地理区位和自然环境状况等。公共部门人力资源外部供给的主要来源则包括大中专院校毕业生、复员退转军人、失业人员、外来劳动力和其他部门在职人员等。

4.2.3 人力资源供求均衡分析

人力资源供求均衡分析是指在人力资源需求预测和供给预测基础上，结合需求和供给预测结果，来分析和探讨未来一定时期公共部门人力资源供求是否达到均衡(是供大于求，还是供不应求，抑或供求均衡)，从而为人力资源规划的制定提供参考和理论依据。一般来讲，如果未来组织内部人员可能呈现供大于求的情况，那么人力资源管理部门就应尽快制定人员转移和转岗计划，以保证公共部门绩效不因人员过多而下降；如果可能出现供不应求情况，那么人力资源管理部门应预先做好人员引进、员工培养和培训计划，以保证公共部门未来的人员需求。

1. 公共部门人力资源供给大于需求

当公共部门人力资源供给大于需求时，可供选择的策略主要有以下几项。

(1) 暂时冻结岗位编制，严格控制新员工招录。
(2) 对公共部门人员进行转岗，或辞退部分临时工。
(3) 采用提前退休办法，缩减在岗人员。
(4) 对公共部门人员进行培训，加强人力资本储备工作。
(5) 适当减少工作时间。
(6) 由两个或两个以上的人分担一个工作岗位，并相应地减少工资。

从以人为本的角度讲，在公共部门人员供大于求时，最可取的办法是通过人员培训，来增加人力资本积累，或者适当减少工作时间，这两种办法如果运用得当，均可达到双赢效果。

2. 公共部门人力资源需求大于供给

当公共部门人力资源需求大于供给时，可供选择的策略主要有以下几项。

(1) 对本组织人员进行培训，以提高其工作效率。对受过培训的人员根据情况择优提升或补缺，并根据相应工作职责、任务或职位等来提高其薪酬待遇。
(2) 进行岗位或职位的平行调动，并开展岗位或职位培训。
(3) 适当延长现有人员的工作时间或增加工作负荷量，同时给予其相应补偿或奖励。
(4) 重新设计工作，以提高员工工作效率。
(5) 雇用临时工，或实行业务外包。
(6) 制定招聘政策，通过组织外部招聘进行人员补充等。

以上措施，虽是解决组织人力资源短缺的有效途径，但最为有效的方法是通过科学的激励机制以及加强培训，在不断提高公共部门人员业务能力的同时，激发其工作积极性。

表4.4列示了在预期人员供给过剩和供给不足两种情况下，人力资源管理部门通常采取的措施及其给员工带来的影响。

表4.4 预期人力资源供求不均衡时人力资源管理部门应采取措施及其对员工的影响

	措施	速度	员工受伤害程度
人力资源供给大于需求	1. 裁员	快	高
	2. 减薪	快	高
	3. 降级	快	高
	4. 工作轮换	快	中等
	5. 工作分享	快	中等
	6. 冻结雇用	慢	低
	7. 退休	慢	低
	8. 自然减员	慢	低
	9. 再培训	慢	低

(续表)

措施		速度	员工受伤害程度
人力资源供给小于需求	1. 加班加点	快	高
	2. 临时雇用	快	高
	3. 外包	快	高
	4. 再培训后换岗	慢	高
	5. 降低流动率	慢	中等
	6. 外部雇用新人	慢	低
	7. 技术创新	慢	低

资料来源：雷蒙德·A. 诺伊，等. 人力资源管理：赢得竞争优势[M]. 7版. 北京：中国人民大学出版社，2013.

4.3 公共部门人力资源规划报告的编写

编写人力资源规划报告是公共部门人力资源规划的最后环节。通常来讲，一份完整的人力资源规划通常由两部分组成，即总体规划和具体规划。

4.3.1 总体规划

总体规划是结合公共部门发展战略，针对规划期内人力资源管理的总体目标(包括总体工作绩效、员工总数、员工素质、员工满意度等)所制定的总政策、总方针、实施步骤以及总预算的系统筹划和总体安排。它涉及公共部门人力资源的基本政策，如扩大、收缩改革等。总体规划的实施步骤一般是指导性的，通常按年度进行筹划。一个典型的总体规划并不涉及具体的完成步骤，以及由哪些具体的人来完成。

总体规划主要内容包括以下几项。

(1) 分析与评价公共部门人力资源的供求现状，采取有效措施来保证公共部门人力资源供求的均衡。

(2) 根据公共部门发展战略和环境变化趋势，对公共部门未来人力资源可能出现的供求趋势进行预测，开展公共部门人力资源的动态均衡工作。

(3) 规划公共部门人力资源管理程序，包括新员工招聘、晋升、降职、培训与开发、奖惩和薪酬待遇等活动的具体目标、任务、政策、步骤和预算。

(4) 确保人力资源总体规划与其他专项规划相互衔接，同时保证专项规划的内在平衡。

(5) 确定有关人力资源规划效益的内容，如降低成本、创造最佳绩效，改善员工数量、质量和结构，辅助招聘、培训等一系列人力资源政策的实施。

4.3.2 具体规划

具体规划是结合一定时期公共部门的目标和战略要求，对总体规划的具体化和细化。具体规划主要包括人员的补充规划、使用规划、教育和培训规划、职业生涯规划以及绩效考评和激励规划等。

1. 人员补充规划

因为种种原因，如组织规模扩大、原有人员的退休和离职等，公共部门经常会出现新的岗位和空缺职位，这就需要公共部门制定必要的政策、措施，及时补充岗位空缺，这就是人员补充规划。人员补充规划与晋升规划是密切关联的。晋升也是一种人员补充，它表现为人员在组织内部由低级职位向高级职位的补充，将职位空缺逐级向下推移，直至最低职位产生空缺，在这种情况下，内部补充就转化为外部补充。

2. 人员使用规划

人员使用规划是指人力资源管理部门结合公共部门对人员的预期需求，合理分配和安置人员，使人尽其才、才尽其能的过程。人力资源使用规划是优化公共部门的编制和结构，进行人员职位轮换，从而发挥人员特长，使人力资源得到优化配置和有效使用的重要环节，是公共部门人力资源配置能力的重要体现。

3. 人员教育和培训规划

人员教育和培训是现代公共部门改善员工各方面能力的重要手段，也是传播公共部门文化，传达组织法律规定和政策规章，提高公共部门凝聚力、战斗力及其核心竞争力的重要手段。通过教育和培训，公共部门一方面可使其成员更好地适应工作岗位要求，提高员工的认知水平和业务能力；另一方面可为公共部门的未来发展提供后备人才。培训规划与补充规划、使用规划以及员工职业生涯发展规划间有着密切联系。培训的相当一部分工作应在晋升或进入新职位之前完成，目的是提高职务晋升者或新入职者对新岗位的适应能力。

4. 人员职业生涯规划

人员职业生涯发展规划包括两个层次，即个人层次的职业生涯规划和组织层次的职业生涯规划。所谓职业生涯，是指一个人从首次参加工作开始(一般以初次步入社会经济活动领域为起点)到其职业活动结束(一般指退出社会经济活动领域)的所有工作活动和工作经历按编年顺序串接而成的整个工作过程。简言之，职业生涯即指一个人一生的工作经历。一般来讲，人们对自己职业生涯的规划设计均通过慎重分析和考虑而形成。个人层次的职业生涯规划是自我设计的成长、发展，以及不断追求满意目标的规划；组织层次的职业生涯规划则是组织为了不断提高其成员的满意度，使其能与组织的发展和需要统一起来所制定的协调有关组织成员个人成长、发展与组织需求的管理方案。作为留住人才、激励员工的重要手段，在人员职业生涯和发展管理过程中，公共部门一方面应尽可能为组织成员发挥其特长和能力提供平台，使他们的能力和才干在工作中得到有效发挥，另一方面应为有才干、有能力的人员提供符合其特长、兴趣和才干的职业发展通道，使其有更加充分地施展才华、体现个人价值的机会。在个人成长和职业发展中，只有较好地做到个人职业生涯规划与组织发展目标和需求的协调一致，才可能达到共赢的效果。与组织发展目标和需求相背离的个人职业生涯规划，只能导致被组织淘汰或难以融入组织发展轨道；同样，不考虑个人职业生涯规划的公共组织职业生涯管理，不仅难以收到良好效果，还会导致人才流失。可见，在职业生涯规划和职业发展管理过程中，需要公共部门与其成员进行不断沟通，进而达到协调一致及共同进步和发展的效果。

5. 人员绩效考评和激励规划

人员绩效考评和激励规划是获取公共部门人员满意度、忠诚度，培养组织成员爱岗敬业精神的关键步骤。没有公平公正且以能力和业绩为导向的绩效考评及管理系统，不从员工需求角度来构建和实施激励规划，很难培养出高忠诚度、高满意度的员工，也很难形成以组织目标和组织发展为核心的向心力，员工就会出现离心离岗或消极怠工等现象。因此，建立一套公平公正且能体现公共部门目标导向的绩效考评体系及与之配套的薪酬体系和激励机制，对提高公共部门人员的决策力和执行力、改善员工乃至整个公共部门绩效，是十分必要且有益的。

在公共部门人力资源规划过程中，一般要求所有环节都应站在战略高度，充分审视公共组织自身的资源条件及组织所处的环境，在组织愿景、目标及其战略导引下，制定出公共部门未来人力资源需求清单以及相应的人力资源供给规划，从而支持公共部门战略规划的实施，进而实现公共部门的预期目标。

在制定公共部门人力资源规划时，应特别注意以下三方面问题。

其一，应充分考虑公共部门内、外部环境的变化。人力资源规划只有在充分考虑组织内、外环境变化基础上，才能使规划在执行过程中尽可能避免陷入困境甚至遭到"流产"，才能更好地适应社会发展要求，促进公共部门目标实现和可持续发展。

其二，应尽可能做到公共部门人力资源供求均衡。公共部门人力资源供求均衡是人力资源规划的核心问题之一，它包括人员的变动趋势预测、社会人力资源供给状况分析和人员流动损益分析等。若无法保证公共部门人力资源的有效供给，就很难保证人力资源管理在公共部门目标达成过程中充分发挥作用。

其三，确保公共组织及其人员均得到长期利益。人力资源规划不仅是公共组织的规划，也是员工个人的职业生涯规划。公共部门发展与员工发展是相互依赖、相互促进的关系，在人力资源规划及管理中，如果忽视员工个人职业生涯规划，不仅难以收到良好管理效果，还会影响公共部门目标的达成。

4.4 公共部门人力资源规划实施与评估

公共部门进行人力资源规划的真正目的在于用规划来指导人力资源管理活动，切实满足公共部门在发展和战略实施过程中的人力资源需求，因此，编制人力资源规划报告并非意味着公共部门人力资源规划过程的结束，接下来，更重要的工作是将人力资源规划应用于实践，使之在人力资源管理和公共部门发展中发挥应有作用，并在实施中发现规划中存在的问题，再通过对人力资源规划的评估，一方面修正现行人力资源规划存在的不足、弥补其缺欠，另一方面为今后制定更加合理、完善的人力资源规划提供经验。

4.4.1 公共部门人力资源规划实施

人力资源规划实施，是人力资源规划方案的落实过程。在此过程中，必须遵循如下基本原则。

(1) 战略导向原则。人力资源规划方案的落实，必须依照与公共部门战略目标制定和实施相关的政策和具体策略展开，而且应避免实施过程中可能出现的人力资源规划与组织发展战略脱节等问题。

(2) 螺旋式上升原则。随着公共部门内、外环境变化以及组织战略目标的调整，人力资源规划需要在原有方案基础上不断更新，以求更加精确和有效。

(3) 制度化原则。为确保人力资源规划有效实施，就需要将人力资源规划制度化。通过制定和调整人力资源规划制度的方向、原则与程序，从机制上理顺人力资源规划各组成要素的关系，确保规划执行得有据、有节。

(4) 人才梯队原则。人才梯队原则要求，人力资源规划实施要根据实际需求来建立人才梯队，以确保组织各级和各专业人才的层层供给。

(5) 关键人才优先原则。在实施人力资源规划过程中，对组织中的核心人员或骨干成员，优先考虑他们的培训、晋升、薪酬待遇和职业生涯发展等问题，以保证此类人员及时补充。

人力资源规划的实施过程，既是人力资源规划方案的落实过程，也是人力资源规划方案的纠错和完善过程。在人力资源规划实施过程中，既要注意人力资源规划与公共部门阶段性目标的密切配合，分清人力资源规划与公共部门战略目标的主从关系，同时也要根据公共部门的阶段性需求及其内、外部环境变化，及时修正人力资源规划方案，提高人力资源规划对公共部门人力资源管理活动指导的有效性。

4.4.2 公共部门人力资源规划评估

公共部门人力资源规划的制定和实施是否能够真正体现人力资源规划的目标，能否积极而经济地服务于公共部门发展战略落实，能否客观地适应迅速变化的外部环境等问题，均需要通过公共部门人力资源规划评估找到答案。

1. 公共部门人力资源规划的含义

所谓公共部门人力资源规划评估，是指通过对公共部门实施人力资源规划过程和效果考察分析，将人力资源规划的预期结果与落实执行效果进行比较、评判和分析的管理活动。公共部门人力资源规划评估是保障人力资源规划方案有效落实、发现公共部门人力资源规划中存在问题、实现人力资源规划与人力资源管理其他活动有效衔接的重要环节，有助于及时掌握人力资本保值增值现状和发展趋势，从而保证人力资源的合理开发、配置和有效利用。

2. 公共部门人力资源规划的标准

人力资源规划评估必须依据一定的标准进行。公共部门人力资源规划评估应坚持如下几个标准。

(1) 客观性标准。客观性标准是指公共部门人力资源规划的评估必须做到诚实、公平、不带个人感情色彩。客观性标准要求评估人员应尽量减少主观的、受个人因素影响的干扰，进行客观公正的评价。

(2) 一致性标准。一致性标准要求在实施人力资源规划时，不应出现目标与政策矛盾的现象。如果人力资源规划实施中出现了各种形式的冲突，就需要对人力资源规划方案进行全面评价和分析，以保证各项预期目标的如期实现。

(3) 协调性标准。协调性标准是指在评价人力资源规划时，既要分析和考察人力资源某个方面的发展趋势，如公共组织人力资源流失情况，也要分析和考察整个人力资源规划中各项业务规划及公共部门人力资源管理政策的综合发展趋势。人力资源规划必须对公共部门的内外部环境、组织战略及人力资源现状等关键变化做出适应性反应。

(4) 可行性标准。可行性标准要求，人力资源规划方案必须做到技术上、方法上、环境适应性上以及经济上的可行。一项人力资源规划再科学、再先进，若技术上、方法上、环境适应性上或经费预算上不可行，其实际价值也会大打折扣。

3. 公共部门人力资源规划的内容

一般来讲，公共部门人力资源规划评估主要包括三个层面的内容，即人力资源规划制定的基础层面、人力资源规划的实施层面和人力资源规划的技术手段层面。

(1) 人力资源规划基础层面的评估通常涉及如下内容：①形成人力资源规划的过程是否经过充分考虑和酝酿，是否有具体的数据支持，对关键性问题是否有针对性。②对组织内外部环境的评价和预测是否充分、彻底和客观。③组织是否具备战略规划概念和资金等资源保障。④组织的管理能力和实施能力能否得到保障。⑤组织的战略与战术目标能否测量，组织中是否人人知晓组织战略。⑥所有等级制层次上的管理者能否有效地和持续地理解并实施规划。⑦组织结构与人力资源规划是否相互支持和匹配。⑧组织文化与人力资源规划是否冲突。⑨组织的评价、奖励和监控机制是否有效。⑩人力资源规划与总体战略目的和目标的关联度如何。⑪控制手段和意识能否达成统一或者协调性妥协。

(2) 对人力资源规划实施层面的评估需要将人力资源规划的行动结果与人力资源规划的最初要求和目标进行比较，以发现规划与现实间的差距，从而对规划进行及时调整和优化，并为今后的人力资源规划等活动提供参考。

(3) 对人力资源规划技术手段层面的评估则需要关注如下内容：人力资源规划评估技术是否针对本组织的实际情况；人力资源信息系统(HRIS)的实用性和有效性如何。

人力资源规划评估的目的在于发现并指出人力资源规划中存在的问题和缺陷，以便及时做出调整和修正。因此，为了充分发挥人力资源规划评估对人力资源规划的纠偏作用，需要将规划评估以及规划实施中发现的问题及时反馈给有关部门，以便及时进行调整、修正，以确保人力资源规划在公共部门人力资源管理活动和公共部门战略目标实现中充分发挥作用。

关键术语

公共部门人力资源规划	人力资源需求预测	经验估测法
德尔菲法	比率分析法	趋势分析法
人力资源供给预测	人员替换法	技能清单法
人员接续计划	转换矩阵法	人力资源总体规划
人力资源具体规划	人员补充规划	公共部门人力资源规划评估

复习思考题

1. 影响公共部门人力资源规划的因素有哪些？
2. 公共部门人力资源规划的作用有哪些？
3. 公共部门人力资源规划的影响因素有哪些？
4. 简述公共部门人力资源规划的一般程序。
5. 公共部门人力资源需求预测的常用方法有哪几种？各有何特征？
6. 德尔菲法的实施步骤是怎样的？在采用德尔菲法时应注意哪些问题？
7. 简述公共部门人力资源供给预测的一般步骤。
8. 公共部门人力资源供给预测常用的方法有哪几种？各有何特征？
9. 如何开展人力资源供求均衡分析？
10. 公共部门人力资源总体规划包括哪些方面的内容？
11. 公共部门人力资源具体规划包括哪些方面的内容？
12. 公共部门人力资源规划实施过程中应坚持哪些原则？为什么？
13. 公共部门人力资源规划评估的标准有哪些？

 本章案例

H省电视台人力资源规划

第5章　公共部门人员招聘

【学习引导】本章主要介绍公共部门人员招聘的相关理论和方法。通过本章学习，学习者需要掌握公共部门人员招聘、招募、甄选等相关概念的含义，了解和把握公共部门人员招聘应遵循的原则和一般程序，同时对招募渠道以及人员甄选的方法，特别是笔试、心理测试和面试等的相关理论和方法，有一个全面、深入的了解和把握。另外，学习者还需要对招聘评估过程和中国公务员招录制度等有一个大致了解，并学会从容地应对面试及开展有效招聘。

本章的学习重点：一是对公共部门人员招聘及其应坚持的原则和招聘的程序等进行深入理解和把握；二是对招募与招聘的关系有一个正确而清晰的认识，掌握不同招募渠道的优缺点及如何有效开展招募宣传和接待工作等；三是了解和掌握人员甄选的方法，特别是心理测试、面试和评价中心等的主要方法，并做到学以致用。

人才是公共部门成长与发展壮大的根本所在，招聘和甄选是公共部门获取合格员工、保障公共组织活力和长期绩效的重要手段。如何以最小成本，通过有效的招聘活动获取符合公共部门需要的人才，在较好地适应瞬息万变的外部环境同时获取竞争优势，在组织变革和发展中不断提高公共部门的服务能力和服务水平，是摆在公共部门面前的重要课题。

5.1　公共部门人员招聘概述

5.1.1　公共部门人员招聘的含义及作用

1. 招聘的含义

招聘(application for a job)，乃招募与选拔录用的合称，是指组织为了自身发展，根据岗位要求，寻找、吸引并从中挑选能够胜任组织某一岗位空缺的合格候选人的过程。招聘是人力资源管理部门的重要职能之一，也是组织获取人力资源的重要步骤。

招聘通常始于招募信息的发布。发布招募信息的目的在于寻找和吸引那些具有相应资格、符合组织和岗位条件的工作申请者来应聘。作为人力资源管理的一项重要职能，招聘与人力资源管理的其他职能有着密切联系。一般来讲，人力资源规划规定了组织招聘员工的目标以及招聘员工的数量和类型，而工作分析特别是工作描述和工作规范确定了组织中空缺岗位的特征及任职者素质和能力要求，三者的关系如图5.1所示。

图5.1 招聘与工作分析和人力资源规划的关系

资料来源：劳埃德·拜厄斯，莱斯利·鲁. 人力资源管理[M]. 6版. 李业昆，等译. 北京：华夏出版社，2002：97.

由此可见，招聘作为人力资源的入口管理，是人力资源管理活动的关键环节，对公共部门效率和效能提升及长远发展，具有重要意义。

2. 公共部门人员招聘的作用

公共部门人员招聘的作用主要体现在如下几个方面。

(1) 招聘可以为公共部门补充新生力量，在促进公共部门新陈代谢的同时，弥补公共部门的能力短板和岗位空缺，有助于公共部门能力增进和可持续发展。人才，特别是年富力强的优秀人才对公共部门能力提升、绩效改进和可持续发展的作用是不言而喻的。招聘作为公共部门内部人员新旧更替和新陈代谢的"输血"机制，既关系着公共部门的发展活力和发展的可持续性，也关系着公共部门的创新意识和创新能力，是确保公共部门获得可持续竞争力和发展后劲的重要环节。对公共部门来说，虽然招聘并非公共组织出现空缺岗位和增加新的岗位时补充人员的首选(首先考虑的应是公共部门内部调配或晋升)，却是公共组织人员不足或现有人员难以满足空缺或新增岗位要求时的不二选择。

(2) 招聘有助于公共部门人力资源优化配置，激发公共部门活力，有助于公共部门绩效提高和公共部门人员的个人发展。从招募渠道来看，与私人部门一样，公共部门也存在内部和外部两个渠道。在公共组织出现岗位空缺或新增设岗位时，公共部门人员可以结合自身条件及空缺或新增设岗位要求，通过内部渠道直接参与岗位竞聘或公开遴选，这对公共部门人力资源优化配置及公共部门人员职位(职务)调整、晋升和个人发展无疑是有益的。而当公共部门现有人员无法满足空缺或新增设岗位要求时，通过外部渠道可以将适合岗位要求的求职者选聘进来，及时弥补公共部门岗位空缺及现有人员能力不足，这能够激发公共部门活力，促进公共部门绩效提高。

(3) 成功的招聘可在有效提高公共部门人员整体质量的同时，有效降低公共部门的人员管理和培训成本。合格、高素质人员不仅意味着较高的工作能力，还意味着较强的学习能力，这既有助于公共部门人员质量的整体提升，也会间接带来公共部门人员管理成本和培训费用的降低，同时还有助于新知识、新技术的推广，一举多得。

(4) 招聘既是公共部门的对外宣传途径，也是公共部门对自身形象和社会认可度的检视过程，有助于扩大公共部门的影响力及改进公共部门管理水平。在招聘特别是对外招聘过程中，公共部门不仅需要将自身基本情况、发展目标和方向、部门和工作职责、组织文化等对外发布，还需要接受来自社会特别是有应聘意向者的检视与品评，这既是公共部门的自我宣传过程，也是接受社会检视的过程，有助于公共部门更好地认清自身形象、检验社会的认可度。

5.1.2　公共部门人员招聘的原则

作为一个与私人部门既有相似性又存在诸多差异的部门，公共部门的招聘原则与私人部门既有共同之处，又有不同之处。一般来讲，公共部门人员招聘通常要遵循如下几条原则。

1. 公开原则

对现代组织而言，公开原则既是避免任人唯亲的重要举措，也是公共部门开门纳贤的充分体现。一般来讲，公开原则要求在招聘过程中，招聘单位应向社会公布拟招聘部门、岗位，招聘人员的种类、数量及其报考资格和条件，以及考试方法、考试科目和考试时间等。在招聘过程中，还应尽可能将不同阶段的招考结果公之于众，接受公众监督。

2. 公平竞争原则

公平竞争原则要求对求职者一视同仁，平等对待，不能因应聘者的种族、民族、性别、年龄、个人身份、出身以及信仰和婚姻状况等而受到不公正待遇，或让其享受由家庭和社会关系等带来的特权，而应始终本着竞争择优原则来选拔，任人唯能、唯贤。

3. 德才兼备原则

公共部门的特殊性要求在人员招聘过程中应始终把应聘者的道德品行放在重要位置，不能因强调应聘者才干而忽视了其品行。偏重才干忽视品行的招聘，很可能会给公共部门带来不良后果。因此，就公共部门而言，德才并举应成为人员招聘过程中始终坚持的原则。

4. 法治原则

公共部门人员招聘活动应始终在国家法律法规许可的范围内进行，一切活动均应按法定程序展开，特别是要严格遵守《公务员法》《劳动法》和《劳动合同法》等相关法律法规，依法实施招聘，杜绝人为干预招聘过程的问题。

5. 按岗择优原则

招聘的目的在于选择满足公共组织和岗位要求的合格人员。这就要求在招聘过程中应始终把岗位要求放在首要位置，根据岗位职责、任务和岗位规范来选拔人才。当然，通常情况下，人员选拔受到岗位所提供的待遇以及应聘者的求职动机和价值取向等诸多因素影响，最适合某一岗位的人选有时不一定是各方面都优秀的人员。因此，员工选拔应以适合岗位、满足岗位要求为基本标准。根据国际通行标准，有效的招聘通常应遵循6R要求，即适当时间(right time)、适当来源(right source)、适当成本(right cost)、适当人选(right people)、适当任务(right job)及合理的留人率(retention rate)。

5.1.3 人员招聘的一般程序

通常，公共部门人员招聘的一般程序大致包括5个阶段，即准备阶段、招募阶段、甄选阶段、录用阶段和评估阶段，如图5.2所示。

图5.2 公共部门人员招聘的一般程序

1. 准备阶段

准备阶段的主要任务有两项：一是在公共部门发展目标和发展战略要求基础上，结合公共部门人力资源规划以及工作分析结果(工作描述和工作规范)，确定拟招聘的职位、所属部门、数量、类型和人员资格条件要求等；二是结合组织和部门目标及人员需求情况，对招聘的岗位、人员数量、岗位的具体要求，以及招聘时间和招聘渠道的选择、招聘工作小组的构成、招聘方案及其具体步骤、招聘费用预算、招聘工作时间安排以及招聘广告样稿等，拟订详细的招聘计划，并将招聘计划呈报上级主管部门和领导审批。

2. 招募阶段

所谓招募(recruitment)，是指公共部门为了吸引更多应聘者所进行的一系列活动，如发布招聘信息、接待应聘者咨询和登记、接收应聘者的工作申请书等。招募是招聘过程的重要组成部分。这一阶段主要包括两项主要活动，即招聘信息发布和接受应聘者申请。

一般来讲，有效的招聘信息通常包括如下内容：①组织情况的简单介绍；②工作或岗位名称；③简单清晰的工作职责描述；④工作所需能力、技能、知识和经验的说明；⑤工作条件，包括工作地点、工作时间以及薪酬待遇等；⑥申请方式。招聘信息应客观、实际，切忌夸大其词。招聘信息准备好后，接下来就要发布出去。招聘信息的发布应结合公共组织及其岗位情况，选择合适的发布传播渠道，如报刊、网络、电视、广播、板报、招聘会和新闻发布会等，在发布招聘信息时，应尽可能扩大宣传范围，同时还要做到及时、有效、有层次性、有针对性，否则就会降低招聘信息的影响。

在应聘者咨询和登记报名后，公共组织还要让应聘者填写并提交工作申请表。一般来讲，公共部门的工作申请表主要包括如下内容：个人情况(如姓名、性别、年龄、民族、政治面貌、家庭地址、婚姻状况等)、文化程度及培训情况(如学历、学位、接受过的培训)、工作经历(如目前任职单位、地址和联系方式、现任职务、以往工作简历、离职原因等)、家庭背景及个人健康状况(包括主要家庭成员、个人健康状况及其证明等)、个人薪酬待遇、曾受过的奖惩、个人业绩、个人兴趣及特长爱好、服役记录、办公设备使用情况，以及推荐人姓名及其联系方式等。表5.1列示了一张典型的工作申请表。

表5.1　×××部门工作申请表

申请岗位						
姓　　名		性　别		出生年月		
民　　族		政治面貌		健康状况		照　片
身　　高		体　重		婚姻状况		
最后学历			毕业学校			
所学专业			会何种外语		外语水平	
参加过何种培训						
个人爱好及特长						
受过何种奖励						
受过何种惩罚						
工作经历	任职单位		任职时间		工作性质	离职原因
有关个人的其他说明						
家庭住址			联系电话		邮编	
推荐人姓名			推荐人电话			
填表日期			年　　月　　日			

3. 甄选阶段

甄选是一个复杂的过程。通常，甄选阶段从对应聘者进行预审并对预审合格者发放考试或面试通知书开始，大致经过笔试或面试、心理测试或再次面试等几个环节。甄选阶段是人员招聘的关键。

笔试。笔试时，招聘者应注意对应聘者进行综合知识、专业知识以及岗位所需要的特殊知识和能力的考查。试卷评分要有标准答案，以防评分先松后紧或先紧后松。

心理测试。测试，应根据组织、部门及其岗位需要，选择针对性强且有实效的测试方法，从而达到甄别合格人员的目标。

面试。面试是人员招聘过程中经常使用的方法。研究表明，大部分组织是通过面试来选拔员工的。面试的方法很多，选择什么样的方法，一要看组织和岗位要求，二要看招聘者对面试技术掌握的程度和水平，三要看招聘的成本预算。

4. 录用阶段

录用阶段包括试用安置和正式录用。人员录用一般要经过录用决策、通知应聘者、试用、签订劳动合同和正式录用几个步骤。人员录用既是一门学问，也是一门艺术，公共部门进行人员录用必须按一定的规则和要求进行，这些规则和要求主要包括选择合适的人选、赋予合适的工作、激发录用人员的工作热情及为录用人员谋划职业成长路径等。在录用阶段，一旦应聘者试用合格，就要与应聘者签订正式的劳动合同，同时按照法律法规和政策要求，向被录用者提供与其岗位职责和工作环境相对应的薪酬待遇，保障被录用人员的合法权益。

5. 评估阶段

招聘评估既是对本次招聘工作的分析、总结和评价，也是对今后招聘工作的修正性指导，是一个承上启下的过程，同时还是现代人力资源管理中整个招聘活动不可或缺的重要组成部分。

5.2 公共部门的招募渠道

一般而言，公共部门的招募渠道主要有内部渠道和外部渠道两种，接下来分别予以介绍。

5.2.1 内部渠道

所谓内部渠道，是指从公共部门内部来选拔合适的人员来填补公共部门岗位空缺或补充新增设岗位的路径。公共部门人员的内部渠道主要包括内部提拔、调用、工作轮换、内部竞聘和公开遴选等。

1. 内部提拔

内部提拔，也称内部晋升，是指根据组织和工作需要，结合组织内部人员工作的平时表现及其档案材料，来选拔合适人员填补岗位空缺或新增岗位的过程。内部提拔一般是将员工从低级岗位提升到高一级岗位。内部提拔都是有计划的。这种方法对员工的激励性强，省时、省力、成本低，但人员选择范围较小，容易导致近亲繁殖和裙带关系，不利于公共部门团结和依法管理。

2. 调用

调用，也称工作调换，是指从公共部门内的其他部门选择适当人员并调配到需要的工作岗位的过程。调用一般发生在相同或相近职务级别但工作岗位有较大变化的人员之间。调用一般适用于中高层管理人员，且人员调用时间一般较长，有时甚至是永久的。调用可以为公共部门人员提供一个积累工作经验的机会，还可以弱化因长期从事某项工作所带来的枯燥乏味感，并为其今后的进一步晋升打好基础。

3. 工作轮换

工作轮换(job rotating)，是指在公共部门的不同组织之间，或在同一组织内部的不同部门之间调动工作人员的过程。工作轮换是以增强组织成员的成就感、提高工作挑战性为出发点的。工作轮换有利于员工工作经验的积累及其职业成长和发展，同时也可以减少因长期从事某项工作所带来的枯燥乏味感，扩大公共部门人员的工作范围。工作轮换经常被作为一种培训方法使用。

4. 内部竞聘

内部竞聘是指在公共部门或某一组织范围内，面向内部全体人员，按照公开、公正、公平、择优的原则，进行公开竞聘和选拔的过程。内部竞聘的目的在于公共部门或组织内部人员的优化配置。通过内部竞聘，组织可以达到人岗匹配、适才适用、人尽其才的管理目标。内部竞聘常见的有重新聘用和针对个别空缺或新增设岗位的招聘两种形式。重新聘用采取的方式通常是让公共部门或组织内部全部或部分员工处于待岗状态，而后在公布岗位职责、任务及其任职条件要求的前提下，让待岗员工结合自身情况进行岗位竞选。而针对个别空缺或新增设岗位的招聘，是在公共部门或组织内部出现岗位空缺或新增设岗位前提下，通过发布内部招聘信息和岗位要求，面向公共部门或组织内部全体人员所进行的公开竞聘。内部竞聘是公共部门改革及其发展过程中，改进公共部门绩效、激发员工积极性和创造力的有效方法。但经常性的内部竞聘也容易涣散员工士气，造成人心浮动，不利于组织稳定。

5. 公开遴选

公开遴选是中国政府为优化政府公务员队伍结构而提出的一种从基层部门选拔公务员的方法。公开遴选主要是针对市(地)级以上机关从下级机关公开择优选拔任用内设机构公务员而言的，是公务员转任的方式之一。公开遴选既可由公务员本人申请并按干部管理权限经组织审核同意后报名，也可在征得本人同意后由组织推荐报名。公开遴选采取的是差额考察办法，考察方法既可以是个别谈话和民主测评，也可以是品德专项测评、实绩公示、业绩评价和履历分析等。

6. 其他内部渠道

除以上方法，内部渠道还包括内部广告法、档案法、推荐或自荐法以及职业生涯开发系统等。

(1) 内部广告法。内部广告法，也称布告法或公告法，是指将职位空缺信息或招聘信息以广告或公告的形式公之于众，面向组织内部全体员工公开招聘。内部广告所采用的方式主要有内部媒体(如电视、广播、电子信箱或内部网络)及墙报、公告栏、内部报刊等。

(2) 推荐或自荐法。推荐或自荐法是指公共组织内部员工根据组织需要，结合员工特点、工作能力和业绩表现，推荐他人或以自荐的方式应聘某一空缺或新增岗位。

(3) 档案法。档案法是公共组织人力资源管理部门结合员工档案，在了解员工个人情况以及教育、培训、经验、技能、绩效和道德品质等方面信息的基础上，来寻找和选拔适合组织内部某一空缺岗位或新增岗位人员的方法。档案法应尽可能与员工职业生涯管理结合起来，以激发员工的积极性、主动性和创造力，提高员工对组织的满意度。

(4) 职业生涯开发系统。职业生涯开发系统是指公共部门根据自身及其员工发展需要，通过建立员工电子档案和职业生涯计划，并结合员工平时的品行及能力和业绩表现，来选拔适合空缺岗位或新增岗位的合格人员的一种方法。

5.2.2 外部渠道

根据信息发布和来源渠道不同，外部渠道主要有广告招聘、校园招聘、个人自荐、引荐或推荐、网络招聘、职业介绍机构等形式。

1. 广告招聘

广告招聘是公共部门外部招聘的常用方法之一。广告招聘是指组织借助电视、广播、报纸、布告栏以及行业出版物等媒体对空缺岗位和新增岗位进行宣传和信息发布，以吸引求职者前来应聘的方式。广告招聘的特点是信息传播速度快、传播范围广，应聘人员多，组织选择余地大。

利用广告招聘，首先应明确广告的内容。一般来讲，招聘广告的内容包括以下几项：①欲招聘组织的基本情况；②招聘的合法性；③空缺职位的数量及其基本情况(如工作任务、职责、工作时间和风险等)；④申请者应具备的条件(包括知识技能的、身体的和心理的)；⑤薪酬待遇；⑥报名的时间和地点；⑦招考方式及其安排；⑧需要提交的证件和材料；⑨其他有关注意事项。

招聘广告的方式多种多样。有时，为了避免不必要麻烦，如应聘者频繁地查询、造访、透露组织信息等，组织还可以发布"遮蔽广告"(blind advertisement)进行招聘。这种广告不显示招聘单位的名称和地址，而是要求申请人将自己的求职信和简历邮寄到一个特定的信箱。

在借助广告进行招聘时，必须考虑两方面问题：一是选用何种媒体。媒体的选择通常视组织所要招聘岗位的类型、层次及专业化程度而定。一般来说，招聘低层次职位可以选择地方性媒体甚至布告栏，主要目的是控制招聘成本；招聘高层次或专业化程度较高的职位可以要选择全国性或专业性的正式媒体。二是如何构思广告。在广告构思过程中，组织必须对自身要树立的组织形象做出抉择，同时广告制作应遵循AIDA原则，即广告能够引起应聘者的注意(attention或attract)、兴趣(interest)、欲望(desire)及行动(action)。

2. 校园招聘

大学校园是专业人员和技术人员的重要来源，而中等专业学校、职业技术学校、技工学校等是基层职工的重要来源。越来越多的组织到大专院校招聘应届毕业生或委托培养专业技术人员，即便是暂不缺人的组织，也不放弃到大学招聘的机会，以树立自身的良好形象，使本组织成为大中专学生倾慕和向往的择业目标。

校园招聘的方式五花八门，有张贴招聘广告、举办招聘会、毕业实习以及借助毕业生分配办公室来推荐等。一次成功的校园招聘，离不开招聘前的充分准备、招聘中及招聘后对学生的真诚尊重以及对录用信息的及时反馈。

校园招聘的具体步骤通常包括以下几项：①组织针对自身长期或短期人才需求进行招聘分析；②准备工作申请书；③挑选拟招聘的学校，与选定的学校进行接洽，并制定招聘日程表；④实施校园招聘；⑤审查候选人，并进行现场面试；⑥评估校园招聘。

3. 个人自荐

个人自荐是指求职者在没有得到组织内部人员或相关专家推荐的情况下，自己直接向存在岗位空缺的组织提出求职申请的一种方法。就自荐者而言，他们中的大多数人已经做好了到组织中工作的充分准备，并确信自己能够适应和满足空缺岗位的要求。不过，对组织而言，需要牢记的是，对所有前来求职者，不管需要与否，都应以礼相待，充分尊重自荐者，并给予及时地妥善处理，树立良好组织形象的建树。

4. 引荐或推荐

引荐或推荐是很多组织经常采用的有效的外部招聘方法之一，是指组织员工及组织外人员或相关专家等以口头或书面的形式向用人单位介绍和举荐合格人选的一种方法。

引荐或推荐的招聘方式具有如下优点：①组织和应聘者双方能迅速了解，节约大量招聘费用；②所引荐或推荐员工的素质往往较高。但这种方法存在以下问题：①容易形成小帮派、小团体，导致裙带关系盛行；②人员选择面相对狭窄。为避免上述问题，组织在招聘过程中，应严格按照招聘程序和岗位要求，进行严格把关，同时应尽可能地扩展推荐者的面域。

5. 网络招聘

随着计算机和网络技术的发展，网络招聘越来越引起用人单位的关注。与其他传统招聘方式相比，网络招聘以其效率高、信息量大、传播广、成本低、沟通容易、不受时空限制等优点而著称。应该讲，网络技术在用人组织与求职者之间搭建了一个高效、便捷的劳动力市场平台，打破了传统招聘方式的时空界线，从而为劳动力市场的跨区域、跨城乡提供了有益的技术支撑，促进了劳动力的广泛流动，有利于资源的优化配置。当然，网络招聘也有其不足之处，如信息的可信度不高、保密性不好、网站之间互相复制、用人方与求职方的感性认识不够，这些问题都有可能带来网络招聘的失败，甚至会引发人们对网络招聘的不信任。

6. 职业介绍机构

职业介绍机构是组织外部招聘的一种有效途径。常见的职业介绍机构有两类：一类是公共服务机构；另一类是私人服务机构。职业介绍机构主要包括各种类型的职业介绍所、普通劳动力市场和人才交流中心等。我国的职业介绍机构是随着市场经济的发展和劳动力市场需求的多元化而产生的。职业介绍机构通常扮演着为劳动力供求双方提供信息、牵线搭桥的作用。一般来讲，公共服务机构由于担负着促进社会就业的职责和任务，加之其非营利特性，因此，公共服务机构对求职者通常是不收费或低收费的；而私人服务机构类似于企业，大多是收费甚至高收费的，如猎头公司。

猎头公司(headhunter)是为适应组织发展对高层次人才的需求而发展起来的一种私营性企业组织。一般来讲，猎头公司对组织及其人力资源需求有着比较详尽的了解，对组织要物色的高层次人才的个人信息的掌握也比较全面。由于这些人才有的曾在某组织担任高层领导，有着较好的个人业绩和薪酬待遇，或者目前仍在某组织的高层任职，获取这类人才的难度较大。猎头公司通常是高收费的职业介绍机构。按照国际惯例，为客户物色一名高级人才所收取的佣金一般为这名人员年薪的1/3，物色中层人才的佣金则为其3个月的月薪。在我国，猎头公司主要分布在国内的一线大城市，如北京、上海、广州、深圳、武汉五大城市是国内绝大部分猎头公司的总部所在地。随着国内经济的发展，猎头产业的逐渐成熟，猎头公司的服务范围辐射到全国的多个城市。

通过职业介绍机构这一招聘渠道，用人单位可以网罗各路求职者，且录用后不易形成裙带关系，但因用人单位对求职者或求职者对用人单位了解不够，往往会出现一些人为"陷阱"，或者是用人单位招不到合适人选，或者是求职者找不到合适的岗位。所以，公共组织在借助职业介绍机构招聘人才时，应注意选择那些信誉较高的机构，为保证选才的成功，公共组织应对入选的应聘者进行个别测试，同时要求职业介绍机构提供尽可能正确和详尽的信息。

综上，各种招募渠道和方法均有其特定的适用范围，每种渠道都各有利弊，公共组织必须结合自身需求，选择适宜的招募渠道和方法。通过前面对内部渠道与外部渠道的介绍，它们各自的优缺点如表5.2所示。

表5.2 内部渠道与外部渠道的比较

	内部渠道	外部渠道
优点	• 对员工了解全面，准确率高 • 能与员工职业生涯相结合，可激励人心、鼓舞士气 • 应聘者能很快适应组织及其岗位 • 组织培训投资可得到回报 • 成本小，效率高 • 有利于维系成员对组织的忠诚	• 人员来源广，选择余地大，有利于组织广纳贤才 • 能为组织增添新鲜"血液"及活力，有利于组织发展壮大 • 比组织自身培养要节省成本，且比较及时 • 可从一定程度上缓解内部招聘引发的矛盾
缺点	• 来源比较局限，易导致"近亲繁殖" • 可能聘不到高水平的合格人选 • 可能因操作不公而导致内部矛盾 • 不利于组织活力的培养	• 对应聘者了解少，可能会错招人 • 应聘者对组织和岗位了解少，适应期较长 • 可能影响组织内部士气 • 费用相对较高

5.3 公共部门人员甄选

甄选是公共部门人员招聘过程中的核心环节。一次招聘能否成功，甄选起着决定性作用。成功的甄选通常意味着既无符合要求人员的遗漏，也无不合格人员的入选。从某种意义上讲，甄选即是伯乐相马的过程。

5.3.1 公共部门人员甄选的一般程序

所谓甄选，通常是指公共组织为了从求职者中选拔出最有可能胜任某一职位者，采用某些特定方法，通过各种信息途径来确认合格人选的过程。

人员甄选通常包括资格审查、初选、初始测试(包括面试、笔试和心理测试等)、体检、材料核查等几个阶段，这些阶段是层层选拔和筛选的过程，每经过一个阶段就会有一些求职者遭淘汰，如图5.3所示。

图5.3 人员甄选的一般程序

1. 资格审查阶段

在资格审查阶段，招聘方的主要工作是结合求职者所提交的个人简历、求职信和工作申请表，并参考组织及其空缺岗位的要求，挑选出那些符合要求的人员。

2. 初选阶段

在初选阶段，招聘方的主要任务是从合格的求职者中选出参加初始测试的人员。在初选阶段，因求职者资料和信息不全，决策人员往往只凭个人主观臆断来决定参加初始测试的人选，常常带有一定盲目性，因此，在招聘费用和时间允许的情况下，应尽可能让足够多的求职者参加初始测试。

一般来讲，进行初选的目的在于排除明显不合格的求职者。在初选阶段，招聘方应注意以下三方面问题：一是要清楚地认识所需人员的条件。招聘方可根据工作描述和工作规范对任职者的要求，事先确定入选人员的基本条件，以指导初选。二是要注重事前查证。招聘方应通过仔细审阅，认真辨别和消化应聘者所提供的材料，挑选出其中的合格者。三是要制定评分制度，以保证初选及整个招聘过程的客观性和公正性。

3. 初始测试阶段

初始测试是人员甄选的中期阶段，招聘方在这一阶段的主要工作是组织求职者进行笔试和心理测试。笔试的内容主要涉及综合知识、专业知识及岗位所需要的特定知识，通常采用闭卷或开卷两种形式。心理测试的内容主要涉及求职者的智力、个性特征、能力倾向、个人价值观和职业兴趣等。通过初始测试，招聘方不仅可以深入了解求职者的专业素养及其知识能力水平，还可以了解员工的个性特征、职业兴趣及其发展潜力，有利于提高人岗匹配的成功率。

4. 诊断性面试阶段

诊断性面试是对求职者的进一步确认和选拔。诊断性面试通常是在初始测试基础上进行的。招聘方在诊断性面试阶段的主要工作是通过面试来直观地观察、检验和审视求职者的仪表风度、言谈举止、语言表达能力、求职动机、专业知识的深度和广度、反应能力、兴趣爱好、自控能力、人际交往能力以及工作经验和工作期望等，从而确定求职者与组织及其空缺岗位的匹配程度。

5. 体检和材料核查阶段

体检和材料核查是甄选的后期工作。招聘方在这一阶段的主要工作是对求职者的身体素质及其所提供的个人资料的真实性做进一步确认。一般来讲，解雇已录用人员无论是对组织还是对员工个人来讲都是一件不利的事，因此，为了减少甚至避免因招聘环节所带来的不必要麻烦，就需要公共部门在做出录用决策前对求职者的身体健康状况进行检查，并对其个人资料的真实性进行认真核查。体检的目的在于检验求职者的身体状况能否满足工作岗位的要求；材料核查就是验证材料，它所涉及的内容包括求职者在原工作单位的工作表现、薪酬待遇、所受到的奖惩、所从事的工作及所取得的工作业绩、离职原因、原单位主管及其同事对求职者的评价等。材料核查可通过走访、函调、电话审查、网络验证等方法进行。在体检与材料核查阶段结束后，甄选阶段的工作也就基本完成了。

5.3.2 公共部门人员甄选的方法

在人员招聘过程中,为了确保甄选的成功率,就必须选择切实有效的甄选方法。人员甄选的方法很多,概括地讲,主要有笔试、心理测试、面试、评价中心技术以及其他甄选方法等。

1. 笔试

1) 笔试的含义

笔试,又称知识考试,是指通过纸笔测试的方式让求职者在试卷上笔答事先设计好的问题,然后由主考人员根据其解答情况来评定成绩的一种测试方法。笔试的目的在于测试并了解求职者的知识广度、深度和知识结构,进而筛选一些不合格的应聘者,为下一步工作奠定基础。

2) 笔试的优点

(1) 考查的覆盖面比较广泛,对知识、技能和能力考查的效度和信度较高。

(2) 可以大规模地进行评价,易于评阅,耗时少,效率高。

(3) 给应聘者带来的心理压力较小,应聘者比较容易发挥出正常水平。

(4) 成绩评定较为客观,且可以保存应试人回答问题的真实材料。

正是基于笔试的上述优点,因此,笔试至今仍然是大多数组织采用的选拔人才的重要方法。公共部门和企业组织往往用笔试作为初次选拔应聘者的方式,成绩合格者才有资格参加进一步的测试或面试。当然,笔试也有其自身的不足,例如它不能全面地考查应聘者的品德修养、工作态度、组织管理能力、口头表达能力以及操作技能等。

3) 笔试的内容

在公共部门人员招聘过程中,笔试通常包括如下几方面内容。

(1) 综合知识。综合知识考试涉及天文地理、自然常识、时事政治、公共关系、社交礼仪、环保知识、法律常识、跨文化知识以及外语、体育、文艺等知识。考核综合知识的目的主要考查求职者对基本知识的了解程度及掌握知识的水平。

(2) 专业知识。专业知识考试涉及的内容主要是与应聘岗位有直接关系的专业知识。专业知识考试的特点是范围广、知识新、针对性强。

(3) 岗位所需的特定知识,比如招聘公关人员,所涉及的特定考试内容通常包括社会学知识、心理学知识、人文知识、历史知识、管理知识、人际关系技巧,以及公关学各方面的知识等。

4) 笔试的形式

笔试通常采用团体测试形式。笔试最有难度的环节是命题环节,主要表现为命题的随意性以及命题的质量不高,不足以达到期望。因此,笔试一定要有命题计划,即根据工作分析获得的有关岗位工作人员的工作内容、工作职责、工作任务及其工作要求等信息,来设计具体的测试范围、测试内容、合理的题型和题量等,同时还要注意试题类型的多样性,不同的题型要有不同的结构和功能。

5) 笔试命题的原则

笔试命题一般应遵循以下几项原则。

(1) 笔试的考试范围及试题所涉及的内容、所占比重等应以考试大纲为准，不得随意扩大或缩小范围。

(2) 同一试卷中同类试题的编写格式应该统一。

(3) 试题内容必须具有实际意义，不能违背科学。

(4) 应充分体现公平性，不能出刁钻、尖怪的试题。

(5) 试题内容的表述应力求用词恰当、文字简练、所表述的意思确切明了。

(6) 试题的作答要求和指导语，要言简意明，不致使考生费解或误解。

(7) 试题应相互独立，应避免各题间相互关联。

(8) 试题内容取样要有代表性。

(9) 试题中不能含有暗示本题或其他题正确答案的线索，试题要有标准答案。

(10) 试题应便于测试、作答，阅卷评分要尽可能省时省力，抗干扰性强。

综上可见，试题设计实际上是一项难度很大的工作，要求充分考虑其全面性、多样性、层次性和有效性。

2. 心理测试

心理测试是20世纪中期以来随着行为科学的发展而越来越引起人们重视的员工甄选技术。心理测试不仅可从一定程度上预测求职者未来的行为，了解求职者的自我评价，还为用人单位的职业指导者提供基本的材料依据。对其结果的不同运用，可以达成心理测试的两个目的，即员工甄选和人员安置。将这一结果用于员工甄选，旨在为某一空缺岗位寻求胜任的合格人选，重点在于工作本身；将这一结果用于人员安置，旨在为找到适合某人的工作，使员工能够发挥个人专长，获得自我成功和发展，着眼点在于个人。无论是测试的编制、测试的实施，还是对测试结果的解释，心理测试是所有测试中最具难度的。心理测试的方法众多、技术复杂，这里我们重点介绍一下人格测试、能力测试和职业兴趣测试。

1) 人格测试

人格测试就是以人格为测量对象的测试。人格(personality)，也称为个性，在心理学上通常是指人的个性中除能力以外的部分，即指那些不同于人的认知能力的情感、动机、态度、气质、性格、兴趣、品德和价值观等。人格测试可分为结构不明确的投射测试和结构明确的问卷测试两大类。

(1) 投射测试。投射技术(projective technique)是人格测试中较为常见的一种方法。投射测试通过向受测者提供一些未经组织的刺激环境，让受测者在不受限制的情境下自然反应，主测者通过分析受测者反应的结果来推断其人格特征。常见的刺激情境包括墨迹、图片、语句、数码等。投射测试具有以下几个特点：使用非结构任务，这种任务允许受测者有种种不受限制的反应；测量目标具有掩蔽性；解释的整体性。虽然投射测试应用广泛，但其仍具有以下缺点：评分缺乏客观标准，难以量化；缺少充分的常模资料，测量结果不易解释；信度和效度不易建立；原理复杂深奥，非经专门训练不能使用。

常见的投射测试有罗夏克墨迹测试、默瑞主题统觉测试(TAT)、密执安图片测试(MPT)、密西西比主题统觉测试、斯内德曼编图画故事测试(MAPST)、罗桑兹威格逆境对话测试等。另外，还有一些其他类型的投射测试方法，像语句完成测试、绘画测试等。

(2) 问卷测试。问卷测试所使用的工具是各种量表(scales)，这些量表一般均经过了标准化处理，因此也被称为问卷(questionnaire)。该测试量表的结构明确，编制严谨，通常由许多具体问题组成，这些问题从不同角度来了解受测者的情况。其中，自陈式问卷法是问卷式测试中常用的方法。

自陈式问卷是一种自我报告式问卷，即对拟测量的人格特征通过编制许多测题(问句)，要求受测者做出是否符合自身情况的回答，进而从其答案来测量受测者在某一方面的人格特征。自陈式问卷一般采用客观测试的形式，受测者只需对测题做出是非式或选择式判断。常见的自陈式问卷如爱德华个人偏好量表(EPPS)、卡特尔的16种人格因素问卷(简称16PF)以及明尼苏达多项人格问卷(MMPI)等。

自陈式问卷法一般采用纸笔测试形式，其特点是结构明确、施测简单，计分客观，解释比较客观、容易。

2) 能力测试

能力是指个人顺利完成某个项目和解决某个问题的必备心理条件和心理品质。能力是影响工作效果的基本因素，对个人职业生涯发展至关重要。能力倾向是指人的潜能，即其能力的发展前景及未来可能的潜在成就。能力倾向是人员素质测评时关注的重点之一。不同职业和工作岗位对人的能力有着不同的要求，而不同人的能力结构和能力倾向又截然不同。"通才"和"全才"是极为少见的，大多数人只是在某个或某些方面表现出突出的才能，如有的人善于思辨，有的人善于操作，有的人善于口头表达，有的人善于理论分析等。因此，要想获得适应组织及其工作岗位需要的合适人选，就有必要对人的能力进行测试及分析、评价。

通常，能力可分为一般能力和特殊能力。一般能力是指完成各种活动都必须具备的某种能力。它主要包括注意力、观察力、记忆力、思维力、想象力等。特殊能力是在某些专业和职业活动中表现出来的能力，体现为职业能力、数学能力、音乐能力、机械操作能力、绘画能力、飞行能力等，这些能力是完成某些特定职业活动所必须具备的能力。例如绘画能力是美术家、广告制作者、建筑设计师、服装设计师、工艺美术师等必须具备的能力。特殊能力与一般能力是相互联系的，从事某类职业既要有一般能力，又要有特殊能力。在人员选拔时，既要根据职位要求来测评应聘者的一般能力，又要测评应聘者应具有的与职业相适应的特殊能力。

(1) 一般能力测试。一般能力测试就是常说的智力测试，也称为智力测量，但与一般的智力游戏不同。一般能力测试的目的在于测量智力的高低。一般能力测试，是指在一定条件下使用特定的标准化测试量表对受测者施加刺激、从受测者的反应中测量其智力的高低。

相关知识链接

科学的智力测试始于20世纪初的法国，比奈与其助手西蒙用语言、文字、图画、物品等共同编制了世界上第一个智力测试量表，即比奈-西蒙智力量表。1916年，美国斯坦福大学著名心理学家推孟和他的同事对比奈-西蒙智力量表进行了修订，产生了著名的斯坦福-比奈智力量表，并首次提出了"智商"这一概念。此后，推孟等人多次对斯坦福-比奈智力量表进行修订。

1939年，美国著名临床心理学家韦克斯勒(Wechsler)发表了韦克斯勒智力量表，1955年该量表被更名为韦克斯勒成人智力量表(Wechsler Adult Intelligence Scale，WAIS)，并于1980年再次修订，称为WAIS-R(Wechsler Adult Intelligence Scale Revised)。韦克斯勒成人智力量表由言语量表和操作量表两部分组成。其中，言语量表包括常识测试、理解测试、词汇解释测试、算术测试、记忆广度测试和类比测试6个分测试；操作量表包括填图(主要测试视觉记忆、辨认能力、有视觉理解能力)、图片排列(主要测试知觉组织能力和对社会情境的理解能力)、积木图(评分测试分析综合能力、直觉组织和视动协调能力)、图形拼凑(主要测试概括思维能力和直觉组织能力)和数学符号(主要测试知觉辨别速度和灵活性)5个分测试。韦克斯勒成人智力量表适用于16岁以上的成人。

瑞文标准推理测试(SPM)是英国心理学家R·J·瑞文设计的一种非文字智力测试，1947年和1956年瑞文对该测试进行了两次修订。瑞文标准推理测试主要测量人的推理能力、清晰直觉和思维以及发现和利用自己所需信息等与人们有效地适应社会生活有关的能力。该测试共有60个题目，依次分为A、B、C、D、E五组，每组12题。从A到E，难度逐步增加，同时每组内题目也由易到难排列。A组题目主要测试视觉辨别力、图形比较、图形想象等；B组题主要测试类同、比较和图形组合等；C组主要测试比较、推理、图形组合；D组题主要测试系列关系、图形套合；E组题主要测试套合、互换等抽象推理能力。

除了以上常见的几种智力量表外，在员工招聘过程中，还经常用到奥斯特心理能力自我测试、万德利克测试、韦克曼人员分类测试以及瑟斯顿个别智力测试等。

(2) 能力倾向测试。能力倾向测试由智力测试发展而来，两者的不同在于，能力倾向测试是对特殊能力的测试，而智力测试所测量的是一般能力。通常，人员招聘选拔中使用的能力测试多为能力倾向测试。通过能力倾向测试可以了解受测者的哪些能力较强，哪些能力较弱，从而清楚地了解一个人在岗位所需要的关键能力上的水平。招聘选拔中经常测量的能力主要有语言理解能力、数量关系能力、逻辑推理能力、综合分析能力、知觉速度与准确性测试等。能力倾向测试主要包括一般能力倾向测试、鉴别能力倾向测试、特殊职业能力测试、心理运动机能能力测试和管理能力测试等。

① 一般能力倾向测试是指同一能力测试中同时包含若干分测试，每一分测试测量某一特殊能力，各分测试既可同时举行，也可分别举行。一般能力倾向测试的主要内容包括思维力、想象力、记忆力、推理能力、分析能力、数学能力、空间关系能力、语言能力等。一般能力倾向测试一般通过预先编制好的成套量表进行。目前常见的一般能力倾向测试量表是美国劳工部编制的GATB(general aptitude test battery)。GATB测试的技术路线分工作分析和因素分析两个方面。后经多次修订，GATB的最新修订版本包括9个因素，如表5.3所示。

表5.3 GATB一般能力倾向测试量表所测量的9个因素及其主要内容

因素	测试的能力倾向	包含的分测试
G因素	推理能力	词汇测试、空间知觉测试、算术推理测试
V因素	语文能力	词汇测试
N因素	数学能力	数字计算测试、算术推理测试

(续表)

因素	测试的能力倾向	包含的分测试
S因素	空间能力	三维空间知觉测试
P因素	图形知觉	工具辨认测试、图形配对测试
Q因素	文书表达能力	对比纠错测试
K因素	动作协调能力	记号速写测试
F因素	手指的灵巧度	装配测试、拆卸测试
M因素	手指的灵巧性	安置测试、转换测试

② 鉴别能力倾向测试(differential aptitude test，DAT)，也称为区分性能力倾向测试，是多重能力倾向测试的一种。鉴别能力倾向测试的目的在于得出一组不同的能力倾向分数，从而描绘出个人特有的长处和短处的能力轮廓。鉴别能力倾向测试主要用于升学指导和职业选择，在招聘选拔中也有一定应用。鉴别能力倾向测试包括语言推理测试、数字能力测试、抽象推理测试、文书速度与准确性测试、空间关系测试、语言运用(拼写)测试和语言运用(文法)测试等7个单独施测和单独计分的分测试。

③ 特殊职业能力测试是指测试那些独特于某项职业或职业群的能力。这种测试的目的在于以下几点：测量已具备工作经验或受过有关训练的人员在某些职位领域中现有的熟练或成就水平；选拔那些具有某项特殊职业潜能并能在很少或不经特殊培训条件下即可从事某种职业工作的人才。特殊职业能力测试主要有明尼苏达办事员能力测试、斯奈伦视力测试、西肖音乐能力测试、梅尔美术判断测试和飞行能力测试等。

④ 心理运动机能能力测试。心理运动机能能力主要包括两大类：一是心理运动能力，如选择反应时间、肢体运动速度、四肢协调、手指灵巧、手臂稳定、速度控制等；二是身体能力，包括动态强度、躯体程度、爆发力程度、广度灵活性、动态灵活性、身体协调、总体身体均衡等。在人员素质测评中，对心理运动机能能力的测试，一方面可通过体格检查进行，另一方面可通过设计各种测试仪器或工具来进行。

⑤ 管理能力测试主要是对组织中管理人员的能力及其潜能等进行测量和评价。常见的管理能力测试有人际敏感能力测试、逻辑推理测试、管理变革测试、团队指导技能测试、自我实现测试、沟通技能测试、管理方式测试、基本管理风格测试、管理情境技巧测试、创造力测试、综合管理能力测试和经营能力测试等。

3) 职业兴趣测试

(1) 职业兴趣的含义。兴趣是人积极探索某种事物的认识倾向。职业兴趣是指人们对某职业或工作所具有的态度积极性。兴趣是成功的推动力。职业兴趣不是与生俱来的，而是以一定的素质为前提、在生活和生产实践中逐渐形成和发展起来的。如果某人不了解某种职业或工作，他就很难产生对该职业或工作的兴趣。兴趣的产生一般要经历"有趣→乐趣→兴趣"这样一个过程。

(2) 职业兴趣的差异及类型。通常来讲，人们对不同职业的兴趣类型有很大差异，这种差异主要表现在以下5个方面。

一是兴趣对象的差异，具体表现为有的人偏重物质生活需要产生的兴趣，在择业时追求物质生活待遇；有的人偏重精神生活需要产生的兴趣，在择业时追求精神生活待遇；有的人可能对某种职业活动本身感兴趣；而有的人可能对某种职业活动的目的、任务或产生的结果感兴趣。

二是兴趣空间的差异，具体表现为有的人兴趣广泛，乐于探索；有的人则兴趣单调，将注意力局限于狭小圈子里，对除此之外的事均无兴趣。

三是兴趣稳定性的差异，具体表现为有的人在短时期内对某一种活动有着浓厚兴趣，如醉如痴，但过一段日子就会被对另一种活动的兴趣所取代；有的人则兴趣持久稳定，数年甚至数十年不变。

四是兴趣效能的差异，具体表现为兴趣效能是指兴趣在择业中能够产生的效果，包括就业准备和求职行为。

五是兴趣的可行性差异，具体表现为有的人职业兴趣脱离主观条件，过于浪漫，往往想得好，做不到；有的人的职业兴趣建立在切实可行的基础之上，很容易心想事成。

因此，根据兴趣的差异，人们将择业者分成了若干类型，每种类型均有相应的职业：第一类是爱与物打交道而不爱与人打交道的人，与之对应的是现实型职业；第二类是爱与人打交道的人，与之对应的职业是社会型职业；第三类是爱做室内有规律的具体工作、宁愿被人管而不愿管别人的人，与之相对应的是事务型职业；第四类是爱活动、爱冒险、希望得到较多报酬的人，与之对应的职业是企业型职业；第五类是爱自由自在、不愿受约束、喜欢引人注意的人，与之对应的是艺术型职业；第六类是爱动脑筋、爱独立思考、不愿随大流的人，与之对应的是研究型职业；第七类是爱做技术型工作、创造看得见、摸得着的物质产品，讲实惠、图实用、求实效的人，与之对应的是现实型职业；第八类是与人为善、爱助人为乐、以解除他人痛苦为己任的人，与之对应的是社会型职业。

常见的职业兴趣测试有斯特朗-坎贝尔兴趣调查(SCII)、库德职业兴趣测试、爱德华职业兴趣测试等。

3. 面试

1) 面试的含义

面试(interview)是指为了直观、深入地了解应聘者的个人情况，判断应聘者是否符合组织及其空缺岗位要求而进行的招聘方与应聘方之间面对面的接触和交流。面试过程是招聘者与应聘者间的信息交流过程，是一种人际互动和交往形式，在人员甄选中具有重要作用。在面试中，招聘者要想取得良好的面试效果，在短时间内对应聘者的性格特征、能力、兴趣和专长等做出深刻了解和准确判断，就必须使面试过程科学化、规范化，同时还要注意面试的沟通技巧，建立良好的面试环境。

2) 面试的原则

面试是一种有效的甄选方法。实践证明，在面试过程中注意掌握和合理运用以下原则是非常必要的。

(1) 科学性原则。科学性原则指的是严格的逻辑和概率计算的原则。在面试中，很多招聘者往往根据个人喜好、个人直觉来评测和挑选人员，但实际上，这些评判标准往往是主观的、不科学的，从而使所录用的人员达不到组织及其空缺岗位的要求。现实中，计算机技术与心理学的发展为员工甄选测试提供了许多可供使用的科学工具，这些工具和方法不仅比较客观、公正,还比较实用。

(2) 双向性原则。在面试中,招聘者应特别注意面试的双向性问题:一方面,招聘者在测试对方的能力和水平;另一方面,对方也在通过测评来评价组织的水平、发展前景及自己进入公共部门后的发展前途。在面试过程中,招聘者的表现有时比应聘者更重要,因为招聘者表现的优劣既决定了所招聘员工的优劣,也彰显了公共组织的形象和发展前景。这一点需引起公共组织及其有关人员的特别注意。

(3) 出其不意原则。心理学研究认为,只有出其不意的提问才能促使应聘者暴露自己的内心世界。一般来讲,应聘者大多有备而来,对一些常规问题或很可能问到的问题大都做了比较精心的准备,这时,如果出其不意地问一些令应聘者意想不到的问题,往往更容易了解应聘者的真实情况。例如在让应聘者叙述自己最得意的一件事时,突然转向,让应聘者叙说一件他感到失败的事,往往可以收到额外效果。

3) 面试的类型

面试的类型多样、方法各异,在面试过程中,应根据招聘对象的不同,采用不同类型的方法。通常,面试常见的类型和方法有如下几种。

(1) 按面试问题的结构化形式,可将面试分为结构化面试、半结构化面试和非结构化面试。

① 结构化面试。结构化面试(structured interview),也叫定向面试,是指招聘者按预先准备好的问题进行提问,待应聘者作答后,招聘者按预先给出的可能性答案对应聘者的回答情况做出评定。结构化面试是一种规范的面试方法。这种方法对所有应聘者均按同一标准裁决,便于比较分析,减少了主观性。但这种面试形式僵化,难以随机应变,所收集的资料相对有限。结构化面试是公共部门常采用的面试方法。

② 半结构化面试。半结构化面试(semi-structured interview),也称半定向面试,是一种介于结构化面试和非结构化面试之间的相对开放的面试方法。半结构化面试通常存在两种情形:一种是由招聘者准备问题,但不要求按固定次序提问,也无标准答案,对某些问题可做进一步讨论;另一种是招聘者依据事先规划好的一系列问题对应聘者进行提问。半结构化面试与结构化面试的区别有两点:一是结构化面试的问题相对固定;二是结构化面试有事先准备好的答案,而半结构化面试则没有。

③ 非结构化面试。非结构化面试(unstructured interview),也称非定向面试,是指招聘者在面试中所提出的问题完全是随意性的,既无事先准备好的问题,也无现成的答案。这种面试的优点是针对性强,对应聘者应变能力的要求高。缺点是缺乏统一标准,容易带来偏差,在招聘者缺乏必要训练时往往难以达到预期效果。根据西方国家面试的要领,采用非结构化面试方法时应着重把握好三条标准:一是让应聘者多讲话;二是要事先谋划,准备好出乎意料的问题;三是要根据应聘者的反应和思路,而不是讲话的内容做出判断和结论。

(2) 按面试的组成人员,可将面试分为个别面试、小组面试和集体面试。

① 个别面试。个别面试是指由一个面试人员与一个应聘者进行面对面的沟通与交谈。这种方式有利于双方建立起亲密的关系,促进相互的深入了解。但这种面试结构往往会受到面试人员主观因素的干扰。

② 小组面试。小组面试(panel interview)是由两个或两个以上的人组成面试小组,来对应聘

者分别进行面试。小组面试的优点：允许每位招聘者从不同侧面提出问题，要求应聘者针对性回答，类似于记者在新闻发布会上的提问，有利于获得深入而有意义的回答；能够给应聘者造成额外的压力。

③ 集体面试。集体面试(group interview)是小组面试的变体，是由面试小组同时对若干应聘者进行面试。在集体面试中，面试小组通常提出一个需要解决的问题，然后观察哪位应聘者首先给出答案，或能够给出比较合理的答案，从而判断应聘者的理解能力、应变能力、语言表达能力及其分析和解决问题的能力等。

(3) 按面试的实施方式及其内容，可将面试分为情境面试、系列式面试和压力面试等。

① 情境面试。情境面试(situational interview)是在结构化面试基础上发展而来的一种面试方法。情境面试包含有一系列与实际工作相关联的问题，即在工作分析基础上制定问题，然后根据应聘者的回答来判断在所描述的情况下应聘者可能采取什么样的行为。这些问题有预先确定的答案，招聘者对所有应聘者询问同样的问题。情境面试问题举例如表5.4所示。

表5.4 情境面试问题举例

假如你是A市某局的副局长，因工作需要，其他几位局领导均出差在外。今天是星期一，你一上班，下属部门报上来需要由你处理的三件事：一是有多份文件需要你批阅，这项工作大约需要1小时；二是8:30你需要参加一个约定好的谈判会；三是本局科员张某在上班路上遇到车祸，人已被送往医院抢救，生命垂危，需要局领导火速去医院探望。 请问你将如何处理上述三件事，要求给出你的处理顺序，并说明理由。

情境面试中所提出的问题可划分为两种类型，即"经验型"和"未来导向型"。"经验型"问题一般要求应聘者回答在过去的工作中遇到此种情形问题时是如何处理的；"未来导向型"问题则要询问将来一旦遇到这种假设情形时应聘者将会采取何种处理措施，如表5.5所示。

表5.5 "经验型"和"未来导向型"情境面试问题举例

经验型的面试问题	
激励员工：	"请想一想你有没有遇到过必须鼓励某位员工去完成一项他不喜欢做但却必须完成的任务的情形，你当时是如何处理这种情况的？"
解决冲突：	"你与某位同事最大的观点分歧是什么？你是如何解决这种分歧的？"
克服变革阻力：	"在你过去的工作中，你所进行过的最为困难的变革是什么？你是如何改变你周围人的想法或行为的？"
未来导向型的面试问题	
激励员工：	"假设你手下有一位员工，你知道这个人特别不喜欢去从事某项特定的工作任务，然而这项任务却必须完成，并且这个人是你所能找到的唯一人选，么你将如何激励他去承担起这项工作？"
解决冲突：	"设想一下，假如你和你的一位同事在采取何种方式能最好地解决小组中其他成员缺勤问题上发生了分歧，那么你将如何解决这一问题？"
克服变革阻力：	"假如你有一个改变工作程序从而提高工作质量的想法，但你所在的工作群体中有些人不愿意进行变革，这时你会怎么办？"

资料来源：雷蒙德·A.诺伊，约翰·霍伦拜克，拜雷·格哈特，等.人力资源管理：赢得竞争优势[M].3版.北京：中国人民大学出版社，2001：241.

② 系列式面试。系列式面试(serialized or sequential interview)，是指在组织对求职者做出录用决定前，由几位招聘者对应聘者所进行的面试。每一位招聘者可从自己的角度了解应聘者，提出不同问题，并形成对应聘者的独立评价意见。在系列式面试中，每位招聘者可依据标准评价表对候选人进行评定，然后对每位招聘者的评价结果进行综合比较分析，最后做出录用决定。

③ 压力面试。压力面试(stress interview)是在面试开始时就给应聘者意想不到的当头一击，从而使他本能地陷入防御境地，进而通过观察应聘者的反应，来了解应聘者承受压力能力、情绪调整能力、随机应变能力及其解决突如其来的棘手问题的能力。使用该方法时，招聘者必须能足够熟练地运用，并确信压力的确是工作的一个重要特征。在典型压力面试中，招聘者经常会提出一系列直率(通常是不礼貌)的问题，置应聘者于防御境地，使之感到不舒服，招聘者进而寻找应聘者回答问题时的破绽。在找到破绽后，招聘者就针对破绽之处展开集中提问。如果此时应聘者表示出愤怒和不信任，就会被看作承受压力能力差的表现。压力面试问题举例如表5.6所示。

表5.6 压力面试问题举例

现在你正在参加一家科研单位人力资源主管的招聘面试。招聘者问："针对人力资源主管这一职位，请谈一谈你存在哪些致命缺陷？"

(4) 按面试所达到的效果，可将面试分为初步面试和诊断面试。

① 初步面试。初步面试是用来增进用人单位与应聘者相互了解的过程，这一过程一般比较简单、随意。在此过程中，应聘者对其书面材料进行补充(如对技能、经历等进行说明)，组织对其求职动机进行了解，并向应聘者介绍组织情况、解释职位招聘的原因及要求。

② 诊断面试。诊断面试是对经初步面试筛选合格的应聘者或通过了雇用测试的应聘者所进行的实际能力和发展潜力的诊断性测试。诊断面试的目的在于招聘单位与应聘者双方补充深层次信息，如应聘者的表达能力、交际能力、应变能力、思维能力、个人工作兴趣与期望等，组织的发展前景、个人发展机遇、培训机会等。

4) 面试的程序及内容

面试的程序一般包括准备、问候与建立联系、询问与工作有关的问题、解答应聘者提出的问题、结束面试和面试评价几个阶段。面试的每一阶段均对应聘者和招聘者有着不同的任务要求。面试的基本程序及内容如表5.7所示。

表5.7 面试的基本程序及内容

步骤	应聘者	招聘者
准备活动	检查着装和仪表，到达面试地点报到并等待	浏览并查阅简历，查阅各个应聘者面试进度，准备问题，准备面谈环境
问候和建立联系	握手，被邀请后落座，用简短语言介绍自己，闲谈中留下好印象	握手欢迎，请应聘者落座，通过问候使申请人放松
询问与工作有关的问题	提供教育背景及工作经历细节，详细说明个人能力和技术水平，展现恰当的求职动机	询问应聘者的教育背景及与职位有关的工作经历细节，询问应聘者的相关技能和工作能力，了解申请人的应试动机

(续表)

步骤	应聘者	招聘者
解答应聘者提出的问题	询问工资和福利情况及晋升的机会,询问组织文化	以组织的立场回答申请人的问题、尽力为组织树立积极形象
面试结束	等待考官暗示面试结束,询问下一步如何做,起立并握手告别	表明面试即将结束,告知应聘者下一步活动,起立并握手,送别
面试评价	简单总结参加本次面试的得与失	在应聘者离开后,检查面试记录,填写结构化面试量表,并根据面试提纲及评分进行评价

在面试过程中,针对组织及空缺岗位要求,事先准备好面试问题及其面试评价量表非常有利于面试的成功。常见的面试评价量表的格式如表5.8和表5.9所示。

表5.8 常见的面试评价量表(例表一)

考号		姓名		性别		年龄	
报考职位				所属部门			
面试内容	A	分数	B	分数	C	分数	
仪表							
表达能力							
进取心							
实际经验							
稳定性							
反应性							
评定总分							
评语及录用建议							
招聘者(主试人)	(签字)日期:_____年_____月_____日						

表5.9 常见的面试评价量表(例表二)

姓名		性别		年龄		编号	
应聘职位				所属部门			
评价要素	评价等级						
	1(差)	2(较差)	3(一般)	4(较好)	5(好)		
个人修养能力							
求职动机							
语言表达能力							
应变能力							
社交能力							
自我认识能力							
性格内外向							
健康状况							
进取心							

(续表)

相关专业知识					
总体评价					
评价		□建议录用	□有条件录用	□建议不录用	
用人部门意见	签字:	人事部门意见	签字:	上级主管部门意见	签字:

通常，为了克服招聘者个人主观因素对面试结果的影响，同时为了加强面试的科学化、规范化管理，提高面试决策的效率和有效性，在面试结束后，面试小组还需要结合各位面试人员对应聘者的评价意见，依据预先编制好的面试结果汇总量表进行最终评定，从而为录用决策提供科学依据。常见的面试结果汇总量表的格式如表5.10所示。

表5.10 面试结果汇总量表(例表)

应聘人面试日期： 年 月 日	应聘职位面试官：
个人情况	面试官意见
过去工作经历：	
过去重要成就：	
其他因素 □仪表 □适应能力 □稳定性 □领导能力 □创造力 □智力 □协调能力 □沟通能力 □自信力 总评：	
应聘人优点：	
应聘人缺点：	
□建议可予录用，还应施予训练	
□建议不予录用，理由：	
□其他意见：	

5) 面试中常见错误

在面试过程中，招聘经常出现的错误主要包括以下几种。

(1) 轻易判断。招聘者通常在面试开始的几分钟，就根据候选人的工作申请表和个人仪表举止，对候选人做出判断，随后的面试往往难以改变这一判断。研究发现，85%以上的招聘者在面试前，就已对候选人做出了判断。而且，最终接受或拒绝求职者往往是与招聘者基于推荐信和个人简历等对应聘者的预期联系在一起的。

(2) 强调负面信息。通常，招聘者对不利信息的接受程度要大于对有利信息的接受程度。事实上，面试本身往往是在寻求负面信息。正是因为不利信息对招聘者的影响要大于有利信息的影响这一事实，一位在最初得到很高评价的应聘者，最后得到的评价很容易变低；而一旦得到了招聘者很差的评价，要想克服，往往是非常困难的。

(3) 不熟悉工作。招聘者不能准确地了解空缺岗位的工作应包含什么，以及什么类型的应聘者更适合该工作岗位，通常就会形成什么是好的应聘者的不正确的思维定式，进而错误地将应聘者与不正确的框框匹配起来。因此，了解工作内容的招聘者往往能进行更有效的面试。

(4) 雇用压力。在一项研究中，一群招聘者被告知他们未达到招募定额，另一群招聘者则被告知他们已经超过了招募定额。通常，那些被告知未达到招募定额的招聘者对同样应聘者的评价要高于那些被告知超过了招募定额的招聘者的评价。

(5) 应聘者次序错误。应聘者次序错误是指应聘者的次序安排会影响招聘者对应聘者的评定。研究表明，招聘者对应聘者的评价，只有一小部分是根据应聘者的潜力做出的，对多数应聘者的评定往往是在前面一位很好的或很差的应聘者的影响下做出的。

(6) 非语言行为。招聘者还可能会受到应聘者非语言行为的无意识的影响。研究表明，表现出更大量眼接触、头移动、微笑以及其他非语言行为的应聘者往往能得到更高的评价，这些非语言行为通常可以决定应聘者评定成绩的80%。而且，研究证明，一位本来被评定为很差的应聘者在接受非语言培训后，其在面试中通常会得到比一位能力较强但缺乏恰当非语言技巧的应聘者更高的评价。

4. 评价中心技术

评价中心(assessment center，AC)技术，也称情境测试，是一种用来测评被测试者在特定场合下的性格特征及其行为能力和绩效的评价方法。评价中心技术经常用于甄选管理人员，并为人员晋升、评价和管理人员培训方面的决策提供依据。评价中心技术通过创设一种逼真的模拟管理或工作场景，将被测试者置于该工作环境中，使其在规定时间内完成系统环境下的特定工作和任务，如处理公文、组织讨论、进行决策、开展管理游戏等，进而测试被测试者的性格特征及其各方面的行为能力。评价中心经常使用的测试内容有文件筐测试、无领导小组讨论、管理游戏、角色扮演、个人演说等。这些测试把被测试者置于需要制定决策、领导、书面和口头沟通、计划和组织等各种情境之中，在被测试者参与这些活动时，评价人观察他们并依据被测试者的性格特征及其行为表现来给出评价性结论。

1) 文件筐技术

文件筐技术(in-basket)，也称公文处理，是评价中心技术中的核心测试技术之一，常用于管理人员的选拔。通常的做法是：预先设计一个管理者熟悉、具有代表性的工作环境，将各类有关信息和待处理的文件材料，包括信函、备忘录、报表、账单、投诉性文章、电话记录、命令、请示、汇报、通知等放在被测试者办公桌的文件筐内，要求被测试者在限定时间(通常为2~3小时)内将上述文件处理完毕，之后，还需要被测试者对各种问题的处理方式做出解释。主试者根据被测试者处理公文的质量、效率、轻重缓急判断，来判断被测试者在公文处理过程中的行为表现及其对各问题处理方式的解释说明，以此来对被测试者的性格特征及其计划能力、书面表达和理解能力、组织协调能力、预测能力、决策能力、沟通能力、心理承受能力和自控能力等做出评价。

在运用文件筐技术时，一般只给被测试者提供日历、背景说明、测试指示和纸笔，而且要求被测试者独立完成所有文件的处理工作。文件筐技术具有考查内容广、应用范围大、情境性强以及信度和效度高的特点。其缺点是评分难度大、成本高。文件筐技术是评价中心使用最多的一种测试方法。文件筐技术通常包括准备、测试和评分三个步骤。表5.11提供了一个用于选拔办公室秘书的文件筐测试示例。

表5.11　文件筐测试(举例)

指导语

　　这是一个办公室工作的模拟练习，目的是了解您在办公室事务处理方面的经验和能力。
　　以下是有关的背景情况，请您务必仔细阅读并牢记于心：
　　您是局办公室秘书之一，大家都称呼您小A。此办公室是直接协助几位局领导工作的职能部门，目前由田主任一人负责。
　　今天是2022年3月22日，星期二。局里在远郊举办一个重要会议，田主任和办公室所有其他同事都去办理会务，只有您一人留守。所有局领导都在出席重要会议，您不能找他们请示，局里其他同事也都因种种原因不能给您帮忙。最不巧的是，由于那里电信线路出现故障，您无法与在郊区开会的田主任及其他同事联系。
　　田主任昨晚辗转托人给您一张便条：

小A：
　　明天(22日)有这么几件事情要烦劳你：
　(1) 主管分房的李局长要了解职工对分房办法第五稿的意见。请你看一下职工的意见材料，代我起草一份500字左右的报告。
　(2) 实习生郑兰说她写了一份信息，你看一下。最近局里上报信息比较少，被采用的信息更少。看这份信息能否上报或经修改后上报。
　(3) 请你给杨雨去封信，告诉她我们已经录取了新秘书。
　(4) 请你根据李局长给马副局长来信的批示，把马副局长的信处理一下。
　　以上几件事情都不能再拖了，明天上午无论如何要完成。下午1：00局里有车来会场，你搭车来会场，这里实在忙不过来。
　　明天上午办公室若有什么事，你相机处理。办公室不要因为我不在就影响了正常运转。
　　谢谢！

田
2022.3.21

　　现在是上午8：30，您一上班就得到上述指示和有关材料。您的任务是遵照指示完成所有工作。
　　以下是您在完成工作中必须遵守的程序和规定：第一，请您完成"指导语自测题"，回答结果构成评分的重要内容。第二，请在"日程计划表"上拟订一份今天的日程安排，若情况有变，日程安排可以更改，但必须在"日程计划表"上予以注明。第三，一切任务请按您本人对秘书工作的理解和相应的指示独立完成，并一定要说明这么处理的理由，否则要倒扣分。

2) 无领导小组讨论

(1) 无领导小组讨论的含义。无领导小组讨论(leaderless group discussion，LGD)是评价中心应用较广泛的测试技术，它是采用情景模拟的方式对应聘者来进行的集体测试。这种方法把应聘者按每组5~7人不等分成若干小组，不指定讨论主持人，主试者指定一个与拟任岗位有关的有争议的问题，让应聘者以小组的形式进行自由讨论，并达成一致性意见。讨论时间一般在1小时以内。主试者通过观察各位应聘者的表现，来测试应聘者的组织协调能力、口头表达能力、辩论说服能力、处理人际关系的技巧、非语言沟通能力(如面部表情、身体姿势、语调、语速和手势等),以及自信度、进取心、责任心和灵活性等个性特征是否与拟任岗位的用人要求相符,以此来评价应聘者的优劣,决定应聘者能否被录用。无领导小组讨论的计分通常涉及三方面,即能力方面的计分(包括组织协调能力、口头表达能力、论辩说服力、论点的正确性)、非语言方面的计分(包括面部表情、身体姿势、语调、语速和手势等)和个性特征计分(包括自信度、进取心、责任心、情绪稳定性及反应灵活性等)。无领导小组讨论举例如表5.12所示。

表5.12 无领导小组讨论举例

近年来,腐败现象引起人民群众强烈不满,成为社会热点问题。有人将导致腐败的原因归结为如下几个方面。

一是所谓"仓廪实而知礼节,衣食足而知荣辱",因目前中国处于社会主义初级阶段,经济仍不够发达,贫富差距仍然较大,"笑贫不笑娼"等畸形心态依然存在。

二是市场经济的负效应诱发"一切向钱看",拜金主义和个人主义泛滥。

三是国家在惩治腐败问题上依然存在漏洞,违法违纪成本较低,变相助长了腐败之风。

四是精神文明建设没跟上,出现了"一手硬一手软"问题。

五是与社会主义市场经济相配套的民主制度、法律法规和监督体系仍不健全。

六是腐败现象盛行,人们自觉不自觉地成为腐败者,或助长腐败行为。

七是中国传统意识中"当官发财""不捞白不捞"等观念依然存在,使命担当和"为人民服务"意识淡化。

八是一些人的官职是靠请客送礼、拉关系获得的,掌权后为收回成本往往不择手段,通过"管""卡""要"直接或间接"捞财""捞钱",是一些人从政掌权的主要"副产品"。

问题:你认为上述哪三方面是滋生腐败的主要原因?说明你的理由。

(2) 无领导小组讨论的优缺点。无领导小组讨论具有人际互动性强、考察维度独特、评价客观准确、效率高等优点,但对讨论题目的要求高,对主试者的要求高,应聘者受同组成员影响大。

(3) 无领导小组讨论的实施阶段。无领导小组讨论的实施流程一般分三个阶段,即开始阶段、个人发言阶段和自由讨论阶段。在开始阶段,主试者要宣读讨论的注意事项和讨论题目;应聘者阅读题目,独立思考,准备个人发言。准备时间一般为3~5分钟。在个人发言阶段,应聘者轮流发言,初步阐述自己的观点;主试者应将每人的发言时间控制在3分钟以内。在自由讨论阶段,应聘者不但要继续阐明自己的观点,而且要对别人的观战做出反应。讨论最后达成一致性意见。时间一般为30~40分钟。

对主试者来讲,主试者要注意了解应聘者的发言内容(即应聘者说了些什么)、发言的形式和特点(即应聘者是怎么说的)以及发言的影响(即发言者对整个讨论产生了哪些影响)。

(4) 无领导小组讨论的题目主要包括如下五类问题。

① 开放式问题。开放式问题主要是为了考查应聘者思考问题时考虑得是否全面,是否有针对性,思路是否清晰,是否有新观点和新见解。例如,"你认为什么样的管理者是好的管理者?"

② 两难问题。这类问题主要是为了考查应聘者的分析能力、语言表达能力及其说服和论辩能力等。例如,"你认为以工作为中心的领导是好领导,还是以人为中心的领导是好领导?"又如,"你认为基础研究重要,还是应用研究重要?"

③ 多项选择题。这类问题是让应聘者在多种备择答案中选出有效的几种或对备择答案按重要性进行排序。

④ 资源争夺问题。它适用于指定角色的无领导小组讨论。这种方法是让处于同等地位的应聘者就有限的资源进行分配，从而考查应聘者的语言表达能力、分析和解决问题的能力、说服和论辩能力、归纳总结能力以及发言的积极性、主动性和反应的灵敏性等。例如，让应聘者就有限的资金或物资进行分配。这样，应聘者要想获得比较多的资金或物资，就必须通过有理有据的论辩来说服他人，由此可以看到应聘者的相应能力表现。

⑤ 操作性问题。操作者问题是给应聘者一些材料、工具和道具，让他们利用这些材料设计出一个或一些由主试者事先指定的物体来。在这一过程中，主试者主要观察应聘者之间的合作以及他们本身所充当的角色。

3) 管理游戏

(1) 管理游戏的含义。管理游戏(management games)是一种以完成某项既定的"实际工作任务"为基础的标准化模拟活动。它通常要求应聘者共同完成一项具体的管理活动，这些活动必须在合作条件下才能较好地完成，主试者根据每个应聘者在完成任务过程中的行为表现来测评其素质和能力。

(2) 管理游戏的优缺点。管理游戏能够突破实际工作情境在时间和空间上的限制，趣味性强，具有一定的认知社会关系的功能。但由于应聘者专心于战胜对方，因而往往会忽略对所应掌握的一般性管理理论和方法的学习，也不便于观察。

4) 角色扮演

(1) 角色扮演的含义。角色扮演(individual presentations)是在一个模拟的人际关系环境中，设计一系列尖锐的人际矛盾与人际冲突，要求应聘者扮演其中某一角色，并进入角色情境去处理各种问题和矛盾。主试者通过对应聘者在不同角色情境下表现出来的行为进行观察和记录，进而评价应聘者素质潜能和人格特征。

(2) 角色扮演的评价内容。主试者对角色扮演中各种角色的评价，一般分为4个部分：一是把握角色的准确程度，主要观察应聘者能否迅速地判断形势并进入角色情境，并按角色规范采取相应的对策行为。二是角色的行为表现，包括应聘者在角色扮演中所表现出的行为特征、个性、价值观、人际倾向、口头表达能力、思维敏捷性以及对突发事件的应变能力等。三是角色的衣着、仪表及其言谈举止是否符合角色及当时的情境要求。四是其他内容，包括缓和气氛、化解矛盾、解决冲突的技巧以及达到目的的程度、决策的正确性、行为的优化程度、情绪控制力以及人际关系技巧等。

5) 个人演说

个人演说是通过让应聘者就某一指定题目进行演讲，进而来评价其沟通能力和说服能力的测试方法。个人演说赋予应聘者某一特定的管理角色，提出演说任务和要求，要求应聘者在这一特定角色下来展示个人风采和能力。例如，让应聘者扮演某政府办公室主任，要求其就办公室管理方式改革提出个人意见，并加以相应说明。个人演说通常要为应聘者提供各种相关的数据资料，并要求应聘者在一个7分钟左右的演讲中提出建议，并设法让领导小组接受这一方案。

综上，评价中心技术方法的优点：一是评价效果好，具有任何其他单一测试手段无法比拟的优势；二是强调在动态中考查被测试者的能力，有利于被测试者积极性和主动性的充分发挥，同时也容易得到被测试者的配合和支持；三是获取的信息丰富，囊括了被测试者多方面的详细情况。该方法的缺点：一是该方法对测评专家的依赖程度较高，一般人员很难掌握；二是测评成本较高，且花费时间长。正因如此，该方法一般只用于管理类和中高层管理者的甄选之中。

5. 其他甄选方法

除了上述常见的几种甄选方法外，还有一些方法也经常被采用，比如测谎仪技术、笔迹分析测试以及药物测试等。

(1) 测谎仪技术。测谎仪(polygraph)是一种记录被测试者回答一系列问题时生理变化的仪器。操作人员根据测谎仪所记录的被测试者的血压、呼吸及流汗等生理变化情况来判定被测试者的诚实性。测谎仪的使用是建立在一系列因果假设基础上的：压力引起人体内的某些生理变化；害怕和心虚会产生压力；说谎导致害怕和心虚。实际上，测谎仪本身并不能查出谎言，而只能记录被测试者生理上的变化，给出被测试者是否说谎推断的实际上是操作人员。1988年，美国出台的《员工测谎保护法》(*Employee Polygraph Protection Act*)严禁用测谎仪对工作申请者和员工的诚实性施测。在这种情况下，于是出现了一些新的测试方法，如纸笔测试和化学测试。

(2) 笔迹分析测试。笔迹分析测试(graphology，handwriting analysis)是指利用分析人员来研究被测试者笔迹中的线、圈、笔画、曲线和花边，以此来评价被测试者的个性特征、行为倾向、情感问题和诚实性。与测谎仪技术相似，笔迹测试在很大程度上依赖分析人员所接受的培训及其拥有的专门技术。

(3) 药物测试。药物测试是为了剔除滥用药物对人们正常工作业绩的影响而采用的一种测试技术。药物测试中最常见的方式之一是尿检。此外，通过测量个人头发中的药物分子进而确定其服用药物的程度也是一种常用的方法。相关研究表明，员工服用药物和酗酒往往会导致生产率下降、事故增加以及缺勤率上升，甚至造成组织的赔偿负担加重。随着毒品泛滥，越来越多的组织也逐渐将药物测试引入员工选拔。

5.3.3 公共部门人员甄选方法的选择标准

甄选方法多种多样，在人员甄选过程中，并非每种方法均能达到招聘目的、具有同样的甄选效力，因此，就需要按照一定的原则和标准来检验各种甄选方法的适用性和有效性。甄选方法的选择通常按如下几个标准进行，即信度、效度、普遍适用性和合法性。

1. 信度

信度(reliability)是指各种甄选方法在不同时间使用时，其结果所表现出来的一致性程度。或者说，在运用同一种测试工具或两种相同性质的工具来重复施测某人时，所得到的测试结果应该保持一致。例如，用同一把尺子来测量同一个人的身高，不管测试多少次，其结果如果均相同或大致相同，就说明这把尺子具有良好的信度。而如果用橡皮尺子来测量同一个人的身高，则很可能会得出不同的测试结果，从而说明橡皮尺子的信度较差。再如，同一个人在不同时间的同样工作条件下，其测试结果应该大体一致，但如果某人在周一的测试结果是D，而周三的同一测试却得了A,那就说明这种测试方法的信度较低。信度一般用信度系数来表示。通常,信度系数在0.8以上才能保障所使用方法的可信性。

信度问题是因甄选方法中存在误差而提出来的。通常,由于甄选方法本身,或者甄选方法的使用时间不同,或者同样的方法对不同被测群体的适用性,以及甄选方法使用的细节问题等等,均可能会导致误差,因此,为保证测试方法的可靠性,就必须对测试方法进行检测。目前,常用的检测方法有重测法和单测法。重测法就是使用同一种方法对同一被测试对象进行两次或两次以上的测试,以检验测试结果是否相同或相近。如果相同或相近,则说明这种测试方法具有较高的信度;反之,则说明这种测试方法的信度较低,可靠性差。单测法是在某个时间点实施某种测试,而后用统计学公式计算出该测试的信度,进而检验其可靠性。

通常来讲,信度所说明的是对测试方法或测试工具的要求,而非对某种特征(如身高、体重、工作业绩等)本身的要求。

2. 效度

效度(validity)是指一种甄选方法与用这种方法所测得的工作表现间的相关程度。一种测试方法如果是有效的,首先它必须是可信的,即有着较高的信度。例如,某把尺子虽然有着较高的信度,而且用它来测量长度是有效的,但用它来测量重量则无效,即效度为零。效度一般用效度系数表示,通常效度系数在0.6以上即被认为是好的效度。通常,测试分数与被测试者的实际工作表现的相关程度越高,则表明所使用的甄选方法越有效。

比如,某公共组织对一组工作人员的施测,测试分数(百分制)及该组工作人员的绩效考评分数(十分制)如表5.13所示。将表5.13绘在图5.4中可以发现,两组分数间有着很高的相关性,相关系数为0.98。其中,0.98即为效度系数。

表5.13　员工测试分数与实际绩效成绩

申请者姓名	测试分数(满分100)	绩效评估分数(满分10)
张　明	70	7
李　伟	45	4
赵　丹	93	9
刘继辉	94	10
王伟志	88	9
杨　强	62	6
李大利	55	6
朱　彤	82	8

需要注意的是,在评价效度时所用的相关系数与在信度评价时所用的相关系数,两者间是存在区别的。这种区别主要表现为,当我们试图两次对同一个特征(如员工招聘时及其任职后的测试成绩)进行评价时,相关性所反映的是信度系数;而当我们考察一种特征(如招聘前的测试成绩)与完成某种工作的绩效(如任职后的实际业绩)之间的关系时,相关性所反映的则是效度系数。

图5.4 测试分数与员工工作绩效分数关系

3. 普遍适用性

普遍适用性是指在某一背景下建立的甄选方法的效度同样适用于其他情况的程度。这里的"某一背景"通常有三种情况：一是不同处境，如不同工作岗位、不同组织等；二是不同的人员样本；三是不同的时间段。效度也只是普遍适用性的必要条件。在无法运用效标关联效度或内容效度来检验某种甄选方法有效性的情况下，普遍适用性可以作为测度这种甄选方法有效性的一种替代手段。比如，在一些规模很小的公共组织，如果想用"情绪稳定性"测试不定期选拔员工，但又无法测试这种方法的效标关联效度，这时，就可以运用一些规模较大的公共组织曾经验证并使用过的测试方法，来进行员工甄选。

4. 合法性

在公共部门人员甄选中，任何甄选方法均应符合现行法律法规和政策的要求，否则，就不能作为人员甄选的工具。

5.4 人员录用与招聘评估

5.4.1 公共部门人员录用

公共部门人员录用是指招聘小组根据甄选过程中应聘者的考试、测试、面试、体检及其资格审查等评价结果来最终确定人员取舍的过程。

公共部门人员录用是一项计划性、程序性较强的工作。录用通常包括录用决策、报批、试用安置、正式录用。

1. 录用决策

录用决策是指对通过甄选测试的合格人员进行进一步甄别及确定哪一位或哪几位应聘者被最终录用为公共部门及其空缺岗位任职人员的过程。常见的录用决策模式有两种，即单一决策模式和复合决策模式。

单一决策模式是指从多个应聘者中为某一职位或某类性质相似的职位选出一个或若干个任职者的模式。这种决策模式看似简单，实则有一定难度。因为它需要决策者在较短时间内从若干合格的应聘者中选出最合适的人员，而这些人员的品行、素质、能力、技能等在短时间内往往很难分清。这种模式的决策形式如图5.5所示。

复合决策模式是指在一次招聘中分别测定众多求职者，并把他们安排到多种不同性质的职位的模式。复合决策模式是以人岗匹配为选择标准的，这一过程既包含了对应聘者个人差异和特点的区分，也包括了对职位差异的区分及其合适人员的选拔。复合决策模式实际上是人与岗的有机统一。复合决策模式如图5.6所示。

图5.5　单一决策模式　　　　　　图5.6　复合决策模式

2. 报批

报批是用人单位在做出录用决策后，将拟录用人员名单，报请同级人事管理部门审批。通常，属国务院下属各部门的，报国家人事部审批备案；属地方各部门的，报省、市级人事管理部门审批备案。

3. 试用安置

试用安置就是根据所录用人员的知识和能力特征，将所录用人员安置到合适的岗位上去进行试用考核。我国《公务员法》规定，新录用的公务员试用期为1年，试用期满合格的，予以任职；不合格的，取消录用。我国规定的新录用事业单位职员的试用期最短为3个月，最长不超过6个月；对新招聘的应届大中专毕业生，试用期最长不超过1年。试用期包括在聘用合同期限之内。

4. 正式录用

正式录用是指对试用合格的人员，在事先约定的试用期满之后，正式确定为公共部门员工。在正式录用过程中，用人部门及其人力资源管理部门应完成如下几方面工作：①进行试用期考核鉴定，并做出正式录用决策；②与正式录用人员签订正式的聘用合同；③对正式录用人员进行正式任命或聘任；④办理其他相关手续；⑤为正式录用人员提供相应的薪酬待遇；⑥与正式录用人员共同制定其职业发展规划；⑦为正式录用人员提供必要帮助及政策和法律咨询。

5.4.2　公共部门人员招聘评估

招聘评估是公共部门人员招聘的最后阶段，同时也意味着下一次人员招聘准备工作的开始。招聘评估是指公共部门对人员招聘的整个过程的评价和总结，其主要目的是分析和了解一次人员招聘的成本及其效益，以及通过招聘获得的经验和教训，从而为今后的招聘提供信息支持。招聘评估的内容涉及以下几个方面：所制订的招聘计划和程序是否合理；选择的招聘渠道及划定的员工获取范围是否适当；使用的甄选方法是否科学、有效；招聘的预算及其成本控制是否合理；招聘效益如何；哪些招聘环节需要修正或调整等。

1. 招聘过程不同阶段的评估

(1) 招募评估。招募评估涉及的指标有人均招募成本和招募录取比。人均招募成本是招募阶段的费用支出与应聘人数之比。通常，招募成本包括招募阶段的直接支出和间接支出两部分。其中，直接支出主要包括宣传广告费、招募人员差旅费、招聘会费用支出、招聘代理和职业中介机构收费、人才推荐奖金、人员接待费以及其他相关费用支出；间接支出包括公共部门招聘人员的工资、福利及职位空缺损失等。

招募录取比的计算公式为

$$招募录取比 = \frac{招募阶段录取人数}{应聘人数} \times 100\%$$

式中：招募阶段录取人数是指通过个人简历、工作申请书阶段审核而进入下一阶段的人数；应聘人数是指向某次招聘活动提交个人简历及工作申请书的人数。

(2) 甄选评估。甄选评估阶段主要评估这一阶段的人均甄选成本及其甄选录取比。其中，甄选成本包括考试、测试、面试及体检等过程发生的所有费用。相关计算公式为

$$人均甄选成本 = \frac{甄选成本}{甄选阶段录取人数}$$

$$甄选录取比 = \frac{甄选阶段录取人数}{参加甄选的应聘人数} \times 100\%$$

(3) 录用评估。录用评估包括对录用数量的评估和录用质量的评估。

录用数量评估主要包括人均录用成本、录用比、招聘完成比以及应聘比等几项指标。其中，录用成本是录用阶段的所有费用支出，包括直接费用和间接费用。直接费用主要包括被录用人员的家庭安置费和生活安置费；间接费用主要包括负责录用的人员的工资福利及职位空缺所带来的机会成本。

录用比的计算公式为

$$录用比 = \frac{录用人数}{应聘人数} \times 100\%$$

一般来讲，录用比越小，录用者的质量可能越高；反之，可能越低。

录用人员的质量是指实际录用的应聘者的个性特征及其知识技能等与空缺岗位的符合程度。录用人员的质量既关系着公共部门某次招聘的成败，也影响着公共部门招聘岗位今后一段时间的工作绩效。因此，对录用人员的质量进行客观、公正的分析评价，对公共部门招聘而言是非常重要的。

2. 招聘过程的整体评估

招聘过程的整体评估所涉及的指标主要有总成本效用、招聘完成比和应聘比。

(1) 招聘总成本。招聘总成本是上述招募成本、甄选成本和录用成本之和,可分为直接成本和间接成本两部分。总成本效用是从公共部门招聘的单位支出角度来评价招聘的实际效用,因此,总成本效用计算公式为

$$总成本效用=\frac{录用人数}{招聘总成本}$$

(2) 招聘完成比的计算公式为

$$招聘完成比=\frac{录用人数}{计划招聘人数}\times100\%$$

通常,招聘完成比在100%及其以上,说明完成或超额完成了招聘任务。

(3) 应聘比的计算公式为

$$应聘比=\frac{应聘人数}{计划招聘人数}\times100\%$$

一般来讲,应聘比越大,说明招聘宣传的范围越广,前来应聘的人数越多,往往越有可能招聘到高素质的人员。

5.5 中国公务员招录制度

《中华人民共和国公务员法》(以下简称《公务员法》)实施以前中国公务员的招录及其程序是按1993年8月颁布的《国家公务员暂行条例》和1994年6月颁布的《国家公务员录用暂行规定》的相关规定进行的。《公务员法》实施后,《国家公务员暂行条例》同时废止,与《公务员法》相配套的公务员招录制度逐渐实施开来,并在实践中不断更新、完善。

5.5.1 中国公务员招录的相关规定

2018年底新修订的《公务员法》在第二章"公务员的条件、义务与权利"及第四章"录用"中,对公务员和报考公务员应具备的资格条件以及公务员招录的组织、招考信息的公告发布、资格审查、笔试和面试、考察和体检、公示、备案、试用期等涉及公务员招录程序的诸环节,做出了框架性规定。

新修订的《公务员法》第四章规定,"录用担任一级主任科员以下及其他相当职级层次的公务员,采取公开考试、严格考察、平等竞争、择优录取的办法。""中央机关及其直属机构公务员的录用,由中央公务员主管部门负责组织。地方各级机关公务员的录用,由省级公务员主管部门负责组织,必要时省级公务员主管部门可以授权设区的市级公务员主管部门组织。""报考公务员,除应当具备本法第十三条规定的条件以外,还应当具备省级以上公务员主管部门规定的拟任职位所要求的资格条件。""录用公务员,应当在规定的编制限额内,并有相应的职位空缺。"

在招录公务员时,需要发布招考公告。招考公告需要载明招考的职位、名额、报考资格条件、报考需要提交的申请材料以及其他报考须知事项。招录机关应根据报考者的资格条件对报考者进行审查。公务员招录考试采取笔试和面试的方式进行,考试内容根据公务员应当具备的

基本能力和不同职位类别分别设置。招录机关应根据考试成绩来确定考察人选，并对被考察者进行报考资格复审、考察和体检。体检的项目和标准根据职位要求确定。招录机关根据考试成绩、考察情况和体检结果，提出拟录用人员名单，并予以公示。公示期满，中央一级招录机关将拟录用人员名单报中央公务员主管部门备案；地方各级招录机关将拟录用人员名单报省级或者设区的市级公务员主管部门审批。新录用的公务员实行为期1年的试用期，试用期满合格者予以任职，不合格者取消录用。

5.5.2 中国公务员招录的原则

从"科学选拔优秀人才"这一指导思想出发，中国公务员招录遵循以下几条基本原则。

1. 公开原则

公开原则是指录用公职人员必须面向社会，公开招考。在招录时，政府部门应该通过各种媒体向社会发布招录公告，宣布计划招录的职位、人数、资格条件、时间和程序等，考试后应张榜公布成绩。整个招录过程应当接受主管部门、社会和舆论监督。

2. 平等原则

平等原则是指公民在报考公务员、担任公务员时享有平等的权利。所有的求职者均应受到政府部门的平等对待。凡符合《公务员法》规定的报考者，不能因民族、性别、家庭出身、宗教信仰和婚姻状况等受到歧视和不平等待遇。此外，分数面前一律平等，考试成绩的高低是录用公务员的主要依据。任何公民均不能享有特权，也不得受到歧视。

3. 竞争原则

竞争原则是指参加公务员考试的应考者，必须在公开、平等的条件下竞争。政府部门应严格按照应考者的考试成绩、道德品质及综合素质进行甄选。

4. 择优原则

择优原则是建立在公开竞争基础之上的。中国公务员考试的择优原则强调考试与考核相结合，同时按照德才兼备的标准优胜劣汰。除了考查应考者的文化知识和综合能力，还考查应考者的政治立场、道德品质，根据考试、考核结果，结合职位实际要求，选择真正优秀的人才进入公务员队伍。

5.5.3 中国公务员招录的程序规定

2005年10月发布的《中央、国家机关2006年考试录用公务员和机关工作人员实施方案》，把中央、国家机关公务员考试录用的程序分为制订录用计划、发布招考公告、报名与资格审查、笔试和面试、考察和体检、公示、备案或审批等7个步骤。

1. 制订招录计划

招录计划是指导公务员招录的框架性文件。在招录公务员时，各级政府人事部门应根据所属机构的人员和职位编制、申报的招录人数以及拟招录职位要求的资格条件等进行审核、汇总，并确定各机构的招录计划。

2. 发布招录公告

发布招录公告是落实"公开、平等、竞争、择优"原则的前提条件。招录公告由公务员招录主管部门负责发布，主要包括如下内容：招录的职位、人数；报考的资格条件；报名的方式和时限；考试内容和科目、时间、地点和区域分布；报考需要提交的申请材料；以及其他注意事项。招录公告一般在考试前一段时间，通过报纸、电视、互联网等媒体向全社会发布。

3. 报名与资格审查

公务员招录主管部门应根据新修订的《公务员法》第十三条和第二十六条规定的限制条件，审查报考者是否具备公务员的基本条件和所报考职位的资格条件要求。职位要求的资格条件一般由招录机关提出，经省级以上考试录用主管部门批准后予以公布，报考者应当同时符合基本条件和职位要求的所有资格条件，向招录机关提交真实、准确、有效的报名申请材料。招录机关对报考人员进行严格审查，有任何一项条件不符的报考者，均不能参加公务员职位考试。资格审查合格的报考者，由招录主管部门发给准考证，按时参加考试。

4. 公开考试

资格审查合格的报考者，参加公开考试。公开考试的目的是测试报考者的知识水平以及是否具备职位所要求的素质和能力。考试采取笔试和面试的方式进行，全面测试报考者的基本专业知识、与职位相关的基本能力、综合素质、道德修养等。

5. 考察和体检

考察工作按照录用主管部门的统一要求，由招录机关组成专门机构实施。考察人选确定后，首先由招录机关对报考者进行资格复查，查阅有关证书和文件材料等，确认其提交材料的真实性、准确性。然后，对考试合格者进行政治立场、道德品质、工作能力、身体健康状况、实绩、廉洁自律以及是否需要回避等各方面的考察。体检是在考试和考察基础上，对报考者的身体条件与健康状况进行检查，具体实施部门是《公务员法》授权的医疗机构。

6. 公示

根据拟任职位的要求，考试、考核和体检结果，主管部门依照择优录用原则，经招录机关领导研究讨论同意，确定拟录用人员名单。招录机关确定拟录用人员后，要由公务员主管部门或招录机关通过报纸和网络等形式，予以7天公示。拟录用人员名单在此期间任何公民发现拟录用人员存在不符合资格条件要求等情形的，可以按照规定向招录机关或者录用主管部门举报。招录机关或录用主管部门接到举报材料后，应认真组织调查核实，对于确有问题的拟录用者，应当取消其录用资格。

7. 备案或审批

公示期满后，没有反映问题或有反映问题但不影响录用的，按照规定，招录机关将拟录用人员名单报录用主管部门审批或者备案。中央机关及其直属机关将拟录用人员名单报中央公务员主管部门审批。根据我国目前的实际情况，县级以下公务员主管部门无权审批录用人员名单。备案或者审批同意后，由公务员主管部门印发录用通知，办理具体的录用手续。

 关键术语

招聘	招募	内部晋升
内部竞聘	公开遴选	广告招聘
校园招聘	甄选	人格测试
自陈式问卷	能力	能力倾向测试
投射测试	职业兴趣测试	面试
结构化面试	小组面试	系列式面试
情境面试	压力面试	评价中心
文件筐技术	无领导小组讨论	角色扮演
信度	效度	招聘评估

 复习思考题

1. 公共部门人员招聘的作用有哪些？
2. 公共部门人员招聘的原则是什么？公共部门人员招聘的一般程序是怎样的？
3. 公共部门招募的内、外部渠道各有何优缺点？
4. 公共部门人员甄选应坚持哪些原则？
5. 笔试的优点有哪些？
6. 能力倾向测试包括哪几种类型？各自的测试目的是什么？
7. 面试中应坚持的原则有哪些？面试可分为哪几种类型？
8. 面试中常见的问题有哪些？
9. 评价中心法有何优点和缺点？
10. 甄选方法选择的依据有哪些？
11. 招聘评估有何作用？
12. 中国公务员招录的程序是怎样的？

本章案例

让上级机关公务员队伍结构更优化

第6章　公共部门人员职业生涯规划与管理

【学习引导】本章主要介绍职业生涯规划与管理的基本概念、基本理论以及职业生涯规划对公共部门及其人员发展的重要意义，讨论职业生涯规划与管理的一般步骤和方法，以及公共组织如何开展职业生涯管理等问题。

本章的学习重点：一是职业生涯规划与管理的基本概念和理论；二是个人如何进行职业生涯规划以及公共部门如何开展职业生涯管理。

随着社会快速发展以及组织开放度提高，人们寻找新工作、谋求新发展的机会越来越多。在中国，20世纪80年代以前，对多数人来讲，一生致力于某一组织、某一岗位是司空见惯的事，这一方面为任职者带来了"忠诚于组织"的荣耀，另一方面为任职者带来了一生的安定。然而，随着20世纪80年代特别是90年代以来社会和组织的迅速变革，以及劳动力市场的开放和人们就业观念的转变，穷其毕生精力于某一组织、某一工作的现象正在悄然发生变化。为了寻求更大、更好的发展空间，人们不断寻找新的发展机会和岗位。在这种情况下，人们供职的组织和所从事的工作正随着人们对职业兴趣、个人发展空间和报酬等的追求而发生变化。美国劳工部的一项调查表明，20世纪90年代末期以来，一个大学毕业生一生中平均从事8~10份工作，而且，这些工作跨越3种及以上职业。随着人员流动活跃度和流动频率的持续提高，组织及其领导者越来越关注员工职业生涯规划管理问题，期望通过实施员工职业生涯规划管理，将员工个人发展目标与组织目标统合起来，以达到组织与员工共赢的效果。

6.1　职业生涯规划与管理概述

6.1.1　职业生涯规划与职业生涯开发的内涵

1. 何谓职业生涯规划

如前文所述，职业(occupation)是指在不同组织中从事相似活动、担负相似责任的一系列工作的总称。职业是生产力发展和社会分工的产物，同时又与人们对某种产品和服务的需求相联系。就劳动者个体来讲，一个人所从事的职业与其家庭出身、经济状况、知识和技能储备、个性特征、价值追求等密切关联，同时又是一个人权利、义务、责任和社会地位的综合体现。就"生涯(career)"这一术语而言，"生"是"有生命力的""活着"的意思，可引申为"与一个人的生命相关联"；"涯"是指边界，综合起来，生涯是指一个人一生的经历。由此，职业生涯是指一个人一生中的职业经历，或一个人一生中的职业历程，特别是其职业和职位的变迁、职务的变化以及个人通过工作实现自身理想、愿望和价值的工作经历，反映了一个人在人生不同阶段的价值取向、态度、目标追求和行为体现。

职业生涯具有差异性、发展性、阶段性、可规划性和不可逆转性等特征。在这里，差异性是指每个人的价值观、人格特征、能力倾向、成长环境、教育背景等不同，导致每个人所从事的职业不同。发展性是指一个人的职业生涯受其健康、智力、能力、责任心、努力程度、适应性、把握机遇的能力等发展情况的影响。职业生涯规划应贯穿人生发展的每个阶段，个体可通过不断地调整职业活动安排，最终实现职业生涯目标。阶段性是指一个人的职业生涯与其自然成长规律及其能力发展特点密切相关。大多数人的职业生涯均会经历由成长到鼎盛再到衰落的发展过程，这个过程是随着人的年龄和健康状况变化及国家法律法规规定和劳动力市场选择等的变化而改变的，是不以人的意志为转移的，人们需要做的是通过学习和努力工作，尽可能高效、高质量地完成自己各阶段、每个时期所担负的责任和任务，为个人职业发展奠定坚实基础。可规划性是指个体基于个体兴趣、特质、能力等方面的自我认知去思考、去计划，进而改变环境，构建自己的职业生涯。虽然每个人的职业发展会受到外部环境、个体差异及机会机遇等的影响，然而，"凡事预则立，不预则废"，人们只需结合自己的个性特征、发展环境及个人所具有的优势和劣势等做好中长期职业发展规划，努力学习、勤奋工作，在学习和工作中成长、在成长中学习，就一定会取得比较理想的职业发展成果。不可逆转性是指人的职业发展是一个不可逆转的自然发展过程，不能重来。因此，人们只有把握住当今，认真履行每一阶段或时期应该履行的责任和任务，才能避免"悔不当初"。

在明确了职业生涯的含义后，再来理解职业生涯规划就容易多了。职业生涯规划(career planning)，也称职业生涯设计，是指员工结合自身愿望、兴趣、特长和能力，来对自己一生中职业发展的方向和目标进行总体勾画，也就是"个人提出职业目标并制订实现这些目标的计划的过程"[①]。职业生涯规划一般具有目标性、战略性和粗略性等特点，为一个人一生的职业发展指明了工作目标和方向。

职业生涯规划最早起源于美国。20世纪初，F. 帕森斯(F. Parsons)针对当时美国大量年轻人失业的情况，成立了世界上第一个职业咨询机构——波士顿地方就业局，首次提出了"职业咨询"概念。20世纪五六十年代，职业规划大师舒伯等人提出了"生涯"的概念，至此，生涯规划不再局限于职业指导层面，而是扩展到了一个人一生的职业发展规划。随着社会分工及职业种类和数量的增多，职业生涯规划逐渐受到重视。在工业社会以前，由于职业种类较少，工作内涵比较简单，职业传承一般通过父母直接传授给子女或由师傅直接传授给徒弟来完成，那时很少有择业或更换职业的问题。进入工业社会后，随着科技及生产技术、管理方式的进步，生产过程日渐复杂起来，产品的种类和产出量迅速增加，由此，行业和职业种类日趋复杂和专业化。例如，目前美国职业分类词典(the dictionary of occupational titles)列出的职业已达30 000多种。面对如此多的职业及其复杂的职业内涵，人们凭借自己的能力很难洞悉各种职业的内容和

---

① 劳埃德·L. 拜厄斯，莱斯利·W. 鲁. 人力资源管理[M]. 6版. 李业昆，等译. 北京：华夏出版社，2002：194.

分类,父母、亲友也很难帮助子女选择合适的职业,因此辅导人们择业的责任就由家庭转移到了学校及社会就业服务机构。

职业生涯规划对个人来讲具有重要意义,这主要表现在:一是职业生涯规划有助于个人职业目标实现和职业理想达成。这里因为,职业生涯规划是公共部门人员初步确定个人职业兴趣、职业目标和职业定位的过程,同时也是个人职业选择的过程,通过职业生涯规划,人们可以比较早地布局自己的未来发展目标和职业方向,并在学习和工作中不断补充、完善自己的专业素质和能力,做到未雨绸缪,为自己未来或今后的职业发展打好基础。二是职业生涯规划可以使个人的学习和工作更富有成效。每个人的时间和精力都是有限的,如何在有限的时间内使个人职业获得更大发展,取得更好成就,是每个人都要考虑的问题。所以,较早地做好个人职业生涯规划,并加以积极努力地落实,对个人学习和工作均是有益的。三是职业生涯规划有助于个人平衡好个人职业发展与家庭生活的关系。工作和家庭生活是每个人生活的两大主旋律,处理好两者的关系,合理地安排家庭生活与职业发展之间的关系,既有助于个人职业发展取得成功,也有助于家庭安定和生活幸福。

2. 何谓职业生涯开发

关于职业生涯开发(career development),美国人力资源管理专家劳埃德·L. 拜厄斯和莱斯利·W. 鲁等人将此解释为:"组织进行的一种持续的正规化努力,它的重点集中在根据员工和组织双方的需要开发和丰富组织的人力资源上。"① 职业生涯开发是20世纪60年代美国麻省理工学院沙因(E. H. Schein)教授最早提出并系统研究的一个概念,后被纳入人力资源管理研究范畴。从组织发展的角度看,职业生涯开发不仅能够降低组织成员流动带来的成本,还有利于组织的可持续发展。概括地讲,职业生涯开发对组织发展具有三方面直接作用:一是能够及时地满足组织近期和未来对人力资源的需求,促进组织可持续发展;二是能够更好地让组织和员工了解组织内潜在的职业道路;三是通过将选择、配置、开发及管理个人活动与组织规划有机地结合起来,从而充分地利用组织现有的人力资源,真正做到人尽其才,才尽其用,同时提高员工的满意度和成就感,稳定人心,留住人才,吸引人才。

职业生涯开发与职业生涯规划是两个既有区别又存在密切关联的环节,是实现组织和员工共同成长与发展目标的统一体。职业生涯开发主要从组织角度来看待员工的个人职业,着眼于员工职业生涯规划能否与组织职业发展需求相一致;而职业生涯规划从员工个人角度来看待职业。现实中,职业生涯规划要求员工个人寻找与自身能力相符合的可获得的工作机会,如果这份工作获得的概率不大或根本不可能,这种职业生涯规划就很可能失败,也缺乏实际意义。一般来讲,人们一旦建立了个人职业生涯规划,在未来职业道路上就容易从个人进步和成功中获得满足感。好的职业生涯规划是引导人们沿着正确方向达成人生职业目标的里程碑。当人们自觉地认识并达到既定的里程碑时,他们就会获得成就感和满足感,拥有前进的动力。当然,组织职业生涯开发与员工职业生涯规划并不矛盾。在现代社会中,组织如何借助员工的成长和发展来谋求自身成长和发展,以及员工如何通过组织的成长、发展与壮大来实现自身成长和发展

---

① 劳埃德·L. 拜厄斯,莱斯利·W. 鲁. 人力资源管理[M]. 6版. 李业昆,等译. 北京:华夏出版社,2002:194.

目标,是组织职业生涯开发与员工职业生涯规划达成"互利共赢"的契合点,也是两者共同追寻的目标。

6.1.2 职业生涯管理的含义、特征和意义

1. 职业生涯管理的含义

职业生涯管理(career management),实际上是员工个人职业生涯管理与组织职业生涯管理的统称。所谓个人职业生涯管理(individual career management),是指个人为了实现自己的职业目标而实施的自我经营管理活动,是具有行为能力的社会个体在其职业生命周期(从进入劳动力市场到退出劳动力市场)内,对自身职业生涯规划、职业生涯策略、职业和职位进入、职业和职位变迁以及职务和地位变化等一系列行为和活动的管理。个人职业生涯管理主要包括个人职业发展周期、职业发展性向和职业锚管理等内容。组织职业生涯管理(organizational career management)则是指组织结合自身目标和发展需要及其员工的个人发展愿望、个性特征、潜质和能力等所实施的一系列管理活动,它是由组织实施的旨在开发员工潜能、留住和吸引员工、使员工能够借助组织力量达成自我价值实现的一种人力资源管理方法。组织职业生涯管理通过有计划的培训、工作设计、选拔晋升、交流调配以及适才适用的职位安排等政策和措施来进行。通过职业发展管理,组织不仅为员工提供了其成长和发展的平台,还可帮助员工解决其在工作和个人职业生涯发展中遇到的一些困难和问题,为员工提供必要的职业发展机会和路径,促进员工个人优势、特长、潜能的充分施展和发挥,提升员工的自身价值和成就感。组织职业生涯管理与工作分析、人力资源规划、招募甄选、职务晋升、绩效考评和管理、教育培训以及薪酬和奖惩等密切关联,是人力资源管理体系的有机组成部分。美国管理学家施恩在《职业的有效管理》一书中描述了组织职业生涯管理与人力资源管理其他活动的关系,如图6.1所示。

职业生涯管理这一概念融合了组织和员工个人两方面的行为。职业生涯管理是组织为了自身及其员工的共同成长和发展,结合自身目标和发展需要,在与员工沟通基础上,来设计员工在组织中的职业发展规划,通过提供有计划的教育、培训、晋升以及交流调配等,来引导和帮助员工逐步实现个人职业发展目标的一系列管理活动。职业生涯管理是组织、员工和管理者共同的事,他们对职业生涯管理共同负有责任。表6.1归纳了组织、员工和管理者在职业生涯管理中各自应担负的责任。

2. 职业生涯管理的特征

概括地讲,职业生涯管理具有如下几方面特征。

(1) 职业生涯管理是组织结合自身目标和发展需要为其员工制定的有关职业发展和援助规划,它有别于个人基于自己愿望、兴趣、特长和能力所制定的职业生涯规划。

(2) 职业生涯管理以满足组织与个人共同目标和要求为基础,需要协调组织和员工个人双方的利益,这一点不同于单目标管理的个人职业生涯。

(3) 职业生涯管理形式多样、涉及面广,凡是组织基于员工职业成长和发展所提供的帮助和管理活动,均属于职业生涯管理。

图6.1 组织职业生涯管理与人力资源管理其他活动的匹配关系

资料来源：[美]E. H. 沙因. 职业的有效管理[M]. 上海：三联书店，1998：208.

表6.1 组织、员工和管理者在职业生涯规划与管理中各自担负的责任

组织	员工	管理者
(1) 与员工交流组织使命、目标、战略、政策和程序 (2) 提供培训和开发的机会，包括参加研讨会 (3) 提供职业发展信息和职业生涯开发方案 (4) 提供多种职业发展通道 (5) 提供以职业发展为导向的绩效反馈 (6) 提供导师指导的机会，以支持员工的成长和自我指导 (7) 提供员工个人发展计划 (8) 提供辅助员工从事学术型学习的方案	(1) 承担管理自己职业生涯的责任 (2) 评估自己的兴趣、技能和价值观 (3) 寻找职业发展信息和各种资源 (4) 制定目标和职业发展规划 (5) 充分利用各种开发机会 (6) 与管理者沟通职业兴趣，讨论发展需求 (7) 积极地、坚持不懈地实现职业发展规划	(1) 提供及时、准确的绩效反馈 (2) 提供开发性的工作任务和相关支持 (3) 参与下属员工间的职业发展讨论 (4) 支持员工的职业发展规划

资料来源：G. 德斯勒. 人力资源战略[M]. 12版. 刘昕，译. 北京：中国人民大学出版社，2012：383.

组织积极介入员工职业生涯规划，是一种全新的人力资源管理形式。而传统管理活动总是

将组织与个人对立起来，静态、消极地认识和看待组织与个人的关系，强调组织与个人目标的对立性，认为个人只是组织实现其目标的工具，强调组织对员工的监控甚至强制；也认为组织只是个人获得其需求满足的途径，强调个人对组织只需尽职、无须尽心。这种片面的认识不仅影响了组织与员工关系的和谐，还严重影响了组织的效率和效益。

3. 职业生涯管理的意义

现代组织对职业生涯管理的重视基于员工是组织获取财富的源泉、组织是员工实现个人职业生涯规划目标的有效平台这一重要理念，组织有义务最大限度地开发和利用员工的人力资本，最有效地保护员工的兴趣和潜质，通过为员工提供基于其愿望、兴趣、特长和潜能的成长和发展的条件与路径，帮助员工实现个人职业发展目标，展现员工个人价值。当然，职业生涯管理对员工和组织都非常重要，对培养和造就高素质的人才队伍、打造高绩效团队、实现组织的可持续发展，具有十分重要的实际意义。

(1) 职业生涯管理是组织开发、配置和有效利用人力资源的具体体现，充分体现了现代人力资源管理以人为本的特征。传统人事管理假定，人的能力是一定的，组织管理的目标就是在此条件下通过控制和使用员工来获取尽可能大的经济效益。而现代人力资源管理以积极的观念来认识人的能力和潜质，认为组织通过提供良好的条件和环境，能够激发员工的工作积极性、主动性和创造力，进而充分发挥员工潜能。组织之所以将参与员工职业生涯管理作为人力资源管理的一项新职能，就是因为在职业生涯管理中通过与员工沟通，能够更多地了解员工的愿望、兴趣、价值观和潜质，从而结合组织目标，有针对性地制定人员培养和开发规划，更好地引导和帮助员工为实现组织目标尽职尽责，充分展现员工的才干和价值。应该讲，职业生涯管理是以组织和员工双方的目标和需求为出发点和落脚点的，是人本化管理的现实体现。

(2) 职业生涯管理将组织人力资源规划与员工职业生涯规划有机结合起来，有助于人力资源的合理调配、使用和流动，不仅能够充分调动组织人员的积极性，还能更好地实现组织目标。组织人力资源规划预测了组织未来发展中的人力资源需求数量、质量和结构情况，而职业生涯规划则描述了员工个人的职业兴趣、职业偏好、特长及现实和潜在能力等特征。两者的有机结合，不仅可以为组织判断人才的来源和培养方式提供重要依据，还为员工职业生涯开发指明了努力方向和阶段性奋斗目标，有利于组织与个人的取长补短，各取所需，各得其所。对于那些不能胜任工作或无法获得自我满足的员工，组织可以通过正常渠道和有效方式，引导和帮助他们尽早地流动或转换到其他岗位或单位去，也可以通过培训有计划地提高他们的业务素质和能力，引导和帮助他们尽可能实现自身价值的最大化，达成自己的人生职业目标。可见，有效的职业生涯管理不仅有助于组织目标的实现，还有助于员工及时认清自身角色，明确个人努力方向，通过提升自己能力不断提升自身的成就感，最终实现职业目标。

(3) 职业生涯管理有助于组织良好文化氛围和良好人际关系的形成，有利于组织凝聚力与战斗力的提高，是实现组织可持续发展的有力保障。组织参与员工职业生涯规划或制定组织职业生涯开发计划的过程，是双方互动沟通和相互作用的过程，也是双方相互调适的过程。在这种沟通和调适过程中，通过加深彼此的了解，增加信任，有助于达成良好、和谐的文化氛围和人际关系，从而形成一种心往一处去、劲往一处使的合力，有利于组织内部凝聚力的增强和外向战斗力的提高，对提升组织绩效、树立良好的组织形象是非常必要的，同时这也是组织实现自身可持续发展的强有力保障。

6.2 职业生涯规划与管理的基本理论

职业生涯规划和职业选择是复杂的过程，不同学者基于不同视角和切入点提出了不同的理论。

6.2.1 职业发展阶段理论

人的职业生涯历程是连续的、分阶段的，每个阶段均有其特殊任务，发展形态表现出不同特征。基于此，学者们提出了若干种阶段划分方法。每种划分方法均为理解人的职业生涯规划和管理提供了不同视角。

1. 舒伯的职业发展五阶段理论

唐纳德·舒伯(Donald E. Super)是美国颇具代表性的职业生涯开发大师，他集差异心理学、发展心理学、职业社会学和人格发展理论之大成，结合自己对职业生涯问题的研究成果，于1953年提出了职业生涯发展五阶段方案。

(1) 成长阶段(0~14岁)，这一阶段个体开始建立自我概念，逐渐学会以各种方式表达自己的需要，经过在现实世界中不断尝试，修正自己的角色。这一阶段的任务是树立自我形象，发展对客观世界的正确态度，了解工作的意义。舒伯把这一阶段进一步细分为三个时期。

① 幻想期(4~10岁)，开始感知外界职业，对自己觉得好玩和喜爱的方面充满幻想，并进行模仿。

② 兴趣期(11~12岁)，以"喜好"为中心来理解和评价职业。

③ 能力期(13~14岁)，以"能力"为主要因素，考虑自身条件和能力与职业要求的关系。

(2) 探索阶段(15~24岁)，这一阶段的青少年，通过学校活动等各种活动，对自我能力及角色、职业进行探索。这一阶段发展的任务是使职业偏好逐渐具体化、特定化，并努力实现职业偏好。这个阶段细分为三个时期。

① 试验期(15~17岁)，考虑自己的需要、兴趣、能力和机会，并开始进行择业尝试。

② 过渡期(18~21岁)，正式进入劳动力市场，或进行专业的职业培训和技能训练，力图实现自我观念，开始明确职业选择倾向。

③ 实验并稍作承诺期(22~24岁)，选定职业领域，开始从事某项具体工作，对职业发展目标的可行性进行实验，判断某职业和工作是否可成为自己长期的职业发展方向。

(3) 建立阶段(25~44岁)，经过上一阶段的探索，此阶段开始并最终确定所从事的职业和工作，并谋求职业稳定和个人发展。这一阶段的任务是：统整、稳固并力求上进。这个阶段可分为两个时期。

① 尝试期(25~30岁)，个体寻求稳定，特别是工作和生活的稳定，并对之前的职业目标及其选择过程进行检讨，如有问题，则需要重新选择和调换职业和工作。

② 稳定期(31~44岁)，个体致力于工作稳定和职业目标的实现，大部分人处于最具创造性

时期，业绩优良。

(4) 维持阶段(45～65岁)。个体长期从事某一职业和工作，开始在该职业领域中占有一席之地，并力求保住这一位置，同时面对新员工的挑战。这一阶段的任务就是维持已有的成就和地位。

(5) 衰退阶段(65岁以后)。个体面对退出职业和工作领域的现实，失落感逐渐萌生，并逐渐加剧。这一阶段的主要任务是发展新的个人角色，寻求不同生活和学习方式，满足个人精神和心理需求。

舒伯认为，在职业生涯发展中，每个人在各个阶段都要面对成长、探索、建立、维持和衰退问题，这是一个循环发展的问题，有助于个人职业生涯规划的细化。

2. 格林豪斯的职业发展五阶段理论

美国职业生涯专家杰弗里·格林豪斯(Jeffrey H. Greenhaus)从人生不同年龄段职业生涯发展所面临的主要任务角度，将人的职业生涯发展划分为五阶段。

(1) 职业准备阶段(0～18岁)。这一阶段的主要任务是发展职业想象力，评估可供选择的职业，包括评估准备选择的职业领域所需要的智力、兴趣、价值观、生活类型以及需求、机会和报酬等，接受必要的职业教育和培训。

(2) 进入组织阶段(18～25岁)。这一阶段的主要任务是在选定的职业领域内选择到一个尽量符合个人价值观、能够发挥个人才干的工作。然而，由于许多人在工作选择中所依据的信息往往不完全或不现实，获得的第一份工作的满意度往往十分有限。

(3) 职业生涯初期(25～40岁)。这一时期的主要任务是了解和学习组织规章制度，接受组织的主导价值观和文化，学着逐步适应职业和工作，通过融入组织来获得正式成员资格；同时不断学习新的知识和职业技能，提高工作能力，为今后的职业发展做准备。职业生涯初期通常可分为建立期和成就期。建立期的主要任务是领会工作和组织，并且成为组织的有机贡献者；在成就期，个人则应向上攀升。

(4) 职业生涯中期(40～55岁)。这一时期最重要的任务有两项：一是面临中年生活转变，需要评估业已取得的基于自己雄心和梦想的成就，重新检视工作在生活中的重要性；二是保持较高的劳动效率。处于职业生涯中期的人们可能会出现职业生涯高原(career plateau)现象[①]和退化现象，这需要不断更新自己的知识、提升自身职业技能，以谋求新的可能发展空间。

(5) 职业生涯后期(55岁中期至退休)。这一时期有两项重要任务：一是需要个人保持已有的职业成就，成为一名良师，给他人以指导，同时维护好个人尊严；二是做好退休准备。

格林豪斯的五阶段理论强调了职业生涯发展的持续性，认为职业选择可以发生在职业生涯发展的多个阶段，而且，一个人一生中可能进行若干次职业选择，以使职业发展更加接近个人职业生涯规划。

3. 沙因的职业发展九阶段理论

美国麻省理工学院斯隆商学院的埃德加·H.沙因(Edgar H. Schein)教授，根据人生不同阶

---

① 所谓职业生涯高原现象，是指个人在职业发展中遭遇的职业渠道越来越窄，个人发展机会越来越少的困境。

段的发展特点,提出了阶段理论。

(1) 成长阶段(0~21岁)。在这一阶段,个体不仅要完成身体方面的成长,还要通过接受教育获取知识,参加职业技能培训,发现和发展个人的职业兴趣、建立职业抱负等。

(2) 进入工作阶段(16岁以后)。在这一阶段,个体进入劳动力市场寻求职业,与雇主达成协议,并成为组织中的一员。

(3) 基础培训阶段(16~25岁)。在这一阶段,个体在成为组织成员的基础上,学会融入组织和适应工作,完成组织安排的工作任务。

(4) 早期职业的正式成员资格阶段(17~30岁)。这期间,个体开始履行与职业和工作相关的义务,承担相应责任,进一步发展和完善自己的知识、技能和专长,为以后的职业发展奠定基础。

(5) 职业中期阶段(25岁以后)。这期间,个体逐渐担当重要职务或承担重要责任,而且,经过一段时间工作实践后开始冷静分析自己所从事的职业、重新确定或再次做出职业选择,包括为了获得更大的职业发展机会而重新回到学校继续学习、充电,进行自我开发,制定长期的职业发展计划等。

(6) 职业中期危险阶段(35~45岁)。这期间,个体较为实际地评估自己的能力、职业目标和职业前景,对前途做出更具体的决定,与他人建立"师生"关系。

(7) 职业后期阶段(40岁至退休)。这期间,个体各方面均已成熟,承担起更重大的责任,并开始发挥个人影响力,此时事业发展达到顶峰;之后,能力、精力趋于下降,此时若个体追求安稳,职业发展则会停滞。

(8) 衰退与离职阶段。在这一阶段,人的接受能力和精力均处于下降状态,个体准备退出职业生涯,迎接角色的转换。此时,个体应学会接受权力、责任和地位下降的现实,学会接受并发展新的角色。

(9) 退休阶段。此阶段,个体从社会回到家庭,适应社会角色的转换,建立新的价值观。

6.2.2 职业选择理论

职业选择是人们根据自己的价值观、职业目标和期望以及兴趣爱好和能力等,从社会现有职业中挑选职业的过程。选择一种职业,就选择了一种生活方式,由此可见职业选择对个人生活幸福和职业发展的重要性。目前有代表性的职业选择理论主要有帕森斯的特质-因素理论、霍兰德的职业倾向理论和沙因的职业锚理论,接下来分别予以介绍。

1. 帕森斯的特质-因素理论

1909年,美国波士顿大学帕森斯(Parsons)在《职业选择》一书中指出,每个人都有自己独特的人格特征,这种特定的人格特征,即是"特质"(包括能力倾向、兴趣、价值观和人格等)。具有每种人格特征的人均有与之相适应的职业类型,即所谓的"人—职匹配"。帕森斯还研究并阐述了职业选择的三大要素。

(1) 个体应评价并了解自己的态度、兴趣、能力倾向、价值追求和人格特征等。

(2) 获取有关职业的信息,分析职业对人的要求,如职业性质、工资待遇、工作条件、晋升的可能性、求职的资格和条件要求、就业成功的可能性等。

(3) 权衡个人特质与职业匹配的可能性和程度。

帕森斯认为，人—职匹配有两种类型：一种是条件匹配，即所需专门知识和技术技能的职业与掌握这种知识和技术技能的择业者相匹配，也就是"职找人"；另一种是特长匹配，即具有某种人格特征、掌握某种知识和技能的人与需要这种人格特征及知识技能的职业相匹配，也就"人找职业"。

特质-因素论特别重视个人具有的特质与职业所需要的素质和知识技能的匹配问题，该理论是现代人才测评发展的基础。

2. 霍兰德职业倾向理论

美国霍普金斯大学心理学教授、著名职业指导专家约翰·霍兰德(John Henry Holland)1959年提出的职业倾向理论，也被称为人职互择理论。霍兰德认为，人的人格类型、兴趣与职业密切相关。兴趣是人们活动的巨大动力，职业兴趣与人格之间存在很高的相关性，职业兴趣可以提高人们的积极性，促使人们积极、愉快地工作。霍兰德根据人们的心理素质和择业倾向，将劳动者划分为6种基本类型，相应的职业也划分为6种类型，即社会型(social)、企业型(enterprising)、现实型(realistic)、常规型(conventional)、研究型(investigative)、艺术型(artistic)，如图6.2所示。他认为，绝大多数人的职业都可以被归于这6种类型中的一种。

图6.2 霍兰德职业倾向类型

霍兰德认为，上述6种类型的人分别具有如下典型特征。

(1) 社会型。社会型(S)的人善于社交和言谈，愿意教导别人；富于合作精神，友好、热情；关心社会问题，乐于助人，愿意承担社会责任。

这种类型的人适合的职业：喜欢与人打交道的工作；为他人提供信息、启迪、帮助、培训或治疗等的工作。如教育工作者(教师、教育行政人员)、社会工作者(咨询人员、公关人员)等。

(2) 企业型。企业型(E)的人富有冒险精神，追求权力、权威和物质财富，具有领导才能；喜欢竞争，有野心，有抱负；做事的目的性强、务实，喜欢用权力、地位、金钱等来衡量做事的价值；乐观、健谈。

这种类型的人适合的职业：经营、管理、劝服、监督和领导类工作；以实现机构、政治、社会及经济目标的工作。如项目经理、销售人员、营销管理人员、政府官员、企业领导、法官、律师等。

(3) 常规型。常规型(C)的人尊重权威,遵守规章制度,喜欢按计划办事,细心、有条理,灵活性弱,习惯接受他人的指挥和领导,自己不谋求领导职务;关注实际和细节,不喜欢冒险和竞争,较为谨慎和保守,缺乏创造性,具有自我牺牲精神。

这种类型的人适合的职业:关注细节、精确度,系统而有条理的工作;记录、归档、按照特定要求或程序组织数据和文字信息的工作。如秘书、办公室人员、记事员、会计、行政助理、图书馆管理员、出纳员、投资分析员等。

(4) 现实型。现实型(R)的人喜欢使用工具进行操作的工作,动手能力强,手脚灵活,动作协调性好;偏于具体任务,不善言辞,做事保守,谦虚;社交能力较弱,喜欢独立做事。

这种类型的人适合的职业:使用工具、机器进行基本操作性的工作;重视操作技能的工作。如技术性职业(计算机硬件人员、摄影师、制图员、机械装配工)和技能性职业(木匠、厨师、技工、修理工、农民)等。

(5) 研究型。研究型(I)的人喜欢观察和思考,具有抽象思维,求知欲强,愿动脑子,善思考;喜欢独立的、富有创造性的工作;知识渊博,不善于领导他人;考虑问题理性,喜欢逻辑分析和推理,喜欢研究新问题。

这种类型的人适合的职业:有较高的智力要求的工作;抽象的、分析的、钻研的工作;独立的定向任务;通过观察、评估、衡量等结果形成理论,并由此发现和解决新问题的工作。如科学研究人员、教师、工程师、电脑编程人员、医生、系统分析员等。

(6) 艺术型。艺术型(A)的人感情丰富,善于想象,富于创造;理想主义色彩浓郁,易冲动;追求完美和个性表现;善于表达、展示。

这种类型的人适合的职业:具有创造性、变化性的工作;要求具备一定艺术修养的工作;对创造力、表达能力和直觉要求比较高的工作;能将想象力和创造力应用于语言、行为、声音、颜色等表达方式的工作。如演员、导演、设计师、雕刻家、建筑师、摄影师、广告制作人、歌唱家、作曲家、乐队指挥、小说家、诗人、剧作家等。

霍兰德所划分的6种类型并非并列、有明晰边界的,呈现相邻、相隔和相对关系。

(1) 相邻关系。R与I、I与A、A与S、S与E、E与C及C与R就属于相邻关系。属于这种关系的个体之间共同点较多,比如实用型(R)、研究型(I)的人都不太偏好人际交往,在工作过程中较少与人接触;而社会型(S)和企业型(E)都偏好人际交往,社会型(S)乐于助人,企业型(E)喜欢影响别人,在工作过程中与人接触的机会非常多。

(2) 相隔关系。R与A、R与E、I与C、I与S、A与E、S与C就属于相隔关系。属于这种关系的个体间共同点比相邻关系个体间的共同点要少。

(3) 相对关系。处于六边形对角位置的两种类型,即为相对关系,如R与S、I与E、A与C。相对关系的兴趣类型之间一般具有很少的共同点,因此,一个人同时对处于相对关系的两种职业都感兴趣的情况非常少见。

一般来讲,人们更倾向于选择与自己兴趣类型相匹配的职业,如具有现实型兴趣的人希望在现实型的职业环境中工作,因为这样能够最大限度地发挥他的潜能。但在职业选择中,个体并非一定要选择与自己兴趣完全对应的职业环境。这有两点原因:①个体通常是多种兴趣类型的综合体,具有单一类型特征的人通常少见,因此,在评价个体的兴趣类型时,要以个体在六大类型中得分居前三位类型的组合来判定，即根据分数的高低依次排列字母，构成其兴趣组型，如RCA、AIS等；②影响职业选择的因素很多，在评价个体适合的职业时，不仅要依据兴趣类型，还要参考社会的职业需求，以及获得职业的现实可能性。因此，职业选择往往是一个不断妥协的过程，个体应学会适应所处的职业环境。当然，如果个体寻找的是相对的职业环境，那就意味着进入与自己职业兴趣完全不同的职业环境，那么他将难以适应，感觉不到工作的快乐。

3. 沙因的职业锚理论

1) 什么是职业锚

以美国麻省理工学院斯隆学院埃德加·H. 沙因(Edgar. H. Schein)教授为代表的研究小组，通过对斯隆学院毕业的44名MBA毕业生长达12年的职业生涯发展研究，总结出了职业锚理论。

锚，本指船只停泊定位用的铁制器具。职业锚(career anchor)，也称职业定位，是指当一个人不得不做出职业选择时，无论如何都不会放弃的职业中的那种至关重要的东西或价值观。这种东西是自我意向的习得部分，它与个体在工作中自省的动机、价值观、才干相符合，是个人与职业环境互动作用的产物，是一种可以达到自我满足和补偿的稳定的职业定位。要正确理解和把握职业锚的内涵，首先就必须明白如下四方面内容：①职业锚是以员工后天习得的工作经验为基础的，也就是说，个体只有在习得工作经验后才可能选定自己稳定的长期贡献区，换言之，职业锚是受员工的实际工作经验影响的，而不只是取决于潜在才干和动机；②职业锚不是通过测试获得的，而是在工作实践中根据自省和已被证明了的才干、动机、需要和价值观来选择和进行的职业定位；③职业锚是员工自我发展过程中动机、需要、价值观、能力相互作用和逐步整合的结果；④职业锚是在实际工作中不断调整的。

2) 职业锚的作用

职业锚在员工职业生涯规划及组织发展中发挥着重要作用，突出地表现在以下几个方面。

(1) 可以使组织获得正确反馈。职业锚是员工经过工作实践所确定的长期职业贡献区或职业定位，在这一过程中，职业锚的形成与员工的需要、动机和价值观密切关联，清晰地反映员工的职业追求与抱负，因此，职业锚对组织人力资源管理具有重要的参考价值。

(2) 为员工设置有效、可行的职业发展通道。职业锚可准确反映员工的职业发展需要及其所追求的职业工作环境，反映员工的价值观和抱负。因此，透过职业锚，组织可获得员工正确的信息反馈，从而可以指导组织有针对性地为员工设置可行、有效、顺畅的职业发展通道。

(3) 能够增长员工的工作经验和技能，有助于工作效率提高。职业锚是员工的职业定位，不仅能使员工在长期从事某项职业中增长工作经验，还能使员工增强职业技能，进而提高员工的工作效率。

(4) 为员工获得更好的职业发展奠定基础。如前所述，职业锚是员工通过工作经验积累而产生的，直接反映了该员工的价值观及其才干。员工确定从事某一职业工作的过程，就是自我认知的过程，是职业工作与自我价值观相结合的过程，影响着今后的生活及职业选择。

3) 职业锚理论

1978年，沙因教授提出的职业锚理论只有5种类型，即自主/独立型、创造/创业型、管理型、技术/职能型和安全型。到了1990年，沙因将安全型补充修正为安全/稳定型，同时又提出了服务型、挑战型和生活型职业锚，因此，沙因将职业锚扩展到8种类型，并提出了相应的职业锚测试量表，见表6.2。

表6.2 沙因对职业锚的类型划分及各种职业锚的特质和适合职业

职业锚类型	特质	适合职业
技术/职能型	倾向选择技术性、职能性强的工作，具有强烈的作为专家的满足感；喜欢面对来自专业领域的挑战；注重薪酬的外部公平，看重技术和专业，重视同行专家的评价；喜欢学习，不善于管理	工程技术类、营销类、财务分析类、企业策划类
管理型	愿意承担管理责任，认可领导和管理重要性；喜欢不确定性的挑战；注重薪酬的纵向公平，看重头衔和地位	行政管理类、人事管理类、会计类
自主/独立型	追求自主、独立，不愿受约束，强调自我负责；倾向于职责描述清晰、时间明确的工作；不在乎与别人比较，最喜欢得到表扬，认可证书、奖品等奖励形式	咨询和培训类工作、自由职业类、大学教师等
安全/稳定型	愿意从事安全、稳定、可预见的工作，喜欢组织的"金手铐"，具有较高的组织忠诚度	公务员、事业单位和银行职员、教师等
创造/创业型	敢于冒险，喜欢挑战，追求创新，强调自主权和管理权，容易对过去的事情产生厌倦，追求成功与卓越	企业家、知识和艺术创造型职业
服务型	关注工作的价值性，希望能以自己的价值观影响组织或社会，不追求经济收益，在乎上司、同事和社会的认可	社会职业类
挑战型	强调自身能力，认为自己无往不胜，喜欢挑战自我，喜欢竞争，能在挑战中获得自豪感，看不起自己价值观不同的人	冒险家、运动员
生活型	不追求事业成功，喜欢自我适应，选择工作时往往把家庭和生活摆在首位，强调生活情趣和自由自在	—

对于职业锚，沙因认为，职业锚需要经过工作经验积累才能形成，个体对自己能力、动机、态度和价值观等有深刻认识后才能得出，因此，很难在个体进入职业领域前通过直接测试获得。鉴于此，在对大学生进行就业指导时，应避免把职业锚用于大学生的择业指导。不过，通过职业锚理论，大学生可以进行自我分析和自我定位，对自己做出客观公正的评价，评估自己的职业倾向、能力倾向和职业价值观。

6.3 公共部门人员职业生涯规划

6.3.1 公共部门人员职业生涯规划的障碍

目前，公共部门人员特别是公务员职业生涯规划还未受到足够重视，甚至可以说公共部门人员职业生涯规划还存在一些障碍，这些障碍包括客观障碍和主观障碍。

1. 客观障碍

客观障碍主要来自公共部门内部，一方面公共部门的管理具有强制性，公共部门人员的一切行为必须服务于公共需要,服务于社会和公民;另一方面公共部门的结构设置、管理流程具有稳定性,这一定程度上抑制了公共部门人员的工作积极性、主动性和创造性。

2. 主观障碍

影响公共部门人员职业生涯规划的主观障碍有三点:其一,传统思想的禁锢。在我国公共部门,传统思想和管理观念根深蒂固,求稳不求变是政府部门很多领导管理者的心态,因此,面对职业生涯规划这种人力资源管理形式,一些领导管理者持不愿也不想采用的态度。其二,公共部门人员对职位稳定与保障产生依赖。一旦进入公共部门,就不必担心职业生涯中断,可以享受公共部门人员的一切待遇直至职业生涯终止,其结果必然使很大一部分公共部门人员满足于手中的"铁饭碗",陷入"温柔陷阱",逐渐失去职业发展的愿望与要求。其三,缺少必要的培训。公共部门内部缺乏有关职业生涯规划的培训,配套的公共部门人员的始业教育、业务培训、职业辅导等都未落实到位,公共部门人员对职业生涯规划知之不多,没有树立起职业生涯规划的意识,导致职业生涯规划在公共部门难以"开花结果"。

6.3.2 公共部门人员职业生涯规划的必要性

尽管公共部门人员职业生涯规划存在上述种种障碍,但公共部门实施职业生涯规划的必要性是不言而喻的。概括地讲,公共部门实施职业生涯规划的必要性主要体现在如下三个方面。

1. 人人都有发展的愿望和权利,公共部门人员当然也不例外

人类一切活动的根本目的就是人类自身的发展。作为社会成员的组成部分,公共部门人员虽然承担着比较多的社会责任,扮演着特殊角色,肩负着维护社会秩序、为他人发展进行社会管理和服务的重任,然而,公共部门人员同样有强烈的自我发展愿望,也有自我发展的权利。因此,公共部门特别是政府绝不能、也不应该剥夺公共部门人员所拥有的这种权利,而应该通过科学、有效的管理来满足公共部门人员的个人发展愿望,提高其对组织和工作的满意度,使他们从工作中获得更大成就感。

2. 每一名公共部门人员只有获得更好发展,才能更好地为社会服务

根据马斯洛的需求层次论,"自我实现需要"是人的最高层次需要。现实中,公共部门人员受教育程度较高,自我实现的要求比较强烈,如果公共部门帮助他们达成自我实现的需要,就能够更有效地提高他们的工作热情,激发其潜能。进一步说,如果公共部门人员通过职业生涯规划得到较好发展,他们就能够为社会提供更高质量、更高水准的公共服务和公共产品,有利于政府绩效的改善和提高。

3. 公共部门与其他组织的转换日益畅通

社会主义市场经济体制的确立以及劳动力市场的日臻完善,公共部门人员经由劳动力市场与其他组织的转换已变得越来越畅通。在这种情况下,如果公共部门的管理方式与其他社会组织差异过大,不仅会引起公共部门人员不满,还会助推优秀公共部门人员外流,不利于公共部门人员队伍稳定和发展,甚至会影响公共部门效率和效能的提高。

6.3.3 公共部门人员职业生涯规划设计

1. 职业生涯规划的设计原则

职业生涯规划是公共部门人员对个人职业发展的预期,在职业生涯规划过程中,一般要遵循如下原则。

(1) 指导性原则。职业生涯规划有长有短,无论是长期还是短期的职业生涯规划,都能够对个体的未来职业发展有一定实际指导价值,否则,职业生涯规划就失去了意义。

(2) 与个人兴趣、特长挂钩原则。一般来讲,职业生涯规划是以个体的愿望、兴趣、特长、个性特征和能力等为基础的,因为只有在职业生涯规划设计过程中充分考虑这些因素,职业生涯规划才能体现个体规划者的职业发展愿望和需求。

(3) 可行性原则。职业生涯规划不应是"水中月,镜中花",而应是以事实为依据且有较大实现可能性的个人职业发展蓝图。因此,就职业生涯规划而言,符合实际且可行是十分必要的。

(4) 挑战性原则。职业生涯规划是公共部门人员个体对职业发展的美好愿望的追求,是基于个人兴趣、特长、个性特点和能力,但在某一时期又高于个人能力的职业发展梦想。因此,职业生涯规划必须有一定的挑战性。当然,挑战性也应有一定的度,如果职业目标规划得过高,实现的困难太大,就会挫伤个体的积极性,致使其丧失信心。

(5) 一致性原则。在这里,一致性有两层含义:一是要求个体的职业理想、职业目标和具体的阶段性目标必须与行动方案保持一致,不能前后矛盾;二是个体的职业生涯规划应与组织的发展目标和职业要求相一致,否则,不仅会影响个体职业目标实现,还会影响组织绩效和组织发展。

2. 职业生涯规划的设计步骤

职业生涯规划不是一蹴而就的,它需要规划者的自我认知、职业发展机会评估,并在此基础上确定职业目标和进行职业选择,进而制定自己的职业生涯达成策略。另外,在职业工作过程中规划者需要不断调整自己的职业目标和方向,以确保个人职业发展愿望的实现。职业生涯规划的设计步骤如图6.3所示。

图6.3 职业生涯规划的设计步骤

(1) 自我评价与职业定位。自我评价是个体规划者对自我的认知、审视和评价过程,它需要个体规划者对自己的职业兴趣、特长、性格、能力、学识水平、思维方式、价值观、情商以及潜能等进行全面分析,进而对自己在职业竞争和发展中可能具有的优势和劣势进行客观评价,以确保自己所做的职业定位更加切合实际,也更准确、有效。

自我评价的内容一般包括以下几项：①员工通过自我深入剖析，了解自己的兴趣、特长、技能水平以及上级、同事对自己的评价等，以充分了解自我；②考察自己的工作动机和需求，明确自己所面对的需求压力；③考察自己的能力状况；④预测自己在职场中的发展空间和机会。表6.3列示了一份自我评价样例。

表6.3 自我评价样例

活动	目标
第1步：我现在处于什么位置？(思考一下自己的过去、现在和未来，画出时间表，列出重大事件)	检查自己目前的生活和职业位置
第2步：我是谁？(利用3～5张卡片，在每张卡片上写下"我是谁"的答案)	考察自己担当的不同角色
第3步：我要去哪儿？我希望发生什么？(思考你目前和未来的生活，写一份自传来回答3个问题：你希望做什么样的事？你希望达到什么样的成就？你希望别人因何而记住你？)	这些事情有利于未来目标的设置
第4步：未来理想的工作(思考一下，未来一年的计划，如果你有无限的资源，你会做什么？你认为最理想的情况应该是什么样的？这种理想情况是否与第3步相匹配)	明确所需要的资源
第5步：一份理想的工作(现在思考一下，依你现有的资源能够获得的理想工作是什么样的？考虑你的角色、资源、所需的培训或教育的类型)	设立当前目标
第6步：客观地盘点职业(回答下列问题：你每天因何而兴奋？你最擅长做什么？你因何而出名？你需要什么资源来达成自己的目标？哪些因素会阻碍你达成自己的目标？为了实现未来目标，你现在应该做些什么？你的长期职业目标是什么？)	总结当前处境

资料来源：雷蒙德·A.诺伊，约翰·霍伦拜克，拜雷·格哈特，等.人力资源管理：赢得竞争优势[M]. 3版.刘昕，译.北京：中国人民大学出版社，2001：421.

(2) 职业生涯机会评估。职业生涯机会评估主要是针对自己所面临的外界环境对自己职业定位、职业选择和职业发展的影响所做的分析、判断。一般来说，外界环境主要有社会经济环境、劳动力市场环境、行业环境以及公共组织发展状况和趋势等。其中，对社会经济环境的评价，需要分析国家政治和法律制度发展趋向、宏观经济发展的水平和态势、教育发展状况以及社会文化和价值观念演变趋势等；对劳动力市场的评价，需要分析人口发展态势、劳动力市场供求和市场竞争状况、获得与自己职业发展愿望相符合的职业的机会等；对行业环境的评价，需要分析定位职业、所从属的行业的发展环境和前景等；对公共组织发展状况和趋势的评价，则需要分析公共组织所处的社会地位、发展状况和发展前景等，对自己职业发展目标的可实现程度做出评价和初步判断。

(3) 职业目标设定。职业目标的设定通常是以自己的理想或志向为前提的，通过将个人志向与对自我的评价和对职业生涯机会的判断结合起来，从而设定自己未来的职业发展目标。

一般来讲，职业发展目标有长期、中期和短期之分。长期的职业发展目标一般具有如下特征：①目标是由自己认定的，与个人职业生涯发展需要相结合，而且有一定的挑战性和实现的可能性；②目标具有长远性，且与自己的价值观相吻合；③目标能用明确的语言来描述，具体而准确。

中期的职业发展目标一般具有如下特征：①目标结合了自己的志向及公共组织的环境和要求，具有全局性；②目标符合自己的价值观，信息充分；③目标能用明确的语言来说明，有明确的时限，而且有调整的空间；④目标与长期目标是一致的；⑤目标可以利用环境和变化，改变有可能改变的事情。

短期的职业发展目标一般具有如下特征：①目标可能是自己选择的，也可能是上级安排、被动接受的；②目标未必体现自己的价值观，但可以接受；③目标切合实际，有明确具体的完成时限，具有可操作性和很大的实现把握；④目标对环境变化有较强适应性。

(4) 职业生涯策略和措施制定。在明确了职业生涯目标后，接下来就需要制定具体的职业生涯策略和措施。职业生涯策略和措施所说明的是，为了实现自己的短、中、长期职业发展目标，你需要怎么做，包括如何提高自己的专业知识和技术技能，改善自己的沟通能力、思维创新能力、组织协调能力，等等。职业生涯策略和措施一般应具体而明确，且便于监督、检查。

(5) 职业生涯规划的评估和调整

由于外部环境及个体规划者的自身素质和能力均处于不断变化中，职业生涯规划需要根据外界环境和自身情况的变化进行评估，并对既定的职业生涯规划进行调整，否则，职业生涯规划就可能制约个体职业的发展。职业生涯规划的评估和调整应当实事求是，与时俱进，以确保其先进性和可实现性。

3. 职业生涯和发展需求分析及其与员工职业生涯的匹配

职业生涯开发规划是将公共组织目标和发展需求与员工个人职业发展目标和愿望统一，以实现组织与员工共进、共荣与共赢目标的过程，同时也是一项专业化程度较高，涉及心理探询、咨询和评估等一系列行为科学和管理咨询技术的管理活动。它通常涉及组织、管理者和员工本人，通常由员工本人、人力资源管理部门、职业生涯开发委员会(职业生涯开发指导顾问)、部门主管和高层领导者共同参与。

虽然职业生涯开发规划是由组织出面制定的，然而，要想开发和制定好职业生涯和发展规划，首先必须了解并科学地认识员工的职业生涯和发展需求，这是员工职业生涯规划的起点。最常见的了解员工职业生涯和发展需求的方法有两种：一种是以员工为中心的自我评价，另一种是以员工主管或组织为中心的评价。常见的自我评价方法主要有自我透视(分析自己的好恶和优缺点)、回忆法(回忆过去的经历来确定自己喜欢或厌恶什么)、职业兴趣或性向测试、寻求专家支持方法等。当然，在了解员工职业生涯与发展需求时，常常会遇到员工无法说出自己需求的现象，对这种员工则应采用以员工主管或组织为中心的评价方法。以员工主管或组织为中心的方法主要有调查问卷法、面谈法、小组讨论法等。在组织小组讨论时，应考虑将不同类型员工包括在内。也就是说，参加讨论的人员中，既要有老员工，也要有新员工；既要有管理人员，也要有专业技术人员；既要有职业发展得很顺利的员工，也要有处于平台期的员工；既要有男性员工，也要有女性员工。在职业生涯与发展需求分析中，还要特别注意组织发展需求与员工职业生涯及发展需求的有机结合。图6.4描述了组织发展需求与员工职业生涯及发展需求的匹配问题。

图6.4 组织发展需求与员工职业生涯及发展需求的匹配

资料来源：GUFFERIDGE T G. Organizational Career Development[M]. Jossey-Bass Inc.，1993：3.

通常来讲，了解员工职业生涯及发展需求仅仅是组织职业生涯开发规划的一个方面，另一方面需要了解组织可能提供的职业发展机会。只有两者高度匹配，才能取得良好效果。在组织职业生涯开发过程中，首先需要树立宽泛的职业生涯与发展理念，以提高员工的可持续就业能力为主要目标。组织职业生涯开发工作需要从如下几方面着手：一是盘点组织职位或职务及其机会；二是分析员工的职位或职务胜任能力，包括知识(knowledge)、技能(skills)、能力(abilities)、动机(motivation)、态度(attitude)和行为(behavior)等，这些因素通常简称为KSAIBs(其中，动机和态度归属中间变量(intervening variables，I)，做到心中有数；三是进行职位或职务的行进路径规划，也就是在确定员工"起始职位或职务"基础上，结合KSAIBs来设计员工的职位或职务发展方向及其阶段性职业发展目标。考虑到员工职业发展路径中的关键点及其可能遇到的经验、知识和技能等方面的障碍，因此，还需要结合员工职业生涯规划的阶段性目标，有针对性地提供培训，以满足员工在职业发展中对培训的需求。

6.4 公共部门职业生涯管理

6.4.1 公共部门职业生涯管理的内容

公共部门职业生涯管理主要包括6个方面内容，即建立职业生涯管理系统、提供职业生涯咨询、帮助员工设计职业生涯路径、回应和帮助员工解决职业生涯与发展中遇到的问题、提供教育和培训，以及建立以职业发展为导向的绩效考评体系。

1. 建立职业生涯管理信息系统

员工职业生涯管理系统是人力资源信息系统(human resource information system，HRIS)的重要组成部分。将公共部门人员信息(包括自然特征、个性特征和员工绩效等)纳入计算机网络系统，进行信息化管理，不仅是时代发展的需要，还是人力资源管理活动日益复杂化以及人力资源信息多变化的需要，是实施人力资源即时、高效管理的必然选择。在公共组织中，人力资源信息存在交互使用的问题，因此，通过对人力资源信息系统(包括职业生涯管理系统)的建设，不仅可以有效降低人力资源管理成本，极大地提高管理效率和效益，还可以实现人力资源信息的跨组织、跨部门共享，有利于公共部门及时了解和把握员工的个人信息及发展动向，从而有目的、有针对性地进行职业生涯管理。通常来讲，员工职业生涯管理系统主要包括职业的性质、职业在社会及公共部门中的地位及其发展方向、从事该职业必备的资格条件、职业的薪酬水平、职业生涯与发展中所要求的知识结构、个性特征及其素质、职业晋升通道等内容。

建立有效的职业生涯管理系统需要考虑如下因素：①该系统必须定位在对公共部门目标和发展需要做出反应的基础之上；②员工及其管理者共同参与该系统的开发建设；③鼓励员工在职业生涯管理中扮演积极角色；④通过运用持续的动态评价来不断改进和完善该系统；⑤公共组织中的各部门可以(在某些约束条件下或公共组织许可的范围内)根据各自的目的进行适当的个性化调整；⑥员工能够获得职业信息来源(包括可能的职业咨询及职位信息等)；⑦公共组织高层管理者对该系统必须持积极的支持态度；⑧职业生涯管理与其他人力资源管理实践，如绩效管理、培训以及招聘系统等必须联系在一起①。

2. 提供职业生涯咨询

职业生涯咨询是职业生涯规划过程中各个步骤均需要的。公共部门可以通过面谈、问卷、讲授等多种形式，由公共组织的领导者、部门主管和职业生涯与发展研究专家，为所属员工提供职业生涯咨询，解答员工在职业发展中遇到的困惑和难题，厘清职业发展思路。职业生涯咨询主要包括以下内容：①帮助员工分析自身特性、职业锚、优势和劣势及发展需要；②指导员工学习职业生涯规划的知识和技能要求，使其能够更积极地管理自己的职业生涯；③为员工提供公共部门内、外部可供选择的职业；④帮助员工克服职业生涯与发展中出现的各种问题。通过职业生涯咨询，员工可以明确自己的职业发展方向，树立职业发展信心，进而发挥自己的聪明才智。

一般来讲，擅长人际关系的管理者更容易成为成功的职业生涯咨询顾问。下列建议对管理者成为更好的职业生涯咨询顾问是非常必要的。

(1) 要认识到职业生涯咨询顾问的局限性。要记住，管理者和组织在员工职业生涯与发展中只发挥着催化剂作用，制定和实施职业生涯规划的主要责任在于员工个人。

(2) 保守员工秘密。职业生涯咨询是涉及个人隐私的工作，具有道德、保密和不受他人干扰的基本要求。

(3) 建立联系。对下属要诚实、公开和真诚，尽力同员工心灵相通，并从员工的角度看问题。

(4) 有效地倾听。学会做一名真诚的倾听者。

(5) 考虑替代方案。职业生涯咨询的一个重要目的是帮助员工认识到他们通常有多种选择，帮助员工扩展思维，启发他们不必局限于过去的经历。

---

① 雷蒙德·A. 诺伊，约翰·霍伦拜克，拜雷·格哈特，等. 人力资源管理：赢得竞争优势[M]. 3版. 刘昕，译. 北京：中国人民大学出版社，2001：423.

(6) 寻求并分享信息。确信员工和组织已分别完成了对员工能力、兴趣和愿望的评价；确信已把组织的评价同员工进行了明确沟通，并使员工意识到组织内部潜在的职位空缺。

(7) 帮助员工确定目标与实现目标的策略。记住，员工必须自己做出最后的决定，管理者应充当"共鸣板"，并且确保员工个人职业生涯规划是有效的。

3. 帮助员工设计职业生涯路径

职业生涯路径(career path)是指公共部门人员在个人职业生涯中可能达到的一系列职位所形成的行进轨迹，表明了个人在职业生涯中的一般路线或理想路线。公共部门可以按照职业生涯路径来寻找机会安排员工工作及进行人事调转，从而使个人在此过程中得到应有的训练，具备承担更高职务或胜任其他职位的广泛能力。职业生涯路径管理要求尽可能充分注意到员工的不同个性特征、特长及潜质，并尽可能做好职业生涯路径的引导工作，为他们提供充分施展个人才干和智慧的舞台。表6.4列示了职业生涯路径引导的基本步骤。

表6.4 职业生涯路径引导的基本步骤

步骤	说明
第一步：确定或再次确认目标职位所必需的能力及最终行为	因为职位通常随着时间的变化而变化，所以确定或确认各项要求的变化，并定期进行再检查是非常重要的
第二步：保证员工背景资料的准确性和完整性，并进行再检查	因为人们的兴趣及职业目标总是在变化，必须对这些变化情况进行核实。而且，及时更新有关员工技能和经历等记录是十分必要的
第三步：进行需求分析比较，共同考察员工个人及其目标职位	确定员工个人与其目标职位是否匹配。令人惊奇的是，当员工的背景、潜能及兴趣出现问题时，许多组织忽略了询问员工本人
第四步：将员工的职业期望、发展需要及目标职位要求与组织的职业管理协调起来	当环境有保证时，员工个人要正式制定出他们的职业目标，或修正它们
第五步：采用时间—活动定位，开发人员培训工作及教育需要	明确员工为目标职位取得进步所需的个人行动，包括工作、教育及培训经历等
第六步：制定职业生涯与发展路径蓝图或活动计划	这是以绘制时间导向型蓝图或图表来指导个人职业发展的过程

资料来源：劳埃德·L. 拜厄斯，莱斯利·W. 鲁. 人力资源管理[M]. 6版. 李业昆，等译. 北京：华夏出版社，2002：201.

4. 回应和帮助员工解决职业生涯与发展中遇到的问题

公共部门在为员工提供必要的职业生涯路径的同时，还需要回应和帮助员工解决职业生涯与发展中遇到的一些问题，甚至是职业生涯的危机性问题，以促进人力资源开发。在员工职业生涯与发展中，可能存在一些职业发展的危机情况。

(1) 职业生涯高原现象。职业生涯高原(career plateau)现象，也称职业生涯停滞，是指一个人在进入职业生涯的某一阶段或达到某一职位后所出现的职位晋升困难、职业发展停滞现象。在个人职业生涯与发展中，大多数人均会遇到职业发展停滞、职位晋升困难问题，只是有的经历得早些，有的经历得晚些。

当今社会，公共部门人员一般均受过较高层次教育，因此，在他们进入公共部门后，一些人在很短时间内即可能达到较高职位或职务，这种情况必然导致其未来晋升机会的减少。当然，晋升机会减少并不意味着职业发展的失败，不过，区别对待已处于职业发展停滞期的员工和仍处于职位上升期的员工是必要的。通常处理职业生涯高原现象的方法有三种：一是防止处于职业发展停滞状态的员工变成无效员工，即防止问题的产生；二是整合相关的与职业有关的信息系统(改进监控体系，以尽早发现和处理发生的问题)；三是有效地管理处于职业发展停滞期的无效员工以及受挫折的员工(解决好已经出现的问题)。公共部门也可通过培训、职位转换、短期任职等，尽可能为员工提供职业发展机会。

(2) 技能老化。技能老化(obsolescence)是指员工在完成初始教育和培训的相当一段时间后，因知识和技能更新跟不上公共部门发展要求而导致的工作能力和绩效下降的现象。因此，在员工职业发展中，为了防止员工知识更新不及时、技能老化，公共部门应采取积极的应对措施，包括强调终身学习、共同探讨技能发展问题、让员工承担具有挑战性的工作任务以及对创新活动予以奖励等。

5. 提供教育和培训

公共部门可以针对职业发展要求及公共部门人员素质缺陷，进行有计划、有步骤地培训。公共部门的教育和培训主要包括两种：一是工作经验和技能等实际才干的培养。一般采取"传、帮、带"或榜样示范的方式；二是当工作经验不足以提供所需要的专业知识时，员工就需要接受正规的课程学习和教育，以此来丰富或更新知识结构，适应社会和公共部门提出的各种挑战，满足个人职业发展的资格要求。

6. 建立以职业发展为导向的绩效考评体系

在绩效考评体系建设中，一方面应将职业发展要求纳入公共部门人员绩效考评体系和标准之中，以激励和提升公共部门人员的绩效水平；另一方面可以依据员工真实、可靠、客观的绩效水平和有效信息，判断员工能否承担某一职位或职务的任务和职责。

6.4.2 职业生涯的阶段性管理

1. 职业生涯的早期管理

对新进入公共部门的人员进行职业生涯的早期管理，是引导和帮助新员工尽快融入公共部门、接受公共部门文化和价值观，并取得良好工作绩效的重要环节。一般来讲，公共部门职业生涯早期管理主要包括上岗引导和组织社会化两方面内容。

(1) 上岗引导。上岗引导是组织培训中接受程度最高的一种培训，一般在新员工进入公共部门的前几天或前几周进行。上岗引导的目的有两点：一是让新员工了解公共部门状况以及各种政策、规章制度、部门和职位设置及其相互联系，同时使新员工了解公共部门的薪酬福利以及同事和各种设施；二是让新员工了解自己的职位和职务，了解自己工作的一般流程。另外，上岗引导至关重要的一点是了解新员工的需求，以便在今后的职业生涯管理中尽可能做到有的放矢。关于上岗引导，第7章有进一步介绍，这里不赘述。

(2) 组织社会化。所谓组织社会化，主要是指进入公共部门的新成员与公共部门间的相互适应、磨合过程，其中包括了解公共部门的有关政策和规章制度、熟悉公共部门文化和价值观、熟悉上司、同事和下属等。由于多数人员流失均发生在进入公共组织的早期，强化组织社会化对降低公共部门人员流失率非常必要。

公共部门需要完成的任务主要包括以下几项：①安排富有挑战性的第一项工作；②进行相关培训；③提供及时可靠的反馈(应稍带鼓励倾向)；④设计恰当的从业培训方案。

公共部门人员社会化的有效方法：一是向新员工展示公共部门的发展前景和员工工作发展前景；二是对新员工进行培训；三是给新员工配备职业生涯顾问。表6.5列示了新进入公共部门人员社会化的4个阶段及各阶段的主要表现。

表6.5 新进入公共部门人员社会化的4个阶段及其主要表现

阶段	表现
第一阶段：面对并接受组织现实	(1) 期望的证实或弱化 (2) 个人价值观、需求与公共部门文化的冲突 (3) 发现个人的哪一方面被组织强化、哪一方面未被强化或哪一方面受到惩罚
第二阶段：澄清角色	(1) 被传授完成第一件工作任务的知识 (2) 确定个人的人际关系角色：尊重同事，尊重上级 (3) 学习处理抵制变革的力量 (4) 个人与组织对工作绩效评价的一致性 (5) 学会在特定结构中工作
第三阶段：在组织背景下定位自己	(1) 学会使个人的行为模式与其他组织成员一致 (2) 解决工作中、工作外、工作与生活间各种冲突 (3) 对组织与工作的承诺 (4) 建立起新的自我意象和新的人际关系，形成新的价值观
第四阶段：查找成功社会化的路标	(1) 在组织中达到一定程度的独立性 (2) 总体上的高满意度 (3) 互相接纳感的形成 (4) 工作参与和工作内激力的产生 (5) 新成员与组织间接纳彼此发出的"信号"(如晋升、加薪等)

资料来源：谢晋宇. 人力资源开发概论[M]. 北京：清华大学出版社，2005：322.

在公共部门人员职业生涯的早期阶段，第一份工作对新员工今后职业发展成功与否有着重大影响。研究表明，那些在第一次即被安排了具有挑战性工作的员工，后来的绩效表现比那些未获得这样工作的员工要好。因为他们会对工作保持比较高的绩效标准，会认识到组织需要喜欢学习、愿意承担责任的人。通过完成具有挑战性的工作，还能帮助他们树立信心，获得心理上的成就感，进而提高他们对职业生涯管理的参与度，刺激他们迎接更多挑战、准备担负更大责任。

为了更好地对新员工进行组织社会化，在给新员工指派上司时，组织应该选择那些有耐心、值得信赖、懂得关怀他人、不妒忌下属具有雄心和活力、能够很好贯彻组织意图、传播公共部门价值观的人。同时，组织还应对新员工的上司进行培训，让他们了解如何整合和帮助新员工，做新员工职业生涯的导航人。

2. 职业生涯的中期管理

在员工职业发展中，问题最多、也最复杂的阶段就是中期阶段。在职业生涯中期，员工既可能面临职位或职务晋升停滞或受阻问题，也可能面临家庭与工作的关系矛盾的问题，有的员工甚至面临职业转换或角色转换问题。在此阶段,如果组织不能为遇到上述问题的员工提供帮助,他们中那些有价值的骨干员工就可能借助流动来解决这些问题,也可能因受职业发展的长期困扰而平庸化。因此,职业生涯中期管理的主要任务有两点:一是引导和帮助员工顺利渡过职业生涯的危机期;二是帮助员工保持较高的工作绩效。

对进入职业生涯中期的人来讲,他们开始对衰老和死亡有所认识,并逐渐认识到实现某些梦想的困难性。另外,由于需要面对来自更年轻、接受过更好教育的同事的竞争,他们会不自觉地产生一种防守意识和防范心理,加之一些不如意的事迎面而来,如对父母和子女的责任感增强、身体伤病增多、离异或夫妻关系紧张、亲友生病或过世等,从而使他们油然而生已停止成长和进步之感,致使其职业生涯过程遭遇停滞期或高原现象。

导致员工到达职业发展顶峰的原因是多方面的,概括地讲,可能主要有如下几点:①员工的知识、技能、能力、态度和行为等与公共部门当前或未来的要求有差距。②缺乏职业发展技巧,例如长时间从事某项工作,缺乏岗位流动性,当这些岗位消失时,他们就会感到无所适从。③对管理者来讲,或者会感到缺乏人际沟通技能,或者不能完成组织或部门的使命,或者不能有效领导团队,或者不能适应变革等,都可能导致职业发展停滞。④过分追求家庭责任,或者过分注重休闲,对成就感的要求不够强烈。⑤收入分配不公或薪酬待遇不合理。⑥工作职责混淆不清。⑦组织发展缓慢及组织变革导致的发展机会减少。⑧科技进步导致某些岗位的职责弱化甚至岗位消失。

公共部门克服职业生涯中期出现的危机的办法是多种多样的,其中主要有以下几种:帮助员工了解职业生涯高原现象;提供可扩展的或灵活的流动工作机会;让员工在当前岗位上充分发展;对员工实施教育和培训等。

3. 职业生涯的后期管理

进入老年或接近退休期的员工同样存在职业发展需求,这类员工遇到的职业生涯方面的问题包括如何保持工作绩效以及如何为退休做好充分准备等。

在公共部门人员的职业生涯后期管理中,树立老年人力资源开发理念非常必要。为此,首先就需要改变有意或无意将接近退休期的人员排除在培训之外的做法,其次要尽可能避免轻率地用年轻人员替代接近退休期的人员,并注意对这类人员的激励,以使他们保持较高的工作绩效。

当然,对任何人来讲,退休永远是不可避免的事,为了使接近退休期的员工顺利渡过退休前和退休后的心理危机期,一方面应结合接近退休期人员的心理和生理特点,提供有针对性的培训,尽可能弱化其"老而无用"心理,帮助他们树立积极向上的老年人生观;另一方面应给予接近退休期人员更多的关心、照顾和激励,使他们意识到个人价值依然存在,退休绝非意味着"老而不用",使他们自觉树立积极的老年观和价值观,以积极态度面对人生及个人职业生涯后期。

关键术语

职业生涯	职业生涯规划	职业生涯开发
职业生涯管理	职业选择	职业倾向
职业锚	职业生涯路径	组织社会化
职业生涯高原现象	技能老化	

复习思考题

1. 职业生涯规划对个人发展有何作用？
2. 职业生涯管理的特征有哪些？职业生涯管理的意义是什么？
3. 组织职业生涯管理与人力资源管理其他活动的关系是怎样的？
4. 组织、员工本人和管理者在职业生涯管理中各自担负的责任是什么？
5. 简述舒伯的职业发展阶段理论。
6. 论述格林豪斯的职业发展阶段理论与舒伯职业发展阶段理论和沙因职业发展阶段理论的区别。
7. 简述霍兰德的职业倾向理论。
8. 职业锚有何作用？简述沙因的职业锚理论。
9. 公共部门人员职业生涯规划的必要性有哪些？
10. 职业生涯规划应遵循的原则是什么？职业生涯规划的一般步骤是怎样的？
11. 公共部门职业生涯管理的内容是什么？
12. 如何开展职业生涯管理？

 本章案例

成功不在于出身，而在于目标

第7章 公共部门人员培训

【学习引导】本章主要介绍培训和开发的内涵及两者的区别,介绍公共部门人员培训的类型及一般步骤,讨论什么是培训需求分析,以及如何开展培训需求分析、如何设计培训方案和进行培训评估。通过本章学习,学习者可以对培训的过程、方式、方法以及如何做好公共部门人员培训等有一个全面、深刻、清晰的了解。

本章的学习重点:一是掌握培训及其类型;二是了解培训的一般步骤或流程;三是了解如何开展培训需求分析及设计培训方案;四是掌握培训的常见方法及特点;五是了解如何开展培训评估等。

古人有云:"工欲善其事,必先利其器。"就公共部门而言,人员培训就是为"善事"而"利器"的过程。培训是人力资源开发的重要手段之一,也是公共部门为应对科技发展和社会变革而采取的必要措施。从现代人力资源管理角度讲,培训既是一个育人过程,也是一个间接地用人、留人和吸引人的过程,是公共部门为提高自身绩效、谋求未来可持续发展所进行的战略性投资。

7.1 公共部门人员培训概述

7.1.1 培训的含义

在汉语中,"培"被解释为"帮助和保护人成长","训"被解释为"教导,教诲"之意,据此,可将"培训"解释为通过教导或教诲来帮助人成长。作为人力资源管理活动的重要组成部分和功能,培训(training)是指组织根据自身发展需求,为提高组织生产力及其整体绩效,对其员工所实施的人员素质改善、知识和技能增进、能力提高以及组织文化传播和价值观改造的活动。换言之,培训就是一个使员工获取知识、技能、观念、规则和态度,进而提高员工和组织绩效的学习过程。

人员培训与人力资源开发不同,两者既有区别,又有联系。两者的区别主要表现为以下几个方面。

(1) 人力资源开发比人员培训更具普遍性。人力资源开发(human resource development)是指通过投资,利用教育、培训、管理等方式,诱发和促进人的知识、技能、能力以及思维方式、价值观念等形成和发展的过程。人力资源开发活动贯穿人的一生,只是每个阶段和时期人力资源开发的重点和任务有所差异。而培训活动是针对一定时期或一定科技和生产力条件下人们存在的知识、技能不足,以及出于传播某种文化观念、推广某项技术技能、传播某项制度和规范、传达某种信息等目的而展开的,具有明显的时段性特征。

(2) 人员培训涉及的对象通常是组织内的员工,而人力资源开发则不然。一般来讲,人员培训是以组织内员工为培训对象的,培训内容一般是事先确定好的,有很强的针对性;而人力资源开发的对象既可以是组织的员工,也可以是社会中的其他人,即便在组织内部,人力资源开发的对象和内容也要比人员培训广泛得多,而且学习内容不一定与工作和组织有关。

(3) 从目标着眼点看,人员培训一般着眼于组织的近期目标和中期目标,而人力资源开发着眼于组织的中期和长期目标。

(4) 从目的性上看,人员培训的目的在于提高员工的知识水平、技能及能力,改良员工的价值观,提高员工对组织文化的认同程度,最终达到凝聚人心、提高组织整体绩效的效果;而人力资源开发不仅是为了凝聚人心和提高组织绩效,更是为了组织乃至社会的长期、可持续发展。

(5) 人员培训比较侧重于员工知识更新、技能增进以及文化价值观改良,而人力资源开发将员工健康、智力、知识和技能等的全面改善综合起来考虑,侧重员工基本素质的整体提高。

从两者的联系看,培训是人力资源开发的手段或形式之一,对提高组织和社会的人力资源开发水平具有重要作用。

可见,人员培训与人力资源开发有着十分密切的联系,虽然人员培训从属于人力资源开发,两者间是部分与整体的关系,但却不能相互替代,因为两者有着不同的立足点、着眼点和侧重点。

7.1.2 公共部门人员培训的类型

人员培训的类型多种多样,大致可分为如下几种。

1. 岗前培训、在职培训和离职培训

根据受训者是否在职或在岗以及受训发生的时间,可将培训划分为岗前培训、在职培训和离职培训。

1) 岗前培训

(1) 岗前培训的含义。岗前培训,也称上岗引导(orientation),是指在员工就任某一岗位或职务前,结合其即将就任的岗位或职务要求所进行的文化、价值观以及岗位任务、职责和规范要求等的教育和训练。岗前培训是新员工或即将就职于某一新岗位或职务的员工必须接受的培训活动,也是职业生涯早期管理的重要环节,对员工合理、恰当地履行岗位或职务职责、高效完成公共部门赋予的任务十分必要。

(2) 岗前培训的层次。岗前培训通常按两阶段或两个层次进行:第一阶段是组织层次的岗前培训或组织上岗引导(organizational orientation)。这一阶段主要向员工介绍公共组织的有关情况,包括发展目标、发展历史、组织规范、公共组织的责任和任务,以及公共组织的产品和服务及其面对的市场和客户群等,从而为员工描绘公共组织的概貌。这方面的介绍往往以"欢迎辞"为开端,主要介绍政策制度和程序、安全和事故预防、员工关系及纪律和奖惩制度、物质设施和工作环境、组织的薪酬待遇,以及组织所处的政治、经济和社会环境等。第二阶段是部门和岗位层次的上岗引导(departmental and job orientation)。这一阶段主要介绍员工拟任职部门和职位的情况,包括部门职能、工作职责和任务、政策及规章制度,同时还可能涉及部门参观及部门员工相互介绍等内容。

(3) 岗前培训的任务。岗前培训的任务主要包括两个：一是文化培训，二是业务培训。文化培训的目的在于灌输公共组织的传统、目标和宗旨、文化以及公共组织的作风和职业道德等。在这一过程中，既要让受训者清楚公共组织所提倡和反对的东西，又要让受训者尽可能多地了解公共部门的一系列规章制度，同时还要让他们了解公共组织所处的内外部环境、公共组织的特点和发展前景，了解公共部门面临的挑战和机遇等。在业务培训过程中，首先要让受训者了解即将就任岗位的工作程序及与日常工作有关的知识和技能要求，并按不同岗位分类学习本部门的业务知识、工作流程、工作要求和绩效标准，并进行适当的知识和技能训练；其次，还可由组织或部门领导和主管人员、业务骨干人员等开设专题讲座，讲解本组织、本部门的管理活动和工作经验、教训，并进行适当的模拟实践，以及开展对新入职人员的"传、帮、带"活动。

2) 在职培训

在职培训(on-the-job training，OJT)是公共部门基于一定目的对在职人员实施的有关业务知识、技术技能、职业道德、文化和价值观以及态度等的教育和训练活动。在职培训通常包括在岗培训、在职转岗培训、在职离岗培训和工作轮换等几种类型。

(1) 在岗培训。在岗培训是指基于业务拓展和提高工作绩效需要，针对正在任职某一岗位的人员所进行的培训活动。在岗培训通常有以下几种形式：一是由有经验的人员或直接主管对在岗人员进行培训，这种培训近似于在岗辅导；二是借助业余培训班、电大、夜大、函授等形式使在岗人员学习新规则、新技能和新知识等；三是以讲座、视听技术和远距离培训(电视教学、网络培训和网络教育、广播培训等)等形式进行。

(2) 在职转岗培训。在职转岗培训是专门针对公共部门在职人员所实施的、就任某一新工作岗位前的培训活动。

(3) 在职离岗培训。在职离岗培训是指公共部门人员以在职离岗的形式到公共部门以外的学校、专门培训机构和其他公共组织或企业接受培训。离岗进修、挂职锻炼等均应归于此类。

(4) 工作轮换。工作轮换(job rotation)是指公共部门人员在组织内部相同或相似职位或职务间的转换任职活动。进行工作轮换有两个目的：一是增进员工的见识，培养精通多部门、多领域、多方面业务的"通才"；二是增加公共部门工作的挑战性、缓解人们因长期从事某一部门或岗位工作可能带来的疲乏和厌倦感，提高员工的成就感和满意度，同时还可为员工晋升高一级职务打下良好基础。目前，工作转换在我国政府部门正得到越来越广泛使用，并已成为公共部门锻炼人、发展人的制度。

3) 离职培训

离职培训，也称脱产培训，是指公共部门人员为了适应新岗位或新职务的要求，脱离原组织或原部门，到学校和专门培训机构接受教育和训练的一种人力资源开发活动。接受离职培训的人员，在培训结束后，既可回原组织或原部门任职(与原组织或部门有合同约定)，也可到新的组织或部门任职。现实中后者较为常见。

2. 初任培训、任职培训、专门业务培训和更新知识培训

我国《公务员法》将人员培训划分为初任培训、任职培训、专门业务培训和更新知识培训4种类型。

(1) 初任培训。初任培训是一种岗前培训或职前培训，是指国家行政机关对新录用人员在正式上岗之前所进行的培训。初任培训一般在试用期间进行。初任培训的时间一般不少于10天。初任培训合格后，方能任职定级。

初任培训的目的是使新录用的国家公务员了解党和国家的方针、政策，了解国家公务员所担负的使命和社会责任，了解政府部门工作的性质、特点、基本程序和一般工作方法，明确自己的职责范围和工作内容，熟悉工作环境及其工作的行为准则，为正式上岗做好充分准备。

(2) 任职培训。任职培训，也称晋升培训，是指国家行政机关对准备晋升一定领导职务的国家公务员，按拟任职务要求所实施的培训。任职培训一般在任职前或任职后1年内进行，培训时间一般不少于30天。任职培训既可以是岗前培训，也可以是在职培训。

任职培训的目的在于通过培训为拟升任某一职位的国家公务员提供所需政策、领导管理能力和专业知识的培训。任职培训的对象通常包括两类：一类是经过特种考试，从政府部门外录用的、拟担任某一领导职务的公务员；一类是政府部门内晋升一定领导职务的在职公务员。

(3) 专门业务培训。专门业务培训是指政府部门为从事专项工作的在职公务员所实施的知识和技能培训。如经济普查、人口普查方法与流程等。专门业务培训的目的是使相关公务员掌握从事专门业务所必需的特殊知识、技能和注意事项等。专门业务培训的形式灵活多样。

(4) 更新知识培训。更新知识培训，也称轮训，是指政府部门根据自身发展需要，有计划地对国家公务员进行的旨在更新知识和提高工作能力的培训。培训的具体内容一般根据科技和社会经济环境变化而定，有的是政府部门所有人员都需要的知识和技能，如公共管理知识；有的是某一部门特殊需要的，如税法知识等。

除以上几种类型的培训外，有的培训还以特殊目的而进行，如读写能力培训、价值观培训、客户服务培训(目的在于通过培训使全体员工学会以亲切、友善、周到的服务来对待客户)以及团队精神培训等。

7.1.3 胜任素质模型

1. 胜任素质的基本含义

公共部门人员工作中应具备的胜任素质，是公共部门人员培训首要思考问题。胜任素质(competency)，也称胜任能力，是指在特定组织和特定职位上，员工做出优秀业绩所需要的职业素养、知识、技能、自我认知能力和个性特征等的综合表现。

2. 胜任素质的应用起源

20世纪中期，美国国务院逐渐意识到以智力因素为基础选拔外交官的效果并不理想，一些表面上优秀的人才，实际工作表现却非常令人失望。在这种情况下，美国国务院邀请哈佛大学D.麦克利兰(D. McClelland)教授设计了一种能够有效预测任职者实际工作业绩的员工选拔方法。在项目研究过程中，麦克利兰发现，那些主观上被认为能够决定工作成绩的一些因素，如人格、智力、价值观等，在现实中并未表现出预期效果。于是，他一改通过理论假设和主观判断来研究问题的传统思路，从第一手材料着手，来识别那些能真正影响工作业绩的个人条件和行为特征，并取得了巨大成功。麦克利兰把那些直接影响工作业绩的个人条件和行为特征,统称为胜任素质(competency)。20世纪70年代初,麦克利兰在美国波士顿创立了MCBER公司,为企业、政府机构和其他专业组织提供胜任素质在人力资源管理方面的应用服务。在他的指导下,MCBER成为国际公认的应用胜任素质方法的权威机构。2003年,《财富》杂志500强中超过半数的公司已将胜任素质模型应用到了企业管理中。而且,随着胜任素质理论和方法的日臻完善,包括美国、加拿大、澳大利亚和欧洲各国在内的国家也相继投入胜任素质运动(Competency Movement)[①]。

关于胜任素质,斯本瑟夫妇(L. M. Spencer & S. M. Spencer)认为,它是"能够将某一工作(或组织、文化)中表现优异者与表现平庸者区分开来的个人潜在和深层次的特征,可以是动机、特质、自我形象、态度或价值观,也可以是某一领域的知识、认知或行为技能,即任何可以被可靠测量或计数的,并且能够显著区分优秀业绩和一般业绩的个体特征"[②]。进而,他们将胜任素质区分为鉴别性胜任素质和基准性胜任素质,并指出,鉴别性胜任素质(differentiating competency)是指能将某一工作(或组织、文化)中表现优秀者与表现一般者区分开来的个体行为特征,而基准性胜任素质(threshold competency)是指能将某一工作(或组织、文化)中表现合格者与表现不合格者区分开来的个体行为特征[③]。

3. 胜任素质的基本内容

在麦克利兰看来,胜任素质包括知识、技能、社会角色、自我认知、特质、动机这6个能够可靠测量且能把高绩效员工与一般绩效员工区分开来的个体特征。对员工来讲,这6个方面的内容呈现一定层次性,如图7.1所示。

图7.1 胜任素质的冰山模型

由图7.1可见,知识和技能是胜任素质最表层的内容,如同冰山的海平面以上部分;社会角色、自我认知、特质和动机属于胜任素质的较深层次内容,如同冰山淹没在海平面以下的部分,然而,它们却是决定人们行为与表现的关键因素。

一项胜任素质通常包含名称、定义、维度、分级、等级标准和行为描述6个要素。其中,

---

① 董克用,李超平. 人力资源管理概论[M]. 5版. 北京:中国人民大学出版社,2019:132.
② Spencer L M, Spencer S M. Competence at Work: Model for Superior Performance [M]. New York: John Riley & Sons, 1993.
③ 董克用,李超平. 人力资源管理概论[M]. 5版. 北京:中国人民大学出版社,2019:133.

"名称"给出了该胜任素质称谓,如"成就感""适应力"等;"定义"描述了该胜任素质的具体含义及其所包含的内容,如"适应力"是指能够接受某一工作及其环境的程度或能力;"维度"给出了某一胜任素质涉及的主要领域或方面,如"适应力"主要包括对工作本身的适应能力及对工作环境的适应能力两个维度;"分级"指的是胜任素质每一维度所划分的等级,如"适应力"中"对工作的适应能力"可划分为A1~A5等5个等级;"等级标准"是对胜任素质每一维度所划分等级的具体标准,如"适应力"A1的等级标准是"根本无法适应工作,难以达成工作的目标和要求";"行为描述"是对胜任素质每一维度的每一等级所要求行为的具体界定,如可将"适应力"A5等级的行为具体描述为"能够快而好地履行工作岗位所要求的职责,并能拓展性地顺利开展工作"。

4. 建立胜任素质模型的步骤

通常,员工个体具有多种胜任特征,但组织所需要的不一定是员工所具有的,这就需要组织根据自身的职位要求、特征和组织环境,明确员工胜任岗位工作,确保其发挥最大潜能的胜任特征,并以此为标准来对挑选和培训员工,由此就需要运用胜任素质模型(competency model)来提炼能够对员工工作有较强预测性的胜任素质,即员工最佳胜任特征能力。

所谓胜任素质模型,是指为完成某一工作(或履行某一职位的职责)、达成某一目标所需要的一系列胜任素质的组合。胜任素质模型通常涉及动机表现、个性特质、自我形象认知、社会角色,以及与所承担工作相关的必要知识和技术技能等。

一般来讲,胜任素质模型的建立需要经过如下5个步骤。

(1) 确定绩效标准。确定胜任素质的基本思路是对不同绩效水平人员进行比较,找出绩效优秀者与绩效一般者之间的主要区别(胜任素质),然后用这些胜任素质来预测员工的个人绩效。因此,要建立胜任素质模型,首先就要确定绩效标准。

在确定绩效标准时,最好采用绩效管理中已经设定好的标准,特别是那些可以客观反映任职者能力特征且能进行衡量的标准。确定绩效标准常用方法是工作分析与专家小组讨论相结合,即通过工作分析明确工作的具体要求,进而结合岗位的任务、责任和期望优秀员工表现出的能力特征,在专家讨论的基础上提炼出鉴别优秀员工与一般员工的标准。如果客观绩效标准不易获得,也可采用"上级提名"的方式,由上级领导直接给出工作绩效标准。这种方法虽然较为主观,但简便可行。

(2) 选取效标样本。根据岗位要求,在从事某岗位工作的绩效优秀者和绩效一般者中,分别随机抽取不少于10名员工进行调查。

(3) 获取效标样本的胜任特征数据并进行处理。专家小组可借助行为事件访谈法(behavioral event interview,BEI)、评议(expert panel)法、问卷调查(survey)法和观察法等获取效标样本的胜任特征数据。人们一般采用行为事件访谈法。行为事件访谈法是一种开放式的行为回顾式调查技术,类似于绩效考评中的关键事件法。行为事件访谈通常采用问卷和面谈相结合的方式。一般来说,访谈者事先并不知道访谈对象属于优秀组还是一般组,以免造成先入为主的误差。访谈者在访谈时应尽量让被访谈者用自己的语言详尽描述他们工作绩效高或低的工作经历,即他们在工作中是如何做的、感想如何等,并以此为基础,来区分绩效优秀者与绩效一般者的胜任素质。访谈时间一般在1~3小时。

(4) 建立胜任素质模型。通过对数据的处理分析，即可建立胜任素质模型。这一步骤的工作有以下几项：一是就绩效优秀组和绩效一般组在每一胜任素质出现的频次和等级差别进行比较分析，找出两组的共性和差异特征，并根据不同主题进行特征归类，以确定胜任素质项目；二是根据频次的集中度，估计各种类特征组的权重，并确定每项胜任素质的等级；三是描述胜任素质等级；四是以文字和图表的形式表示胜任素质模型。

(5) 验证胜任素质模型。借助已有的绩效优秀者和绩效一般者的有关标准或数据，运用回归法或其他相关验证方法，来验证胜任素质模型。这里的关键是选取什么样的绩效标准来做验证。验证模型有效性的办法有以下几种：一是交叉效度法(cross-validation method)，即通过收集绩效优秀者与绩效一般者的第二个效标样本，再次用行为事件访谈法收集数据，进而分析所建立的胜任素质模型能否区分第二个效标样本(即能否判断出哪些属于绩效优秀者，哪些属于绩效一般者)；二是构想效度法(construct-validation method)，即根据胜任素质模型编制评价量表，并以此来评价第二个效标样本在上述胜任素质模型中的关键胜任素质，考察绩效优秀者与绩效一般者在评价结果上是否存在显著差异；三是预测效度法(predictive-validation method)，即通过行为事件访谈或其他测验，按所提取的胜任素质模型中的胜任素质进行人员选拔，或根据胜任素质模型对相关人员进行培训，而后跟踪这些人，考察他们工作中的表现是否出色。

胜任素质模型在人力资源管理中有着广泛用途，既可用于工作分析、人员选拔、绩效考评、员工激励，也可用于人员培训，帮助员工量身定制培训计划，有的放矢地突出重点培训内容，降低培训成本，提高培训效益和效率。

可见，胜任素质模型不仅为公共部门研究和开发各职位和职务任职者应具备的素质和能力奠定了基础，还是确定公共部门人员培训内容的有效工具。

7.1.4 中国公务人员的培训内容

根据《中华人民共和国公务员法》《干部教育培训工作条例》和有关法律法规，中共中央组织部、人力资源社会保障部制定的《公务员培训规定》，中国公务人员的培训内容主要集中在政治理论、职业道德、政策法规、文化素养、行政能力和业务知识等几个方面，基本可归纳为综合知识和专门业务知识两个方面。

1. 综合知识

综合知识涉及政治理论知识、职业道德和行为规范、政策和法律法规、文化素养和行政能力培训等。

(1) 政治理论。这里所说的政治理论，主要指马克思列宁主义、毛泽东思想、邓小平理论、"三个代表"重要思想、科学发展观以及习近平新时代中国特色社会主义思想等。公务员是国家机关的中坚力量，负有维护国家机关正常运转、维护社会安定团结的重大使命，在日常工作和管理中代表着公共利益，维护着政府管理的合法性，故对其应加强政治理论培训。

在政治理论培训中，对公务员进行马克思列宁主义、毛泽东思想、邓小平理论、"三个代表"重要思想、科学发展观和习近平新时代中国特色社会主义思想的理论教育，开展党的历史、党的优良传统和党的纪律教育以及国情和形势教育，引导他们坚定中国特色社会主义信念，坚持正确的世界观、人生观、价值观及权力观、地位观、利益观，使他们牢固树立起正确的政绩观，坚持科学发展观，是十分必要的。

(2) 职业道德和行为规范。中国国家人事部制定的公务员职业道德和行为规范主要包括以下8个方面：一是政治坚定。具体表现为：努力学习马列主义、毛泽东思想、邓小平理论、"三个代表"重要思想、科学发展观和习近平新时代中国特色社会主义思想，树立共产主义理想信念，坚持党的基本理论、基本路线和基本纲领，坚定地走中国特色社会主义道路，坚定不移地贯彻执行党和国家的路线方针政策，与党中央保持高度一致。二是忠于国家。具体表现为：热爱祖国，忠于宪法，维护国家安全、荣誉和利益，维护国家统一和民族的团结，维护政府形象和权威，保证政令畅通；遵守外事纪律，维护国格、人格尊严，严守国家秘密，同一切危害国家利益的言行作斗争。三是勤政为民。具体表现为：忠于职守，爱岗敬业，勤奋工作，钻研业务，甘于奉献；一切从人民利益出发，全心全意为人民服务，密切联系群众，关心群众疾苦，维护群众合法权益，自觉做人民公仆，让人民满意。四是依法行政。具体表现为：模范遵守国家法律、法规和规章，按照规定的职责权限和工作程序履行职责、执行公务，依法办事，严格执法和公正执法，文明执法，不滥用权力，不以权代法。五是务实创新。具体表现为：解放思想，实事求是，理论联系实际，说实话，报实情，办实事，求实效，踏实肯干；勤于思考，勇于创新，与时俱进，锐意进取，大胆开拓，创造性地开展工作。六是清正廉洁；克己奉公，秉公办事，遵守纪律，不徇私情，不以权谋私，不贪赃枉法；淡泊名利，艰苦奋斗，勤俭节约，爱惜国家资财，反对拜金主义、享乐主义。七是团结协作。具体表现为：坚持民主集中制，不独断专行，不搞自由主义；认真执行上级的决定和命令，服从大局，相互配合，相互支持，团结一致，勇于批评与自我批评。八是品行端正。具体表现为：坚持真理，修正错误，崇尚科学，破除迷信；学习先进，助人为乐，谦虚谨慎，言行一致，忠诚守信，健康向上；模范遵守社会公德，举止端庄，仪表整洁，语言文明，讲普通话。

(3) 政策和法律法规。公务员是法律的执行者，同时也是法律法规的解释者和推进者，其法律意识和政策素养的高低直接关系着能否依法行政以及依法行政的水平。政策和法律法规培训既是公务员牢固掌握和准确使用国家政策和法律法规的前提，也是引导他们牢固树立依法行政理念，进而依法行政、公正执法的关键环节。

(4) 文化素养。公务员属于社会精英阶层，同时也是国家和政府形象的典型代表，其文化素养高低关系着国家和政府的外在形象及其管理水平。公务员的文化素养包括人文素养、科学素养和审美素养等，是一个综合性的概念。人文素养是公务员文化素养的基础和核心，科学素养和审美素养以人文素养为出发点和归宿。人文素养的主题是人文精神，人文精神追求人生美好的境界、推崇感性和情感，着重想象性和多样化的生活，使一切追求和努力都归结为对人本身的关怀。科学素养包括运用科学的方法和观点来理解自然界并能做出相应决定的能力，以及能够确认科学问题、使用证据、做出科学结论并就结论与他人交流的能力。审美素养是指人所具备的审美经验、审美情趣、审美能力、审美理想等的总称。培养人文素养和科学素养、完善审美素养，不断提高综合素质，是公务员文化素养培训的目标所在。公务员文化素养培训重点在于完善公务员的知识结构、提高其综合素质，培训的内容具体涉及文史哲、自然科学、艺术审美、社交礼仪等。

(5) 行政能力。行政能力主要表现为公务员运用政策和法律法规以及管理和专业知识来处理实际问题的能力,包括公务人员的观察能力、记忆能力、模仿能力、随机应变能力、归纳概括能力、组织协调能力、领导决策能力、沟通能力、表达能力和谈判能力等。行政能力培训通常采用管理游戏、角色扮演、案例分析、专题讨论等方法进行。

2. 专门业务知识

专门业务知识培训涉及业务知识培训和专业技能培训两个方面,其目的在于改善公务人员的专业知识素养和专业技能,进而提高政府的工作绩效。

(1) 业务知识培训。业务知识培训是公务员培训的中心内容。随着现代社会的公共管理事务日益复杂,对公务员的管理知识和能力的要求越来越高。对公务员来讲,只有掌握了现代公共管理的理论、准则、方式和方法,把握了公共管理的一般规律,才能在工作中得心应手,才能不断提高管理绩效和管理水平。公务员业务知识培训的重点是不断增加和完善履行岗位职责所必要的知识及其结构,进而提高公务员的实际工作能力。

业务知识培训包括通用知识培训和专业知识培训两个方面。业务知识培训不但涉及社会主义市场经济知识、相关的政策法规、现代管理知识、现代科技知识等通用知识,还涉及与岗位密切相关的专业理论、专业技术知识和专业操作知识等专业知识。特别需要强调的是,面对国际国内经济和社会发展的新形势以及公共管理的新要求,必须强化政策科学和领导科学的培训与研习,不断提高公务员的政策水平和领导管理能力。政策训练课程主要涉及国家的战略目标和政策问题的讨论,其基础知识包括经济学、公共政策、管理学和人力资源管理学等;领导管理能力训练的基础知识主要包括公共管理学、领导科学和组织行为学等。而且,在培训过程中,应该把学习各种知识与研究和解决实际问题结合起来,围绕现实工作中的重点和难点问题,开展专题研究和讨论,努力使公务员精通本职业务,提高工作水平和创新能力。专业知识培训则应根据科技进步和社会经济发展情况来确定,特别是要结合具体的岗位规范,使公务员有的放矢地了解和掌握有关专业方面的新观念、新理论、新技术和新方法。

(2) 专业技能培训。公务员的专业技能培训包括通用技能和岗位技能培训两方面。对于新录用或拟晋升领导职务的公务员,应坚持先培训后上岗的原则。近年来,公务员通用技能建设已成为公共部门人员培训的重要内容。国家人事部颁布的《国家公务员通用能力标准框架(试行)》规定了政治鉴别能力、依法行政能力、公共服务能力、调查研究能力、学习能力、沟通协调能力、创新能力、应对突发事件能力、心理调适能力等公务员必须具备的九大能力。通过专业技能培训,不断提高公务员在计算机操作、公文写作、外语等方面的通用技能,以及自身工作岗位所要求的特殊技能,对提高我国公务员队伍的实际工作能力、推进管理过程的自动化、信息化、智能力和便捷化,有着十分重要的实际意义。

7.1.5 公共部门人员培训的一般程序

人员培训是人力资源开发与管理系统的一个子系统,这个子系统能否良性运行及其运行的效果如何,将直接关系着组织及其受训者的绩效。通常来讲,一个完整的人员培训体系需要包括如下几个基本环节:培训需求分析阶段、培训计划设计与准备阶段、培训实施阶段,以及培训效果评估与反馈阶段,如图7.2所示。

图7.2 公共部门人员培训的一般程序

1. 培训需求分析阶段

培训需求分析阶段是一次培训的开始。这一阶段的主要任务是通过对组织分析、岗位分析和人员分析，解决谁需要培训、培训什么以及预计达到什么样的效果等问题，进而确定培训目标和培训对象。关于培训需求分析，我们将在下一节讨论。

2. 培训计划设计与准备阶段

这一阶段的主要任务是在需求分析基础上，以书面的形式设计并完成培训计划，以及根据培训需要准备相关的材料、设备和场地等。这一阶段的主要内容包括以下几项。

(1) 根据需求分析确定具体的培训内容。
(2) 确定受训人员及其数量和特征。
(3) 确定培训方式(例如，是岗前培训，还是在职培训，或是离岗培训；是组织或部门内培训，还是委托其他专业培训机构或学校来培训；等等)。
(4) 拟订培训时间和培训地点。
(5) 初步选定培训讲师。
(6) 拟订培训方法(如课堂讲授、案例讨论、角色扮演、研讨法等)。
(7) 准备培训材料及仪器设备。
(8) 进行培训经费预算。
(9) 拟订评估指标和标准。

3. 培训实施阶段

实施阶段是一次培训活动的关键步骤，这一阶段的任务和活动主要包括以下几项。

(1) 最终确定培训的具体时间和地点。
(2) 确定培训的实施机构和师资。目前我国政府部门的培训机构主要有三种：一是国家行政学院(或中央党校)和地方行政学院(省委或市委党校)；二是普通高等学院、科研院所及其培训机构等。

(3) 结合培训内容和受训人员要求确定培训方法,并在培训过程中不断调整培训方法。
(4) 提供培训所需的设备,如投影仪、幻灯机、屏幕及其他仪器设备。
(5) 使用并控制培训经费。
(6) 培训后勤保障和服务。
(7) 监控培训过程。
(8) 调整评估指标与标准。

4. 培训效果评估与反馈阶段

培训效果评估既是一次培训的结束,又是下一次培训的准备和开始。通过培训效果评估,既可对整个培训过程及其效果进行评价和判断,也可为今后的培训提供经验性指导。本阶段的任务主要包括以下两项:培训方案和过程评估;培训效果调查与评估。其中,培训效果调查与评估是本阶段的核心内容。在评估结束后,还要根据评估结果及其评估中发现的问题,对培训各阶段进行调整和修正,进而提高下一次培训的效益和效率。

7.1.6 公共部门人员培训的作用和意义

概括地讲,公共部门人员培训的作用和意义主要表现在如下几个方面。

1. 有助于公共部门人员更新观念及提高受训者和公共部门的依法履职能力和工作绩效

公共部门人员培训不但形式多样,而且涉及内容广泛,既包括政治理论、职业道德、行为规范、法律法规和政策、文化素养和行政能力培养等方面内容,也涉及业务知识、专业技能以及国际国内形势、世界政治、经济和科学技术发展的新趋势、新动向等方面内容。进行公共部门人员培训不仅可以开拓受训者的视野,引导受训者更新观念及知识结构和能力体系,还可以提高受训者和公共部门知法懂法及依法履职能力,帮助受训人员修正工作中的错误和偏差,提高其工作绩效,有益于学习型、服务型和高绩效公共部门建设目标的达成。

2. 有助于提升公共部门人员满意度和认可度,凝聚士气,提高公共部门竞争优势

培训既是员工激励的手段之一,也是促进公共部门间及人员间沟通交流、增进相互理解的有效途径。通过培训,不仅可以增长公共部门人员的见识,拓展他们的视野,提高他们准确理解和精准把握法规政策的能力,还可以增强他们对工作和公共部门的信心和满意度,强化他们的合作意识和对组织的忠诚度,这对树立公共部门良好形象及提高公共部门竞争优势无疑是有益的。

3. 有助于培育优秀的公共部门文化

作为传播组织价值取向及组织行为准则、规章规范的途径和手段之一,培训在公共部门文化建设中具有重要作用。组织文化是公共部门的软实力,是凝聚公共部门人员士气、规范公共部门人员行为、激发公共部门人员斗志、引导他们朝着公共部门要求的目标和方向迈进的重要方面。而从强化公共部门人员认知及培育优秀公共部门文化角度讲,公共部门组织目标、使命担当、价值追求、道德和行为规范及行为标准、奖惩制度和措施等的传播和落实,往往会通过专门且持续的培训来达成,在帮助公共部门人员答疑解惑的同时,增强他们对公共部门优秀文化建设重要性的认识。

4. 有助于树立公共部门良好形象，增强公共部门对优秀人才的吸引力

培训既是帮助公共部门人员成长、实现个人与组织共赢的重要手段，也是建立学习型组织、树立公共部门积极进取的良好形象的重要途径。它既有助于留住现有人员，同时对外部优秀人员也会形成强大吸引力，有助于公共部门人力资源优化与可持续发展。

7.1.7 公共部门人员培训应坚持的原则

在公共部门人员培训过程中应坚持如下几项基本原则。

1. 服务于公共部门战略和规划的原则

战略和规划是实施公共部门目标的路径安排，也是公共部门的工作任务，因此，人员培训应始终把服务于公共部门战略和规划作为目标指向和重要内容，围绕公共部门战略和规划来开发设计培训计划，落实培训任务，从而使培训更好地为公共部门战略和规划实施服务。脱离公共部门战略和规划要求来设计培训计划、开展培训的做法是不可取的，也是违背公共部门人员培训要求的。

2. 理论联系实际原则

培训的重要特征之一是其实效性，也就是说，培训工作不能脱离实际，而应把贴合实际、更好地解决实际问题作为培训的出发点和归宿，这就需要在培训过程中，始终将理论学习和专业知识传授与实际应用有机地结合起来，结合具体事例或案例来解读理论和传授知识，应避免理论学习与实际问题分析脱节。

3. 因材施教原则

公共部门不但组织类型和职位种类繁多，各类组织和职位对人员的素质、知识和技术技能的要求千差万别，而且公共部门人员素质和能力水平同样参差不齐，不同人员在性格、体力、智力、兴趣、经验、爱好特长、知识储备和技术技能等方面存在较大差异，由此就决定了公共部门人员培训必须因组织和职位需要、因人员差异而施教，避免"一刀切"或"齐步走"，在加强组织、部门(任务)和人员研究的基础上，设计多样化、层次化的培训方式和方法，强化培训的针对性、个性化和层次性，争取做到有的放矢。

4. 讲求实效原则

培训的目的在于改善人们对一些问题和现象的认知，修正人们不规范的道德和行为，以及提高受训者个人和公共部门的绩效，因此，既要使培训的内容符合组织、任务(项目)和受训者个人需求，也要重视培训的实际效果，能够学以致用，切实将培训成果转化为公共部门的实际生产力。

5. 效益原则

培训的目的在于通过更新受训者的观念，拓展受训者的视野，改善受训者的专业素养和能力，提高公共部门绩效和服务水平，但这并不意味着弃培训的效益于不顾。也就是说，公共部门人员培训应以成本最小化和收益最大化为原则，争取以最小的投入获取最大的收益，在培训方案设计和培训实施过程中深入开展调查研究，在确保培训效果的前提下，尽可能地压缩不必要的费用支出，同时注意培训方式的有效性，尽可能地控制培训成本。

7.2 培训需求分析与培训方案设计

公共部门人员培训应树立长远发展的眼光，避免"头痛医头，脚疼医脚"，提高培训工作的针对性和有效性，由此就需要在开展培训过程中，首先要做好培训需求分析工作，在明确培训目的和需求的同时，通过设计科学、合理的培训方案，来有的放矢地实施人员培训。

7.2.1 培训需求分析

1. 公共部门人员培训需求分析的内涵

培训需求分析(needs analysis of training)是指在规划和设计培训活动前，运用一定的方法和技术，对可能参与培训的组织及其人员进行有关培训目标、知识结构、技能状况和自我认知情况等的调查和分析，进而识别并确定哪些员工需要培训以及需要何种培训的一种管理活动。培训需求分析是一项目的性很强的工作，它的直接目的是明确培训的方向、目标和内容，提高培训工作的针对性和实效性；最终目的是帮助员工提高自身的知识、技能和能力，转变员工的价值观，促进公共部门人员的全面发展及公共组织绩效的根本性改善。

具体到公共部门，培训需求分析又有不同层次的目的。从长期看，培训需求分析主要是通过预期未来一定时期内公共部门对人员素质和能力等的总体要求，来确定培训的战略目标和总体框架，以指导具体的培训活动；从近期看，培训需求分析主要是通过了解公共部门人员的现有知识结构、水平，以及能力和技能状况等与公共部门及其岗位要求间存在的差距，明确现有人员是否需要培训，以及哪些人需要培训、培训什么内容、采取什么样的培训方式等问题，同时建立公共部门人员培训效果的评估标准。

2. 公共部门人员培训需求的意义

具体来讲，培训需求分析的意义主要体现在如下两个方面。

(1) 通过培训需求分析，可以大致确定培训的价值和成本。需求分析是指在综合考虑组织内、外因素基础上，通过调查分析，说明培训的必要性及其价值，从而使培训活动得到领导管理层的支持。应该讲，人员培训只是公共部门更新和提高人力资源能力的途径之一，除此之外，公共部门可通过招聘新员工、强化绩效考评与管理工作，来获取公共组织所需要的相应知识、技能和能力。至于到底应采取哪种培训途径，往往需要通过成本—收益分析来确定。培训需求分析恰恰能从一个侧面来回答公共组织采取哪种途径更划算这一问题。

(2) 培训需求分析是确定培训目标和对象以及设计培训方案的前提，也是做好培训工作的关键。没有需求分析这一先行工作，培训就如同无源之水，不仅会降低培训的效果，还会浪费大量的人力、物力和财力，得不偿失。通过有效的需求分析，可以发现组织制度安排和管理中存在的问题，找到员工的工作态度、实际能力状况等与组织及岗位要求间的差距，并通过确立培训目标和培训对象,制定有针对性的培训方案,引导公共部门人员较好地适应组织发展,同时通过充实知识、改进技能和能力,不断提高个人绩效,从而为组织、为社会做出更大贡献。

3. 培训时机的选择

对公共部门来讲,培训工作固然重要,但不能解决一切问题。在有些情况下,员工绩效低可能是由工作态度导致的,也可能是性格因素或对新工作的适应性较差导致的,甚至是由沟通能力不足导致的,等等。上述情况下的低绩效问题,培训并不一定是有效的或最好的方法。这说明,公共部门人员的培训活动需甄别具体情况而定。

将员工发展视作公共部门实施人员培训的目的之一,是组织人本化管理的重要体现,但对公共部门来讲,更重要的是提高员工乃至公共部门的整体绩效,为此,首先就需要弄清楚什么时候需要对员工实施培训。表7.1给出了不同情况下公共组织及其人力资源管理部门对人员培训应做出的响应。

表7.1 公共组织及其人力资源管理部门对人员培训的响应

具体情况和问题	公共组织的响应	人力资源管理部门的管理活动
(1) 导致绩效低的问题不显著	忽略它	无
(2) 选拔和录用标准不适当	增加对选拔录用标准的注意	进行工作分析
(3) 员工未意识到绩效标准	设置绩效目标和标准,并提供反馈	引导培训,进行绩效评估
(4) 员工不具备适当的知识和技能	提供培训	设计培训方案,实施和评估培训
(5) 高绩效未得到奖励,低绩效也未得到惩罚	建立或修改奖励和惩罚制度,并把它们与绩效联系起来	进行绩效考评,落实奖励和惩罚措施
(6) 组织或部门凝聚力不高	进行团队建设训练	实施团队建设训练

4. 公共部门人员培训需求分析的一般程序

对于培训需求分析,麦吉(McGehee)和塞耶(Thayer)早在20世纪60年代初即提出了组织培训需求分析的三步体系(见表7.2)。他们认为,培训需求分析是指组织要确定是否有必要进行培训、哪些人需要培训以及培训什么内容等的活动。培训需求分析主要为了弄清"是否需要培训""哪些部门和人员需要培训"以及"培训什么"的问题。培训需求分析既是整个培训活动的开端,也是实施有效培训的基本保证。完整的培训需求分析通常包括三个层次的分析,即组织分析、任务分析和人员分析。培训需求分析的程序如图7.3所示。

表7.2 麦吉和塞耶培训需求分析的三步体系

分析	目的	方法
组织分析	确定组织是否需要培训以及哪些部门需要培训	(1) 据组织长期和短期目标、经营计划判定培训需求 (2) 将组织效率、工作质量与期望水平比较 (3) 制订人力接续计划,对现有人员的知识和技能进行审查 (4) 评价培训的组织环境
任务分析	确定应该培训什么内容	分析员工个人的业绩评价标准、要求完成的任务及成功完成该任务需要具备的知识、技能、行为和态度
人员分析	确定哪些人应该接受培训,以及这些人需要什么培训	(1) 通过使用业绩评估来分析造成员工绩效差距的原因 (2) 收集和分析关键事件 (3) 对员工及其上级做培训需求调查

图7.3 培训需求分析的程序

资料来源：雷蒙德·A.诺伊、约翰·霍伦拜克、拜雷·格哈特，等.人力资源管理：赢得竞争优势[M]. 3版.刘昕，译.北京：中国人民大学出版社，2001：265.

(1) 组织分析。组织分析应考虑是否需要进行培训以及培训是在什么背景下发生的。组织分析是一个对组织进行全方位分析的过程，是一个具有战略意义的分析。组织分析主要包括如下几方面内容：①公共组织发展的目标与战略分析。组织发展目标与战略对组织发展具有导向作用，培训只有与组织目标和战略相一致，才能保证组织目标的最终实现，人员培训对组织来讲才有意义。②公共组织人员需求分析。为确保组织目标实施和战略的正常落实，组织应弄清这次培训需要多少人员，以及所需人员应具备的素质和能力应是怎样的。③公共组织文化分析。公共组织文化分析包括贯穿于培训工作之中的组织哲学、价值观念、规章制度、员工精神风貌、组织凝聚力、组织道德和组织风气等。④公共组织资源能力分析。它包括对组织财力、物力、人力和时间等的描述。对公共组织来讲，一定时期内可以支配的资源是有限的，如何利用好这有限的资源，充分发挥其效力和功用，关系着公共部门效率、效能及其整体绩效的提高。⑤组织氛围分析。组织氛围是决定培训活动能否成功的重要因素。如果公共组织没有一个支持和配合人员培训的良好氛围，培训活动很难开展，更谈不上持久进行了。对公共部门来说，人员培训活动的良好开展，既离不开领导管理者的全力支持，也离不开受训者的全力配合与积极参与。

(2) 任务分析。任务是指员工在具体职位上所履行的工作活动。通过任务分析，组织可以对员工的工作活动进行刻画和描述，描述内容包括员工所要完成的工作任务以及员工要成功完成这些任务应具备的知识、技能和能力。任务分析通常包括如下4个步骤：①选择需要分析的工作；②通过与有经验的员工及其主管进行访谈和观察，以及在参照工作描述的基础上，给出在当前工作岗位上需要履行任务的初步清单；③查证或确认初步列出的任务清单，这可通过向有关专家(当前职位的任职者及其上级管理人员)提供任务陈述问卷来进行；④确定成功完成任务需要具备的知识、技能和能力等。

(3) 人员分析。人员分析主要是为了帮助管理者确定培训是否合适以及哪些人需要培训。在某些情况下，比如引进新技术或新服务，所有人员都需要培训，便可解决问题；但当管理者、客户或员工发现某个问题时(如员工绩效欠佳)，往往难以确定培训是否能解决问题。人员分析的内容主要包括以下几项：①判断员工绩效不良到底是因为什么，是因为知识、能力和技能不足，还是因为工作动力不够或工作设计有问题；②确定谁需要接受培训；③确定员工是否已做好接受培训的准备。

5. 公共部门人员培训需求分析的方法

培训需求分析是一项技术性较强的工作，必须采用一定的技术和方法。目前培训需求分析常用的方法主要有集体讨论法、现场观察法、面谈法、问卷调查法、绩效考评法、资料分析法和差距分析法等。

(1) 集体讨论法。集体讨论法是结合工作说明书对员工责任、任务和能力等的要求以及员工的实际工作绩效，以集体讨论的方式来分析公共部门员工绩效低或高的原因，找出员工在知识、能力、技能、态度和价值认识等方面存在的差距和不足，进而制定有针对性的解决办法。集体讨论法是一种具有较高员工参与度且成本和效率相对适中的分析方法。

(2) 现场观察法。现场观察法是通过到工作现场直观地观察员工的实际工作过程和行为，获取员工知识、能力、技能和态度等信息的一种方法。这种方法对观察者有着较高要求，观察者必须熟悉相关岗位情况，并能在观察中及时准确地捕捉有用信息。现场观察法具有一定周期性，其分析成本和效率均较高。

(3) 面谈法。面谈法是通过与有关人员进行绩效方面的沟通，获取岗位及其任职者知识、能力、技能和态度等方面信息的一种分析方法。通过面谈法获取员工有效信息的首要前提是与员工建立宽松、平等、和谐的交谈氛围，取得面谈员工的信任；否则，很难获得充分、有效的信息。

(4) 问卷调查法。问卷调查法是使用事先编制好的调查问卷，收集与组织、岗位和任职者绩效有关信息的一种方法。需求分析调查问卷的问题设计必须充分考虑不同岗位的工作性质和特点，以及各岗位对任职者知识、技能和能力等的要求，并列出所调查的培训项目，然后由被调查者对每一培训项目的重要性和任职者的培训需求进行等级评价。问卷调查法通常具有较高的受训者参与率，分析过程可以量化的程度也较高。

(5) 绩效考评法。绩效考评法是指运用定期或不定期的考评结果来进行培训需求分析，通过将绩效考评结果与工作说明书中的绩效标准相比较，发现员工的绩效差距，进而找出导致这种差距的原因的一种方法。绩效考评法虽然能够与员工绩效考评过程结合起来，分析过程可以量化的程度也较高，但使用这种方法进行培训需求分析时，必须与绩效面谈紧密结合起来，以便找出导致员工低绩效的真正原因。

(6) 资料分析法。资料分析法是指运用现有的组织发展和工作描述等资料来综合分析培训需求的方法。可选用的资料通常包括组织发展规划、人力资源规划、工作分析资料和人力资源信息系统数据等。这种方法比较适合对新员工的培训需求进行分析。对于老员工，组织也可通过将工作描述与工作日志和员工绩效考评结果等进行综合分析，以了解其培训需求。

(7) 差距分析法。差距分析法是通过将员工的知识、能力、技能、工作态度以及绩效等现实状况与理想状况，或将低绩效员工的绩效与各岗位的绩效标准进行比较，分析原因，进而确定培训需求的一种方法。差距分析法涉及两个层面的分析内容：一是差距程度的判断；二是差距原因分析。差距原因分析的目的是了解到底是什么因素导致了员工现实状况与理想状况的差距,是绩效标准定得不合理,还是因员工对岗位职责任务了解不够;是员工缺乏岗位任职所要求的知识、能力和技能,还是员工工作态度、文化价值认同等有偏差,得出结果,并以此来确定培训的目的、对象和内容。

7.2.2 培训方案设计

培训方案设计是公共部门人员培训过程的重要环节,具有承上启下的作用。为了确保公共部门人员培训的有效性,在做好培训需求分析基础上,应结合组织、部门和受训人员的情况以及时间、经费投入等,在不影响公共组织正常工作的情况下,精心设计好培训方案。

培训方案设计是一项较为具体的工作,主要包括如下基本内容。

1. 确定具体的培训目标

培训具体目标的确立是培训需求分析阶段的进一步延续和具体化。培训目标通常包括以下几项。

(1) 学习目标(learning objectives)。确立学习目标的目的在于让受训者了解"为什么要学习"以及"学习应达到什么样的效果和标准"。学习目标关注的是经过培训,受训者知识、技能、能力和价值认同等应发生的改变及达到的水平。

(2) 绩效目标(performance objectives)。确立绩效目标是为了让受训者知道自己目前的实际绩效与组织要求的绩效标准间存在的差距,以及造成这种差距的主要原因是什么,让受训者明白接受培训的绩效意义和实际价值。绩效目标关注的是受训者受训后所带来的实际工作绩效变化。

(3) 行为目标(behavioral objectives)。行为目标所关注的是受训者受训前后的行为改变以及这些改变给组织、部门和个人绩效带来的影响。

培训目标的设计应力求具体和精确化,模棱两可的目标陈述既不利于培训内容和结果的正确传递,也不利于受训者对培训内容和材料的准确把握。下面是R.加涅等人所作的对一种情况的两种陈述,通过比较这两种陈述,我们可以更好地领会什么样的陈述才算是精确的。第一种陈述是"意识到大多数植物的生长需要阳光"。应该讲,这种陈述实际上并没有说出或表明这样的结果如何才能被观察到。第二种陈述是"举例说明阳光影响植物生长"。这个陈述意味着受训者必须举出例子来说明阳光和植物生长之间的关系。同样,在管理培训中,我们往往会使用"了解沟通的重要性"这样的陈述,但这种陈述不能被衡量;而如果换一种说法,情况就会完全不同,像"结合自己的工作和生活情境中的例子来说明沟通的重要性",从这个问题出发,可轻易了解受训者对培训的掌握情况。

在培训目标确定过程中,不仅要确定学习目标,还要尽可能使学习目标具体化。例如,一个对一线工作人员非常重要的责任是"爱护组织设备"。如果要将它开发成学习目标,设计者应该注意,它所关心的不是员工能否注意设备的保护性使用,而是关注他们是否经常倾向于这样做。"责任"一词表明的是员工行为在任何时候都需要发生,而非任何指令要求的结果。构造上述学习目标的方法是:【情境】+【学习成果】+【行为】+【对象】,文字表述为:在使用设备过程中+选择+保护性使用+设备的经常性倾向。

2. 培训内容的确定与具体培训方案的设计

在确立了培训目标之后,便是确定培训内容。培训内容确定得准确与否,将直接关系着培训活动的成败及其效果。一般来讲，公共部门人员培训的内容主要包括以下几项：知识和技能的普及性学习、特殊知识和技能的学习、增进语言能力的学习、法律法规和制度规章的学习，以及文化、价值观和态度的学习等。

培训方案设计通常表现为教学设计。教学设计就是将培训内容落实到可见的课程目录和先后顺序的过程。图7.4是一个被人们广泛认可的教学设计模型。

图7.4 一个基于系统观的教学设计模型

资料来源：DICK W，CAREY L. The systematic design of instruction(3rd ed.)[M]. Foreman，1990.

(1) 进行教学分析和确定起点能力。在教学目标确定后，接下来就需要进行教学分析，并确定起点能力。教学分析的目的在于确定为达到组织、部门和岗位目标所需具备的知识、技能和能力。受训者起点能力分析在于了解并确定学习者的知识、能力和技能现状以及学习者本身的特征，目的是把握教学活动的起点，设计合理的教学方法和教学进度。教学分析和受训者起点能力分析是课程设计和教学内容开发的前提，只有充分掌握了组织、部门和岗位对任职者的知识、技能和能力的需求，把握了任职者或拟任职者的知识、技能和能力现状，才能有效指导具体课程和教学内容的设计，才能通过培训来达成需求与供给的对接。

(2) 制定行动目标和编制标准化试题。培训行动目标的制定实际上是一个将一般性目标转化为具体目标的过程，也就是将抽象、笼统的培训目标和内容，具体化为受训者的学习目标和学习内容。将一般性目标转化为具体目标的原因有三：一是为受训者提供在不同层次和不同水平上进行相互交流的平台；二是通过将目标细化来制订具体的计划，进而开发教材和传输系统；三是具体化的目标通常是以操作性术语而不是以内容提要的方式来陈述的。只有如此，才能衡量受训者的学习效果，明确学习目标达成情况。

为了衡量受训者接受培训的实际效果，了解受训者受训后知识、技能、能力、行为以及价值认识等的变化，就需要通过编制标准化的测试题目，从反应、学习、行为和结果4个层面来检验受训者的学习效果。虽然说要等到课程结束后才能检测学习效果，但标准化试题的开发应在培训活动开始前或培训过程中进行，以指导培训的实施。

(3) 选择教学策略。教学策略是主导培训过程、指导培训者选择合适的教学方法和教学手段的依据。常见的教学策略主要有两种：以培训者为中心的策略和以受训者为中心的策略。以培训者或教师为中心的教学策略往往以培训者为主导，一切围绕培训者"转"，体现为显著的"卖方市场"特征，强调受训者对培训者的绝对服从，受训者基本处于被动地位。以受训者为中心的教学策略则是一种以受训者为主体的教学策略,一切围绕受训者"转",具有明显的"买方市场"特征,在整个培训过程中培训者基本以指导者、辅助者的身份出现,注重对受训者自发意识、独立能力及团队合作精神的培养。

(4) 选择教学手段。教学手段的选择通常以培训内容和课程性质为依据。例如,对于操作性很强的技能培训,就不太适合选择课程讲授方法,而更适合采用实地演练、情景模拟等方法。在培训过程中,至于选择多媒体教学,还是选用传统的黑板式教学手段,也要视具体培训课程和教学内容而定,绝不能"一刀切"地采用多媒体或传统的黑板式教学手段。

(5) 设计评价方案。在教学计划初步成型后,还需要结合培训需求分析结果、目标以及培训对象的实际情况评价教学设计,进而进行修正,尽可能使教学计划符合组织、部门、岗位及任职者的需求。

应该讲,在培训方案设计过程中,关键是对培训内容的确定和教学计划的开发、设计。教学设计通常包括课程的选择及课程的教学内容、教学目的、教学方法和考核方法选择等。课程设计的方法很多,其适用范围和情况也各不相同,目前使用较多、较普遍的课程设计方法有专家意见法、适应性模型法和深度递进法,如表7.3所示。

表7.3 课程设计方法

方法	详细内容
专家意见法	对培训内容、岗位、方法、课程等非常熟悉的专家,根据公共组织自身的实际情况提出他们的课程安排模型
适应性模型法	以现有工作岗位上达到岗位要求所具有的知识、技能和能力的任职者为标准,按他们的知识结构、知识水平对培训课程进行设计
深度递进法	在培训过程中,按培训目标对培训课程的要求,选择一定的由浅到深的不同课程,分类进行培训,从而达到教学目标

资料来源:谢晋宇.人力资源开发概论[M].北京:清华大学出版社,2005:166.

在课程设计中,通常要用到课程要素的概念。课程设计中常用的课程要素主要有如下10个:①课程目标,根据组织、任务、员工及其面临的内外部环境的需要而定。②课程内容,从实现课程目标出发来选择和组合。③课程模式,有效体现课程内容,采用配套的组织与教学方法。④课程策略,教学程序的选择,教学资源的利用。⑤课程评价,对课程目标与实施效果的评价。⑥教材,切合学员实际,提供足够的信息。⑦受训者,受训者的学习背景与学习能力。⑧执行者,理解课程设计思想的主持人与教师。⑨时间,要求充分利用。⑩空间,可超越教室的空间概念。

3. 培训经费预算

公共部门人员培训活动必须考虑经费预算问题。经费预算不仅关系着培训方案的有效性,还关系着一个培训项目的效益问题。再好的培训方案,如果没有必要的经费支持,将难以正常实施。当然,如果培训经费支出过高,也将严重影响培训的收益率。通常来讲,培训经费主要包括直接成本和间接成本两部分。其中,直接成本通常包括培训场地租用费(如为自有场地,此项费用可能为零)、培训材料开发与印制费、培训设备仪器使用费(如为自有设备仪器,此项费用可能为零)、受训人员的学杂费、支付给外部培训机构和培训师的费用、培训管理人员的补助费等；间接费用主要有以下几项：因受训人员离岗或离职而带来的收益损失、支付给受训人员的工资和福利、支付给公共部门培训管理人员的工资和福利等。

现实中，公共部门人员培训的经费预算往往只计算直接成本，培训效果评估则应以总成本为基础。

4. 培训机构和师资选择

就公共部门而言，实施培训的机构通常包括国家和地方行政学院(中央或省委、市委党校)、大专院校以及企业性的培训机构等。在培训机构选择过程中，一方面应结合公共部门及其岗位和人员的发展目标和需求，另一方面应充分考虑自身的任务安排和经费预算情况。在此基础上，尽可能选择那些与公共部门及其人员发展目标和需求相适应的、具有较强专业性和较高信誉度的培训机构。

在公共部门人员培训过程中，师资的选择将直接影响培训效果。一位优秀的培训师既要有广博的理论知识，也要有丰富的实践经验；既要有丰富的培训经验、掌握熟练的培训技巧，也要有高尚的人格和极强的责任心。因此，培训师的知识、经验、培训技能和技巧以及其人格特征和责任心，是判别培训师水平高低的三个维度。

5. 培训时间和地点选择

培训时间的选择要依据培训内容的难易程度、所需时间的总长度以及公共组织自身的日常工作安排而定。一般来讲，内容相对简单的、短期的培训，可以采用集中学习的办法；内容复杂、难度较大、耗时较长的培训，则宜采用分散学习的办法，以便节约开支，提高效率。

培训地点的选择应根据培训内容、公共组织的日常工作安排来确定。在培训地点选择过程中，特别要考虑如下几方面因素：视觉效果、听觉效果、温度控制、空间的大小和形状、座位安排、交通条件、生活条件等。

6. 培训活动的后勤管理与服务

培训活动的后勤管理与服务对培训的成败及效果有重要影响。一般来讲，培训活动后勤管理和服务的内容主要包括以下几项：培训项目的通告，受训者报名和注册，各种培训材料的印制、购买与发放，分发培训评价数据，提供培训者和受训者的联系方式，记录培训结果，设计培训的时间表，选择并布置教学场所，仪器设备的提供与管理，受训者的生活安排和管理，受训者所在岗位的任务安排，培训师的接待、安置和生活服务等。

7.3 公共部门人员培训的实施

7.3.1 公共部门人员培训的方法

培训方法多种多样，概括地讲，主要包括演示法、亲身体验法和实地培训法。演示法是指在培训过程中，培训者将培训信息(事实、过程和解决问题的方法等)演示给受训者，供受训者学习的方法。演示法主要包括课堂讲授法、视听技术和远程学习等。亲身体验法强调受训者的亲身体验和主动学习。亲身体验法主要有研讨法、案例分析法、情境模拟法、角色扮演法、行为示范法、管理游戏等。实地培训法是为避免所学与所用相脱节而发展起来的一种方法，这种方法主要有实习法、学徒法、在职培训、实地调查法等。下面重点介绍以下几种常见方法。

1. 课堂讲授法

课堂讲授法是指培训者向受训者直接讲解或传授知识和技能等的教学方法。课堂讲授法通常辅之以问答、讨论或案例研究等方式。尽管近些年来交互式技术和多媒体技术等新教学方法不断涌现，但课堂讲授法目前仍然占有十分重要地位。课堂讲授法是一种成本低、耗时少、接受群体相对较大的传统方法。课堂讲授法通常以培训者或教师为中心，所传授知识的性质、重点、供给量和速率等均取决于培训者或教师。受训者或学生在课堂上基本处于被动地位，因其与培训者或教师的相互交流少，培训者或教师得到的反馈信息较少，这对培训效果有很大影响。课堂讲授法是一种信息单向流动的方法，学习者经常处于被动接受信息的地位，容易产生无聊和厌学情绪，往往难以达成受训者之间经验或思想的交流与分享。

要修正传统课堂讲授法的不足，就必须从增强受训者的学习主动性上下功夫，在附以问答、课堂练习、讨论、案例分析等培训方法的同时，引导受训者经常性地去思考和提问，提高受训者学习的积极性和主动性，变"要我学"为"我要学"。

2. 研讨法

研讨法，也称讨论法，是培训者组织受训者围绕某一问题或就某一材料进行讨论和交流的一种教学方法。研讨法既可以培训者为中心，也可以受训者为中心。在公共部门人员培训活动中，研讨法能否成功实施主要取决于培训者能否将受训者的积极性和主动性比较充分地调动起来。研讨法往往以受训者对研讨问题和背景材料的较深刻理解为前提。

在运用研讨法进行培训时，关键是确定培训者通过什么样的方法和技巧来激发受训者参与研讨的主动性和积极性，同时要尽可能多地为参与者提供阐述自己观念和看法的机会。为保证研讨的成功，培训者应把握好如下几方面内容：①制订科学的研讨计划，明确研讨的目标、具体内容，并事先设计好研讨的方式和主要问题。②把好"开头关"，开头做得好，受训者能很快进入角色，并参与到研讨中来；做得不好，研讨很难进行下去。③注意倾听受训者的观点，并注意对其提出的观点进行适当调整和把握。④适当控制研讨信息和时间进度，处理好研讨中出现的冲突问题。⑤对研讨进行总结，并提出反馈意见和建议，引导受训者做进一步思考。

研讨法的形式多样，常见的有演讲—讨论法、小组讨论法、集体讨论法、系列讨论法、攻关小组法、沙龙式方法等，每种形式都有其优势和不足，应结合培训内容有针对性地选择。

3. 案例分析法

案例分析法是按照学习目标，将生活中实际发生的或根据生活和工作情境杜撰的事件典型化后，供受训者进行有针对性的思考和分析，通过独立研究和相互讨论，提高受训者分析和解决问题能力的一种方法。案例分析法是公共部门人员培训活动中的常用方法之一。

应用案例分析法的关键是案例的选择和编写。一个好的案例通常包括如下基本构件：事件发生的背景资料、时间、人物关系；事件的典型性及能够引发人们思考和争论的问题；相对独立和完整的情节；案例结构合理、语言流畅。

案例分析法具有如下优点：①能够调动受训者的主动性；②能引发受训者争论，有利于集思广益；③能够培养和训练受训者分析和解决实际问题的能力；④培养团队合作精神和意识。但案例分析法具有如下缺点：①案例中所提供的情境可能与受训者现实中遇到的问题有一定甚至较大出入；②选择和编制一个好的案例往往需要投入较大的人力、物力、财力和时间，而且对编写者有一定的技能和经验要求；③耗费的课堂时间一般较多；④案例分析法比较注重过去发生的事件，对受训者的思维能力有一定局限性；⑤受训者往往不习惯阅读长篇案例。另外，在使用案例进行培训时，培训者往往倾向于控制讨论方向。

克服案例分析法存在缺点的办法有以下几种：①尽可能选择与培训目标相一致的案例；②学生在案例分析时必须做好充分准备；③案例应无标准答案；④在案例分析时，培训者应始终保持中立态度；⑤在案例讨论结束后，应随时做好总结归纳工作。

4. 情景模拟法

情景模拟，也称仿真模拟，是指对现实的工作情境或环境进行模拟的一种培训方法。这种方法需要向受训者提供与工作情境相同或类似的仪器设备、器材及其他相关的数据，即公共部门人员在实际工作中使用的设备、仪器和其他器材的复制品。受训者进入模拟的工作情境后，通过对相关仪器设备及其他器材的操作，可以学到实际工作中需要的工作知识、技能和能力，从而达到培训效果。如宇航员在实际飞行前接受的情景模拟训练。

情景模拟法的优点：①可以有效避免实际操作中的风险和损失，降低实际工作的技能性成本；②增强受训者的实际工作信心；③能有效缩短受训者与岗位的磨合期。情景模拟法的缺点：模拟环境和设施的开发成本较高，且需要不断更新。

5. 角色扮演法

角色扮演(role playing)是指让受训者亲自扮演事先设定好的情境中的具体角色，使之身临其境地处理其中所发生的矛盾和问题的一种方法。角色扮演与情景模拟有相似之处，但也有区别。区别是受训者可获取的反应类型和背景情况的详尽程度是不同的。比较而言，角色扮演所提供的背景信息是相对有限的，而情景模拟的背景信息详细得多；情景模拟注重物理反应，如打电话、发出指令等，而角色扮演注重人际关系反应，如解决矛盾冲突等；情景模拟中，受训者的反应取决于模型的仿真程度，而角色扮演中，受训者的反应取决于受训者的情感或主观反应[1]。

角色扮演法的优点：①受训者间的互动性及其行为表现力比较强；②有助于受训者学会换位思考；③能够重塑或改变受训者的态度和行为；④有利于角色扮演者想象力的发挥。缺点：①因角色扮演者从背景数据中获得的信息较少，不利于其正确参与；②角色扮演者的主观反应可能影响角色扮演的培训效果；③不适用于团队精神的培训；④因角色扮演中的角色行为相对固定，会从一定程度上限制受训者创新能力的开发。

角色扮演法的关键是角色和情境的设计与创造，如果角色和情境设计不好，将直接影响培训效果，事与愿违。

---

[1] 雷蒙德·A. 诺伊. 雇员培训与开发[M]. 徐芳，译. 北京：中国人民大学出版社，2001.

6. 岗位轮换法

岗位轮换法是指让受训者在预定时期内变换工作岗位,使其获得不同岗位的相关知识、技能和工作经验的一种培训方法。该方法是一种在职培训方法,适用对象主要为新入职或即将入职的员工。

岗位轮换法的优点:①能丰富受训者的工作经历;②识别受训者的长处和短处,方便了解受训者的专长和兴趣爱好,从而在实际工作中更好地开发和利用受训者的长处;③能够增进受训者对各部门和岗位的了解,扩展员工知识面,为受训者跨部门合作或转换工作岗位打下基础。缺点:①因受训者在所轮换岗位上停留时间太短,所学知识和技能非常有限;②适用于对一般直线管理人员培训,不适用于对职能管理人员的培训。

7. 视听技术法

视听技术法是运用现代视听技术,如幻灯片、CD、VCD、DVD、录放(像)机、录音机、电视机、电脑等来培训受训者知识和能力的一种方法。目前,视听技术法在公共部门人员培训中正得到越来越广泛的使用。

视听技术法的优点:①灵活、具体、过程化;②直观感知性强,视觉和听觉效果明显;③行为模仿性和互动性强;④能够再现受训者的行为表现;⑤学习过程的可控性强;⑥能够说明不易解释或接触的设备、难题和事件。缺点:①实践性差;②开发或制作成本较高;③易扰乱受训者学习重心。

8. 行为示范法

行为示范法是指向受训者示范关键行为,并向他们提供实践这种关键行为的机会的一种培训方法。行为示范法比较适合于与行为有关的技能性培训或行为学习,如人际技能培训、操作技能培训等。行为示范法是一种程序化的培训活动,包括介绍与演示、技能准备、实际操作和应用三个步骤。行为示范法的关键是准确地定义关键行为。

行为示范法是根据受训者在实际工作环境中将会遇到的情境设计的,可以让受训者短期内学会某种技能或技巧,并运用到实际工作中去,但可能造成受训者机械地模仿所学的关键行为,实际运用的灵活性差。

9. 管理游戏法

管理游戏(management game)是由两个或两个以上的受训者在遵守一定规则的前提下进行相互竞争或相互合作,以达到某项目标,进而训练受训者收集信息、发现和提出问题,以及分析和解决问题的能力的一种方法。游戏的趣味性和竞争性特点,常常能激发参与者的兴趣和内在主动性,加之强调对受训者解决问题和决策能力的训练,因此被广泛应用于管理性培训中。

管理游戏法的优点:①能较好地激发参与者的积极性和主动性;②能充分发挥受训者的想象力,在改变受训者认知、态度和行为方面可收到良好效果;③有利于培养团队精神;④有利于受训者将所学知识、技能和能力与直观、复杂的情境相结合,加深印象。缺点:①游戏往往将现实简单化,因此会影响受训者对现实的真实理解;②游戏与现实的差距会导致受训者随意决策,容易造成受训者缺乏责任心;③耗时较多;④多数管理游戏都比较注重结果性指标,而相对忽视对达成这些结果的方法的训练。

10. 拓展训练法

拓展训练法(outward bound method)，也称极限训练法，是培训者设计出许多模拟的惊险情境或极限训练方案，让受训者参与其中，以训练受训者的耐受力和团队合作意识的一种方法。通过拓展训练，受训者可以从中获得战胜自我的勇气和能力，深刻理解团队合作的重要意义。

7.3.2 公共部门人员培训方案的落实

培训方案落实是公共部门人员培训的关键环节。科学合理的培训方案既可以为培训工作提供明确的方向及实现培训目标的计划和步骤，也可以为培训的实施及培训效果的评估提供指导和参考依据。培训方案的落实过程主要包括如下几个具体环节：

1. 确定培训机构及培训方式和方法

培训机构的确定关系到由谁来承办或实施培训的问题。就公共部门而言，到底是自己还是选择其他培训机构来实施培训，一要看培训的内容，二要看受训人员的任务和时间安排，三要看培训经费预算，四要看培训机构能够提供的产品与公共部门及其受训人员需求的吻合程度，以及培训机构的信誉度。需要通过多方面权衡来最终确定培训机构。

培训方式和方法的选择，在很大程度上影响着培训的有效性。培训方式和方法的确定，要视不同的培训目标、培训内容、培训对象和培训要求而定。常见的培训方式和方法在前文已有讨论，公共部门可以根据自身情况来有针对性地选择或混合使用不同的培训方式和方法。

2. 确定培训时间和地点

培训时间的合理选择与分配，要在综合考虑受训对象的工作紧张程度及其时间安排，以及培训内容的难易程度和培训所需要的总时间情况下来最终确定。确定培训时间时需要坚持的原则是：既不影响正常工作，又要使培训产生实质性效果。

培训地点的确定，既要考虑公共部门及受训人员的实际情况，更要考虑培训地点的视听效果、内外环境、场地大小和形状、座位安排、交通条件和生活条件等。

3. 确定培训师资

培训师资的确定要根据培训项目的内容、所要达到的目标、资源限制等因素来进行。在公共部门人员培训中，培训师资的选择和确定应尽可能与受训人员的实际工作需要相结合。

4. 培训经费及设备保障

培训经费的来源、投入和分配使用，关系到培训的规模、水平和质量。公共部门应改变由国家财政单一拨款的局面，争取多渠道筹集培训经费，同时加强培训经费的管理，实施制度化管理，确保经费的合理分配和使用。在培训方案实施过程中，还要结合培训的内容、所使用的培训方法以及培训师资的需要，及时提供培训所需的设备和工具，如电脑、投影仪、屏幕、放像机、幻灯机、黑板、白板、纸和笔等。一些特殊的培训甚至还需要专门的培训设备。

5. 培训的后勤管理与服务

培训的后勤管理和服务关系着培训的效果甚至培训的成败，是确保培训方案顺利实施，并达到预期培训效果的重要方面。培训的后勤管理和服务涉及的内容复杂多样,从培训师和受训人员的食、住、行到培训时间的安排和调整,以及培训资料的印制和发放、培训过程的监控管理等。培训的后勤管理和服务应本着细致、周到、热情、耐心的原则展开。

7.4 公共部门人员培训效果评估

培训效果评估是公共部门人员培训的最后环节,同时也预示着下一次培训活动的开始。培训效果评估是指公共部门对培训成本和收益进行评价及对受训者培训前后的知识、技能、能力、行为和绩效变化情况等进行分析和比较的过程。培训效果评估是人力资源管理部门获得领导管理层支持的有效手段。因为只有当他们能提供材料和结果来证明公共部门人员培训活动的价值和贡献时,这种活动才有可能得到领导管理层给予的经费、时间和人力的支持。

7.4.1 公共部门人员培训效果评估的目的和标准

1. 公共部门人员培训效果评估的目的

公共部门人员培训效果评估的目的:①确定培训项目是否达到了预期目标;②测量培训项目的投资收益率及价值大小;③确定哪些参与者从项目活动中获得了较大收益;④确定将来由谁来参加培训;⑤测量培训的最终效果,以评价培训项目的总体成果;⑥测量和跟踪培训全过程,寻找不足,进而提出改进措施;⑦研究培训中一些非量化和无形的影响;⑧为人力资源信息系统提供数据支持。

2. 公共部门人员培训效果评估的标准

人员培训效果评估直接标准是投资回报率。它通过计算培训所带来的节约和收益与培训所花费的时间和成本之比,来反映培训的成效。通常选择的评估标准包括以下几项:培训后公共部门生产力是否提高了,培训后工作中的差错率是否降低了,公共服务质量是否得到了明显改善等。而且需要证明,公共部门生产力的提高、工作中差错率的降低以及公共服务质量的明显改善等变化是否与培训密切关联。虽然投资回报率标准在公共部门有一定使用空间,然而,由于公共部门产出经常是非量化、政治性和非标准化的,这一标准存在较大局限性。鉴于上述原因,公共部门对培训效果层面的评估,主要是通过组织观察和考评员工在培训前、后工作表现和工作绩效的变化来进行的。这些表现和绩效变化包括理论素养和政策水平、政策和行政的执行能力、对公众服务的态度、对组织交办的各项工作完成的数量和质量等。

7.4.2 公共部门人员培训效果评估的内容

公共部门人员培训效果评估实际上说明的是"评估什么"的问题。对于培训效果评估中所涉及的内容,从目前人们的认可度来看,当数唐纳德·科克帕特里克(Donald Kirkpatrick)提出的四层面模式(见表7.4)。

表7.4 唐纳德·科克帕特里克培训效果评估的四层面模式

层面	描述	衡量
反应层面	学员对培训项目的哪些方面感到满意？	问卷调查
学习层面	学员从培训项目中学到了什么？	纸笔测试、绩效测评、模拟测试
行为层面	通过培训，学员的行为是否发生了变化？	主管的绩效评价、同事的绩效评价、客户的绩效评价、下属的绩效评价
结果层面	行为的变化是否对组织产生了积极影响？	事故率、质量、生产率、流失率、士气、成本、收益

资料来源：KIRKPATRICK D. Evaluating Training Programs[M]. Berrett-Koehler Publisher，1994.

1. 反应层面

反应层面是培训效果评估的第一个层面内容，它所测量的是受训者对培训项目的回应情况，即受训者对某一培训项目的满意程度。当然，受训者喜欢的培训项目并不都是有用的，但通常来讲，组织还是希望培训项目是受受训者欢迎的，因为不受欢迎的培训项目，即便对组织再有用，往往也难以收到良好培训效果。反应层面一般需要评估如下三方面内容：一是与培训内容有关的情况，如培训内容是否有用、清晰、有趣，培训材料选取得是否适当等；二是与培训机构和培训教师有关的情况，如培训机构是否认真负责，培训者控制培训的能力如何等；三是培训中的后勤保障情况，如培训场所的环境、仪器设备的供给情况以及日常生活保障情况等。反应层面评估经常采用调查问卷、面谈和公开讨论等形式。表7.5是一份典型的反应评估问卷。

表7.5 反应层面评估问卷(样本)

培训计划名称：　　　　　　　　　　指导者：　　　　　　　　　　日期：

1. 你如何评价整个培训计划？
   □ 非常好　　□ 很好　　□ 好　　□ 一般　　□ 差
2. 培训设施、午餐安排如何？
   □ 非常好　　□ 很好　　□ 好　　□ 一般　　□ 差
3. 将来你愿意参加同类培训计划吗？
   □ 愿意　　□ 不愿意　　□ 不确定
4. 该培训计划与你现在工作的相关程度有多大？
   □ 在很高程度上相关　　□ 在某种程度上相关　　□ 在很低程度上相关
5. 你如何评价培训教师的能力和风格？
   □ 非常好　　□ 很好　　□ 好　　□ 一般　　□ 差
6. 对未来计划的其他说明和建议：

_____
_____

签名(可选项)：_____

2. 学习层面

学习层面评估的是受训者对所教原理、事实和技能的理解与掌握的情况。学习层面评估通常在培训过程中或培训结束后进行。评估学习成果的方法很多，概括地讲，可分为三大类：第一类是根据实施评估所采用的媒介(常见的媒介，如纸笔、计算机辅助、录像辅助和模拟工具等)来编制的，如培训内容的纸笔测试、计算机辅助测试等；第二类是按学习目的和内容来划分的，如能力测试、成就测试等；第三类是按照测试方式来进行的，如口头测试、作文测试、自我评估、教师评估、课堂绩效测试、目标测试、平均值参照测试和准则参照测试等。学习层面评估的优点：对受训者有压力，能够督促受训者认真学习；对培训者有压力，能促使培训者在培训中认真负责、精心准备课程。

3. 行为层面

行为层面评估的是受训者工作行为的变化特征，它比反应层面评估和学习层面评估要困难得多。测量受训者行为变化的指导原则包括以下几项：①行为层面的评估应该是对在职绩效的评估；②行为层面的评估应由受训者、受训者的上司、受训者的下属、受训者的同事或其他完全熟悉他们工作绩效的人，其中的一个或多个来完成；③培训前、后应做绩效对比的统计分析；④评估应在培训结束后的几个月后进行，以便使受训者有时间将所学知识、技能和能力等应用于工作实践；⑤可使用控制小组(该小组人员未接受相应培训)；⑥进行成本与收益比较。

考虑到行为层面评估的复杂性和专业化，因此，在实施行为层面评估时，应尽可能选择那些适合实施行为评估或值得进行行为评估的培训项目或课程，或者外包给专门咨询评估机构。

4. 结果层面

结果层面评估所测量的是那些可能具有较明显变化特征的变量的变化，如员工离职率降低、生产成本减少、员工效率提高、员工抱怨减少、员工满意度提高、客户关系改进等。在进行结果层面评估时，可以采用预先测试、事后测试和控制小组等办法。

7.4.3 公共部门人员培训效果评估的步骤与方法

1. 公共部门人员培训效果评估的步骤

公共部门人员培训效果评估过程通常包括如下三个步骤。

(1) 制定评估标准。评估标准的制定通常是在反应、学习、行为和结果4个层面上做出的，它涉及认知成果(用来判断受训者对于培训项目所强调的原则、事实、技术、程序或流程的熟悉程度)、技能成果(用来衡量受训者的技术或运动技能水平及其行为，包括技能的获得或学习以及技能的在职应用两个方面的内容)、情感结果(包括受训者的态度和动机两方面内容)和绩效成果(用来判断培训项目给公共组织带来的回报)。评估标准相关指标的确立一般要考虑如下要求：①以培训目标为基础；②具备较强的可操作性；③配合培训计划。

(2) 填写培训效果评估表。这一步的关键是设计出一份优秀的培训效果评估表。一份优秀的培训效果评估表应达到如下几点要求：①以培训目标为导向，以相关标准为基础；②应包括培训的主要因素和环节；③鼓励受训者真实反映培训效果；④结果能够量化，便于统计、比较和评估。

(3) 评估效果的转移。评估效果的转移是指把培训的效果转移到工作实践中去。要使培训效果有效地转移到实际工作中去，就必须考虑培训与公共部门的总体目标、政策、组织结构、工作流程、方法和组织文化的配合，确保公共部门的运营与培训所传授的概念不相违背，从而保证培训工作有效进行，以帮助公共组织达到预期目标。

公共部门要提高培训的转移效果，应注意以下几个因素：①让受训者知道培训的理论根据，明白和接受培训的程序和方法。②设置专人示范。在培训活动中，要有专人示范所传授的概念、技巧或方法，使受训者有机会参与讨论，使受训者灵活地运用所传授的概念、技巧或方法。③让受训者实际操练或模拟。实际操作或模拟能够提高受训者将培训技巧或方法应用到工作中的可能；实际操练或模拟可以使受训者做出有关的行为，了解其中的困难并加以解决，感受由克服困难所带来的成就感，增加其应用技巧和方法的信心。④给受训者提供实际应用培训内容的机会。⑤实际应用与专人指导相结合。

2. 公共部门人员培训效果评估的方法

常用的评估方法主要有如下几种。

(1) 测试比较评价法。在员工培训项目实施前和结束后分别用难度相同的测试题对受训者进行测试。如果受训者培训结束后的测试成绩明显提高，则表明培训确实使受训者获得了较多的知识、技能和经验。

(2) 工作绩效考评法。在培训项目结束后，每隔一段时间(如3~6个月)以书面调查或面谈的形式，了解受训者在工作上取得的成绩。如工作量增加与否、工作素质提高与否、人际交往能力增强与否等，这些都可以用来确认培训的效果如何。

(3) 工作态度考察评价法。工作态度考察评价法是对受训者在培训前、培训后工作态度的变化进行考察的一种方法。若在培训后，受训者出现了工作热情高涨、工作态度积极、组织纪律性和工作责任心较以往有大幅度增强的现象，则表明培训工作具有成效。

(4) 工作标准对照评价法，即通过了解受训者在工作数量、工作质量和工作态度等方面是否达到工作标准，来判定培训活动有无成效的一种方法。

(5) 同类员工比较评价法，即通过比较受训者与未受训者的工作绩效，用比较结果来对培训成效做出评价的一种方法。如果在同样工作岗位上的任职者，在培训前工作绩效无明显差别，而其中一个经过培训后工作绩效明显提高，则表明培训工作具有成效；否则，说明培训效果欠佳。

(6) 参考主管或下属意见评价法，即在培训结束一段时间后，培训实施部门以书面调查或面谈等形式，向受训者的主管或下属了解其工作表现的一种方法。如果主管对受训者的工作态度、工作效率的改善与提高给予充分肯定，则表明培训活动具有成效；否则，认为成效不大或无效。不过，采用这种方法作为评价依据时，首先必须考察主管的评价是否公正、客观。

关键术语

培训	人力资源开发	岗前培训
在职培训	初任培训	任职培训
胜任素质	鉴别性胜任素质	基准性胜任素质
胜任素质模型	培训需求分析	组织分析

任务分析	人员分析	差距分析法
岗位轮换法	行为示范法	角色扮演
情景模拟法	拓展训练法	培训效果评估

1. 简述人员培训与人力资源开发的区别和联系。
2. 公共部门人员培训可分为哪几种类型？
3. 胜任素质的核心思想是什么？胜任素质模型的步骤是怎样的？
4. 公共部门人员培训的作用和意义是什么？
5. 公共部门人员培训应坚持哪些原则？
6. 我国的公务员培训主要包括哪些方面的内容？
7. 公共部门人员培训的一般程序是怎样的？
8. 公共部门人员培训需求分析的目的何在？意义表现在哪些方面？
9. 培训需求分析的程序是怎样的？培训需求分析的方法有哪些？
10. 一套完整培训方案通常包括哪些方面的内容？
11. 公共部门人员培训的方法有哪些？各有何优缺点？
12. 公共部门人员培训效果评估的目的是什么？
13. 公共部门人员培训效果评估的内容是什么？方法有哪些？

本章案例

依托网络平台树培训品牌

第8章 公共部门人员绩效管理

【学习引导】本章主要阐述公共部门人员绩效管理和绩效考评的一般理论和方法,介绍绩效管理的一般程序,介绍如何进行订立绩效计划、落实绩效计划,如何进行绩效考评、绩效反馈、绩效改进,以及如何利用绩效考评结果等。

本章的学习重点:一是绩效管理与绩效考评的区别以及绩效管理的程序;二是绩效考评的有关理论和方法,具体包括绩效考评的原则、绩效考评指标体系的开发和绩效标准确定、绩效考评主体的选择、绩效考评的方法及其使用等;三是绩效反馈和绩效面谈,以及如何开展绩效改进管理等。

公共部门人力资源管理虽然是从管理人员着手的,但其追求的最终目标是公共部门绩效。就任何组织而言,组织绩效都是由其下属部门绩效积累而成的,而各下属部门绩效又以部门内部每个员工的绩效为基础,也就是说,没有员工绩效的提高及长期高绩效的保持,部门的高绩效将无从谈起,而没有下属部门的高绩效,组织的高绩效也将成为空谈。由此可见,提高并使员工保持较高绩效水平,是公共部门取得和保持高绩效的开端。那么,怎么做才能提高并使员工保持较高绩效水平呢?这就是本章要着重讨论的问题。

8.1 绩效管理概述

8.1.1 绩效的内涵

要了解什么是绩效管理和绩效考评,首先必须明晰绩效的内涵。

关于绩效(performance),不同学科、不同学者有着不同理解,目前学术界具有代表性的观点有两种:一种是以伯纳迪恩(Bernardin)等为代表,将绩效定义为在特定时间内,由特定工作职责、活动或行为产生的产出记录。该定义将绩效与任务的完成情况、产出和结果等同起来,认为绩效是工作活动达到的结果,可称为"绩效结果论"。另一种是以坎贝尔(J. P. Campbell)和墨菲(Murphy)等人为代表,将绩效定义为人们实际做的、与组织目标有关的且可以观察到的行动或行为,这些行为完全能由个体自身予以控制,认为绩效是活动的本身。这种观点可称为"绩效行为论"。应该讲,两种观点均有其合理之处,但均不全面,因为在实际意义上,绩效同时内包了工作结果和工作行为两层含义。

鉴于此,绩效是指劳动者在经济活动过程中表现出来的工作行为及由此所带来的与组织和社会目标相关联的工作结果的综合。工作行为与劳动者的个人能力、劳动态度等密切关联,并成为达成某种工作结果或工作业绩的必要条件。为了便于度量,这里我们将绩效定义为:员工在一定时期和一定条件下完成某一工作任务的程度。绩效与努力不同。努力是指员工在完成某职位的任务时所耗费的能量,而绩效则是努力的行为表现及其结果。绩效通常受组织激励、个人努力、能力和角色理解力(所谓角色理解,是指员工认为完成自己的工作所必需的活动和行为)等多方面因素影响,这也是绩效多因性的表现。除此之外,其他一些环境因素,如缺乏对员工工作时间的要求或者对员工工作时间的要求有冲突,缺少工作设备或仪器,存在影响工作的限制性因素,缺乏团队合作,以及管理风格、温度、照明、噪音、机器设备性能、轮班甚至运气等,也会对员工工作绩效产生影响。管理者的最大责任就是为员工提供令他们满意的工作条件和有利的工作环境,以降低甚至消除影响员工绩效的障碍。

通常来讲,公共部门绩效包括三个层面的含义:一是从宏观层面来界定,是指基于公共组织层面总体的决策能力、政策制定和执行能力及其在经济和社会运行的实际掌控和操作过程中所表现出来的效率和效果,这一层面的绩效通常称为公共部门的社会绩效;二是从中观层面来理解,是指某一具体的公共组织或机构在决策、政策制定和执行,以及在组织管理、经营中表现出来的效率和效果,这一层面的绩效通常称为组织或机构绩效;三是从微观层面来释义,是指公共组织中某一具体员工或任职者在既定岗位或工作中的实际表现,这一层面的绩效通常称为员工绩效。一般来讲,员工绩效是公共组织绩效和社会绩效的基础,组织绩效是组织内部员工绩效的综合体现,而社会绩效是组织绩效和员工绩效的社会反映。当然,员工个人有绩效并不一定意味着组织或社会有绩效,组织有绩效也不一定意味着社会和员工个人有绩效,因为上述三个层面绩效的内容和侧重点是不完全相同的。我们这里所探讨的是公共部门人员绩效问题。

8.1.2 绩效管理及其与绩效考评的区别

绩效管理(performance management,PM)是管理者为确保组织成员的工作活动和工作产出能够与组织目标保持一致所实施的一系列旨在改进和提高组织人员绩效的管理活动。绩效管理是系统与过程有机统一的完备的权变管理体系,是20世纪80年代后期,在汲取功绩评议、目标管理、绩效考核等管理理论精髓的基础上发展起来的一种先进的管理机制和理念。绩效管理理念的提出,为提高组织绩效、促进组织可持续发展提供了一个全新思路。

绩效考评(performance appraisal,PA),又称绩效考核或考绩等,是指在一定时期内,组织按照一定的原则和标准,运用一定的方法和技术,对其所属员工的绩效进行识别、测量和评价的过程。绩效考评的用途主要有以下几种:①为员工培训、奖惩、职务晋升、薪酬调整和解雇等管理决策提供依据;②帮助并鼓励员工改进绩效,指出他们在行为、态度、技能、能力或知识等方面存在的欠缺;③为人力资源规划提供指导。

绩效管理与绩效考评有着明显区别,这种区别突出地表现在管理的理论基础、管理的着眼点、管理系统的完整性、管理的方法和持续性,以及管理者在其中所扮演的角色等诸多方面,如表8.1所示。

表8.1 绩效管理与绩效考评的区别

内容	绩效管理	绩效考评
管理的理论基础	性善论	性恶论
管理的着眼点	着眼于员工能力培养和未来绩效	着眼于对员工过去绩效的评定
管理系统的完整性	完整的系统化管理	局部的非系统化管理
采取的管理方法	激励性手段和方法	控制、惩罚式的手段和方法
管理的持续性	管理可持续且具循环往复性	管理是片段式的、不可持续的
管理者角色及与员工的关系	导师、辅助者，合作伙伴关系	家长、裁判员，对立关系
管理过程的侧重点	侧重信息沟通与员工绩效改进	侧重绩效判断及考核评价

8.1.3 公共部门人员绩效管理的目的与作用

1. 公共部门人员绩效管理的目的

公共部门人员绩效管理的目的主要表现在如下三个方面。

(1) 为达成公共部门的战略目标服务。对任何组织来讲，组织战略目标永远是组织各种管理的归宿和终极目标。绩效管理，作为一个与达成组织战略目标密切关联的管理系统，通过界定为实现组织战略目标所需要的结果、行为以及员工的个人特征，进而将这些结果、行为和特征与绩效考评和反馈过程相结合，来引导和激励员工最大限度地展现这些特征和施展这些行为，通过管理员工个人预期绩效结果的达成，最终实现公共部门的近期、中期和长期目标。

(2) 为实现公共部门管理目的服务。在现代组织中，组织的管理目的往往是多元的，如在进行薪酬管理决策、加薪决策、晋升决策、保留或解雇决策以及员工职业生涯规划设计等时，都要用到绩效管理信息，以便提高决策的有效性。在现实中，多数管理者将绩效管理活动视为一个为履行自己工作职责而不得不经过的令人烦恼的工作环节，往往视绩效考评和绩效管理为儿戏，为简化环节而为所有员工均打高分，或者搞"轮流坐庄"，结果绩效管理难以发挥其应有的作用。而通过实施绩效管理，将管理者的管理活动嵌入员工日常工作活动和绩效达成过程中，一方面可以改变管理者的管理作风和不作为行为，促使他们不断提高自己的业务能力和管理能力；另一方面可以使他们有更多机会去了解员工，与员工进行深入沟通，并在日常管理中学会换位思考，多为员工着想，从而提高员工的满意度及管理者的管理水平。

(3) 为人员培训和人力资源开发服务。绩效考评和绩效反馈是发现并指出员工绩效达成过程中存在的弱点、不足及其原因的有效方法。通过与员工面对面地讨论其绩效不佳的根源，可以帮助员工找到有效的解决方法。如果导致绩效不佳的原因是知识欠缺和技能不足，则可通过培训和开发等手段加以改进，从而发挥绩效管理在员工培训中的需求分析功用。

2. 公共部门人员绩效管理的作用

作为一种全新的管理理念和系统化的管理活动，公共部门人员绩效管理的作用主要体现在如下几个方面。

(1) 强化公共部门人员的绩效意识。绩效管理作为一种全新的系统化管理活动，不仅关注员工的工作过程及其行为表现，还关注员工获取绩效的结果和方法，以及在获取绩效过程中员工的心理感受，以提升公共部门绩效和公共服务的品质、实现组织及其员工的共同发展为最终目标。从某种意义上讲，绩效导向型的思想意识和工作作风，不仅是公共部门获取持久高绩效的基础，也是公共部门人员不断成长和进步的基本前提条件。

(2) 实现公众、公共部门及其人员等多方利益的有机融合。在绩效管理活动中，借助绩效指标体系的科学设计与合理选择，可以将公众、公共部门和员工等多方利益有机地统一于绩效管理系统之中，进而通过有效的绩效管理活动来满足不同群体的利益需求，起到凝聚人心、促进组织安定团结的作用，有助于公共部门树立良好的社会形象和公众威信。

(3) 在公共部门及其成员间架起了相互沟通、相互信任的桥梁。公共部门内部，特别是领导管理者与员工间往往存在不同程度的沟通障碍，这种沟通障碍进而影响着组织与员工、管理者与被管理者的关系，在组织与员工、管理者与被管理者间形成了一道人为的屏障，影响着公共部门内部的安定团结及绩效提高。绩效管理倡导参与式管理，强调沟通，改变了以往基于官僚层级制的自上而下发号施令的做法，要求管理者与被管理者双方定期就工作行为和绩效达成情况进行沟通，互通信息。从绩效计划的制定，到绩效考评指标体系的设计以及绩效考评的实施，再到绩效反馈与绩效改进，均需要管理者和被管理者参与其中，从而打破了传统管理模式下横亘于管理者和被管理者间的沟通屏障，使他们认识到绩效管理是一个彼此帮助而非求全责备的过程，有助于管理者与被管理者间积极合作和坦诚相待，进而形成融洽的上下级关系，促进公共部门及其人员绩效的共同改进和提高。

(4) 为公共部门人力资源管理其他环节提供了决策依据。绩效管理在公共部门人力资源管理中处于核心地位，而作为绩效管理系统的核心内容——绩效考评活动不仅有助于正确地识别公共部门人员的能力和特长，也有助于实现人力资源在公共部门内部的合理和有效配置，同时还可为人员培训、薪酬管理、职位晋升及人员职业生涯管理等提供有益信息和客观依据，从而提高公共部门人力资源管理活动的有效性。

8.1.4 公共部门人员绩效管理的一般程序

绩效管理是一个系统化过程，它包括绩效计划制订、绩效实施、绩效考评、绩效反馈和面谈、绩效改进与导入以及绩效结果的使用等几个基本环节。绩效管理的一般程序如图8.1所示。

图8.1 公共部门人员绩效管理的一般程序

1. 制订绩效计划

制订绩效计划是绩效管理的第一个环节，也是绩效管理过程的起点。公共部门的战略目标要得以落实，首先就必须将它分解为具体的任务或目标，落实到各个岗位上，然后对各个岗位进行相应的工作分析和人员资格条件分析。这些任务完成后，管理人员还需要与其下属一起根据各岗位的工作目标和职责，对绩效计划周期内员工的工作任务、要求以及权责等进行讨论，并制订出相应的绩效目标和绩效实施计划。管理者和员工的共同投入与参与是有效完成本阶段工作的基础。如果是管理者单方面地布置任务，员工只是单纯地接受任务，就变成了传统的管理活动，绩效管理也就名不符实了。绩效计划一般以一年期为限，年中可进行修订。

2. 绩效计划实施

绩效计划订立完成后，员工就要按照计划着手工作。在工作过程中，管理者需要对员工进行工作指导和监督，及时发现和解决工作中遇到和出现的问题，必要时可根据实际情况随时对绩效计划进行调整。在绩效计划实施过程中，管理者需要不断地与员工进行绩效沟通，并及时提供指导和意见反馈。在绩效沟通过程中，管理者与员工应该不分等级、不论职位高低地进行交流。特别是管理者，更需要多关心员工、尊重下属，注意与员工平等、友好相处，清除与员工进行绩效沟通的心理障碍。管理者与员工在平等交往和交流中相互获取信息，增进了解，联系感情，从而保证公共部门工作的正常开展及绩效计划的顺利实施。

3. 绩效考评

绩效考评是一个按事先确定的工作目标及其衡量标准，来考察和评估员工实际工作绩效的过程，可以根据具体情况和实际需要按月、季、半年和年度进行。为了保证绩效计划的顺利落实以及绩效考评工作的顺利开展，考评期开始时与员工签订的绩效合同或协议一般要规定明确的绩效目标和绩效考评标准。绩效合同通常包括工作目的描述、员工认可的工作目标及其衡量标准等基本内容，是进行绩效考评的重要依据。绩效考评涉及工作结果和工作行为考评两个方面。其中，工作结果考评是对考评期内员工工作目标实现程度的测量和评价，一般由员工的直接上级按照绩效合同中的标准进行等级评定；而工作行为考评是对员工在绩效周期内表现出来的具体行为和态度的评估。同时，在绩效计划实施过程中，所收集到的能够说明员工绩效表现的数据和事实，可作为判断员工是否达到关键绩效指标要求的证据。

4. 绩效反馈与面谈

绩效管理过程绝不是给员工打出绩效得分就结束了，需要管理人员与员工进行一次甚至多次面对面的交流。通过绩效反馈与面谈，员工可以了解公共组织及其管理者的期望，了解他们自己的绩效，认识到自身有待改进的方面；员工也可以提出自己在落实绩效计划、完成绩效目标过程中遇到的问题，请求组织和管理者的帮助。

5. 绩效改进与导入

绩效改进是绩效管理过程中的重要环节。与传统绩效考评不同，现代绩效管理的目的绝非仅仅通过绩效考评来确定员工的薪酬、奖惩、晋升或降级等，更重要的目的在于通过绩效考评发现导致员工工作绩效不高的原因，进而寻找改进性的方案和措施，帮助员工摆脱低绩效的困扰，在提高员工绩效的同时，使员工谋得更好的发展机会和可能。因此，绩效改进工作的成功与否，是衡量绩效管理发挥效用与否的关键。

绩效导入是指根据绩效考评结果的分析来对员工进行有针对性的培训，发现员工知识、技能甚至能力不足后，公共部门结合员工的实际需求有针对性地安排一些培训项目，以弥补员工知识、技能甚至能力方面的欠缺。这样，既可满足员工的需求，也有利于员工自身的职业生涯与发展。

6. 绩效结果使用

当绩效考评完成后，考评结果要与公共部门人力资源管理其他环节相衔接，如用于薪酬和奖金分配、职位或职务晋升与调整、人员培训、人力资源规划、职业生涯规划与管理等。

8.2 公共部门绩效计划的制订与实施

制订绩效计划是公共部门绩效管理的起点。绩效计划为公共部门人员指明了今后一定时期内的工作目标和工作任务，是员工今后一段时期内工作的目标和方向指南。同时，员工绩效计划也是公共部门落实其短期、中期乃至长期目标，对员工实施有效管理的重要参考依据。

8.2.1 绩效计划制订

1. 绩效计划的含义及其制订过程中应坚持的标准

绩效计划(performance plan)是管理者与员工就员工今后一段时期内(通常为一年)应完成的工作任务和达到的绩效目标，在协商和明晰责、权、利基础上所订立的一份正式书面协议。绩效计划的制订是一个确定公共部门对员工的绩效期望并得到员工实际认可的过程。制订绩效计划的目的在于达成员工与公共组织目标期望的一致性。因此，在制订绩效计划时，必须向员工清楚地说明组织期望他在未来一定时期内要完成的工作任务及应达到的程度和标准。

虽然人力资源管理部门在绩效管理中肩负着监督和协调的重要职责，但这绝非意味着绩效管理只是人力资源管理部门的事，它需要各部门管理者和员工共同参与。因为只有让各部门管理者和员工共同参与到公共部门绩效管理中来，各部门管理者和员工才更容易接受绩效计划，并积极投入到绩效计划的落实，从而使人力资源绩效管理获得较高的满意度。绩效计划的制订是一个自下而上的目标确定过程，借助这一过程，可以将公共组织目标与部门或团队目标以及员工个人目标有机结合起来，因此，绩效计划的制订过程也是一个员工全面参与管理、明确自身任务和职责的过程。

制订绩效计划必须参照一定的标准。通常来讲，绩效计划的订立标准主要有两点：一是绩效计划与公共部门战略目标是否相关；二是绩效计划所设定的目标和标准是否具有可度量性。如果绩效计划与公共部门战略目标不相关或相关性很低，那么这种绩效计划往往很难保证公共部门目标的如期实现，其实际价值就不大或根本没有实际价值；如果绩效计划设定的目标和标准不能度量，那么这种绩效目标和标准很难甚至根本不能把握，而难以准确把握或根本不能把握的目标和标准是很难体现公平、公正原则的，也是很难使其他员工信服并收到满意效果的。

2. 绩效计划的主要内容

在一个绩效周期开始前，管理人员和员工必须对员工的工作目标达成一致性契约，即订立双方均认可的绩效计划。一般来讲，绩效计划通常包括如下几方面内容：①员工在某绩效周期内达到的工作目标(量化的和非量化的)；②完成工作目标的结果；③工作目标和结果的重要程度；④绩效结果的衡量方法和评判标准；⑤员工工作结果信息的获取渠道；⑥各项工作目标权重的大小及设定；⑦员工完成工作过程中可拥有的权力及可获得的资源支持；⑧员工在达到预定绩效目标过程中可能遇到的困难和障碍；⑨公共组织和管理人员能够为员工提供的支持和帮助；⑩绩效计划落实过程中管理人员如何与员工进行沟通；等等。

由于绩效计划的制订过程是一个双向沟通过程，双向沟通就意味着管理者和被管理者双方均负有责任。制订绩效计划不仅是管理者向员工提出工作要求和工作目标，还需要双方的互动交流。在这一过程中，管理人员需要向员工解释并说明如下问题：①公共组织的整体目标；②要完成公共组织的整体目标，我们所处的业务单元目标；③为达到这些目标，组织和部门对员工的期望；④对员工工作标准和工作期限的具体要求；⑤员工在落实绩效计划、完成绩效目标时拥有的权限及可利用的资源。员工则应向管理者表达以下信息：①自己对工作目标及如何完成工作的认识；②工作中可能遇到的困难和问题；③需要公共组织和管理者给予的支持和帮助。

对绩效计划和绩效目标达成一致性意见的目的，在于让公共组织中不同层次的人员均对组织目标具有一致看法。因为管理人员和员工对绩效计划和绩效目标达成共识是保证组织、业务单元和个人朝着同一方向和同一目标共同努力的关键。

8.2.2 绩效计划实施

在绩效计划分解、制订完成后，接下来就要付诸实施。在绩效计划的实施阶段，管理人员的主要责任有以下几点：一是做好监控工作；二是与员工进行持续沟通，了解员工在绩效计划实施过程中遇到的问题；三是做好绩效辅导工作；四是着手绩效信息的收集。下面着重谈一下绩效沟通和绩效辅导问题。

1. 绩效沟通

(1) 绩效沟通的含义。绩效沟通是绩效管理的重要任务之一。所谓绩效沟通(performance communication)，是指上级主管与员工就绩效计划实施过程中遇到的问题进行实质性交流，在增进了解和信任的同时，给予员工必要的指导和建议，帮助员工顺利达成预期绩效目标的过程。从绩效管理的本质看，绩效沟通应是一个持续的过程，它贯穿于绩效管理的始终。对公共部门来讲，持续、有效的绩效沟通不仅有利于管理者与员工的相互了解和信任，增进公共部门的团结和凝聚力，还有利于公共部门绩效计划和绩效改进计划的制定与落实，有利于绩效管理各环节工作的顺利开展。

(2) 绩效沟通的原则。有效的绩效沟通一般遵循如下原则。

① 开放性原则，即沟通必须真诚而坦率，只有进行真诚而坦率的沟通，才能从员工那里获得有价值的真实信息，进而提供及时而必要的指导与支持，帮助员工解决绩效达成过程中遇到的实际问题。

② 及时性原则，即强调沟通的时效性，在设定绩效目标前及发现绩效实施过程中存在的问题时，均应及时进行沟通，尽可能在问题或矛盾发生前或刚刚出现时即通过沟通获得确切信息，并予以尽快解决。

③ 针对性原则，即沟通时应具体问题具体对待，不能泛泛而谈。泛泛沟通既无效果，也无

效率。管理者或考评者必须珍惜每一次沟通机会，关注于具体问题的探讨和解决。

④ 持续性原则，即沟通应该是经常性和定期进行的。管理者要与员工约定好沟通的时间和频率，保持沟通的经常性和持续性。

⑤ 建设性原则，即沟通的结果应该富有成效，通过沟通为绩效目标的设定、完善及顺利达成提供建设性意见，帮助员工提高绩效水平。

(3) 绩效沟通的方式。绩效沟通的方式主要有正式沟通和非正式沟通两种。

正式沟通是一种事先计划和安排好的、以期获得相互了解并产生一致性行为的信息交流过程。正式沟通一般遵循公共部门的层级制或按组织的权力路线进行。正式沟通可分为下行沟通、上行沟通和平行沟通三种基本形式。下行沟通是指上级管理者通过层级体系将绩效信息向下传递的过程，是上级领导管理者取得下属了解、合作、支持与采取行动的重要举措。上行沟通是指下属向上级领导管理者表达个人意见和态度的过程。平行沟通是指公共部门内不相隶属或地位相当的工作人员间的信息交流过程。公共部门的绩效沟通一般均通过正式沟通方式进行，包括书面报告、定期绩效面谈、小组或部门会议、咨询等具体形式。

非正式沟通通常建立在工作人员的社会关系基础之上，基于工作人员彼此间的社会关系而产生，它的表现方式不固定，具有多变性和动态性，可以发生在任何时间和地点。非正式沟通具有弹性，富有人情味，并且传递比较快速，可以传递正式沟通所无法传递或不愿传递的信息，但这种沟通方式缺乏严肃性。并非所有的绩效信息都可以通过非正式沟通传递。

(4) 公共部门绩效管理的宣传。公共部门绩效沟通离不开广泛的宣传。就不同公共组织而言，宣传的途径和手段各异，一般可通过组织内刊、宣传栏、局域网等途径对绩效计划、绩效实施、绩效考评、绩效反馈和绩效结果应用的有关内容、方法、意义和作用等进行广泛宣传。思想动员是公共部门绩效管理宣传的重要手段。思想动员会应由公共组织的领导者或绩效目标制定机构的负责人来主讲，说明设定合理绩效计划、实施绩效考评及进行绩效反馈和绩效改进等的目的、意义及必要性，讲解绩效目标设定和绩效考评实施的有关事项，如设置绩效目标和绩效考评等的内容、方法、程序等，提高公共部门人员对设定绩效目标、制订绩效计划和实施绩效考评等的重要性的认识，消除管理者和员工的思想顾虑，使全体人员以认真、负责和积极的态度投入到绩效管理活动中来。

在绩效沟通时，公共部门人员要注意如下问题：应通过沟通让员工了解组织的目标和方向；多让员工谈自己的想法和做法；及时纠正员工工作中的无效行为和想法；让员工充分认识到管理者的作用。在实际管理过程中，实施走动式管理、开放式办公、工作间歇期沟通、非正式会议等方式，将有助于管理效率和员工绩效的提高。

2. 绩效辅导

(1) 绩效辅导的含义。绩效辅导(performance coaching)是指管理者针对员工绩效实施或绩效目标达成过程中遇到的问题及存在的疑虑，有针对性地提供及时指导和支持，帮助员工解决问题、消除疑虑、改进和提高绩效的过程。

(2) 绩效辅导的目的。绩效辅导的目的主要有两点：一是帮助员工提升工作绩效；二是帮助员工达成个人职业生涯与发展目标。在公共部门绩效管理过程中，向员工提供必要的绩效辅导，是管理者日常工作中重要职责之一。而且，这种辅导应该是经常性的，而不是一定要等到出了问题，才想起提供辅导。通过经常性的绩效辅导，可以引导员工从一开始即把工作做正确，从而节省时间，降低成本，也可以引导员工少走弯路、少犯错误。

(3) 绩效辅导的作用。

① 与员工建立起一对一的密切联系，给他们提供反馈，帮助他们完成甚至"拓展"自己的目标和任务，并在他们遇到困难和问题时及时提供支持。

② 营造一种鼓励员工承担风险、勇于创新的氛围，使他们能够在过去的经验中不断学习。这类学习包括以下内容：让员工反思他们的经历并从中获得经验；从别人身上学习；不断进行自我挑战，并寻找学习新知识的机会。

③ 积极为员工提供学习机会，使他们有机会与不同的人一起工作。这样做，把员工与能够帮助其获得发展的人联系在一起，为他们提供新的挑战性工作，为他们提供接触某些人或情境的机会，帮助他们更快、更好地成长与发展。

(4) 进行绩效辅导的时机。为了提高员工绩效，管理者需要经常提供日常的非正式绩效辅导，同时还应定期与员工进行绩效改进讨论，并在年度绩效考评讨论中进行正式绩效辅导。正式绩效辅导可以是定期的，也可以是不定期的。不过，不定期的正式绩效辅导应该选择适当的辅导时机。通常来讲，如下4种情形下提供绩效辅导更为合适：①当员工希望管理者对某种情况发表意见时；②当员工希望管理者帮助他解决某个问题时；③当管理者发现一个需要采取改进措施的机会时；④当员工通过培训掌握了新技能，管理者希望他们运用于实际工作中时。

在上述4种情况下，管理者均需要向员工提供及时、有效的辅导，以确保员工绩效计划的进一步落实。

(5) 绩效辅导的内容。绩效辅导只是在各个层次上提供关于员工如何完成工作任务、达成绩效目标的即时信息。因此，绩效辅导主要包括以下内容：①给予员工必要认可，以鼓励或奖励员工的良好绩效；②当员工在工作中遇到问题、感到疑惑及不知所措、需要提供指导和帮助时，给予他们必要的指导、支持、帮助或提供正确的反馈信息。

关于绩效辅导的内容，管理者应结合实际需要有所选择。管理者因肩负多项责任，一般难以对每一位下属每一次发生的问题或每一个要改进的方面提供及时辅导，管理者应把主要精力放在那些对完成关键绩效指标或已设定绩效目标所需支持和帮助的辅导上，从而最大限度地提高员工的绩效。

(6) 绩效辅导的方式。通常，管理者经常忽视员工"怎么做"的问题，而是把注意力更多放在最终绩效结果上，这样做的结果，可能会引导员工用影响组织整体利益的方式去追求最终绩效结果。因此，在实际管理过程中，如果管理者多注意一下对员工的方法指导，不仅会避免上述问题的发生，还能引导员工运用这种方式去服务于其他场景或解决其他问题，起到事半功倍的效果。

绩效辅导的方式通常有三种：一是具体指示；二是方向引导；三是积极鼓励。具体指示主要是针对那些缺乏必要的完成某项工作的知识、技能和能力的员工。对于此类员工，将工作的方式和方法划分为明晰的步骤进行传授和跟踪指导，更有利于他们如期完成工作，达成预期绩效目标。对于那些具备完成某项工作的相关知识、技能和能力但偶尔可能遇到特殊问题而不知所措的员工，应给予他们适当的点播和方向性引导，以帮助他们解除谜团，顺利完成工作任务。而对于那些具备较完善知识和技能、具有较高能力水平的员工，管理者只需及时给予鼓励或建议即可促成良好绩效的达成。

8.3 公共部门人员绩效考评

8.3.1 公共部门人员绩效考评的作用

绩效考评是绩效管理的重要内容，也是公共部门职务晋升选拔、实施人员培训、进行绩效奖惩等的重要依据。具体而言，绩效考评的作用主要表现在如下几方面。

1. 在员工个人发展方面

(1) 绩效考评结果是员工职务晋升选拔和职位调整的重要参考。绩效是员工在过去一段时期内工作态度、个人能力、工作行为和工作结果的综合体现。从进一步激发员工潜能和对组织忠诚度的角度讲，绩效突出、考评结果良好的人，往往是该工作系列内更高级职务的后备人选。而且，通过对绩效突出者的职务晋升和职位晋级，不仅可以激励员工更好地为本组织、本部门工作，还可以对其他员工起到良好的示范作用，有助于组织和部门整体绩效的提高。

(2) 绩效考评结果可以作为员工修正个人职业生涯与发展规划的依据。通过绩效考评结果反馈，员工可以了解到自身工作中存在的问题和不足，从而对自身能力有一个正确认识，以便制定出更适合自己的职业生涯与发展规划。

(3) 对员工具有激励作用。通过绩效考评，员工不仅能从中获得极大成就感和满足感，体验到工作的乐趣，还能促使员工为自己建立新的工作目标，并增强为实现这一目标而努力工作的自觉性和积极性。

2. 在公共组织管理方面

(1) 绩效考评是改进公共组织工作的一个重要措施。通过绩效考评，管理者既可以看到员工工作中存在的不足，也可看到整个组织的绩效情况。而且，借助员工提出的一些合理化建议，管理者还可从中看到管理中存在的不足，进而有目的、有针对性地予以修正。

(2) 为公共组织用人提供依据。绩效考评是判断员工品行、能力和技能的必要之举，是公共组织识人、选人和用人的重要依据。

(3) 为组织进行岗位调配和人员职位升降提供必要依据。通过科学、全面、严格的绩效考评，管理者可以从中发现哪些员工更适合哪些职位或职务，从而根据组织的需要对其予以调配和升降，这对建设业绩和能力导向型组织是至关重要的。

(4) 为有针对性地制定员工培训计划及评价培训效果提供必要条件和依据。要使培训达到预期效果，除了要事先确定符合组织发展目标的培训目标外，还必须使培训内容和方式方法具有针对性。确保员工培训具有针对性的重要前提是培训需求分析，通过培训需求分析，管理者能够准确地掌握各类员工或培训对象的现有素质、知识、技能和能力水平，以及组织和工作需要而员工不具备或比较缺乏的知识、技能和态度等。而绩效考评是培训需求分析的基础，为培训需求分析提供必要条件和依据。

(5) 绩效考评结果是实施员工奖惩的重要依据。根据科学、严格、公平公正的绩效考评结果来奖励员工，能使员工感到公平和心服，而随着员工满意度的增加，其工作积极性、主动性和创造力也会随之增强。也就是说，绩效考评本身是一种具有激励功能的管理活动，能促使员工为实现组织和自身目标而更加努力地工作。另外，考评结果也是执行惩戒的依据，是纠正员工行为、提高员工工作绩效不可或缺的手段。

(6) 绩效考评是确定薪酬的依据。根据员工工作绩效来计发薪酬，充分体现了按劳分配、多劳多得的分配原则。员工只有对薪酬发放感到公平与合理，其工作积极性才能被充分调动起来。

(7) 绩效考评在公共组织及其管理者与员工间搭起了沟通的桥梁，有利于公共组织内部关系的改良。在绩效考评完成后，管理人员与员工间通过在良好关系基础上的绩效面谈或沟通，不仅能够帮助员工及时改进个人绩效，还能够解除彼此间的误会，弱化甚至消除员工与管理者乃至组织间的矛盾，有助于建立起彼此信任和相互理解的关系，这对提高公共组织的凝聚力和竞争力是十分必要的。

8.3.2 公共部门人员绩效考评的原则

1. 客观公正原则

客观公正原则是贯穿于公共部门人员绩效考评整个过程的基本原则。所谓客观，是指绩效考评必须尊重事实，重视调查研究，既不能以偏概全，也不能弄虚作假，应以事实为依据来评价员工的真实绩效。所谓公正，是指对所有接受考评的人员都要按既定的程序和标准进行考评，要一视同仁，不偏不倚，不能因职务高下及其与领导关系的亲疏而区别对待，也不能因某人与自己有矛盾而打击报复。客观公正是绩效考评能否令人信服、能否赢得被考评者乃至其他员工普遍认同的关键，关系着绩效考评的成败，关系着公共部门的自身形象。不客观、不公正会严重挫伤公共部门人员的积极性，引发不必要的矛盾和冲突。

2. 民主公开原则

民主是指在公共部门人员绩效考评过程中要注意倾听员工的意见和建议，广纳忠言，不能搞"一言堂"，要充分调动和发挥员工参与绩效考评的主动性和积极性，坚持员工参与与领导决策相结合的原则。公开是指在公共部门人员绩效考评时，从考评指标设计到指标赋权，从考评程序设定到考评标准设定，从考评过程的实施到考评结果的取得，均应公之于众，不搞灰箱或暗箱操作。公开程度体现了考评过程的透明度。民主公开是提高公共部门人员绩效考评有效性和可信度的关键所在。

3. 公平原则

从某种意义上讲，绩效考评中的公平原则是对客观公正和民主公开原则的扩展和强调。所谓公平，是指在绩效考评的各个环节均应做到不偏不倚，"一碗水端平"。绩效考评中的公平通常包含三方面含义：一是过程公平。所谓过程公平，是指在绩效考评过程中，从考评指标体系建立、权重确定到资料收集、分析和绩效评定，始终应保证客观公正、民主公开，不偏不倚。二是结果公平。所谓结果公平,是指在运用某一绩效考评体系进行员工绩效考评时,应确保实际高绩效员工能获得高绩效的评价结果,而实际低绩效员工获得较低的绩效评价结果,同时高绩效与低绩效间应拉开一定距离。三是人际公平。所谓人际公平,是指在绩效考评过程中,应始终本着客观公正、一视同仁、不偏不倚的原则来对待所有被考评者,既不搞打击报复,也不拉帮结派,能够比较好地处理公与私、个人情感与员工绩效间的关系。公平原则是保证公共部门人员绩效考评满意度的重要原则。

4. 立体考评原则

立体考评是指把被考评者置于上级评价、同级评价、下级评价、自我评价以及客户评价之下,从而从不同层次、不同角度来全方位地考评被考评者的工作表现和工作成果。立体考评原则侧面体现了公共部门人员绩效考评的公正性和民主性。

5. 注重实绩原则

注重实绩就是要重视对被考评者实际工作表现和工作业绩,包括工作数量和质量、工作难易程度、工作效率或效益和工作表现等的考评。我国《公务员法》第五章第35条规定:"公务员的考核应当按照管理权限,全面考核公务员的德、能、勤、绩、廉,重点考核政治素质和工作实绩。"工作实绩是公共部门对人员实施奖惩及职务升降的主要依据。注重实绩原则体现了择优用人、高绩高薪的现代管理理念。

6. 对事不对人原则

对事不对人是现代人力资源管理对人员提出的基本要求,同时也是指导公共部门人员绩效考评的基本原则。对事不对人是指公共部门人员绩效考评的对象是任职者所任职位或职务的职责和任务完成得怎么样,以及任职者在工作过程中的行为表现如何,而不是任职者这个人如何。这是员工绩效考评与人员素质测评的显著差别之一。在实际操作过程中,一些组织或部门往往不能很好地贯彻这一原则,把关注点放到对任职者人格的考评上,在考评时对员工品头论足,不仅挫伤了员工的工作积极性,还导致了不必要的矛盾和冲突。这样的绩效考评不仅未达到凝聚人心、激发员工士气、提高公共部门人员满意度的效果,反而成了个别领导管理者打击报复"异己"的工具,引起员工极大不满。对事不对人原则将员工人格与其任职时的工作表现区别开来,抓住了问题的关键,既有利于绩效管理效率的提高,也有利于员工绩效改进及其自身发展。

8.3.3 公共部门人员绩效考评的内容

绩效考评的内容取决于绩效考评的目的,是公共部门对其工作人员各方面要求在绩效考评中的具体体现。世界各国在公共部门人员绩效考评内容设计上并不完全一样,有的注重全面考评,有的侧重某一方面。如,美国公共部门人员绩效考评的项目是根据公共部门人员所从事的工作来设计的,即先制定工作标准,再以公共部门人员完成工作的情况来确定其考评结果,考评内容主要是工作数量、质量及其工作适应能力等。英国公共部门人员绩效考评项目的设计侧重对人的条件的评价,考评内容主要包括对工作表现的评估和对能否胜任现职与有无升降潜力的评价,分析内容包括洞察力、判断力、语言表达能力、责任心和创造力在内的10多个方面的能力。日本公共部门人员绩效考评项目的设计兼顾了工作与人的条件，考评内容主要包括勤务实绩、性格、能力、业务适应性4个方面，每个方面又包括若干子项，内容较全面①。在我国，公共部门人员绩效考评主要涉及德、能、勤、绩、廉5个方面内容，重点考评政治素质和工作实绩。

1. 德

德是思想政治素质及个人品德、职业道德、社会公德及精神目标追求的综合体现，是一个人的灵魂。德，决定了一个人的行为方向，即为了什么样的人生目标而奋斗；决定了人的行为的强弱，即为实现既定目标所愿意付出的努力及其程度；决定了人的行为方式，即采取什么样的手段来实现既定目标。德的标准不是抽象的，而是随着时代发展而不断变化的。德所包含的内容均可细化为更加具体的细目。如政治思想觉悟可细化为对国家大政方针的基本态度和对外界事物的基本认识两大指标；而道德品质可细化为职业道德和社会公德两个方面。在公共部门人员绩效考评中，对"德"的考评应该放在日常工作中进行，即观察公共部门人员在日常工作和生活中的品行和道德表现以及在大是大非面前和原则性问题上的立场和行为表现等。

2. 能

能指履行职责的业务素质和能力。对员工能力的考评，应该在素质考察基础上结合员工在工作中的具体表现来进行。能力考评主要考察员工在其任职岗位上的业务水平、技术水平、管理水平，以及文化知识、专业知识等方面的表现能否胜任现职位。能力通常可分为基本能力和应用能力两类。其中，基本能力主要包括员工所在职位所要求的文化知识、专业技能以及身体和心理条件等方面的能力表现，如认知能力、理解能力、思维能力、表达能力；应用能力则包括员工分析和解决问题的能力、组织管理能力、领导决策能力、协调沟通能力、创造能力以及动手操作能力等。对"能"的考评，应该采用平时考评与特定情况下考评(即抓关键事件)相结合的原则。

3. 勤

勤指责任心、工作态度、工作作风等方面的表现，主要体现在员工日常工作表现中，如工作的积极性、主动性、创造性、努力程度，以及出勤率、纪律性。在实际操作中，不能将"勤"简单等同于"出勤率"，因为"出勤率"只是"勤"的一种表现形式，出工不出力员工的"出勤率"没多大意义。真正意义上的"勤"，不仅体现在"出勤率"上，更重要的是以强烈责任感和事业心投入到工作中。对"勤"的考评，应将对量(如出勤率等)的考评与对质(如责任心和敬业精神等)的考评结合起来。需要注意的是，为了体现绩效考评的公平、公正和客观性原则，对"勤"的考评不能与对"绩"的考评相混淆，因为很多情况下一个人"绩"的高低或优劣与"勤快"或"懒惰"并非必然正相关。

4. 绩

绩是指完成工作的数量、质量、效率和所产生的效益等。对"绩"的考评是员工绩效考评

---

① 刘沂，赵同文，等. 公共部门人力资源管理概论[M]. 上海：华东理工大学出版社，2002：200-201.

的核心内容。工作项目反映了员工所从事工作的难易程度和责任轻重；工作数量和质量反映了员工工作成果的多少及其质量水平的高低；工作效率是员工单位时间内工作成果产出多少的具体体现；工作效益则说明了员工在完成工作过程中的成本和收益问题。对员工"绩"的考评，不能简单地只看员工是否完成了既定的工作任务，更不能只看出勤率高低以及是否犯了错误，而应从工作的性质、完成工作的数量、质量以及完成工作过程中的效率和效益等方面进行全面考评。

5. 廉

廉是指廉洁自律等方面的表现。廉洁自律有多种表现形式，从经济、工作作风、组织人事和日常生活等方面看，廉洁自律主要表现为以下几个方面。

(1) 在工作中不利用职权为自己及小利益集体谋取经济利益。具体体现为不索贿受贿，不贪污，不挪用公款，不利用职权从事各种经济活动并从中获取非法收益。

(2) 不拉帮结派，不买官卖官。具体体现为不拉帮结派、任人唯亲，不跑官要官，不出卖官职。

(3) 不渎职和滥用职权。具体表现为不失职渎职，不滥用权力。

(4) 不奢侈浪费，不腐化堕落。具体表现为不讲排场，不搞攀比，生活中不奢侈浪费；不嫖娼、不包养情妇、不乱搞两性关系，不赌博、不吸毒等。

"德""能""勤""绩""廉"是一个统一整体。"德""能"是公务人员达成工作业绩的基础，缺乏相应的职业道德，难以保证正确的工作方向，甚至会造成工作上的重大失误；无能则会导致工作效率和效益低下，得不偿失。"勤"是公务人员取得良好业绩的前提条件，然而，不能将"勤"简单地等同于工作实绩，只有将"德""能"与"勤"紧密结合起来，才能创造出良好的工作实绩。"廉"是确保公务人员不腐化堕落、不损公肥私、不坑国害民，能较好履行自身职责的必要保证。"绩"是"德""能""勤""廉"的综合反映，是公务人员工作业绩优劣、高低的重要体现。在实际工作中，既不能脱离"绩"而空谈"德""能""勤""廉"，也不能因强调"绩"而忽略了公务人员的"德""能""勤""廉"等方面的表现。另外，在公共部门人员绩效考评的实际操作中，不能笼统地理解和运用"德""能""勤""绩""廉"这些指标，而应将各指标做进一步分解和细化，以提高绩效考评的可操作程度。表8.2给出了经初步细化后的中国公务员年度绩效指标的内容。

表8.2 经初步细化后的中国公务员年度绩效指标的内容

项目	德	能	勤	绩	廉
涵盖目标	思想政治表现 职业道德表现 社会公德表现 组织纪律性表现	政策理论水平 业务水平 创新能力 表达能力 分析能力 组织实施能力	出勤率 工作效率 工作态度	工作数量 工作质量 工作贡献	公正廉洁 严格自律

(续表)

项目	德	能	勤	绩	廉
具体考评内容	(1) 思想政治上的心理与行为表现：对党的基本路线、方针、政策的态度；全心全意为人民服务的思想 (2) 对职业的态度和行为表现：敬业精神、廉政勤政 (3) 遵守社会公德规范，在公众中的形象，对同事、家人、邻居的态度和行为 (4) 对待上级、组织的态度和行为：执行组织决议和领导指示，遵守政府及单位的各项纪律规定等	(1) 掌握业务知识的程度和处理业务问题的能力；掌握有关专业的理论知识、管理知识的程度；处理业务问题的熟练程度和实际水平等 (2) 运用马克思主义基本理论分析和解决实际问题的能力；认识和理解党的路线、方针、政策的自觉性、坚定性和正确性 (3) 工作中表现出的改革、开拓精神和进取心 (4) 工作中的口头、文字表达水平，能够撰写抓住重点、有说服力的文章 (5) 对事物的分析、判断等综合能力，能提出合理化建议 (6) 工作中的计划、管理、组织、控制等能力。组织落实、知人善任、关系协调，办事能力强	(1) 按职位和工作制度要求的出勤情况 (2) 完成工作的速度和质量：能否按时高质量地完成行政任务 (3) 对待工作的认识，表现出的态度、责任心和努力程度	(1) 完成工作项目件数的多少 (2) 完成任务和具体工作结果的好坏或优劣 (3) 取得的成果、业绩对政府和社会产生的经济效益和社会效益	(1) 无收受和索要贿赂情况 (2) 无挪用公款情况 (3) 无以权谋利行为 (4) 不拉帮结派 (5) 无跑官要官、买卖官职行为 (6) 无失职渎职、滥用职权行为 (7) 无讲排场、搞攀比行为 (8) 无嫖娼、包养情妇、乱搞两性关系行为 (9) 无赌博、吸毒恶习

8.3.4 公共部门人员绩效考评的一般程序

绩效考评是一项系统性工作，其考评过程必须按一定程序进行，公共部门人员绩效考评的一般程序如图8.2所示。

图8.2 公共部门人员绩效考评的一般程序

1. 明确绩效考评目的，制订绩效考评计划

公共部门人员绩效考评的目的是多种多样的，可能是薪酬调整、职位调动、员工培训与人力资源开发，也可能是激励员工、提高公共部门效率和效能，等等。公共部门可以根据自己的实际需要而定。

在绩效考评目的明确后，接下来就要制订具体的绩效考评计划。一般来讲，一个完整的绩效考评计划通常包括考评对象的圈定、考评主体的确定或考评工作小组组建、考评内容和考评时间的确定等。通常，绩效考评对象既可以是员工，也可以是工作小组或团队。所谓绩效考评主体,主要是指由谁来进行考评。绩效考评主体通常包括公共组织的领导、人力资源管理部门工作人员、有关部门领导以及员工代表等。有时为了公平、公正,还会邀请组织外专家参加。由这些人共同组成绩效考评小组,来全权处理考评问题。考评时间,不仅涉及什么时间考评问题,还涉及考评的频率问题。对公共部门而言,绩效考评的时间跨度一般为半年或一年,当然也可根据需要进行月度、季度甚至时期性考评。

2. 绩效考评前的技术准备

绩效考评前的技术准备工作主要包括绩效考评标准的确立、绩效考评方法的选择、绩效考评指标体系建立以及对绩效考评者实施培训等。

绩效考评标准是指用来监测和衡量员工所完成工作数量、质量及工作表现的准则性尺度。绩效考评标准是通过工作分析建立起来的。按不同尺度,绩效考评标准可划分为多种类型。例如,按评价手段,绩效考评标准可分为定量标准和定性标准;按标准的属性,绩效考评标准可分为主观标准和客观标准;按标准的形态,绩效考评标准可分为静态标准和动态标准;按评价尺度,绩效考评标准可分为类别标准、等级标准、等距标准、比值标准和隶属度标准;等等。绩效考评标准是衡量员工绩效高低的标准尺度。绩效考评标准与绩效等级不同。通常来讲,绩效考评标准是衡量员工工作做得怎么样的标尺,而绩效等级是对绩效结果所属等次的划定。常见的绩效等级划分如"高、中、低",或"优、良、一般、差",或"优异、良好、一般、及格、差"等。

在编制绩效考评标准时,要注意如下几点:①考评标准应尽可能定量化,以便于衡量比较。②内容应先进、合理,考评标准既能反映一定时期的科技发展水平和管理水平,也不要过于严格。③考评标准要针对不同岗位及岗位任职者的特征来制定。④考评标准应在民主协商、一致认同的情况下最终达成。多数研究均已证明,员工亲自参与制定的标准,不仅员工乐于接受,努力执行,在达不到预期标准时也不会因受惩罚而产生抱怨或消极情绪。⑤考评标准的层级应定得尽可能准确,相关主管人员及其员工必须能够清楚、准确地理解和正确把握。

为了较好贯彻绩效考评原则、提高绩效考评的有效性,在正式实施绩效考评前必须对绩效考评者进行培训。在培训过程中,一方面要提高考评者对绩效考评工作重要性的认识,增强其原则性和公平公正性,准确把握和运用绩效考评的指标和标准;另一方面要改进考评者的沟通技巧和倾听能力,为绩效考评和绩效面谈做好充分准备。

3. 收集有关信息并进行审核

考评信息的收集是一项复杂的工作。考评信息和数据全面、准确与否,直接关系着绩效考评结果及其有效性。收集信息的方法主要有工作日志法、考勤记录法、定期抽查法、典型事例法、减分抽查法以及主管记录法等。工作日志法是指要求员工根据自己日常的工作情况,按规定及时做好原始记录和统计。考勤记录法是将员工平时的出勤、缺勤及其原则,以及请假情况,一一记录在案。定期抽查法是指通过定期抽查员工的工作业绩和工作表现,按规定填写原始记录及进行统计。典型事例法是通过对员工的优秀行为或不良行为予以记录来考评员工绩效。减分抽查法是按岗位或职务要求规定应遵循的项目,定出违反规定扣分的办法,并定期进行登记。主管记录法是指主管根据员工的日常表现和工作业绩,及时做好记录,以备考评时使用。

4. 数据处理和统计分析

这一阶段的主要任务是根据考评目的、标准和方法，对所收集的信息和数据进行处理和统计分析。在这一过程中，需要根据考评目的、标准和方法的需要，不断地修正和补充信息，以保证绩效考评结果的公平、全面及可信。

5. 员工绩效评定

在对员工绩效信息和数据资料进行分析、处理和综合后，接下来就需要评定被考评者绩效。绩效评定一般是在参照绩效标准基础上做出的。绩效标准的确立应与工作要求密切相关，也应是员工能够达成和控制的，否则就会失去应有价值。

6. 绩效反馈

绩效反馈是绩效考评的重要环节，是考评者向被考评者反馈绩效考评结果并与之进行沟通的过程。在这一阶段，组织或考评者将向被考评者通报绩效考评的过程信息及结果，并向被考评者反馈绩效结果的达成原因，引导员工就自己的绩效结果及其原因进行申辩、说明及提出自己的看法和意见，以便根据员工意见对绩效结果的不合理之处做出适度修正，提高绩效结果的有效性。

8.3.5 公共部门人员绩效指标体系的开发设计

绩效指标(performance indicators)是指能够刻画和描述工作岗位绩效项目和绩效内容特征的具体概念，如客户满意度、出勤率、差错率等。绩效指标是现代组织人员绩效考评体系的核心内容，开发设计好绩效指标体系是做好公共部门人员绩效考评工作的必要前提。从某种意义上讲，公共部门人员绩效考评的公平、合理，首先是通过绩效指标、绩效考评标准和指标权重的科学、合理设计来体现的。也就是说，没有科学、合理、细致、可观察的绩效指标来真实、有效地反映绩效考评内容，公共部门人员绩效考评就难以令人信服。

1. 绩效指标开发设计应遵循的原则

为了确保绩效指标开发设计得科学、合理、有效，在指标开发设计时一般应遵循如下几条原则。

(1) 具体的(specific)，即绩效指标能明确而具体地反映员工的绩效内容，简明易懂，既不能模棱两可，让人难以把握，也不能过于抽象，让人感到费解。

(2) 可衡量的(measurable)，即绩效指标所代表的内容能通过数量、质量或行为强度等反映出来。

(3) 可实现的(attainable)，即绩效指标具有实现的可能性，可以通过员工的工作行为和工作业绩体现出来。

(4) 可证实的(realistic)，即绩效指标是可观察、可证明的，既不是假设性指标，也不是那些不可观察或证明的指标。

(5) 时限性(time-bound)，即绩效指标具有时限约束，要求员工在约定的时间内达到。

(6) 非重叠的(non-overlapping)，即绩效指标具有明确考评界限，应尽可能避免多指标考评内容和范围的相互交叉或重复。

2. 绩效指标的来源

(1) 来自主要绩效或行为领域(key performance areas或key behavior areas，KPAs或KBAs)。就员工而言，较好履行组织和部门所赋予的责任、完成岗位既定工作任务，是获得良好绩效的基本要求。如前文所述，员工绩效是通过员工素质、工作行为及工作结果来体现的，而员工素质、工作行为和工作结果又可以通过一些指标刻画出来，这些指标，特别是其中能够较全面和较大程度体现员工素质、工作行为和工作结果的指标，即是关键绩效指标。

(2) 来自日常管理和工作活动。日常管理和工作活动是达成员工绩效的具体行为表现，因此也往往成为绩效指标的来源。

(3) 源于上一周期未完成和需要改进的目标。在绩效管理过程中，上一周期未完成和需要改进的方面往往是下一周期中要特别加强或努力达到的，唯有如此，才能确保任职岗位工作的保质、保量完成。

(4) 通过组织和部门目标的分解得到。绩效管理是以提高员工素质、改进员工工作行为，最终履行好岗位职责、达到岗位的任务要求为目的的，这些责任和任务往往是通过组织的目标分解而下达到各部门、分配到各岗位的，因此，在选择绩效指标时，由组织和部门分解下来的目标，往往成为绩效管理者的关注焦点，同时也成为岗位绩效指标的重要来源。

3. 绩效指标的类型

绩效指标通常有4种类型：数量型、质量型、成本型和时限型。数量型绩效指标是指可以通过数量多少来描述的那些指标，如产量、利润等。质量型绩效指标则指用来描述员工工作"做得怎么样"的那些指标，如破损率、独特性、准确性等。成本型绩效指标是用来反映成本消耗情况的指标，如单位产品或服务的成本等指标。时限型绩效指标反映的则是指时间概念或效率意识，如及时性、某事项办结耗时等指标。不同类型指标反映员工工作绩效的不同侧面，应尽可能结合起来使用。

4. 建立以关键绩效指标为核心的绩效指标体系

(1) 关键绩效指标的含义。关键绩效指标(key performance indicator，KPI)是指能够反映任职者主要责任和任务实现情况的、可量化和可行为化的指标。换言之，关键绩效指标是对组织战略目标有增值性或起决定作用的绩效指标，是连接个体绩效与组织绩效以及组织战略目标的桥梁。就关键绩效指标达成共识的过程，员工与领导管理者间可以进行工作期望、工作表现和未来发展等方面的沟通。

(2) 关键绩效指标的特征。关键绩效指标通常具有如下特征：①关键绩效指标与组织的战略目标密切关联，是由组织战略目标分解出来的。也就是说，作为衡量各职位员工工作绩效的指标，关键绩效指标所体现的衡量内容取决于组织的目标追求，与组织战略紧密联系在一起，是对组织战略目标的细化，并随着组织战略目标的变化而变化。②关键绩效指标具有可操作性，是对各职位绩效中可控部分的衡量。③关键绩效指标衡量的是各职位活动的主要内容或方面，如工作岗位的主要职责、主要任务和主要行为要求等。④关键绩效指标必须是组织上下均认同的，而非指令性或由上级直接派发的，是领导管理者与员工协商的结果。

(3) 关键绩效指标与一般绩效指标的区别(见表8.3)。

表8.3 关键绩效指标(KPI)与一般绩效指标(GPI)的区别

项目	关键绩效指标(KPI)	一般绩效指标(GPI)
假设前提	假定人们会采取一切必要行动来努力达到事先的确定目标	假定人们不会主动采取行动来实现目标；假定人们不清楚应采取什么行动来实现目标；假定制定与实施战略与一般员工无关
考评目的	以组织战略为中心，指标体系设计和运用是为达成组织战略目标服务的	以控制为中心，指标体系设计和运用来源于控制意图，为更有效控制员工行为服务
产生过程	在组织内部通过自上而下对组织战略的层层分解而产生	通常是自下而上根据个人以往绩效和目标而产生
指标来源	源自组织战略目标和竞争要求的各项增值性工作或具有决定性作用的工作	源自特定程序，即对过去行为和绩效的修正
指标构成及其作用	通过财务与非财务指标的结合，来体现组织关注短期效益、兼顾长远发展原则；指标本身既传达了结果，也传递了产生结果的过程	以财务指标为主，非财务指标为辅。注重对过去绩效的评价，认为过去绩效存在的问题是指导绩效改进的出发点，绩效改进行动与战略需要脱钩

资料来源：付亚和，许玉林. 绩效考核与绩效管理[M]. 北京：电子工业出版社，2004：80.

5. 如何建立和测试关键绩效指标体系

关键绩效指标的选择及关键绩效指标体系的建立是一项专业性的工作，一般需要在专家指导下进行。目前常用的选择关键绩效指标的方法有鱼骨图分析法和九宫图分析法。

鱼骨图(fishbone diagram)，又名特性因素图，或称因果图，是由日本管理大师石川馨提出来的。通常，问题的特性总是受一些因素影响，通过"头脑风暴"法，可以找出这些因素，并将它们与问题的特性联系在一起，按相互关联性整理成层次分明、因果清晰的图形，因图形形似鱼骨，故称为鱼骨图。鱼骨图是一种透过现象看本质的分析方法。

九宫图是借助一幅九宫格图，将要研究的主题写在中心格内，然后从主题出发向8个方向思考，找出8种不同的创见，并将由主题所引发的这些想法或联想写在其余格内。这是一种有助于发散性思维的分析方法。

下面以鱼骨图分析法为例，简单介绍一下关键绩效指标的选择过程。

第一层次，组织层次关键绩效指标的确定分为以下四步。

第一步，由组织领导层与专家共同确定公共组织未来的发展方向和战略目标。基于公共组织战略目标，借助鱼骨图分析法和头脑风暴法，分析公共组织取得成功的关键业务重点，即公共组织的关键行为和结果领域，并以此确定KPI的维度。这一步需要考虑公共组织靠什么取得成功，以及公共组织所追求的目标是什么等问题。图8.3给出了某公共组织确定的关键行为和结果领域。

图8.3 某公共组织的关键行为和结果领域

第二步，把关键行为和结果领域层层分解为关键绩效要素，即KPI要素。这一阶段需要回答如下问题：每个关键领域包括哪些方面内容？如何确保该领域取得成功？确保该领域取得成功的关键措施和手段是什么？达成该领域成功的标准是什么？图8.4是鱼骨图形式的某公共组织关键绩效要素分析。

图8.4 某公共组织的关键绩效要素分析(部分)

第三步，将关键绩效要素细化为关键绩效指标。为便于对关键绩效要素进行量化考评，还需要将这些要素细化为具体的绩效指标，并按照SMART原则最终确定关键绩效指标。SMART分别代表了5个单词的首字母，分别代表目标设定的5大要求，即S表示specific，意为绩效指标必须是具体的，M表示measurable，意为绩效指标必须是可以衡量的，A表示accepted，意为绩效指标必须是可以达到的，R表示relevant，意为绩效指标要与其他目标具有一定的相关性，T表示time-bound，意为绩效指标必须具有明确的截止期限。

第四步，为关键绩效指标设置考评标准，也就是确定每项指标应该达到何种水平。通过汇总，即可得到公共组织的完整关键绩效指标体系。

第二层次，部门层次关键绩效指标的确定：在得到组织层次的关键绩效指标后，部门管理人员还需要在专家指导下，将组织层次的指标分解到部门层次，形成部门级关键绩效指标。

具体做法：确认组织层次的指标是否可由部门直接承担，若可以承担，可直接过渡为部门层次指标；若不能承担，可按组织结构分解，或按主要流程分解。

第三层次，员工级关键绩效指标的确定：按照与确定部门级绩效指标相同的办法，将部门级绩效指标分解到具体的岗位，从而形成员工级关键绩效指标。

在关键绩效指标确定后，通常还需要对其进行测试，以确定关键绩效指标是否合适。关键绩效指标测试方法如表8.4所示。

表8.4 关键绩效指标测试办法

测试	问题
该指标是否可以理解？	是否可以用通用业务语言定义？ 能否以简单明了的语言说明？ 是否有可能被误解？
该指标是否可以控制？	该指标的结果是否有直接的责任归属？ 绩效考评结果是否能被基本控制？
该指标是否可以实施？	是否可用行动改进该指标的绩效结果？ 任职者是否明白采取何种行动对该指标的绩效结果产生影响？ 该指标是否可信？

(续表)

测试	问题
是否有稳定数据源支持该指标？	数据能否被操纵，以使绩效看起来比实际更好或更糟？ 数据处理是否会导致绩效指标变得不准确？
该指标是否可衡量？	指标是否可以量化？ 指标是否有可信的衡量标准？
该指标是否可低成本获取？	有关指标的数据是否可直接从标准表上获得？ 获取成本是否高于其价值？ 该指标是否可以定期衡量？
该指标是否与组织战略目标一致？	该指标是否与某个特定战略目标相联系？ 指标承担者是否清楚组织的战略目标？ 指标承担者是否清楚该指标如何支持组织战略目标实现？
该指标是否与整体绩效指标一致？	该指标与组织中上一层绩效指标相联系吗？ 该指标与组织中下一层绩效指标相联系吗？

资料来源：朱飞.绩效激励与薪酬激励[M].北京：企业管理出版社，2010：101.

6. 绩效指标设计时经常出现的问题

绩效指标设计时经常出现的问题及解决办法如表8.5所示。

表8.5　绩效指标设计时经常出现的问题及解决办法

常见问题	问题举例	解决或纠正办法
增值的错误	• 对于一个为客户提供特定服务的岗位，没有给出能表明使客户满意的工作产出是什么	• 增加能表明相应工作产出的指标 • 删除与工作目标不符的工作产出 • 识别岗位活动结果对组织增值的贡献，并把这些指标作为增值产出
描述工作产出的项目过多	• 给出了很多反映工作产出的指标	• 合并同类项，把一些工作产出归并到更高层次的类别中去
绩效指标无法被证明或考评	• 没有表明谁来考评工作质量 • 考评者的绩效评定与绩效标准不符	• 决定谁可对该项工作结果进行质量判断 • 识别考评者做出判断的关键因素，列举出考评者通过观察到哪些行为来说明绩效达到期望标准
考评指标不够全面	• 对某项工作产出可以从数量、质量和时限等方面进行衡量，而绩效指标只给出了数量指标和标准	• 设定针对各个方面的绩效指标
绩效指标跟踪和监控太耗费时间	• 被考评者较多，难以逐一进行考评 • 正确回答客户问题的比率较低	• 采用抽查方法跟踪被考评者行为 • 若跟踪"正确率"较困难，则跟踪错误率
绩效指标缺乏可超越的空间	• 绩效标准中使用"零错误率""100%""从不""总是""全部"等	• 若绩效标准无优化余地，且100%正确，则保留之；否则，可修改绩效标准，以留下可供超越的空间

资料来源：付亚和，许玉林.绩效考核与绩效管理[M].北京：电子工业出版社，2004：96~97.

此外，在设计绩效指标时，还经常会遇到下列问题。

(1) 绩效考评结果不够清晰。这是公共部门绩效指标设计时经常遇到的问题。因为对公共部门来讲，绩效结果经常是无形的，不像生产性企业那样容易确定，从而给绩效指标和考评标准的设计带来很大困难。

(2) 虽然知道员工绩效应该从哪些方面去衡量,却不知道怎样去衡量。因为不是所有东西均可通过具体数字来衡量的,实践中,经常会遇到"创造性""责任心"之类的不易量化的指标。

(3) 团队在公共部门中作用增大,使团队绩效考评变得越来越重要,然而,团队通常由许多个体组成,而团队又往往是跨部门的,对绩效的考评既要考评团队,又要考评个人,从而使得绩效指标设计及绩效考评工作变得复杂起来。如何避免绩效指标设计中团队绩效指标与个体绩效指标冲突,是绩效指标设计时颇具难度的工作。

(4) 绩效指标和绩效标准与组织目标不一致,或者难以落实操作。绩效指标设计是一个反复修正的过程,必须随着公共组织战略目标的变化而不断变化。在实际操作中,如果不注意对绩效指标的认真审核,就很可能导致绩效指标和绩效标准与公共组织战略目标不一致问题,致使绩效考评难以对组织战略目标实现起到强有力的助推作用。

7. 绩效标准及其设定

(1) 绩效标准的含义。绩效标准(performance criterion),或称绩效考评标准,是组织通过测量或协商设定的、衡量被考评者各项绩效指标完成情况的基准。从不同角度可以将绩效标准分为不同类型,例如,按评价手段,绩效标准可分为定量标准和定性标准;按形态,绩效标准可分为静态标准与动态标准;按属性,绩效标准可分为绝对标准、相对标准和客观标准;等等。

绩效标准一般与绩效指标相对应。两者的不同在于,绩效指标说明的是从哪些方面对工作绩效和工作表现进行衡量,解决的是需要"考评什么"的问题;而绩效标准指的是员工在各个指标上分别应达到什么样的水平或程度,解决的是员工在其任职岗位上"做得怎么样"或"完成了多少"的问题。另外,不同绩效标准对应着不同绩效等级。绩效等级(performance grades)是依据绩效标准对员工工作表现和工作结果所做的级别和等次划分。绩效等级既与具体的绩效指标和绩效标准有关,又与绩效考评主体及其考评方式有关。

(2) 绩效标准的特征。绩效标准通常具有如下特征:①绩效标准是基于岗位职责和任务,而不是基于任职者的。也就是说,绩效标准应根据工作来建立,而不管谁在从事这项工作,而且,每项工作的绩效标准应该只有一套,而非针对每个任职者各订立一套。另外,绩效标准与工作目标不同。工作目标一般是为员工个人而非为工作而订立的,每位员工应有不同的工作目标,该目标通常依个人能力和经验而定,然而,无论对于哪位员工,工作目标均应具有一定挑战性。②绩效标准应为被考评者所知晓,且通过努力可以达到。在绩效管理过程中,某一岗位的绩效标准必须为该岗位管理者和任职者所知晓,且经过部门和员工付出一定的努力后可以达到。如果员工对绩效标准概念不清和对绩效标准一无所知,一方面会使员工无法确定努力方向,另一方面会使员工缺乏奋斗的目标,不便于员工绩效改进和提高;而如果管理者不清楚下属员工的绩效标准,则无法对员工表现优劣做出及时判断、校正和衡量,不利于管理效果的改善。③绩效标准应该明确且能够衡量。如果绩效标准不明确,不仅不便于管理者及员工理解与操作,还可能导致分歧和矛盾;而如果绩效标准不能够衡量,则不易做出令员工信服的判断,特别是那些属于现象或态度的内容,也应尽可能使之具体化,以便于衡量。常言道:"凡是无法衡量的,就无法控制。"因此,含糊不清、不便衡量的绩效标准,是没有说服力的。④绩效标准应是可变的,且有时限约束。绩效标准不是一成不变的,会随着岗位职责、任务以及员工能力等的变化而变化,而且,绩效标准的达成必须有一定的时间约束,以便于绩效考评及对不同员工一定时期内的绩效进行比较。

(3) 绩效标准的设定。绩效标准通常被设定为一定范围,如果被考评者的绩效表现超过了绩效标准的上限,则说明被考评者达到了超过期望水平的卓越表现;如果被考评者的绩效低于绩效标准下限,则说明被考评者存在绩效不足问题,需加以改进。

在设定绩效指标时,一般需考虑两类标准:基本标准和卓越标准。所谓基本标准(basic performance criterion),是指公共组织期望员工达到的绩效水平,这一标准是每个员工经过努力均能达到的。基本标准的作用在于判断被考评者的绩效是否能满足公共组织的基本需要。基本标准是颁发绩效工资的重要依据。卓越标准(excellent performance criterion)是指公共组织未对员工要求的,但通过员工努力或凭借员工超常能力有可能达到的绩效水平。卓越标准并非每个员工都能达到的标准,只有其中一小部分人可以达到。通过设定卓越标准,可以引导员工树立更高的努力目标。卓越标准是没有上限的。卓越标准是颁发奖金乃至职位晋升等的重要依据。表8.6列示了司机岗位的基本标准和卓越标准。

表8.6 基本绩效标准与卓越绩效标准设定(以司机岗位为例)

基本绩效标准	卓越绩效标准
● 按时、准确、安全地将乘客送达目的地 ● 自觉遵守交通规则 ● 随时保持车辆良好的性能和卫生环境 ● 不装载与目的地无关的乘客或货物	● 在几种可选择行车路线中选择最有效率的路线 ● 在紧急关头能采取有效措施 ● 能自觉创造使乘客满意的乘车环境 ● 比较高的乘客满意度和比较高的乘客选择率

8.3.6 公共部门人员绩效考评主体的选择

绩效考评主体选择说明的是由谁来进行考评的问题。考评主体选择是公共部门人员绩效考评的重要一环,直接关系着绩效考评的公平公正性以及结果的可信度。在传统公共组织中,绩效考评主体通常是领导管理者,由个别领导管理者确定人员,考评结果的公平公正性和可信度比较有限。随着管理科学发展,人们越来越注意到传统绩效考评在主体选择上的缺陷,并提出了考评主体多元化问题。所谓考评主体的多元化,是指选择两类或两类以上的考评者作为考评主体,来对被考评对象实施多方位考评。在公共部门中,可供选择的考评者主要有被考评者的直接上级或主管、同事(包括本部门同事或其他部门同事)、下属、与被考评者存在业务关系的客户、被考评者自己和专家。接下来,对这些考评主体及其选择问题加以介绍。

1. 绩效考评主体

(1) 直接上级或主管。由直接上级或主管对员工进行考评是绩效考评的传统做法。选择直接上级或主管来考评员工,主要考虑到他们最熟悉员工的工作及其行为表现,在绩效考评中比别人更具发言权,这种认识有一定的合理性,同时也存在一些问题。在选择直接上级或主管作为考评主体时,必须强化直接上级或主管对员工日常工作状况和行为表现的观察、记录,同时,为了确保直接上级或主管考评结果的公平公正性和可信度,还需要直接上级或主管的上级对考评结果进行复核。尽管直接上级或主管作为考评主体存在诸多不足,但在实际工作中,这仍是一种通行做法。

(2) 同事。由于同事间往往存在较多接触和工作联系,相互间比较了解,加之同事可以从不同侧面、不同角度来对被考评者的工作表现和工作结果做出独立评价,因此,目前同事经常被作为绩效考评的主体。不过,同事考评存在诸多问题和不足,比如,同事间因顾及自己的考评可能会影响彼此间的关系而不愿实事求是地评价对方,或者同事间因存在竞争关系而相互贬抑,等等。通常,适合同事作为考评主体的绩效项目主要有以下几项:①参与性考评,即考评某同事是否积极参与小组讨论及其他活动;②时间观念考评,即考评某同事参加活动和完成任务是否及时;③人际交往能力考评,即考评某人能否与同事融洽相处;④对团队贡献的考评,即考评同事能否对团队建设经常提出有创见性意见和建议,以及被考评者对团队绩效达成发挥了怎样的作用;⑤计划和协调能力考评,即考评同事能否计划好自己的工作并协调好与同事间的工作关系。

另外,公共组织以同事作为考评主体时,对考评结果进行复核时要保密,以免因泄密而伤害同事间的感情,导致同事间相互敌视。

(3) 员工自己。让员工来考评自己的工作绩效的做法是与现代管理所倡导的自我管理和授权理念一致的,而且,这通常也是目标管理和员工职业生涯规划与管理的重要组成部分。员工自我考评的通常做法是,让员工在进行综合考评前或考评中结合自己一定时期的工作表现填写一份考评表或进行绩效总结。自我考评虽然有助于消除员工对考评过程的抵触情绪,能有效激发员工与其上级或主管就工作绩效展开讨论,然而,也存在夸大自身绩效、弱化自身缺陷和不足的问题。基于此,一般认为,员工自我考评更适合于员工在职业生涯规划时制定,而不适合用于绩效考评。

(4) 下属。在现代绩效管理中,下属或下级越来越多地被作为绩效考评主体。在对直接上级主管进行考评时,下属是非常具有发言权的,因为他们与上级主管接触较频繁,并能站在独特角度来观察和评价与上级主管工作绩效相关的行为,如上级主管的领导能力、沟通能力、团队协调能力、口头表达能力、授权及对下属的关注程度等。然而,对上级主管的某些特殊方面,如计划与组织、预算、创造力和分析能力等,运用下属来考评却不太恰当。当然,由于下级考评给予员工高出上级的权力,当下级考评结果被作为加薪或晋职决策的依据时,就会造成上级主动讨好下属的行为。另外,由于下属通常害怕因对上级评价太低而遭到或明或暗的报复,在以下属作为考评主体时,也会出现下属为避免报复而给上级打高分或不实事求是评价的现象。基于上述考虑,若想获得比较准确、客观的下级考评结果,在考评过程中,就应采取背对背匿名考评的方式,同时加强对打击报复行为的惩处力度。

(5) 客户。对现代公共部门特别是政府来讲,以客户作为考评主体有着越来越重要的社会意义。客户,通常指公共部门的直接服务对象,包括企业、普通公民以及其他与公共部门有着业务往来的部门和人员等。由于客户是公共部门的直接服务对象,也是公共部门服务的直接监督者,他们通常更有权力,也能更客观、公正地评价公共部门人员的工作表现和工作成效,尤其是在建设服务型组织的今天,客户考评的重要性更加凸显。客户考评对改善公共部门的服务意识、提高公共部门服务水平具有重要的实际价值。现实中,收集客户考评信息有较大难度,加之,客户考评信息往往不够完整、缺乏连续性,因此,目前客户考评仍未受到公共部门的足够重视。当然,在选择客户作为考评主体时,首先必须开发出贴近客户实际感受且易于操作的考评意见表;其次还应注意客户考评的机密性,实行背对背即时匿名考评。对客户考评结果,上级管理者应注意妥善保存,并及时复核,以确保客户考评的客观性、公正性。

(6) 专家。以绩效管理专家作为考评主体,是近年来的一个常见做法。通常来讲,由于专家与被考评者不存在直接利益关系,在考评过程中更负责任,也更客观公正。然而,因为绩效管理专家缺乏对被考评者工作过程和工作表现的全面、直观地了解,往往只能依据日常表现记录和被考评者自己及其主管的介绍做出判断,难免失之偏颇,因此,在选择绩效管理专家作为考评主体,应尽可能为相关专家提供全面、深入了解员工工作表现和工作结果的机会,以确保其评价结果的公正、客观。

2. 如何选择绩效考评主体

绩效考评主体的选择通常要考虑如下三方面因素。

(1) 谁掌握绩效信息谁作为考评主体。由于工作性质和特征不同,有的岗位的绩效信息由直接上级掌握,有的岗位的绩效信息则由多个考评主体掌握,例如上级、同事、下级、客户甚至是跨部门领导,这就需要根据掌握绩效信息者的情况来确定绩效考核主体。

(2) 考评成本。在有些时候,由于过于追求绩效考评体系的完备和完美,往往会导致操作过程烦琐,牵涉的考评主体太多,这就造成绩效考评过程冗长,考评需要花费的时间及投入的人力、物力巨大。鉴于此,在选择考评主体时,成本是必须考虑的因素,也就是说,应在合理的成本核算范围内,选择尽可能多的考评主体,以提高考评结果的客观性、公正性。

(3) 考评主体的选择应坚持适度制衡原则,既不能搞"一言堂",也不要矫枉过正。绩效考评中特别忌讳的是"一言堂"现象,这往往会直接影响绩效考评的效果,因此,就需要在绩效考评制度中设置相互制衡机制和措施。当然,也要注意不要制衡过度,矫枉过正。

8.3.7 公共部门人员绩效考评方法及其选择

1. 绩效考评方法

公共部门人员绩效考评方法多种多样,概括地讲,主要可归纳为描述法、比较法、行为法、特性法、结果法和360度绩效评价法等几大类。接下来,对其中比较常用的几种方法加以介绍。

1) 描述法

描述法是一种传统的绩效考评方法,常见的有短文法和关键事件法两种。

(1) 短文法。短文法(essay method)是较常见的以一篇简短的书面鉴定来对员工绩效进行评价的方法。短文法描述的内容包括被考评者的工作业绩、优点、缺点及其潜在能力等。具体做法是,员工的上级或主管运用叙述性文字来描述被考评者的能力、态度、工作业绩、优缺点和发展的可能性等,并尽可能列举出一些关键绩效实例。该方法没有具体的内容、格式和篇幅要求,也不存在标准的规范。短文法虽然简单易行,但考评结果往往与考评者的语言表达能力和水平密切关联,无量化依据,也难以用来进行员工间的绩效比较。

(2) 关键事件法。关键事件法(critical incident technique,CIT),或称典型事例法,是一种以真实详细地记录直接影响员工工作绩效优劣的关键行为和事件为基础的考评方法。具体做法是,被考评者上级或主管根据被考评者的工作行为表现,将每一位被考评者在工作活动中表现出来的好的行为或不良行为(或事故)及其后果,如实详细地记录下来,据此来考评员工的工作绩效。关键事件法要求,所收集的与被考评者典型工作行为有关的资料和信息均应是明确、易观察的，而且必须与被考评者绩效优劣直接相关。关键事件法的步骤有三：一是当有关键事件发生时，及时、准确地把事件发生的相关信息填写在特别设计的考评表上；二是根据记录进行评分；三是与被考评者进行绩效面谈。关键事件法的优点是证据和事实清楚，便于考评；缺点是工作烦琐，使被考评者有被监视的感觉。

2) 比较法

比较法是考评者通过将某位员工的工作绩效与其他员工的工作绩效进行比较，来确定该员工绩效水平的方法。该方法具有设计简易、使用容易的优点。缺点是员工对由这种方法得出的绩效结果的接受度较低，而且该方法的信度和效度也不高。常见的比较法主要有排序法、配对比较法和强制分布法等。

(1) 排序法。排序法(ranking method)是将组织中一定时间的员工绩效依据一定标准按从高到低的顺序进行排列的方法。这种方法有直接排序法和交替排序法两种具体形式。

① 直接排序法。直接排序法(direct ranking method)是在通盘考虑的基础上，根据一定评价标准，将被考评者按绩效高低顺序排列起来。按评价标准划分的等级通常有最好、较好、一般、较差、最差，或优、良、一般、合格、不合格等。

② 交替排序法。交替排序法(alternative ranking method)是比直接排序法运用得更广泛的一种方法。具体操作步骤如下所述：首先，列出所有被考评者的名单(见表8.7)，并将因不熟悉而无法对其绩效进行考评的员工的名字划去；其次，选出最好的和最差的分列为第1位和倒数第1位，而后从剩下的员工中挑出次最好的和次最差的分别排在第2位和倒数第2位，以此类推，直至将所有被考评者按优劣顺序排列出来为止。

表8.7 交替排序法举例

1. 张华	11. 周军	21. 张淼
2. 李伟	12. 王一一	22. 贺东伟
3. 赵丽丽	13. 李梦丹	23. 张劭
4. 张海明	14. 张平平	24. 李树明
5. 马永华	15. 夏天	25. 张洁
6. 王超华	16. 王爽	26. 刘盛明
7. 夏永海	17. 赵凡	27. 齐东海
8. 赵明	18. 赵济民	28. 陈玲丽
9. 李华军	19. 韩俊杰	29. 赵宝华
10. 王珏	20. 梁书明	30. 李薇

(2) 配对比较法。配对比较法(paired comparison method)，又称成对比较法或一一比较法。具体做法是，将某员工按照所有评价要素(如"工作数量""工作质量"等)与所有其他员工一一进行比较，如果该员工的工作绩效优于另一员工，则得一个"+"号，如果该员工的工作绩效劣于另一员工，则得一个"－"号；在比较全部完成后，考评者通过统计每位员工获得的好或差(即得到的"+"或"－")的评价的次数，即可得到每位被考评者的绩效考评分数，进而区分员工工作绩效的优劣。配对比较法举例如表8.8所示。

表8.8 配对比较法举例

比较对象	张华	李伟	赵丽丽	张海明	马永华	王超华
张华		−	+	−	−	+
李伟	+		+	−	−	+
赵丽丽	−	−		−	−	+
张海明	+	+	+		−	+
马永华	+	+	+	+		+
王超华	−	−	−	−	−	

配对比较法是一种耗时较多的考评方法，特别是在那些规模较大的组织中，这一问题更加突出。然而，计算机技术的广泛使用以及配对比较原理的程序化，使配对比较变得非常容易，进而提高了这种方法的广泛使用性。

(3) 强制分布法。强制分布法(forced distribution method)，也称强制分配法。具体做法是，将被考评对象分类，每一类强制规定一个百分比，然后按被考评者的工作绩效将被考评者划归到某一类别中。强制分布法是按类别而不是按个人绩效进行排序的。该方法的理论依据是数理统计中的正态分布原理，认为员工的绩效分布应遵从正态分布，进而将员工分成最高、较高、一般、较低、最低，或杰出、高于一般、一般、低于一般和不合格等不同等级。强制分配法举例如表8.9所示。

表8.9 强制分配法举例

分类	最高	较高	一般	较低	最低
比例/%	10	20	40	20	10
被考评者姓名					

3) 行为法

行为法是用来对员工有效完成工作所必须表现出来的行为进行界定和评价的方法。其具体做法是：首先用各种技术对这些行为加以界定；接下来，管理者根据事先的界定对员工在多大程度上表现出了这些行为进行评价。行为法的优点是，可以将组织战略与执行这种战略所需要的某些特定行为类型联系起来；能向员工提供组织对他们绩效期望的特定指导和信息反馈；是以工作分析为基础的，具有较高的有效性；可接受性较高。行为法主要有行为锚定等级评价法和行为观察法等。

(1) 行为锚定等级评价法。行为锚定等级评价法(behaviorally anchored rating scale，BARS)是建立在关键事件法基础上的一种方法。该方法由美国学者史密斯(P. C. Smith)和肯德尔(L. Kendall)于1963年提出。该方法通过一张标示出某一职位各个考评维度评分等级的评价表，并附以描述关键事件的说明词与量表上的一定评分等级相对应，供考评者对被考评者的实际表现进行评分时参考。

行为锚定等级评价法的具体操作步骤如下所述：第一步，获取能代表某项工作绩效优或劣的关键事件，并进行描述；第二步，建立绩效评价等级，并对绩效要素内容加以界定，那些被专家认为能够清楚代表某一特定绩效水平的关键事件将会被作为指导考评者的行为事例；第三步，以"行为锚"为指导来确定每一评价等级中的哪些关键事例与员工实际工作表现或行为最为符合，以确定员工的绩效得分。行为锚定等级评价法举例如图8.5所示。

该方法的优点：对工作绩效的计量比较精确；工作绩效评价标准较明确；具有良好的反馈功能。缺点：在信息回忆方面存在偏见，即那些与"行为锚"最为近似的行为最容易被回忆起来，进而可能会影响绩效考评结果的公正、公平及全面性。

图8.5 行为锚定等级评价法举例

资料来源：劳埃德·L. 拜厄斯，莱斯利·W. 鲁. 人力资源管理[M]. 6版. 李业昆，等译. 北京：华夏出版社，2002：229.

(2) 行为观察法。行为观察法(behavioral observation scales，BOS)是行为锚定等级评价法的变异形式，但其标准比行为锚定等级评价法更明确。实施这种方法时，首先需要确定衡量绩效水平的角度，如工作质量、人际沟通能力、工作可靠性等，每个角度均应细分为若干具体标准，并设计一个评价表；然后，考评者将员工行为与评价标准相比较，得出某一衡量角度所有具体科目的得分和总分；最后，将员工在所有方面的表现得分加总，计算出员工的最终得分。行为观察法举例如表8.10所示。

行为观察法的优点：能将高绩效者与低绩效者截然区分开来；能保证客观性；便于使用，便于反馈；便于确定培训需求。缺点：所需信息量较大，有时甚至会超出管理者所能提供的最大信息量。

4) 特性法

特性法是用来衡量员工所具备的对组织发展非常有利的特征或特点的方法。该方法通过对一系列特征或特点，如主动性、领导能力、竞争力等的界定，以此来评价员工的绩效水平。该类方法的优点：不但容易开发，而且对不同工作、不同战略和不同组织都具有普遍适用性。缺点：与组织战略间的一致性较差，信度和效度均较低；这类方法的绩效标准一般较模糊，不同考评者对同一绩效标准可能会做出不同解释。这类方法常见的有图尺度评价法和混合标准尺度法。

表8-10　行为观察法举例

克服变革的阻力

(1) 向下属描述变革的细节。
　　几乎从来不　　1　2　3　4　5　　几乎常常如此
(2) 解释为什么必须进行变革。
　　几乎从来不　　1　2　3　4　5　　几乎常常如此
(3) 与员工讨论变革会给员工带来何种影响。
　　几乎从来不　　1　2　3　4　5　　几乎常常如此
(4) 倾听员工的心声。
　　几乎从来不　　1　2　3　4　5　　几乎常常如此
(5) 在使变革成功过程中请求员工帮助。
　　几乎从来不　　1　2　3　4　5　　几乎常常如此
(6) 如果有必要，会就员工关心的问题定一个具体的日期来进行变革之后的跟踪会谈。
　　几乎从来不　　1　2　3　4　5　　几乎常常如此

总分数＝

很差	尚可	良好	优秀	出色
6～10	11～15	16～20	21～25	26～30

资料来源：雷蒙德·A.诺伊，约翰·霍伦拜克，拜雷·格哈特，等.人力资源管理：赢得竞争优势[M].3版.刘昕，译.北京：中国人民大学出版社，2001：359.

(1) 图尺度评价法。图尺度评价法(graphic rating scales，GRS)，也称图表等级评价法，是根据事先列出的每一绩效维度(如工作量、可信赖程度、工作知识、出勤率、工作准确性和合作性等)的评价尺度(可以是5分制的，也可以是其他分制的)来评定被考评者绩效等级的方法。这种方法有数字排列和文字描述两种方式。表8.11列出了使用数字排列方式的图尺度评价法范例，表8.12列出了使用文字描述的图尺度评价的范例。

表8.11　使用数字排列方式的图尺度评价法范例

绩效维度	评价尺度				
	优异	优秀	值得表扬	合理	较差
知识	5	4	3	2	1
沟通能力	5	4	3	2	1
判断力	5	4	3	2	1
管理技能	5	4	3	2	1
团队合作	5	4	3	2	1
人际关系	5	4	3	2	1
创造力	5	4	3	2	1

资料来源：雷蒙德·A.诺伊，约翰·霍伦拜克，拜雷·格哈特，等.人力资源管理：赢得竞争优势[M].3版.刘昕，译.北京：中国人民大学出版社，2011：355.

在评价过程中，考评者每次只需考虑一位员工，并从中圈出一个与被考评者在某一特征程度上最为符合的分数即可。图尺度评价法有两大缺陷：一是因背景、经历和个性等因素的差异，考评者很难以同一方式对文字所描述的内容做出相同解释；二是考评者有可能选择与员工工作绩效无关的绩效维度，或者遗漏掉对工作绩效有重大影响的绩效维度。

表8.12 使用文字描述的图尺度评价法范例

1. 工作量——员工每个工作日的工作量

( )	( )	( )	( )	( )
没有达到最低要求	刚好达到最低要求	工作量令人满意	很勤奋，超额完成	有非常优异的工作记录

2. 可依赖程度——只需最少监督即能令人满意地完成指定工作的能力

( )	( )	( )	( )	( )
需要密切监督，不可依赖	有时需要监督	通常在适当督促下能完成规定任务	需很少监督，可以依赖	所需监督是最低限度的

3. 工作知识——员工为取得满意工作绩效应具备的有关工作任务的信息

( )	( )	( )	( )	( )
对工作任务缺乏认识	缺乏某些工作阶段的知识	对工作有一定认识，能回答大多数问题	理解工作的所有阶段	已完全掌握所有的工作阶段

4. 出勤率——每天上班且遵守工作时间的情况

( )	( )	( )	( )	( )
经常缺勤且无充分理由，或经常迟到，或兼而有之	出勤散漫，或有时准时出勤	经常出勤，且准时	出勤及时	总是及时出勤，在需要时自愿加班

5. 准确性——履行工作责任的正确性

( )	( )	( )	( )	( )
屡犯错误	粗心，常犯错误	通常准确，只犯平均数量错误	大多数时候是正确和准确的	几乎总是准确的

资料来源：劳埃德·拜厄斯，莱斯利·鲁. 人力资源管理[M]. 6版. 李业昆，等译. 北京：华夏出版社，2002：228.

(2) 混合标准尺度法。混合标准尺度法(mixed standard scales，MSS)，又叫混合标准量表法，是由美国学者伯兰兹(Blanz)和吉塞利(Ghiselli)于1972年在传统评价量表基础上提出的。这种方法要求，在量表设计时，首先需要确定绩效维度，并为每一维度所代表的好、中、差的绩效等级进行范例性描述，而后为每一维度和子维度设置权重(每一组子维度权重之和应为1，所有绩效维度权重之和也应为1)，然后将这些范例性描述语句打乱次序，使之随机排列，并且不指出相应的评价特征。考评者只需根据被考评者的实际工作表现，与这些范例性描述语句进行逐条对照评价。如果范例性描述语句与被考评者表现相符，则在此语句后写"0"；若被考评者表现不及范例性语句所描述的，则在该语句后写"—"；若被考评者表现优于范例性语句所描述的，则在该语句后写"＋"，如表8.13所示。之后，考评者需要对所有绩效判定组合给出一个数字，得出分数。通常，最好的表现为第一种组合，优于优者，赋以最高分7分，以此类推，最差的表现是劣于劣者，赋以最低分1分，如表8.14所示。由每一个子维度的分数乘以权重，得出维度的分数(见表8.15)；每个维度的分数乘以权重，得出总分数。最后，根据每位员工得到的总分数来评判被考评者的工作表现。

表8.13 混合标准尺度法举例

绩效维度	绩效等级	绩效等级说明	绩效判定
主动性	高	该员工确实属于工作主动的人,他一贯积极主动地做事,从不需要上级督促	+
智力	中	尽管这位员工可能不是一个天才,但他比我认识的许多人聪明	0
与他人关系	低	这位员工有与别人发生不必要冲突的倾向	—
主动性	中	虽然通常来讲这位员工的工作是积极主动的,但有时也需要上级督促才能完成工作	0
智力	低	尽管这位员工在理解问题速度上比某些人慢些,在学习新东西方面比别人需要更长时间,但他还是具备一般智力水平的	—
与他人关系	高	这位员工与每个人的关系均很好,即使与别人意见相左时,他也能与他人友好相处	+
主动性	低	这位员工有点儿坐等指挥的倾向	—
智力	高	这位员工非常聪明,他学东西的速度非常快	+
与他人关系	中	这位员工与大多数人相处均较好,只是在少数情况下偶尔会与他人产生工作冲突,但冲突通常很小	0

说明:请在等级说明后员工绩效高于等级说明的,填"+";相当的,填"0";低于等级说明的,填写"—"。

表8.14 混合标准尺度法赋分标准

绩效等级说明			绩效判定得分
高	中	低	
+	+	+	7
0	+	+	6
—	+	+	5
—	0	+	4
—	—	+	3
—	—	0	2
—	—	—	1

表8.15 员工绩效判定等级分数

绩效维度	绩效等级说明			绩效判定得分
	高	中	低	
主动性	+	+	+	7
智力	—	+	+	5
与他人关系	—	—	0	2

资料来源:劳埃德·L. 拜厄斯,莱斯利·W. 鲁. 人力资源管理[M]. 6版. 李业昆,等译. 北京:华夏出版社,2002:355-356页.

混合标准尺度法打乱了评价维度,掩盖了评分等级,能确保考评者不会因为对某一点的认同而肯定被考评者的全部内容,因此,在绩效考评时可减少考评者的主观成分,提高考评的准确度。

该方法的优点:考评的信度和效度高;绩效考评的精确度高;易于操作、适应度强。缺点:与组织战略间有时不具有一致性;绩效衡量方法常常只有模糊的绩效标准,因而可能会导致不同的评价者对绩效标准做出不同的解释;有各种复杂性因素左右员工行为,如人数的多少等,因此,有限的维度描述难以阐述其实际行为。

5) 结果法

结果法是根据员工工作行为表现和工作结果来评价员工绩效的方法。这类方法有利于促使员工对其工作行为和结果负责,从而使员工慎重地选择工作方法。这类方法中最具代表性的是目标管理法。

目标管理法(management by objective,MBO),也称绩效管理法、效果管理法或工作成果评价法,它是由管理者与员工共同讨论和制定员工一定考评周期内所需达到的绩效目标,经贯彻执行后,到规定的考评周期结束时由双方共同对照原定目标来测评实际绩效,找出成绩和不足,而后再制定下一周期的绩效目标,如此循环下去。

目标管理的概念最初源自布兹(Booz)、艾伦(Allen)与汉密尔顿(Hamilton)合伙开设的会计师事务所,这种管理方法当时被称为"管理者通信"。1954年,管理学大师P. F. 德鲁克在《管理的实践》一书中首先提出了"目标管理和自我控制"的主张,之后,他又在此基础上发展了这一主张。德鲁克认为,对一个组织而言,并不是有了工作才有目标,而是有了目标才能确定每个人的工作,因此,组织的使命和任务必须转化为目标。如果一个领域没有目标,那么,这个领域的工作就可能被经常性忽视,所以,管理者应通过目标对下级进行管理。当组织高层管理者确定了组织目标后,必须将其分解为各个部门以及各个人的分目标,管理者就会有章可循,根据分目标的完成情况对下级进行考核、评价和奖惩。目标管理法的实施程序如图8.6所示。

图8.6 目标管理法实施程序

在目标管理法中,绩效目标的设计始于组织最高层,他们提出组织使命和战略目标,而后通过各部门向下传递给各具体员工。员工个人目标的完成,通常代表着最有助于该组织战略目标实现的绩效产出。大多数情况下,个人目标是由员工及其上级主管在沟通和协商基础上制定的。在目标设定过程中,他们往往需要就特定绩效标准及如何测量目标的完成等达成共识。

实施目标管理的关键是目标的制定。一般来讲，目标管理中的目标制定应符合SMART原则。在实施目标管理法时，应注意以下几个点：①目标设定应以组织战略为基础，且是可量化的。②目标不宜太笼统、含糊，应清晰、简明，表述准确，不产生歧义。例如，对部门管理者的绩效目标来讲，应尽可能用"使每个员工平均缺勤少于5天"这样的表述来取代"减少员工缺勤现象"这样的表述。③目标不应订立过高或过低，应具有挑战性。只有可控制的、适度的绩效目标，才能使员工感觉到挑战性，并对员工产生激励作用。④目标的设计和确立必须有承担工作的部门和员工参加，不能由部分领导管理者单方面决定。⑤绩效目标和行动计划必须作为管理人员和员工间定期商讨员工绩效的基础。⑥目标管理应与员工薪酬和奖励挂钩，否则目标管理法很难取得良好效果。

目标管理法的优点：使员工一定时期的目标和任务更加明确、具体；强调自我管理；具有明显的激励效果；可以提高管理的有效性。缺点：强调短期目标，对组织的长期目标关注不够；目标设置较为困难；缺乏权变性。

6) 360度绩效考评法

360度绩效考评法，又称多方考评者考评法，是一种集主管、同级、员工个人、下级(如果有下级的话)、客户甚至专家等多个考评主体的考评于一体的绩效考评方法，也是目前最流行的绩效考评方法之一。实施360度绩效评价法时，通常事先设计好与被考评对象所从事的工作有关的调查问卷或工作调查表，然后，分发给与被考评者有关的考评主体，由他们结合被考评者过去一段时期的工作表现和工作业绩，来客观地填写调查问卷或调查表，进而通过这些调查资料的汇总、分析，来评价被考评者的工作绩效。

这种方法集多方考评于一体，从多个方面来了解被考评者的绩效和行为表现，因此，能够比较客观地反映被考评者的工作绩效。当然，360度绩效考评法也有其局限性，比如，工作量大、成本高，如果对公共部门的每位员工都使用360度绩效考评法来考评其工作绩效，其难度还是很大的。另外，360度绩效考评法也有其漏洞，比如，在对上级进行考评时，考评者(即下级)之间可能会合谋；而当同事之间考评时，又可能互相给予对方差的评价；也可能出现群体合谋打击另一类人的问题；等等。

除了以上几类方法外，在公共部门绩效考评中，主观臆断评价法、述职考评法等也有着非常广泛的使用。然而，主观臆断评价法、述职考评法均掺杂太多主观成分，从而影响其信度和效度，因此，在使用这类方法进行绩效考评时，应与问卷调查或员工访谈相结合，尽可能纠正其偏差，剔除其中不真实成分。

2. 公共部门人员绩效考评方法的选择

在实际绩效考评中，绩效考评方法选择得是否正确、合理，既直接关系着绩效考评的效果和质量，也影响着员工对绩效考评的满意度，因此，对于绩效考评的方法选择问题，可谓仁者见仁，智者见智。表8.16从战略一致性、效度、信度、可接受性和明确性5个方面对上述几类方法进行了简要总结和分析，以供参考。

表8.16 部分类别的绩效考评方法评价

方法	标准				
	战略一致性	效度	信度	可接受性	明确性
描述法	较差；除非管理者在对员工绩效和工作表现进行观察时，能与组织战略紧密结合起来	较低	取决于考评者	较低	很低
比较法	较差；除非管理者能花时间努力建立两者间的联系	如果等级评价非常仔细，则效度可能很高	取决于考评者，但通常不使用统一评价标准	中等；系统容易建立和使用，但不符合规范化评价标准	很低
行为法	能达到较高水平	通常较高；需将与员工绩效或工作无关的方面剔除，也要避免内容缺失	通常较高	中等；系统难以建立，但在使用时易被接受	很高
特性法	通常较低；要求管理者建立两者间联系	通常较低；若设计较仔细，则效度会有提高	通常较低；但可通过特性界定来提高	较高	很低
结果法	很高	通常较高；但可能受到与员工绩效或工作无关的方面的影响或存在短缺	较高	较高；系统建立时能吸引被考评者参与	与结果高度相关，但与实现结果所需行为无太多联系
360度绩效考评法	通常较高	通常较高	通常较高	较高	较高

资料来源：雷蒙德·A.诺伊，约翰·霍伦拜克，拜雷·格哈特，等.人力资源管理：赢得竞争优势[M].3版.刘昕，译.北京：中国人民大学出版社，2001：370.

8.3.8 公共部门人员绩效考评中的常见问题及其解决办法

1. 绩效考评中常见的问题

(1) 晕轮效应。晕轮效应(halo effect)是由美国心理学家桑代克(T. L. Thorndike)提出的。通常，在考评者对某一被考评者进行考评时，因思维定式和价值观等原因，往往会受到被考评者某一方面特征的深刻影响，并人为放大其作用，从而以偏概全地夸大或贬低被考评者的实际绩效，导致被考评者绩效结果偏高或偏低。晕轮效应产生的原因通常有以下几种：①因整体印象而影响个别特性评定；②根据某一特殊的局部印象来推断整体印象；③考评者因太注重某些特征，而忽视了对被考评者进行全面而深入的考评。

在实际工作中，为减少或消除晕轮效应，应采取如下措施：①尽量避免选择那些不易观察、不便单独设立或不能明确定义的要素作为绩效考评指标；②对考评者应加强教育和培训，使他们充分认识到晕轮效应对绩效考评的负面影响，充分理解各考评指标间的关系；③对各考评指标分别进行评定，且应在对所有考评对象的该项指标评定后再转向对下一指标的评定。

(2) 集中趋势。集中趋势(central tendency)，也称中心化倾向，或聚集化倾向。在绩效考评过程中，考评者对一群被考评者所做的结论通常集中在中等水平附近，致使各被考评者的绩效结果拉不开距离。造成集中趋势的原因通常包括以下几种：①考评者不愿做出"极好""极差"之类的极端评价；②考评者对被考评者不甚了解，难以做出准确评定；③考评者对评定工作自信心不足；④考评指标的说明不够完整、清晰或考评方法不够明确。

在实际工作中，消除集中趋势的办法有以下几种：①采用等级择一法，对考评指标的评定等级加以明确定义；②增加考评者对被考评者了解的时间；③对考评者进行教育训练，树立考评者的自信心；④训练考评者按绩效考评标准正确评定等级。

(3) 偏松或偏紧倾向。偏松或偏紧倾向(strictness or leniency tendency)是指考评者对被考评者的考评往往高于或低于其实际绩效水平的倾向。产生偏松(或偏紧)的原因通常包括以下几种：①在绩效考评时，考评者往往不愿严格(或过于严格)要求被考评者；②考评者倾向于比其他考评者的评定结果低(或高)；③考评者对评定工作缺乏自信心(或过于自信)；④考评指标的绩效标准不够明确、清晰；⑤受其他因素影响。

在实际工作中，克服偏松或偏紧倾向的方法有以下几种：①明确考评指标的内容及其绩效标准；②对考评者进行严格要求，并排除考评者的其他顾虑和外在干扰；③加强对考评者的教育和训练，提高考评者的自信心及其绩效考评的技术水平。

(4) 个人偏见。个人偏见(bias)是指受被考评者间个人差异(如外表、穿着、性别、年龄、种族、宗教、家庭出身、社会地位等)、被考评者近期行为表现以及被考评者过去的工作绩效等影响而做出严重偏离被考评者实际工作绩效的评价。这是考评者顽固、僵化的识人模式的现实体现。

(5) 近因效应。近因效应是考评者将最近发生在被考评者身上的、自己记得最清晰的事情作为最为重要的信息，在抛弃以往储存信息的情况下做出绩效评价。

(6) 同类人误差。同类人误差(similar to me)，也称类己效应，是指考评者在评价与自己属于同类型的被考评者时，往往会比对那些与自己不是同一类型的人所做的评价高。研究表明，这种效应是非常显著的，因为人们大多认为自己是有效的，当别人与自己在性别、年龄、家庭背景、籍贯、学历、专业、志趣、爱好以及态度或信仰等方面相似时，通常假定他们同样是有效的。

(7) 对比误差。对比误差是指考评者将一被考评者与另一被考评者进行比较，而不是将被考评者所从事工作与客观标准进行比较，从而导致绩效结果出现偏差。例如，一个很有能力的人与一群非常出色的同事一起工作时，这位被考评者的绩效往往会因其同事们的出色表现而被评为低于其应有水平。

2. 解决绩效考评中常见问题的方法

解决绩效考评过程中经常遇到的问题的方法主要有以下几种。

(1) 让员工了解绩效考评的有关制度。

(2) 明确绩效考评是为了确定培训与开发对象，还是为了调薪，抑或为了增进员工成长和发展能力。

(3) 根据具体考评目标和工作内容，拟定有效可行的绩效考评标准。考评标准的制定应与组织目标及工作密切相关，并有客观信息作为考评依据。

(4) 依不同工作岗位和业务性质来确定各部门、各类人员的考评时间安排。

(5) 确定科学、合理的考评办法和实施程序。

(6) 确定并建立科学、有效的绩效考评指标体系。这些指标应能全面、客观地反映员工工作内容和业绩情况。

(7) 确定考评执行人员，并对他们进行相关制度和知识培训，提高其认识水平，纠正其态度。

(8) 建立正规的绩效反馈制度，让员工了解考评程序和方法，并将考评结果如实告知被考评者。

(9) 通过有效的绩效面谈或绩效沟通，让考评者与被考评者增进了解，改进工作方法，并共同设定绩效改进目标、方法和衡量标准，以帮助员工进步。

(10) 逐步建立起有利于员工成长和组织发展的绩效文化，使绩效管理活动正规化、制度化。

8.4 公共部门人员绩效反馈与绩效改进

绩效反馈是绩效考评的最后环节，同时也预示着绩效改进工作的开始。

8.4.1 绩效反馈

1. 绩效反馈的含义

在绩效考评结果出来后，接下来就需要将考评结果信息反馈给员工，这一过程即为绩效反馈环节。所谓绩效反馈(performance feedback)，就是管理者通过一定的方法和手段将绩效考评结果信息提供给被考评者，并与被考评者面对面沟通其绩效结果的过程。

2. 绩效反馈的形式

绩效反馈通常有两种方法：一是绩效考评结果认可；二是绩效面谈。所谓绩效考评意见认可，也就是管理者将绩效考评结果以书面形式反馈给被考评者，由被考评者予以同意和认可，甚至签名、盖章。若被考评者对考评结果持有异议，则可向上级主管或人力资源管理部门提出裁定要求，由上级主管或人力资源管理部门予以裁定。绩效面谈则是以管理者与被考评者面对面谈话的方式来将绩效考评结果反馈给被考评者，并征求被考评者的意见。

3. 绩效反馈的任务

绩效反馈过程通常包括如下几方面任务：一是向被考评者提供真实绩效结果及相关信息；二是与被考评者进行绩效面谈或沟通，倾听被考评者的意见和建议；三是结合被考评者实际的绩效结果，在分析、商讨的基础上来设计绩效改进的具体措施，帮助被考评者修正绩效不足，并就被考评者提出的要求提供支持和帮助。

4. 绩效反馈的方法

绩效反馈是一个复杂过程，无论是对绩效反馈者还是对被反馈员工来讲，均可能感到非常不舒服，然而，它却是绩效管理过程不可或缺的重要环节，必须认真落实。在绩效反馈过程中,为了能使被考评者心悦诚服地接受绩效考评结果,达成反馈者与被反馈者间的相互信任和理解,除了按民主、公开、公平原则事先设计好绩效指标、绩效标准,以及严格按绩效考评原则、程序和方法进行考评外,还可选用如下常用的绩效反馈方法。

(1) 讲述推销法。讲述推销法是指管理者将绩效考评结果讲述给被考评员工,然后让被考评者接受之所以做出如此绩效评价的理由。讲述推销经常以绩效指导的方式进行。该方法适用于忠诚度较高的员工和需要激励的员工以及权威性领导。

(2) 讲述倾听法。讲述倾听法是一种双向沟通方法,可促使管理者与员工彼此了解。实施讲述倾听法时,管理者将绩效考评结果告诉员工,让员工对此种考评结果说出自己的看法和意见。比如,表达同意或不同意,并说出自身的困难和感受等。

(3) 解决问题法。解决问题法是让员工参与讨论,找出自己绩效不佳的原因,从而与管理者共同寻找解决这个问题的办法。该方法建立在管理者与员工相互信任基础之上,可使员工的自我防卫意识降至最低。该方法鼓励员工进行创新性改进,并引导员工主动做出改进决策。该方法对管理者的绩效指导技巧有较高要求。

(4) 混合法。混合法是上述方法的综合使用,具有灵活多变的特点。

5. 更有效进行绩效反馈的措施

在绩效反馈过程中,管理者应以能诱使积极、主动的行动反应方式向员工提供绩效反馈信息。要使绩效反馈收到良好效果,一般可以采取如下几种措施。

(1) 进行经常性绩效反馈,不要让绩效反馈间隔太长时间。这样做的原因在于:其一,在绩效管理过程中,管理者一旦意识到员工的工作行为和绩效出了问题,就应尽快提醒他,并督促其纠正;否则,这种问题不仅会进一步加剧甚至固化,还会给部门甚至组织带来不良影响。其二,经常性的反馈有益于员工接受性心态的形成,并能弱化甚至消除间歇期较长的绩效反馈可能给员工带来的突然感和不舒服感,对于员工自觉意识的形成非常重要。

(2) 为绩效面谈提供良好环境。在绩效反馈时,管理者应尽可能选择那些具有中立性特征的地点。管理者的办公室通常并不是进行建设性绩效反馈的最佳地点,这是因为员工经常会不自觉地将办公室与令人不悦的谈话联系起来。管理者应当把绩效面谈描绘成一个讨论员工角色、管理者角色及其两者关系的过程,而且应当开诚布公地进行面谈[①]。

(3) 在正式开始绩效反馈前,先让被考评者对个人绩效做自我评价。在正式开始绩效反馈前,先让被考评者对个人绩效做自我评价的意义不仅在于鼓励员工尽可能发现自己绩效的不足,还有助于员工诚恳地接受绩效反馈结果,进而引导员工积极参与到个人绩效改进过程中来。

(4) 鼓励被考评者积极参与绩效反馈过程。在绩效反馈过程中,管理者可以选取适当的绩效反馈方法来引导被考评者参与到绩效反馈中来。一旦被考评者参与到这一过程中来,就比较容易对这一过程感到满意。参与的形式包括让被考评者发表个人意见,以及参与绩效目标和标准制定等的讨论。

(5) 通过赞扬肯定被考评者的有效业绩,尽量少批评、少否定。绩效反馈的目的有两点:一是查找导致不良绩效的原因;二是对被考评者有效业绩的认可。通常情况下,赞扬员工的有

---

① 雷蒙德·A.诺伊,约翰·霍伦拜克,拜雷·格哈特,等. 人力资源管理:赢得竞争优势[M]. 3版. 刘昕,译. 北京:中国人民大学出版社,2001:378.

效业绩,不仅更容易与员工建立融洽关系,还有助于强化员工的积极行为,效果远优于批评式质问。当然,在员工绩效不佳时,适当的批评是难免的。

(6) 应把绩效反馈重点放到解决问题上。绩效反馈的目的在于使被考评者了解自己的绩效状况,并努力设法改变这种状况,而不是为惩罚那些绩效不佳的员工,这就要求在绩效反馈时,管理者首先必须与被考评者一起努力寻找导致绩效不佳的真正原因,然后就如何解决这些问题达成共识。兴师问罪式的绩效面谈只会使问题变得更糟,也很难找到导致被考评者绩效不佳的原因,有时甚至会伤害被考评者自尊,引发被考评者的强烈抵触情绪,不利于问题解决。

(7) 绩效反馈应对事不对人。如前所述,绩效考评是一种对事不对人的考评,绩效反馈的目的在于发现并解决导致员工绩效不佳的问题,这就要求在绩效反馈时一定要避免对被考评者作为人的价值性的质疑。例如,管理者如果对被考评者说:"你为什么把事情搞得这样糟,我看你根本就没有用心去做!"这不仅会导致被考评者强烈的抵触情绪,还会引起其反感。如果这样讲,效果也许会好得多:"你之所以没有取得良好的绩效,可能是因为你对这一工作还不够熟练。"

(8) 制定具体的绩效改进目标,并制订出检查绩效改进进度的时间表。研究表明,绩效目标的制定有利于提高员工满意度,激发员工改进绩效的内在动力,并达到绩效改进的目的[①]。然而,仅仅制定绩效改善目标是不够的,为了使员工切实关注个人绩效改进问题,还必须制订相应的绩效改进进度时间表,并按时检查。

6. 绩效面谈

绩效面谈(performance interview)是绩效反馈的重要手段,是管理者(面谈者)与被考评者就被考评者前一段时间的绩效情况进行面对面交流和沟通的过程。绩效面谈对组织来讲具有沟通、激励、纠正失误、调整决策的作用;对员工来讲则具有明确未来工作目标、提高工作满意度、增强员工归属感和参与感的作用。绩效面谈的一般流程如图8.7所示。

图8.7 绩效面谈一般程序

(1) 面谈准备阶段。在这一阶段,面谈者有四个任务:一是选定面谈者,面谈者通常是被考评者的直接主管;二是尽量收集与绩效面谈有关的信息,如被考评者的期初计划和绩效目标、工作说明书、有关绩效考评标准、完成任务的情况以及相关事实的记录等,并对这些信息进行分析;三是起草绩效面谈提纲;四是选择好绩效面谈地点、时间,并通知被考评者。

(2) 面谈开场阶段。在面谈开场阶段,面谈者应通过建立融洽、轻松的面谈气氛,尽量打消被考评者的思想顾虑,缓解被考评者的心理压力和紧张情绪,这对提高面谈的有效性至关重要。

---

① 雷蒙德・A.诺伊、约翰・霍伦拜克,拜雷・格哈特,等.人力资源管理:赢得竞争优势[M].3版.刘昕,译.北京:中国人民大学出版社,2001:380.

(3) 被考评者自我评价阶段。在这一阶段，面谈者应积极引导被考评者回顾自己起初的工作计划和工作目标，汇报自己工作的完成情况及工作过程中遇到的问题。同时，面谈者应注意倾听被考评者陈述，不要轻易插言打断对方，还要注意被考评者工作实绩和失误的事实，并及时询问不明白之处，避免感情用事。

(4) 面谈者向被考评者提供绩效考评结果阶段。在面谈者向被考评者提供绩效考评结果时，要特别注意先肯定被考评者所取得的成绩，然后指出其绩效不足，而且评价一定要实事求是，切勿夸大或缩小及隐瞒事实，以便造成误解。

(5) 面谈者与被考评者进行绩效沟通阶段。在这一阶段，面谈者有三个任务：一是引导被考评者就绩效事实进一步说明情况，了解事实，澄清其认为与绩效考评者所掌握的信息有出入的地方，让被考评者提出自己的意见和看法；二是与被考评者共同分析导致绩效不佳的原因，探讨如何加以改进；三是由双方商讨制定改善绩效的计划、方法、所需支持及下一步的绩效目标和检查办法。

(6) 结束并回顾面谈阶段。在这一阶段，面谈者要注意与被考评者就其下一步绩效改进计划、绩效目标及监督检查办法等达成理解和共识，力求面谈在友好、轻松、相互信任和理解的气氛下结束。绩效面谈结束后，面谈者要就面谈的全过程进行及时回顾和总结，并注意做好记录，以指导今后的绩效面谈。

另外，为了提高绩效面谈的成功率，使绩效面谈更加有效，管理者在绩效面谈时应注意以下几个问题：①要注意保持友好认真的态度，尽可能营造互相尊重、互相信任、坦诚相待的面谈气氛。同时要鼓励被考评者多说话，并谈出自己的看法和意见，面谈者要注意认真倾听意见，不要随意打岔，以换位思考的方式设身处地地为被考评者改进绩效考虑问题。②清楚明白地向被考评者说明绩效面谈的目的，先肯定成绩，再指出缺点，一定要注意优缺点并重，并注意分析原因，切不可把绩效面谈变成批评或审讯会。③面谈时一定要注意实事求是，切不可凭主观感觉随意臆测。④面谈中要注意对事不对人，切不可随意地品评员工人格。⑤面谈应着眼于员工未来绩效的改进及其个人发展，既不能停留在对过去的回顾上，也不能"盖棺定论"式妄下结论。⑥注意随时调节面谈气氛，使面谈在积极、友好气氛下结束。

8.4.2 绩效改进

绩效改进(performance improvement)是指在分析员工绩效考评结果、找出员工绩效中存在问题的基础上，通过绩效沟通，有针对性地制定绩效改进方案和措施，并确保员工有效实施的过程。绩效改进是绩效管理的重要环节，同时也是绩效考评的重要目的之一。绩效改进能够帮助员工提升能力、改进绩效，达成组织与个人的共赢。绩效改进包括三个重要环节：一是绩效分析和诊断；二是绩效改进计划的制订；三是绩效改进计划的落实和效果评估。

1. 绩效分析与诊断

绩效分析和诊断是绩效改进的起点和基本前提。在绩效管理中，完成了绩效考评和反馈并不意味着绩效管理工作的结束，还需要对员工绩效达成中存在的问题进行分析、诊断。

(1) 当公共部门人员没有达到预期目标或者绩效水平不高时，管理者首先应意识到工作人员绩效差距的存在，并根据绩效考评结果进行绩效分析和诊断，找出这种差距产生的原因，进而确定工作人员绩效水平不高的根源。通过绩效分析和诊断，管理者可以大致确定绩效改进的方向和重点，为绩效改进计划的制订做好准备。

通常来讲，绩效分析和诊断主要涉及以下几个内容：①对公共组织的全面分析和诊断，包括公共组织的体制、机制、战略目标、面临的内外部环境以及公共部门人力资源管理的相关制度和政策等。②对公共组织绩效管理的制度和体系进行分析、诊断，包括绩效计划的制订、绩效计划的实施、绩效考评指标体系的开发、绩效结果的反馈和面谈等。③对绩效考评者的分析和诊断，包括考评者的理念、素质和考评技巧。④对被考评者的分析和诊断，主要考察和分析被考评者的现有绩效及其产生根源。

在绩效分析和诊断过程中，如果排除了组织、管理系统和考评者的因素，那么绩效分析和诊断目标将落到对被考评者绩效结果的分析和考察上。这就要求通过对员工绩效考评结果的分析，发现存在的关键绩效问题，找出绩效不良人员。其中，关键绩效问题主要是通过对比员工实际的绩效状态与组织期望绩效间的差距而得出的。绩效问题的产生主要归咎于绩效不良人员。现代组织中绩效不良人员主要包括以下几类人员：①无法做到合理品质(数量标准、质量标准)的人员；②对其他人员绩效产生负面影响的人员；③违反公共组织伦理或规章规程的人员；④基本上不认同公共组织价值观的人员；⑤其他行为不当人员，如经常迟到、缺席的人员。对不同类型绩效不良人员，采取的绩效改进措施应该不同。

(2) 绩效分析和诊断的第二步是针对关键绩效问题，在考虑公共组织现有资源和绩效不良人员情况基础上，大致确定绩效改进的方向和重点，为绩效改进计划制订做好准备。通常来讲，导致公共部门人员绩效差距的原因很多，既可能是知识和技能方面的，也可能是工作态度方面的，还可能是工作人员正面临提高绩效的某些外部障碍，等等。如果是知识和技能方面的因素，就应采取发展策略予以改善；如果是态度和障碍方面的原因，就需要通过管理策略予以改进。也就是说，应针对绩效不良人员的具体情况制订有针对性的绩效改进计划和措施，不能搞"一刀切"。

2. 绩效改进计划的制订

在明确了绩效改进的方向和重点后，即可制订相应的绩效改进计划和措施了。公共部门人员绩效不高往往有多种原因，应该针对不同情况制订不同的绩效改进计划和措施。

在绩效改进计划制订过程中，首先要考虑被考评者的因素，这主要涉及以下几方面内容：①被考评者要有改善自己绩效的愿望，即希望通过绩效考评和绩效改进来不断提高自身能力，进而改善自己的工作绩效。②被考评者必须具备一定的知识和技术水平，具有一定能力，即应能明白做什么以及该怎样做等问题。③要有改进绩效的环境，即被考评者必须在一种鼓励其改进绩效的环境里工作。公共组织应该通过制度和文化建设来构建一种鼓励员工改进绩效的文化环境，同时，组织及领导管理者还应积极协助员工建立起改进绩效、完善自我的决心和信心。④要有相应激励措施，如绩效加薪、奖金、表扬、荣誉称号和工作授权等，这有助于员工积极改变其不良行为。

要制订一套切实有效的绩效改进计划，还必须注意以下几方面问题：一是改进计划要有可操作性。绩效改进方案应遵循SMART原则，而且内容必须与待改进的绩效相关，如果仅仅停留在理论层面或是泛泛而谈，将无益于绩效的实际改进。二是改进计划要有时效性。所制定的绩效方案必须有一定时间限制,应该有分阶段执行的时间进度表。三是改进计划要得到组织和被考评者认同。如果改进计划不能得到组织或被考评者的认同,就很可能在执行中出现问题,甚至导致中断,难以发挥应有作用。

3. 绩效改进计划的落实与效果评估

(1) 绩效改进计划的落实。绩效改进计划的落实是一项系统工程,需要在绩效改进部门和管理人员监督下进行,为此,首先就需要成立专门的绩效改进机构,来专门负责绩效改进计划的落实和效果评估工作。绩效改进部门与传统培训部门不同,这种不同突出表现在部门名称、使命、提供的服务、部门内部人员的角色、组织结构及部门职责和衡量标准等方面[①]。对绩效不良人员进行有针对性的培训只是绩效改进部门的任务之一。

在分析绩效差距及其产生原因基础上,绩效改进部门要结合组织目标和绩效不良人员情况展开有针对性培训。这类培训主要包括以下两类:一类是对公共组织各级领导管理者的培训。培训内容包括绩效管理的基础知识、流程和应用技巧等。培训目的在于澄清各级领导管理者对绩效管理的错误和模糊认识,提高各级领导管理者对绩效改进问题的认识水平。另一类是对绩效不良人员的培训。培训内容要结合绩效改进计划有针对性地进行。培训目的是提高培训绩效不良人员的知识、技能和其他素质。

在培训结束后,绩效改进部门要指定专门人员来跟踪、检查和指导绩效改进计划的落实情况,并就改进计划落实中遇到和出现的问题及时与员工沟通,协助员工按时完成预定的阶段性乃至最终绩效目标。当绩效不良人员确实无法完成预定绩效目标时,要在与组织、员工进行多方沟通基础上,对原绩效目标进行修订和调整。

(2) 绩效改进计划的效果评估。绩效改进计划落实后,绩效改进部门还要对绩效改进效果予以评估,以验证绩效改进计划和措施的可行性。绩效改进效果的评估可从如下4个层面展开:一是反应层面,即被考评者对绩效改进活动及其效果的反应,以及客户对被考评者绩效改进的满意度是否提升;二是学习或能力层面,即实施绩效改进方案后,被考评者了解和掌握了哪些以前不会的知识和技能;三是行为层面,即绩效改进活动对被考评者的工作方式是否产生了影响,以及产生了哪些影响,被考评者在新一轮工作中是否开始运用新的知识、技能、工具和程序来改进自己的工作;四是结果层面,即绩效改进活动是否缩小了绩效差距、差距缩小的程度如何,以及绩效改进计划之间是否存在相关性等。

总之,通过有针对性的绩效改进活动,公共部门可将原本分散和孤立的绩效管理活动,如绩效计划的制订、绩效考评、绩效反馈等有机结合起来,从而在动态联系中不断完善公共部门人员的绩效管理水平,有效提升公共部门竞争力,促进公共部门可持续发展。

8.5 公共部门人员绩效考评结果的应用

绩效考评结果应用是公共部门人员绩效考评的目的之一,也是绩效管理过程的最后一个环

---

① 付亚和,许玉林. 绩效考核与绩效管理[M]. 北京:电子工业出版社,2004:217-211.

节，是与其他管理活动，如绩效改进、薪酬管理、职务升降和调整、人员培训、员工职业生涯规划与管理、人力资源规划等相衔接的。公共部门人员绩效考评结果通常可应用在人力资源管理的如下几个方面。

1. 绩效改进

从本质上讲，绩效改进实际上就是促进公共部门所期望的行为发生或出现的频率增加，或者减少或消除公共部门不期望的行为出现的活动。通过绩效面谈，管理者向员工传递了需要改进的绩效方面的信息，并共同探讨绩效改进的计划和措施，促使员工不断提高自己的工作绩效。对于值得肯定的绩效或行为，管理者应给予正强化，鼓励其继续保持和发扬光大；对于必须修正的行为或绩效，则应给予负强化，帮助和引导员工通过改善自身能力和工作态度等来提高工作绩效，同时获得自身成长和发展。

员工行为的改良和绩效改进不可能一蹴而就，而是需要借助刺激物，如奖金、表扬、荣誉等予以一定时期的强化，甚至需要管理者提供必要的绩效辅导及与员工进行反复绩效沟通，才能保证员工的行为和绩效朝着预定方向和目标迈进。在绩效改进过程中，对员工所取得的每一次进步和成绩，哪怕是一次很小的成绩，管理者均应给予及时而充分的肯定，这对员工改进行为和绩效十分有益。

2. 薪酬管理

用于薪酬管理是绩效考评结果最普遍的用途。公共部门的报酬由内在报酬和外在报酬两部分构成，而在外在报酬(即薪酬)中，除了固定薪酬和福利外，还包括可变薪酬。一般来讲，可变薪酬，如绩效工资、奖金等均应与员工绩效结果直接挂钩。也就是说，绩效越好，可变薪酬应该越高。"绩效与薪酬挂钩"是公共部门管理体制改革的重要内容，也是建立公共部门内部激励竞争机制、从根本上改善公共部门绩效的明智选择。

3. 职务升降与调整

绩效考评结果是为公共部门内部人力资源有效配置和人才选拔服务的。通过了解和评价员工的行为和绩效表现，管理者能够发现员工的能力专长和缺欠，从而结合其能力专长和行为表现来选拔和任用员工，真正做到知人善任、岗得其人。当然，也可对不适应岗位要求的员工进行职位调整，让他从事更适合的工作。而当某员工通过多次绩效考评均无法达到绩效要求时，则可对其实施降职或转岗，甚至解聘。

4. 人员培训

对于确实因知识、技能和能力等原因导致绩效不良的员工，则可通过人员培训来改善其知识、技能、能力水平及结构，进而改进其绩效，促进其顺利成长和发展。

5. 员工职业生涯规划

在公共部门人员职业生涯规划设计过程中，员工绩效考评结果是职业生涯规划设计的重要信息来源。而职业生涯规划的设计反过来又增加了员工对公共组织的归属感和满意度，对其绩效改进和绩效提升具有巨大的驱动作用。

6. 人力资源规划

绩效考评结果是公共部门内部人员取舍及升降调配的重要依据，也是公共部门制订人力资源规划可依据的重要信息。人力资源规划是以公共部门人力资源需求和供给预测为核心内容的，而在人力资源需求和供给预测中，内部人员的职务升降及调配任用是其基本前提。不考虑公共部门内部人力资源状况及其发展趋势的人力资源规划是脱离公共部门实际的规划，难以取得良好效果。

关键术语

绩效	绩效管理	绩效考评
绩效计划	绩效沟通	绩效辅导
绩效指标	关键绩效指标	绩效标准
鱼骨图分析法	关键事件法	交替排序法
配对比较法	强制分布法	行为锚定等级评价法
行为观察法	图评价尺度法	混合标准尺度法
目标管理法	360度绩效考评	晕轮效应
集中趋势	近因效应	同类人误差
绩效反馈	绩效面谈	绩效改进

复习思考题

1. 绩效管理与绩效考评的区别有哪些？
2. 公共部门人员绩效管理的目的和作用是什么？
3. 简述公共部门人员绩效管理的一般流程。
4. 绩效计划包括哪些内容？
5. 绩效沟通应坚持哪些原则？为什么？
6. 绩效辅导有何作用？如何选择恰当的绩效辅导时机？
7. 公共部门人员绩效考评的作用是什么？
8. 绩效考评应遵循哪些基本原则？公共部门人员绩效考评的内容是什么？
9. 绩效指标设计应坚持哪些原则？
10. 关键绩效指标与一般绩效指标有何不同？
11. 运用关键绩效指标进行绩效考评时经常遇到哪些问题？如何克服？
12. 在制定绩效考评标准时应该注意哪些问题？
13. 公共部门人员绩效考评的方法有哪些？各有何优点和缺点？
14. 实施目标管理时应注意哪些问题？
15. 在公共部门人员绩效考评中经常出现的问题有哪些？如何解决这些问题？
16. 要使绩效反馈有效，需要采取哪些措施？
17. 绩效面谈的一般程序是怎样的？在绩效面谈时应注意哪些问题？

18. 绩效分析和诊断主要包括哪些方面的内容？

19. 公共部门人员绩效考评结果有哪些用途？

绩效考评与管理八大误区及解决方案

第9章 公共部门人员薪酬管理

【学习引导】本章主要介绍薪酬设计与薪酬管理的一般理论和方法,探讨报酬体系、报酬公平以及薪酬的影响因素,讨论基本工资、绩效工资、奖金、津贴和福利等概念的基本含义以及常见的基本工资制度,介绍薪酬设计的方法以及福利的类型、常见福利形式、福利制度的发展趋势以及社会保险的基本内容和形式。

本章的学习重点:一是报酬、薪酬的内涵及其区别和联系;二是报酬体系的构成以及各种薪酬形式,特别是基本工资、绩效工资、奖金、津贴和福利的内涵与特征;三是薪酬设计的程序和方法;四是基本工资制度;五是福利的作用及常见形式,以及社会保险的基本理论。

薪酬是组织对员工付出劳动的回报,也是员工价值性的重要体现。作为激励人和留人的重要手段,薪酬管理在公共部门人力资源管理中具有重要作用,是公共部门吸引人才、稳定和优化员工队伍、打造并保持组织竞争力的重要手段。

9.1 薪酬管理概述

9.1.1 报酬与报酬体系

要想弄清什么是薪酬,首先就必须弄清什么是报酬,以及报酬与薪酬之间存在哪些区别与联系。

从字面上看,"报"乃"回答,报答、回报"之意,酬则有"酬谢"的意思。所谓报酬(rewards),是指劳动者因付出劳动(包括体力的和脑力的)而获得的物质和精神的酬劳。例如,作家因发表小说、诗歌、散文等文学作品而获得的报酬,个人因对社会有贡献而获得的荣誉称号等。报酬包括内在报酬和外在报酬两种形式。所谓内在报酬(intrinsic rewards),是指对受体来讲具有不可分离性和内在影响力的报酬,如工作满足感、成就感等;外在报酬(extrinsic rewards)则指由组织直接控制和分配的有形报酬,相对于受体来讲,这种报酬通常以与受体相分离的形态存在,如工资、奖金和员工福利等。内在报酬与外在报酬的区别主要表现在酬劳与受体间是独立存在的还是非独立存在的。外在报酬从某种程度上讲主要指经济性报酬(financial rewards)。经济性报酬也就是人们所说的薪酬。所谓薪酬(compensation),是指员工因从事组织所需要的工作活动而得到的以货币和非货币形式表现的报酬。例如,组织发给其员工的工资、奖金、福利等。报酬与薪酬是两个既有联系又有区别的概念。报酬与薪酬的区别有以下两点:①报酬所涵盖的范围要比薪酬广泛,包括组织和非组织赋予的各种形式的酬劳;薪酬则具体指劳动者为某一组织劳动而从该组织获得的酬劳，其涵盖的范围比报酬窄，是一个从属于报酬的概念。②报酬有内在报酬和外在报酬之分，而薪酬是一种物质性报酬，即外在报酬。外在报酬又可划分为直接经济报酬(或直接薪酬)和间接经济报酬(或间接薪酬)。

作为薪酬的表现形态，直接经济报酬(direct financial compensation)或直接薪酬是指与劳动者付出的有效劳动的质和量及其给组织带来的与收益直接关联的货币和非货币(如实物)性酬劳，如工资、薪水、佣金、奖金和红利等；间接经济报酬(indirect financial compensation)或间接薪酬则指与劳动者付出的劳动及其给组织带来的收益不直接关联的货币和非货币性酬劳，如保险(包括人身保险、健康保险、医疗保险、意外事故保险等)、福利(包括社会保障、员工伤病补助、教育补助等)、缺勤支付(包括休假、节假日和病假支付等)。

图9.1描述了报酬体系(reward system)的结构。

图9.1 报酬体系结构

由图9.1可见，人们通常所说的薪酬体系主要指报酬体系的经济性报酬体现，薪酬实际上由直接薪酬和间接薪酬及其内含的基本工资、绩效工资、奖励性薪酬、津贴以及社会性福利和组织所提供的各种福利构成。

从构成薪酬的基本工资、绩效工资、奖励性薪酬(特别是奖金)、津贴和福利等的比例关系来看，目前我国公共部门人员的固定性薪酬(即基本工资)所占比例仍然较高；绩效工资近年来虽呈现不断增加的趋势，但其在薪酬中所占份额仍然很低，难以发挥应有的激励作用；奖励性薪酬，特别是奖金，作为一种具有激励作用的薪酬形式，在实际操作中仍存在广泛的误用、错用问题，其在薪酬中所占比例近年来虽然有所增加，但比重仍然较小，激励效果也不尽如人意；津贴是一种与工作绩效不存在直接关系的薪酬形式，设计津贴的根本目的在于补偿员工因在特殊环境条件下工作给其心理、生理乃至生活费用支出等带来的负效应。因此，在整个薪酬体系中，津贴所占比例应相对较小。至于基本工资、绩效工资、奖励性薪酬以及津贴等在员工薪酬中到底应按怎样的比例设计和安排，要根据组织的工作性质、工作特点以及组织和岗位需要，并结合科学的职位评价来进行。

9.1.2 报酬公平问题

报酬公平是分配公平的重要体现。公平(equity)实际上是一种心理感受,是人们对某一事情处理的公正性和合理性的心理评价。报酬公平则是指人们对自己劳动所得的公正性及其合理与否的感受。在现代组织中,员工对报酬公平与否的感受主要体现为外部公平、内部公平和个人公平三个方面。

根据亚当斯的公平理论,人们对报酬公平与否的感受是在将个人劳动所得和个人劳动投入的比值与他人劳动所得和他人劳动投入的比值,或将个人现在的劳动所得和劳动投入的比值与个人过去的劳动所得和劳动投入的比值进行比较后获得的,由此就导致了外部公平、内部公平以及个人公平问题。所谓外部公平(external equity),是指员工获得的报酬与其劳动付出的比值不低于其他组织中完成类似工作的员工获得的报酬与其劳动付出的比值的情况。外部公平会影响员工做出诸如是否接受某工作,或者是否另谋高就等的决策。内部公平(internal equity)则指员工个人获得的报酬与其劳动付出的比值不低于组织中其他员工的劳动所得与其劳动付出的比值的情况。内部公平会影响员工总的工作态度、愿意被调换到组织内部其他职位上的程度、接受晋升的意愿、对组织的态度以及在不同工作、不同职能领域和不同生产班组间进行合作的倾向。个人公平(individual equity)是指员工目前劳动所得与其劳动付出的比值不低于过去劳动所得与其劳动付出的比值的情况。个人公平表明的是对员工个人贡献进行奖励的问题,与按绩付酬有着密切关系。了解到员工对报酬公平的理解是以他们的感觉为依据的,组织就应尽可能通过提高报酬体系特别是薪酬体系的科学性及公正合理性,来使员工获得公平感受。然而,现实中要使所有员工具有并保持这种报酬公平的感受并不是一件容易的事,因为不同的人从同一种报酬体系获得的满意程度并不完全一样,一个在多数人看来公平的报酬制度,在有的人看来也许并不公平,或者一个在多数人看来不公平的报酬制度,在有的人看来却可能是公平的,这是报酬公平相对性的现实体现。

9.1.3 薪酬形式

"形式"是一个与"内容"相对应的哲学范畴,它是指把构成事物的诸要素统一起来的结构方式及其表现形态。现实中的薪酬形式包含薪酬的结构形态表现和计量方式表现两层含义。接下来我们将从上述两方面来讨论薪酬形式问题。

1. 薪酬的结构形态表现

薪酬的结构形态表现是指构成薪酬的诸方面和诸要素实际表现出来的形态与特征。薪酬的结构形态表现与薪酬结构和薪酬构成不同,它是构成薪酬体系的基本单元。薪酬结构揭示的是薪酬体系内部各方面和各要素的结合方式和内在关系,而薪酬构成说明的是构成薪酬体系的内部各方面和各要素所表现出来的量的比例关系。从薪酬体系的构成来看,薪酬的结构表现形态有直接薪酬和间接薪酬,直接薪酬还可进一步划分为基本薪酬和辅助薪酬。直接薪酬即前文所说的直接经济报酬,间接薪酬即前文介绍的间接经济报酬。基本薪酬则指按薪酬等级发放且在一定时期内相对固定的不变薪酬,如基本工资等。辅助薪酬则是以奖励性薪酬以及津贴等形式发放且数额具有一定变动性的薪酬,如绩效工资、奖金、津贴、补贴等,因其中绩效工资和奖金等与员工绩效密切关联,这两项合称为可变薪酬;而津贴和补贴与绩效不存在关联。间接薪酬,特别是其中的组织性福利,实际上也是一种辅助薪酬。接下来简单介绍常见的几种直接薪酬形态,间接薪酬则留待以后介绍。

1) 基本工资

(1) 基本工资的含义。基本工资(base pay)是组织付给员工为其完成工作任务的基本薪酬,是员工工资的基本部分,是一种具有相对稳定性的薪酬形态。基本工资通常以小时工资(hourly pay)、周工资(wage)和月薪(salary)等不同形式给付。小时工资是员工获得的按小时计酬的工资;周工资是员工获得的按周给付的工资;月薪则是员工完成工作得到的按月计发的薪酬。

(2) 基本工资的构成。基本工资通常包括基础工资、工龄工资和岗位工资或职务工资等。基础工资是基本工资中用来维持劳动者基本生活需要的部分,通常根据当地居民基本生活消费水平来确定。工龄工资(longevity pay),也称资历工资(seniority pay),是根据员工在组织中工作时间定期增加的基本工资。工龄工资的假设前提是,随着时间推移,员工对组织越来越有价值,如果这些有价值的员工不清楚他们的工资会随时间推移而增加,他们就可能离开组织。岗位工资是根据组织中岗位责任、工作繁简和难易程度以及技术水平的高低等来制定的。岗位工资随员工任职岗位的变化而变化。职务工资则是一种与员工在组织中所担任的领导管理职务相联系的工资。通常情况下,员工担任职务的级别越高,职务工资越高。

2) 绩效工资

(1) 绩效工资的含义。绩效工资(merit pay,或pay for performance,performance-related pay),也称业绩工资或绩效加薪,是一种与员工工作绩效密切关联的,用来奖励员工优秀工作表现或业绩,创造发展动力,并帮助组织保留有价值员工的一种薪酬形态。绩效工资是组织奖励计划的一部分,其数额高低一般视员工的绩效表现而定,具有较强的弹性和可浮动性。

绩效工资与奖金的不同之处有以下两点:一是绩效工资在提供后通常会成为基本薪酬的一部分,而奖金不会被动地累加到员工基本工资中去,通常是一次性发放的,此后,员工要想再次获得奖金,就必须像以前一样继续做出卓越绩效;二是绩效工资是以主观的绩效考评结果为基础的,而奖金往往以实际产出为基础,是对员工突出行为表现和卓越绩效的奖励。

(2) 绩效工资的影响因素。绩效工资的高低通常与两方面因素直接有关:一是员工绩效考评等级。通常,绩效越好的员工,其绩效工资也往往越高。二是员工在工资浮动范围中所处的位置,即员工实际工资与市场工资之间的比较比率。通常,就处于相同绩效考评等级的员工来讲,比较比率较高的员工,其绩效工资的增长率往往较低;而比较比率较低的员工,其绩效工资的增长率往往较高。

(3) 绩效工资的基本特征有以下几点:第一,绩效工资是一种关注员工个人绩效差异的薪酬形态。第二,绩效工资是与员工绩效考评结果密切联系的。通常,有什么样的工作绩效,就对应着什么样的绩效工资。由于员工绩效考评结果是由部门和员工的上级通过对员工绩效的考评来确定的,绩效考评结果的客观、公平性直接影响着员工绩效考评结果的高低,进而影响着员工能否获得以及获得多少绩效工资。第三,绩效工资评定的反馈频率低,而且反馈基本是单向的。

正是由于绩效工资本身的如上特征,人们对这种工资形式的有效性提出了很多质疑。比如,全面质量管理(TQM)运动的领导人爱德华·戴明(W. Edward Deming)认为,"对个人的绩效进行等级评价是不公平的,因为人与人之间所存在的显在绩效差异几乎全都是由他们身处其中的那些工作系统本身所制造出来的,而不是由人们自己制造出来的……绩效等级评价事实上是'摸彩票的结果'。"①也有的批评将关注点放到绩效衡量的方式上,认为"如果绩效考评结果不被员工看成公平和精确的,那么整个绩效工资制度就有可能会崩溃。因为绩效工资的绩效结果'几乎是完全依靠监督人员来提供的'"②。因此,绩效工资存在偏差在所难免。考虑到员工绩效之于绩效工资制度成功与否的重要性,以及绩效考评中主管们可能存在的偏见,组织有必要将360度绩效考评和反馈方法引入员工绩效考评中,以提高员工绩效结果的真实可靠性。

3) 奖励性薪酬

奖励性薪酬(incentive compensation),也称为奖励性工资(incentive pay),是一种将员工薪酬与其绩效联系起来、以迅速而直接地对高于平均绩效水平的员工进行奖励的薪酬计划。奖励性薪酬是根据员工是否达到某种事先建立的标准、个人或团队目标或组织收入目标而给予员工的奖励③。奖励性薪酬建立的理念是,通过风险共担、利益共享,使员工将他们看成组织经营的伙伴。奖励性薪酬不是永久性的,而是按年或按阶段计算的;奖励性薪酬通常与基本薪资制度结合起来使用④。奖励性薪酬和绩效工资虽然均与员工绩效有关且均能增加员工收入,但奖励性薪酬通常是一次性的。有效的奖励性薪酬计划有两点要求:一是要求对员工绩效进行准确而公平的评价;二是要求奖励必须以员工实际绩效为基础。

奖励性薪酬主要包括个人奖励计划(如奖金、提案制度和管理人员奖励等)、团队(集体)奖励计划和组织全员奖励计划。这里主要介绍一下奖金。奖金(bonus)是对劳动者超额有效劳动的回报,是因员工工作绩效突出或为组织发展做出了突出贡献而获得的一次性酬劳。奖金作为一种兼具激励和保健功能的薪酬形态,一方面能满足获得者的心理或精神需求,激发员工的工作积极性和主动性,使其从贡献中获得满足感和成就感;另一方面可从一定程度上改善获奖者及其家庭的生活水平。

与工资、津贴和福利等其他薪酬形态不同,奖金有其独特的个性特征,即针对性、灵活性、激励性、荣誉性、差别性和不稳定性。

资金的种类繁多、形式多样。按奖励周期的长短,奖金可分为月奖、季奖和年度奖;按一年内发放奖金的次数和数目,又可分为一次性奖励和经常性奖励;按奖金的支付对象,还可分为个人奖和集体奖;按奖励的考核项目,则可分为单项奖和综合奖。单项奖,如质量奖、节能奖、安全奖、全勤奖、合理化建议奖等;综合奖,如月奖、季奖、年中奖、年度奖等。

在实际操作中,为了使奖金制度更好发挥作用,公共部门在制定和实施奖金制度时应特别注意如下几方面问题:奖金制度必须建立在完善、科学、公平、合理的职位评价基础之上,奖

---

① 雷蒙德·A.诺伊,约翰·霍伦拜克,拜雷·格哈特,等.人力资源管理:赢得竞争优势[M].3版.刘昕,译.北京:中国人民大学出版社,2001:542.
② 雷蒙德·A.诺伊,约翰·霍伦拜克,拜雷·格哈特,等.人力资源管理:赢得竞争优势[M].3版.刘昕,译.北京:中国人民大学出版社,2001:543.
③ 约瑟夫·J.马尔托奇奥.战略薪酬:人力资源管理方法[M].2版.周眉,译.北京:社会科学文献出版社,2002:103.
④ 劳埃德·拜厄斯,莱斯利·鲁.人力资源管理[M].6版.李业昆,等译.北京:华夏出版社,2002:290.

励标准应合理、适度；奖励的形式应与工作性质和特点相适应，并考虑对其他工作指标的影响；在制定奖金制度时，应积极听取多方面意见，并在制定后试行一段时间，以便对初步的奖金制度加以补充和完善；奖金发放应公平、合理，以保持奖金制度的严肃、公正；奖金分配应尽快兑现，以充分发挥奖金的激励效果；奖金制度一经确立，应保持相对稳定性，并不断加以修改、完善。

4) 津贴

(1) 津贴的含义。津贴(allowance)是对员工因在特殊环境或特定条件下工作所付出的体力、脑力、精神和心理成本的物质性补偿，是一种补偿性薪酬。

(2) 津贴的特点。一般来讲，津贴的种类、发放范围和标准等均由国家统一规定。津贴作为一种个人消费品的分配手段，其性质表现在对特殊环境和特定劳动条件下超常劳动消耗及精神和心理付出的补偿上。与工资和奖金等其他薪酬形态比较，津贴具有如下特点。

① 津贴与劳动者劳动的量和质无关，其分配的依据是劳动者所处工作环境和工作条件的优劣。它的主要功能是补偿劳动者因在特殊环境和特定条件下工作和生活额外增加的精神和心理成本以及导致的生活费用支出的额外增加。

② 每种津贴均有特定补偿目标，具有较强的针对性。每种津贴项目均是根据某些特定条件，为实现特定目标制定的，它的支付完全以制度所规定的资格条件为依据，当这种资格条件消失时，津贴也将终止。

③ 津贴具有均等分配的特点。津贴与劳动者的劳动贡献不相关联，只以劳动者所处的工作和生活环境为分配依据，因此，即使劳动者的工种和岗位不同，津贴标准也可能是一样的。

④ 津贴是一种补充性薪酬分配形式，一般在标准工资的10%～40%范围内浮动。

(3) 津贴的形式。津贴的形式多种多样，概括地讲，津贴主要可分为如下两大类。

① 岗位津贴。岗位津贴是指为补偿在特殊环境条件下工作所消耗的额外劳动(包括体力的和脑力的)而设立的。岗位津贴与工作岗位直接关联。这里所说的特殊环境条件通常是指非正常的工作时间(如上夜班)、超常的工作空间(如高空、地下、水下等)、恶劣的工作环境(如高温气候、潮湿气候、接触有害物质等)，以及对体力、脑力具有巨大消耗的工作岗位等。这类津贴的项目多，实施范围较广。

② 地区性津贴。地区性津贴分为艰苦边远地区津贴和地区附加津贴。艰苦边远地区津贴是为补偿劳动者在某些特殊地理环境条件下工作，付出较多的体力或较高的生活费而设立的津贴，如高寒山区津贴、林区津贴等。地区附加津贴则指依据地区经济发展水平和物价水平，由地方政府按地区比较均衡原则发放的津贴，一般需报中央政府批准。

2. 计量方式表现

薪酬的计量方式表现是指采用具体的计量方法，来对员工实际工作成果进行核定和计量，并与相关工作标准、薪酬标准进行比照，以确定员工应得报酬的形式。薪酬计量方式的表现形式主要有计时工资制和计件工资制。

(1) 计时工资制。计时工资制是按工作人员实际工作时间来给付薪酬的一种形式，包括小时工资制、日工资制、周工资制、月工资制和年薪制5种形式。计时工资制具有两大特点：一是直接以劳动时间的多少来计量员工薪酬，简便易行；二是难以反映员工工作的劳动强度和劳动效果，容易导致"磨时间"和"出工不出力"问题。

(2) 计件工资制。计件工资(piecework)是根据员工在规定时间内完成的工作量来计算和支付报酬的一种形式，是一种使用广泛且古老的激励形式。计件工资制的优点是便于计算，易于为员工理解，计量原则相对公平。但是，如果员工收入高于平均水平，用人单位就可能提高产量标准，从而引发员工与用人单位间的矛盾；而且，计件工资制也不利于产品和服务质量的提高以及新技术的推广。

9.1.4 薪酬的作用

概括地讲，薪酬的作用主要表现在补偿、激励、调节和增值4个方面。

1. 补偿性作用

从薪酬的含义分析，薪酬实际上是一种公平交易，用以补偿劳动者的劳动付出或劳动力消耗，从而促进劳动力的生产和再生产以及帮助劳动者获取社会地位和尊重等。

2. 激励作用

薪酬作为公共部门人力资源管理的重要工具，不仅可用来衡量员工工作绩效，促进劳动者工作数量和质量的提高，还可以激发和保持员工的工作积极性、主动性和创造性。

3. 调节作用

薪酬的调节功能主要体现在其对劳动力资源的合理配置以及对劳动者知识、技能和能力结构的合理调整等方面。通过科学合理地使用薪酬，可以吸引劳动力资源的合理流动，从而达到资源有效配置的效果。而薪酬关系的调整可从劳动力供应与需求两方面对劳动者知识、技能和能力结构起到有效调整作用。

4. 增值作用

作为组织投资的一种重要形式，薪酬通过购买有效劳动力、促进人力与物力的合理配置，给组织带来新增收益，从而推动组织乃至个人和社会的发展。

9.1.5 公共部门薪酬的影响因素

概括地讲，公共部门薪酬的影响因素主要包括组织外和组织内因素。

1. 组织外因素

公共部门组织外因素主要包括国家法律法规和政策规定、劳动力市场状况、当地经济发展水平、当地生活指数以及行业发展情况等。

(1) 国家法律法规和政策规定是影响公共组织薪酬制度和薪酬结构的重要因素。一般来讲，公共组织的薪酬制度和薪酬结构设计必须严格按国家有关法律法规和政策规定进行，特别是在政府部门，各级各类人员的工资和福利待遇实际上是由国家和地方政府统一制定的，具体部门一般无权更改。另外，法律法规对员工最低工资的规定及个人所得税政策等，也会从一定程度上影响公共部门的薪酬制度及员工收入。

(2) 劳动力市场工资率是组织薪酬设计及其调整的"指挥棒",公共部门只有按劳动力市场工资率不断调整组织内的薪酬制度和薪酬结构,才能保证员工队伍的相对稳定,避免人员流失及组织凝聚力与竞争力的弱化。

(3) 经济发展是一个地方财政能力的基础,而财政能力是公共部门薪酬的主要来源和重要支撑。再合理、再具吸引力的薪酬都离不开当地经济发展及其财政支付能力的支持,不考虑当地发展水平的薪酬制度是"无源之水""无本之木",不可能有生命力。

(4) 生活指数是一个地区消费水平和生活水平的重要体现。随着城乡居民生活水平的不断提高,人们的消费水平在不断变化,与之相适应,公共部门人员工资福利待遇也应不断提高。居民生活水平的提高、物价的变动以及消费支出的增加,迫切需要公共部门不断提高员工的工资福利待遇,以适应经济和社会发展的需要。

(5) 行业收入差距是目前我国社会存在的现实性差距之一,这种收入差距是与社会经济对不同行业的不同需求以及国家给予不同行业的不同政策密切关联的。客观地讲,不同行业间的收入差距虽能从一定程度上缩小,却很难从根本上消除。

2. 组织内因素

影响薪酬的公共部门内部因素包括组织的经济实力,具体职位和职务的差别,员工年龄、工龄、学历、能力和特殊技能的差异,组织战略目标,组织文化、管理决策层的态度以及分配制度、心理因素等。

(1) 公共部门的经济实力主要体现为政府的财政收入,而政府的财政收入决定着公共部门人员的待遇情况。当然,这并非说,财政收入多,财政支付能力强,公共部门人员的工资待遇就一定高,因为公共部门人员的工资待遇还要看当地居民的平均收入水平、生活消费水平、物价指数以及薪酬在当地不同组织间乃至相邻地区间的竞争能力等多方面因素。

(2) 具体职位和职务的差别影响着公共部门的薪酬制度。在公共部门中,不同职位和职务任职者所肩负的职责、承担的任务以及工作繁简、难易程度、工作环境优劣程度等往往不同,加之人们的能力和技能存在差异,工作时间有长有短,因此,不同职位和职务的工资待遇也往往不同。在薪酬设计中,薪酬待遇应尽可能向工作责任大、任务重、工作难度大、工作环境差、危险性高的职位和职务倾斜,并能够较好体现优质优价、多劳多得的原则。

(3) 员工的年龄、工龄、学历、能力和特殊技能的差异影响着公共部门的薪酬制度。一般来讲,员工年龄越大、工龄越长、学历越高、能力越强、特殊技能越多,职务等级往往越高,工资待遇也就越高;反之,则可能较低。当然,随着现代管理理念的渗透,论资排辈现象正在趋于淡化,薪酬结构中绩效工资、奖金等所占份额的增加,使薪酬越来越向工作能力强、技能高、业绩好的员工倾斜,年龄、工龄和学历等对薪酬的影响正趋于减弱。

(4) 组织的薪酬战略是以组织战略目标为参照的。从实现组织战略目标着眼,薪酬制度和薪酬结构的设计应向有能力、技能高、业绩优良的员工倾斜,在留住现有高绩效员工和具有发展潜力员工的基础上,不断吸引外部人才加盟,以保证组织战略目标的如期实现。

(5) 组织文化、管理决策层的态度以及分配制度等是影响薪酬的重要因素。薪酬制度是组织文化的重要组成部分,通常,有什么样的组织文化,就会有什么样的薪酬制度。在基于能力的组织文化下,组织比较看重员工的知识、技能和能力,薪酬制度和薪酬结构也会以鼓励员工能力提高为特点，薪酬向有能力的员工倾斜；在基于员工业绩的组织文化下，组织在制定薪酬制度时则会把关注点放到业绩好的员工身上，强调奉献精神；在强调集体主义的组织文化下，组织则把薪酬的关注点放到集体绩效的激励上。在一个组织中，管理决策层既是组织文化发展的引领者，又是薪酬制度和薪酬结构的设计者，他们的态度、价值观和判断力强烈地决定并主宰着组织的薪酬制度和薪酬结构，影响着组织的分配制度。

这里所说的心理因素主要是就员工对薪酬水平的期望程度以及薪酬制定者对薪酬与员工绩效间关系的认识和理解水平而言的。一般来讲，对薪酬水平具有较高期望的员工的满意度往往较低，这类员工的流动性一般较大；而对薪酬水平期望较低的员工，因其比较容易从组织薪酬中获得满足，这类员工的流动性一般较小。就薪酬制定者而言，注重绩效与薪酬关系的薪酬制定者，会将这种理念和价值观尽可能体现在组织的薪酬制度上，由此，薪酬结构呈现显著的可变性特征，薪酬的激励性较强；反之，不重视绩效与薪酬关系的薪酬制定者，往往不会将两者密切联系起来，薪酬制度难以激发员工把关注点放到个人绩效水平的改善上，薪酬结构通常以固定工资为主，可变薪酬的比例较小，对员工的激励效果也较差。

9.2 公共部门薪酬制度及薪酬设计与管理

薪酬设计是薪酬管理的重要内容，也是有效利用公共部门人员绩效考评结果、切实体现岗位及其任职者价值的过程和手段。

9.2.1 薪酬制度

薪酬制度(compensation system)是薪酬设计与管理的基础和依据。通常，薪酬制度有广义和狭义之分。广义的薪酬制度是指组织为了支付薪酬所建立的一整套有关薪酬收入分配制度及薪酬分配中所采用的分配办法和分配形式等，包括薪酬管理制度、薪酬等级制度、薪酬调整制度、基金管理制度及各种薪酬形式和分配支付方式等。狭义的薪酬制度专指薪酬等级制度，即根据工作任务、繁简难易程度、责任大小、工作环境和条件以及任职者资格等，将各类岗位划分为不同等级，进而按等级来规定薪酬标准的一种制度。

好的薪酬制度通常具有如下两方面特征：一要公平合理，二要弘扬正气。所谓公平合理，主要是说，薪酬制度必须能够体现个人所得与职位、能力与收入相符合原则，一定不能出现倒挂现象。所谓弘扬正气，是指薪酬制度能明确告诉员工，组织倡导什么、禁止什么，也就是说，薪酬制度既不能鼓励错误行为，也不要追求错误成果，更不能让员工绩效偏离组织目标。

基本工资制度(base pay system)是薪酬制度的核心部分，也是薪酬设计的基础，是薪酬管理的重要内容。基本工资制度一般依据劳动差别来确定工资标准，因此，也称工资等级制度(pay grade system)。

1. 基本工资制度的内容

基本工资制度主要由工资等级表、工资标准、技术(业务)等级标准，以及工种(或职务)名称统一表等内容组成。

(1) 工资等级表。工资等级表，即各等级间工资差别一览表。工资等级表表示不同质的劳动(工作)之间工资标准的相互关系，用来确定各职位(或职务)等级数目和等级间的工资差别。工资等级表由工资等级数目、工资等级系数和工资级差组成。工资等级是工作技术(业务)水平和员工劳动熟练程度的标志，工资等级数目的多少取决于劳动的复杂程度及从事该工作的员工技能熟练程度差异的大小，工资等级数目通常分为10级、8级或7级。工资等级系数是某一等级工资额与第一级(或最低等级)工资额的比值。工资级差则指同一工资等级内两个相邻工资等级间的工资标准差额。一般来讲，级差大小与各等级劳动的复杂程度和熟练程度的差别成正比。要确定工资级差，首先要确定工资等级表的幅度(即最高与最低工资间的倍数)，工资等级表幅度的确定是制定工资等级制度的关键。

(2) 工资标准。工资标准，又称工资率，是指按单位时间(如小时、日、周、月)规定的工资数额。工资标准反映了某一等级的工资水平，是计算和支付员工工资的基础。要合理确定工资标准，通常要考虑经济实力、职工的基本生活费用、劳动质量和劳动强度、劳动力供求状况、目前的工资水平以及本地区同行业的工资水平等因素。

(3) 技术(业务)等级标准。技术(业务)等级标准是对员工担任某项工作或职务所应具备劳动能力的技术性规范文件，是划分工作等级和评定员工任职能力及工资(或技术)等级的重要依据。技术等级标准一般包括应知(指应具备的文化、技术和理论知识)、应会(指应具备的技术操作能力和实践经验)和工作实例(指完成的典型工作实例)等内容。

(4) 工种(或职务)名称统一表。工种(或职务)名称统一表是在职能分工基础上，由国家主管部门对各工作的内容进行横向和纵向分析、归类，然后制定出明确、统一的工种或职务名称系列表和职务序列。有了统一的工种或职务名称表，才能在全国范围内对从事同一工种或执行同一职务的不同职工按同一标准计发工资，才能合理安排或分析各类职工间的工资关系。

2. 基本工资制度的常见形式

(1) 技术等级工资制。技术等级工资制是根据劳动技术的复杂程度、繁重程度、精确程度和工作责任大小等因素划分技术等级，按等级规定工资标准的一种工资制度。实行技术等级工资制的员工，无论其担任什么等级的工作，均按本人的级别工资标准给付工资；本人如果技能提高，经考核合格即可晋升上一等级，并按新的工资标准给付工资。技术等级工资制适用于工作技能要求高、对员工劳动熟练程度要求比较高、工作内容不固定的组织，或者产品或服务繁杂、员工人数不多、工作内容变动频繁、专业分工不细的组织。

技术等级工资制由工资等级表、工资标准和技术等级标准组成。

(2) 职务工资制。职务工资制是根据不同职务工作的特点和价值来决定工资标准的一种工资制度。也就是说，职务工资制是依据工作本身的劳动质量来确定工资标准。职务工资制主要由工资等级表、工资标准、职务名称统一表以及业务等级标准等组成。其中，业务等级标准的内容包括应知、应会、职责条例和任职资格(业务要求)等内容。应知是指应具备该职务的专业理论知识，若是行政管理人员还应包括有关的法律法规和政策等；应会是指应具备的业务能力等；职责条例是规定各职务的主要职能以及权利、责任和完成任务的质量标准；任职资格是指担任某职务应具备的学历及经验等。职务工资制的基础是职位评价。

职务工资制又分为以下几种：①单一型职务工资制。单一型职务工资制是指每一个职务只有一个对应工资标准。凡属同一职务的员工，均执行同一工资标准，员工只有在职务改变时才能调整工资。这种方法的优点是简单易行；缺点是生硬、呆板、公平性较差，缺乏激励性。②一职多级型职务工资制。一职多级型职务工资制是指每一职务设有若干等级的工资标准，可根据员工的工龄、劳动熟练程度以及不同劳动贡献在现有职务内进行调整，以保证在职务未变动情况下仍可变动工资标准。这种职务工资制能够很好地贯彻按劳分配原则，发挥激励功能，并能修正不同职务间的工资关系。③职务间上下交叉型职务工资制。职务间上下交叉型职务工资制是在同一职务内设立不同等级工资标准的基础上，允许相邻职务间工资标准上下交叉。

(3) 职等工资制。职等工资制是指在按工作性质、繁简程度、资历条件和工作环境等因素进行职位分类基础上，给每一职等和职级配以不同的工资标准。工资由职位决定，并以年资和考绩结果来决定晋升。如美国联邦政府的一般行政人员(GS)工资每职等分10级：1~3级，工作满一年晋升一级；4~6级，每两年晋升一级；7~10级，每三年晋升一级。经绩效考评成绩突出的人员，可奖励晋升一级。职等工资制是一种规范化、现代化的工资制度，以组织职位的工作内容为中心来确定工资标准，比较客观。

(4) 结构工资制。结构工资制，也称分解工资制或组合工资制，是依据工资的各种职能，将构成工资标准的诸要素分别规定工资数额，而后通过将各部分汇总，从而得到员工工资标准的一种工资制度。结构工资通常由基础工资、职务工资、工龄工资和绩效工资4部分构成。其中，基础工资是用来保障劳动者基本生活、维持劳动者劳动力再生产所必需的部分，其标准按各地区"家计调查"而定，而且，不同层次劳动者的再生产费用不同。职务工资是按各职务(或岗位)的业务技术要求、劳动复杂程度、繁重程度、精确程度和责任大小等来确定的，是结构工资的主要组成部分，是体现劳动差别、贯彻按劳分配原则的关键环节。工龄工资，也称年功工资或工龄津贴，是对员工工作经验和劳动贡献积累所给予的补偿，在工资构成中所占比例较小。绩效工资是根据组织经济效益好坏、个人业绩优劣来确定的。绩效工资在工资构成中的比例随着组织对员工绩效的日益重视有不断提高之势。

结构工资制的优点：①有利于较好地贯彻按劳分配原则，合理安排新老员工的工资关系；②有利于鼓励员工更好地学习文化知识、钻研业务，努力提高自身的业务水平和技术能力；③有利于统筹各类人员间的工资关系，广泛调动员工积极性；④有利于解决人才合理流动与人员相对稳定的矛盾。但结构工资制难以体现不同工作性质的各类人员的劳动差别，且难以起到保证劳动力再生产的作用。

中国曾于1985—1993年在政府和事业单位统一实行结构工资制度，但因当时未按政府和事业单位工作性质分别制定结构工资，无法体现不同工作性质工作人员的劳动差别，因此于1993年废止结构工资制度。

(5) 职务级别工资制。职务级别工资制，又称职级工资制，是我国1994年以来机关工作人员(工勤人员除外)所实行的工资制度。职务级别工资制由职务工资、级别工资、基础工资和工龄工资4部分组成。其中，职务工资主要体现职务高低、责任大小、工作难易等，是职务级别工资制的主要组成部分。每一职务设若干档次(最少6档，最多14档)，职务工资随职务、任职年限、工作年限等变动。级别工资主要体现人员的资历和能力，是职务级别工资制的又一重要组成部分。我国公务员的级别共分27级，每一个级别设置若干工资档次。16级以下，工资档次随级别升高而增多；11级之上，工资档次随级别升高而减少。基础工资主要为了保障公务人员本人及其赡养一定家庭人员的需要，同一等级的各职务人员执行相同的基础工资。工龄工资主要体现公务人员的劳动积累贡献，一般按公务人员工作年限计发，一直到退休的当年为止。

职务级别工资制的优点：①改变了工资构成，增强了工资的灵活性。②拓宽了增资渠道。在职务级别工资制下，晋升职务不再是增加工资的唯一途径，公务人员提升职务可以增加工资；不提升职务，也可通过晋升工资档次、晋升级别和调整工资标准增加工资。③工资补贴被纳入工资。

(6) 岗位技能工资制。岗位技能工资制是以劳动技能、劳动责任、劳动强度和工作环境等基本要素的评价为基础，以岗位和技能工资为主要单元的工资等级制度。岗位技能工资制主要由岗位工资和技能工资两部分组成，并辅以年功工资和效益工资等。其中，岗位工资是根据员工所在岗位，或所任职务的劳动复杂程度、繁重程度、精确程度、责任大小、工作环境好坏等因素确定的，是岗位技能工资的主要组成部分，所占比重较大。技能工资则是在全面测评员工技术能力基础上，依据员工综合的工作技能水平所确定的工资。技能工资是为弥补岗位(职务)工资不足，鼓励员工努力钻研技术和业务，提高技能，是对员工智力投资的补偿。

在实行岗位技能工资制时，要科学确定岗位工资单元和技能工资单元的比例。一般来讲，技术要求高的行业和组织，其技能工资单元的比例应大一些；而劳动强度大、劳动条件差的行业和组织，其岗位工资单元的比例则应大一些。

在实行岗位技能工资制时，除制定岗位工资和技能工资外，还可依据组织具体情况，参照结构工资制的做法，设置一些辅助性工资单元，如效率工资、年功工资、奖励性工资等，以完善岗位技能工资制。

(7) 能力工资制。能力工资制(competency-based pay system)是在技能工资制(skill-based pay system)基础上发展来的一种新型的工资制度。能力通常指任职者胜任其职位所需要的特征或特点，它是个人知识、技术和行为的综合体现。实行能力工资制的难点是对组织所需要员工能力的衡量，这是目前能力工资制得以广泛实施的主要"瓶颈"。

9.2.2 薪酬设计

薪酬设计的一般程序如图9.2所示。

图9.2 薪酬设计的一般程序

1. 薪酬调查

薪酬调查(salary survey)是指公共组织为了解同行业或同类组织相似岗位的薪酬水平，以便用合理的人力成本吸引所需人才，所开展的有步骤、有针对性的薪酬信息和资料收集活动。薪酬调查重点解决的是薪酬的对外竞争力和对内公平性问题。薪酬调查的目的有以下几种：一是帮助制定新入职人员的起点薪酬标准；二是查找组织内部薪酬不合理的岗位；三是了解同行业或同类组织的调薪时间、水平、范围等；四是了解当地工资水平并与同类组织进行比较；五是了解薪酬动态和发展趋势。通过对薪酬调查资料的分析，管理者可以初步了解相似组织、部门和行业的总体薪酬政策、工资水平、薪酬结构和薪酬标准，从而为本组织薪酬设计提供参照依据。薪酬调查可以是正式的，也可以是非正式的。正式的调查如问卷调查、面谈调查等；非正式的调查如电话调查、互联网调查等。薪酬调查的内容通常包括以下几项：①薪酬政策。在这方面，要重点搞清被调查组织或部门是业绩优先还是努力优先？是工龄优先还是能力优先？是收益优先还是成本优先？等等。②薪酬结构。这方面的调查内容包括薪酬中工资所占比例、奖金所占比例、福利所占比例等。③薪酬标准。这方面的调查内容涉及最高工资、最低工资、各职务工资、核心员工工资、工资级数以及工资级距等。

2. 确定每个职位的相对价值

运用职位评价方法来确定各职位的相对价值。职位评价的最终结果是工资或薪酬等级。对此，第3章已有讨论，这里不再赘述。

3. 将类似职位归入同一薪酬等级

为了简化问题，职位评价委员会需要将类似的职位分成一个个组别，并划分到相应的职位等级之中。同一个薪酬等级中包括的职位通常是具有相近难度或相似重要程度的职位，这些职位具有大致相当的相对价值。

4. 确定每个薪酬等级所表示的薪酬水平——薪酬曲线

薪酬曲线，也称工资曲线(wage and salary curves)，是将各职位工资率同各职位的点值(分数)或序列等级描绘在直角坐标系中所得到的曲线，如图9.3所示。

图9.3　薪酬调查曲线和薪酬等级

绘制薪酬曲线的目的在于表明职位价值与组织向某一薪酬等级中所有职位支付的平均薪酬水平。

5. 对薪酬水平进行微调

在薪酬水平微调过程中，通常会为每一水平的薪酬等级(或薪级)建立一个垂直的薪酬区间(pay rangs)，这些薪酬区间标示了各薪酬等级的最低、最高薪酬水平，此即每一薪酬等级中的职位薪酬的浮动范围。在各薪酬等级的薪酬浮动范围确定后，接下来，即可对薪酬水平进行微调。对于偏低的薪酬水平，只需提高到其所在薪酬等级的最低水平；对于偏高的薪酬水平，通常有如下三种处理方法：一是冻结此类职位任职者的薪酬水平，直到同一薪酬等级中其他职位的薪酬水平，达到该水平为止；二是将这类员工调动或晋升到应当得到当前薪酬待遇的一些更高级别的职位；三是削减薪酬待遇，使这类员工的薪酬水平与同一薪酬等级中其他职位员工的薪酬水平一致。

9.2.3 薪酬管理

1. 公共部门薪酬管理的含义

公共部门薪酬管理(compensation management in the public sector)是指公共部门在综合考虑各种内外部因素基础上，根据社会生产力和经济社会发展水平及公共部门发展目标和战略，来确定公共部门薪酬体系、薪酬结构、薪酬水平和薪酬构成，制定和明确各类职位或人员薪酬待遇，并对公共部门人员薪酬待遇根据社会经济发展水平进行适时调整和控制的过程。

要理解公共部门薪酬管理的含义，需要注意以下问题：①公共部门薪酬是基于一定的社会生产力和经济社会发展水平而设计制定的，因此，公共部门薪酬总额及各类职位人员的薪酬待遇要受到一定时期社会生产力和经济社会发展水平的制约。②公共部门薪酬管理是在公共部门发展目标和战略指导下进行的，必须服从并服务于公共部门发展战略实施和目标实现，要为公共部门目标达成和战略落实提供强有力的人力支持，否则，公共部门薪酬管理就失去了意义。③薪酬管理的目的不仅在于让公共部门人员获得必要的经济收入，确保他们维持并不断提高个人和家庭的生活水平，还要引导他们不断开发自身人力资源，同时激发他们的工作积极性、主动性和创造力，提高他们的工作绩效，通过努力学习和工作来实现个人、公共部门和社会的共同发展。④公共部门薪酬管理不是随意的，受制于国家的相关法规制度，必须严格按国家相关法规制度来实施。

2. 公共部门薪酬管理的特点

由于公共部门与私人部门有着不同的目标追求，加之两者的着眼点、落脚点及薪酬的经济来源不同，公共部门薪酬管理表现出一些不同于私人部门薪酬管理的特点。

(1) 公共部门主要从"职位"或"职务"角度来确定薪酬，而私人部门更重视"人"的因素。2018年新修订的《公务员法》第七十九条规定："公务员实行国家统一规定的工资制度。公务员工资制度贯彻按劳分配的原则，体现工作职责、工作能力、工作实绩、资历等因素，保持不同领导职务、职级、级别之间的合理工资差距。国家建立公务员工资的正常增长机制。"根据工作职责、工作能力、工作实绩和资历等来评价和确定各类职位或职务的薪酬待遇，并根据工资调查、参照一定时期私人部门的薪酬水平来调整公共部门人员薪酬待遇，是公共部门薪酬管理的重要特征。相比于公共部门，私人部门薪酬管理虽然也参照企业职位价值来确定基本薪酬，但在职位调整或职务晋升，以及绩效工资和奖金发放过程中，则更多地参考员工的个人能力和工作表现，包括工作绩效、工作能力、技术技能及对企业的实际贡献等。

(2) 相比于私人部门，公共部门的薪酬构成更具刚性，稳定有余而激励不足。2018年新修订的《公务员法》第八十条规定："公务员工资包括基本工资、津贴、补贴和奖金。公务员按照国家规定享受地区附加津贴、艰苦边远地区津贴、岗位津贴等津贴。公务员按照国家规定享受住房、医疗等补贴、补助。公务员在定期考核中被确定为优秀、称职的,按照国家规定享受年终奖金。公务员工资应当按时足额发放。"其中,基本工资和津贴均属于固定薪酬,补贴和奖金属于可变薪酬。固定薪酬通常表现出很强的稳定性,一般不会轻易发生改变,而补贴和奖金不具有稳定性,通常根据工作和外部环境条件以及个人实际业绩和贡献而改变。在私人部门中,为了激发员工工作积极性、主动性和创造性,可变薪酬特别是与绩效或贡献大小直接挂钩的奖励性薪酬,如绩效工资、奖金,以及分红、提成、股票期权等往往在个人薪酬中占较大比重,这种薪酬构成通常表现出更强的"柔性"和激励性,但稳定性相对较差。

(3) 受国家法规制度制约,公共部门薪酬管理循规蹈矩,灵活性相对较差。与私人部门不同,公共部门薪酬制度和薪酬结构是受国家法规制度制约的,一旦确定下来,不能随意改变。如果公共部门薪酬制度、薪酬结构和薪酬等级等需要改变,则必须经过国家或地方最高权力部门讨论通过,并以法规制度的形式重新界定和规定后,方可进行变动和调整,这与私人部门有着很大不同。

近些年来,随着经济社会发展和新公共管理运动的广泛深入推进,越来越多国家的公共部门在积极学习和引进现代企业优秀的薪酬管理经验,包括实施绩效薪酬制度,引进宽带薪酬结构,改变"千军万马过独木桥"的晋升制度,以及提高公共部门薪酬中可变薪酬和激励性薪酬的比重等。这些变革,不仅已经或正在弱化着人们对公共部门薪酬"固定、缺乏灵活性和激励性差"的印象,也在优化公共部门人力资源配置、提高公共部门绩效中发挥了重要作用。

3. 公共部门薪酬管理的作用和意义

作为人力资源管理的主要职能和重要活动之一,薪酬管理对完善公共部门管理体系、提高公共部门管理水平、促进公共部门平稳、健康和可持续发展具有重要的作用和意义。

(1) 有效的薪酬管理有助于留住和吸引优秀人才。薪酬是员工因从事组织所需要的工作活动而得到的以货币和非货币形式表现的报酬,是对组织、对员工劳动价值的肯定。如果公共部门薪酬管理做得好,即其薪酬体系、薪酬结构、薪酬水平和薪酬构成设计安排得科学合理,就会得到人们肯定和认可,公共部门内部人才流失率就会降低,同时还会对外部优秀人才形成强大吸引力,这对公共部门人员新陈代谢和优化配置无疑是有利的;反之,如果公共部门薪酬管理做得不好,则可能导致公共部门内部人才流失率上升,同时也很难对外部优秀人才形成吸引力。

(2) 有效的薪酬管理对激励公共部门人员士气、提高公共部门绩效具有重要作用。从心理学角度讲,人的行为是受动机驱使,而动机源于欲望(特别是需求),因此,精准定位并满足人的需求,是激发人的工作积极性、主动性和创造性的根本所在。马斯洛需求层次论认为,人的需求可划分为5个层次,即生存需求、安全需求、社交需求、尊重需求和自我实现的需求。有效的薪酬管理即是通过对人的上述各层次需求的满足,来实现不断激发人的潜能,最终提高个人和组织绩效的目的。薪酬带给员工的不仅仅是生存和生活的安全感和安定感,还会使员工感受到组织对其能力和价值的认可与肯定,带给他们成就感,同时可以为员工及其家人更好地发展和提升奠定坚实的经济基础。人们让渡自身劳动力的使用权、按事先约定的契约或劳动合同进行工作或劳动的根本目的是获取必要劳动报酬,而有效的薪酬管理可以较大程度地满足人们对金钱、声誉和权力的需求，因此可以有效激发公共部门人员的士气及工作积极性、主动性和创造性，进而达到提高公共部门人员和组织绩效的目标。

(3) 有效的薪酬管理对塑造优良的公共部门文化具有重要作用。优良的公共部门文化对公共部门健康、平稳和可持续发展至关重要，而有效的薪酬管理是公共部门塑造良好的组织文化的重要手段和保障。原因在于，薪酬是公共部门文化建设的物质基础，良好公共部门文化建设如果不以满足公共部门人员需求、认可和肯定公共部门人员价值为基础，那么公共部门文化建设将失去其目的之根本。另外，公共部门薪酬制度和薪酬政策本身就是公共部门文化的重要组成部分，不仅对公共部门人员具有激励作用，还对公共部门人员具有引导作用，能够引导人们按照公共部门文化建设的既定目标工作和行事，有助于优良的公共部门文化建设和发展。

4. 公共部门薪酬管理的原则

就公共部门而言，薪酬管理应遵循如下几项原则。

(1) 公平性原则。公平性原则是公共部门薪酬管理首先必须坚持的原则。这里的"公平性"主要是就如下三方面而言的：一是指内部公平。所谓内部公平，即是指公共部门在薪酬设计和薪酬管理中，既要通过职位评价，尽可能体现出承担不同职责、具有不同工作难度和劳动复杂程度及具有不同工作条件或环境的各类职位或职务间薪酬待遇的差异性，避免"平均主义""大锅饭"问题，又要尽可能做到承担相同或相近职责、具有相同或相近工作难度和劳动复杂程度及在大致相同或相近条件或环境下工作的各类人员薪酬待遇的相同或相近，即同工同酬，或薪酬待遇与职位或员工贡献挂钩或成正比，应避免亲此疏彼，或"一碗水端不平"问题。二是指外部公平。所谓外部公平，是指公共部门在薪酬设计和薪酬管理中，不同地区或同一地区不同公共部门间担任相同职务(职位)或从事相同工作的人员间的薪酬待遇应该大致相同或相近。也就是说，应注意甚至避免由不同地区或同一地区不同公共部门间因同职(或同工)不同酬，可能带来的人心思动、工作积极性不高、工作效率下降甚至人员流失等问题。三是指个人公平。所谓个人公平，是指从时间跨度上讲，公共部门人员的薪酬待遇应随其工作年限或工龄的增长及工作经验和能力的增长而增加，确保公共部门人员薪酬与其能力、经验、贡献及其对公共部门的忠诚度相匹配或挂钩。

(2) 经济性原则。经济性是指公共部门支付给其人员的薪酬必须与公共部门的经济承受能力相符合，即公共部门薪酬总额应限定在公共部门的经济承受能力之内。虽然说高水平的薪酬有助于留住和吸引高水平人才，然而，如果公共部门人员薪酬总额超过了公共部门承受能力，不仅会增加公共部门的经济负担，而且还会导致公共部门与企业间薪酬待遇的失衡，进而影响社会公平。

(3) 合法性原则。合法性是指公共部门薪酬管理必须符合国家法律法规和政策规定，不能随意地增减和调整薪酬体系、薪酬结构和薪酬水平，薪酬增减和调整必须按国家和地方公共部门的统一安排和规定进行。例如，2018年修订的《公务员法》第七十九条规定："公务员实行国家统一规定的工资制度。"

(4) 适中性原则。与企业等私人部门不同，公共部门人员薪酬主要来自国家或地方财政收入，因此薪酬水平不宜定得过高；而要使公共部门获得较高素质的人才，又必须确保公共部门薪酬对优秀人才有一定吸引力，因此也不宜定得过低。也就是说，公共部门人员薪酬水平应

"适中"，不宜过高，也不宜过低。2018年修订的《公务员法》第八十一条规定："公务员的工资水平应当与国民经济发展相协调、与社会进步相适应。"

(5) 动态性原则。社会生产力和社会经济是不断发展的，人们的物质和文化生活需要是日益增长的，为确保公共部门人员薪酬水平能够与时俱进，不断提高，就需要结合社会经济发展水平、公共部门经济承受能力及全国和地区城镇职工平均工资水平，来适时调整公共部门人员薪酬待遇。例如，2018年修订的《公务员法》第七十九条规定"国家建立公务员工资的正常增长机制"，第八十一条同时规定"国家实行工资调查制度，定期进行公务员和企业相当人员工资水平的调查比较，并将工资调查比较结果作为调整公务员工资水平的依据"。

5. 公共部门的薪酬决策

作为公共部门人力资源管理的重要职能，薪酬管理既要服从和服务于公共部门人力资源管理战略，也应服务于公共部门发展战略，为更好地履行公共部门职责、提高公共部门及社会治理水平、促进社会健康、平稳和可持续发展服务。为了达到上述目的，公共部门就必须进行薪酬决策，并对一定时期薪酬体系、薪酬结构、薪酬构成及薪酬水平做好规划和规定，并确保其有效实施。因此这里有必要对与公共部门薪酬决策直接关联的薪酬体系、薪酬结构、薪酬构成和薪酬水平等予以介绍。

(1) 薪酬体系。薪酬体系(compensation system)是指用于决定员工薪酬的基础依据，也就是说，一个组织的员工薪酬由哪些方面的因素决定、由哪几种薪酬形式构成，以及它们的比例构成是怎样的。目前常见的薪酬体系主要有两种：职位薪酬体系和能力薪酬体系。职位薪酬体系(job-based compensation system)是指根据组织对每一职位价值的评价来确定每一职位基本薪酬的薪酬体系。职位薪酬体系关注的是职位相对价值的大小，而不是在某一职位上工作的"人"，因此很少考虑职位从业者的知识技能和工作业绩等因素。职位薪酬体系是目前使用最广泛的薪酬体系。职位薪酬体系的优点：一是员工薪酬与员工所在职位一致，能够较好体现岗位待遇与岗位价值和贡献相符合原则，增强员工的公平感；二是由于职位薪酬体系关注的是职位不是人，操作起来相对简单；三是能够激励员工为获取更高职位的更高薪酬待遇而努力学习和工作。职位薪酬体系的缺点是不能很好地评价组织内不同员工间能力和贡献的区别，而且，如果员工晋升渠道受阻，那么员工的工作积极性和主动性也会受到较大影响。能力薪酬体系(competency-based compensation system)则指根据对员工能力(包括知识、技术技能和胜任素质特征)的评价来确定基本的薪酬体系。与职位薪酬体系不同，能力薪酬体系所关注的是人的能力，包括员工所具有的与所从事工作相关的知识、技术技能及其胜任某一岗位或工作的能力。能力薪酬体系的优点：一是可以促使员工更加积极主动地通过学习来提高自己的知识和技术技能，有助于学习型组织建设；二是以能力为导向的薪酬体系，为人们提供了更加符合自身兴趣和能力倾向的职业发展渠道，能够更好地遏止职位等级晋升中的"路径拥挤"和"任人唯亲"现象，有助于"任人唯贤""任人唯能"组织文化建设。当然，在现实中，目前实施能力薪酬体系也存在诸多问题，像如何科学地评价员工能力，以及不同职位对员工哪些方面能力的要求更重要，等等。

(2) 薪酬结构。薪酬结构(salary structure)是指组织内部的薪酬等级数量、各薪酬等级的变动范围及不同薪酬等级间的关系等，反映了组织内部各职位间的薪酬差别。常见的薪酬结构主要有窄带薪酬(窄幅薪酬)和宽带薪酬(宽幅薪酬)。相比而言，窄带薪酬(narrow band pay)的薪酬等级较多，且每一等级间薪酬的变动区间相对较小。在这种薪酬结构下，员工要想大幅度提高薪酬，必须通过提高自己的职位或薪酬等级来实现。宽带薪酬(broad band pay)是指通过对薪酬等级及其变动范围的重新组合而形成的具有相对较少薪酬等级和相对较宽变动范围的薪酬结构。通常来讲，典型的宽带薪酬一般只有不多于4个等级的薪酬级别，而且每个薪酬等级最高值与最低值间的变动比率远大于窄带薪酬的等级。宽带薪酬的优点：一是打破了传统薪酬结构强调组织内部职位等级的观念，有助于组织绩效提升及参与型、学习型组织文化建设，同时对组织进行扁平型机构改革具有积极作用。二是可有效避免员工为了提高薪酬待遇或职位晋升而将更多注意力放在"做表面文章"及"拉关系，走后门"方面，对员工树立正确的价值观、引导人们重视个人知识和技术技能增进及能力提升具有积极作用。三是可以有效化解薪酬待遇提高与职位或职务晋升之间的矛盾，对管理人员角色和管理重心向员工工作绩效转变具有重要意义。为了提高薪酬待遇而挖空心思地谋求职位或职务晋升，是传统薪酬结构下所有组织遇到的共同问题。通过薪酬结构宽带化，不仅拓宽了组织员工获取较高薪酬待遇的可能性，还有效解决了组织内部长期存在的因高薪酬职位或职务少而引致的"千军万马争抢'独木桥'"问题，一些员工即便不晋升职位或职务，也可以通过努力工作及其对组织的忠诚度而获得较高薪酬待遇，从而可有效化解薪酬待遇提高与职位或职务晋升渠道"狭窄"之间的矛盾，同时，还可以通过引导组织员工从关注职位或职务晋升向关注个人工作绩效转移，而引导管理人员角色及管理重心转变。

(3) 薪酬构成。薪酬构成(composition of salary)是指员工及其组织总体薪酬中不同类型的薪酬所占的比例。如前文所述，薪酬可分为直接薪酬和间接薪酬，而直接薪酬又包括基本工资、绩效工资、奖励性薪酬和津贴等，间接薪酬则包括社会性福利(法定福利)和组织性福利，这主要是就薪酬的内部结构或薪酬的组合方式而言的，而上述薪酬形式在员工或组织总体薪酬中所占的比例，指的则是薪酬构成问题。从薪酬构成来看，可变薪酬，特别是绩效薪酬(包括奖励性薪酬和绩效工资)在员工或组织总体薪酬中所占的比例越大，则这种薪酬越富有弹性，同时其激励性往往越强，反之，如果固定薪酬(包括基本工资、津贴和福利等)在总体薪酬中所占的比例越大，则这种薪酬的稳定性越高，同时其激励性往往越弱。由此可见，薪酬构成对薪酬的"柔性"与"刚性"具有直接影响，它与薪酬结构共同决定着某一薪酬所具有的激励效果的优劣。

(4) 薪酬水平。薪酬水平(salary level)是指组织内部各职位、各部门及组织整体的平均薪酬的高低状况。一个组织的薪酬水平既体现了这个组织的人力成本状况，也反映了该组织薪酬所具有的外部竞争力情况。通常来讲，一组织的薪酬水平越高，该组织的人力成本也往往越高，其薪酬的对外竞争力也往往越强；反之，一组织的薪酬水平越低，则意味着该组织的人力成本较低，其外在竞争力往往越弱。就一个组织而言，其薪酬水平高低通常要受该组织的性质、目标追求、价值取向和经济能力等多方面因素影响。无论是对不同类型组织而言，还是对同一类组织来说，由于他们的组织性质不同，目标追求和价值取向存在差异，加之各自的经济来源和经济承负能力千差万别，各自采取的薪酬策略和薪酬水平也往往存在较大差异。如，就政府部门来讲，由于其为公共部门，所追求的目标是社会福利最大化，其经济来源主要是财政收入，因此政府部门的薪酬水平只能结合政府所辖区域一定时期的社会经济发展水平，特别是财政能力和财政收入情况，在全面评估辖区内企业员工平均收入水平情况下，来确定政府部门人员的薪酬水平。相比于政府部门，企业的薪酬水平变动则往往以一定时期企业经营状况，特别是赢利能力的好坏或强弱，来确定员工的薪酬待遇或薪酬水平，因此，企业的薪酬待遇或薪酬水平要比政府部门灵活、机动得多，当然，其稳定性则往往弱于政府部门。

9.2.4 中国公共部门现行薪酬制度及其管理

1. 2006年以前中国公共部门薪酬制度改革历程回顾

中华人民共和国成立初期，国民经济正值恢复时期，百废待兴，国家财政十分困难，统一的分配制度尚未建立起来，因此，当时国家机关和事业单位除部分人员实行工资制外，多数实行的是供给制，同工不同酬问题异常突出。随着政府和事业单位管理逐渐步入正轨，1952年以后，事业单位逐渐建立起包括工资等级制度、奖励制度和职工升级制度为主要内容的薪酬制度，由此，原来实行供给制的工作人员也改为工资制，事业单位开始实行全国统一的工资标准和工资制度，从而结束了历史遗留下来的供给制与工资制并存的局面。

1) 第一次全国工资制度改革

1956年，中央政府根据当时中国的政治、经济形势，在全国范围内进行了第一次重大的工资制度改革，建立了全国统一的职务等级工资制。此次工资制度改革，一是取消了工资分配制度和物价津贴制度，而是以货币直接规定工资标准；二是统一和改进了工资等级制度，根据不同产业人员的生产技术特点，建立了不同的工资等级；三是改进了企业职员和机关工作人员的职务等级工资制度，采用了按照职务高低来确定职务等级和工资标准的办法。在此次改革中，按地理环境条件和经济发展水平，全国划分为11类地区，各类地区实行不同的工资标准；技术人员和行政人员分别规定工资标准，实行职务等级制，例如行政人员分为30个等级，政府机关技术人员分为18个等级，科研人员、高校教学人员分为13个等级。

2) 第二次全国工资制度改革

经过近30年的实践，职务等级工资制度的问题和弊端充分暴露出来，鉴于此，1985年2月国务院工资制度改革小组、劳动人事部发布了《机关、企事业单位工资制度改革实施方案》，从而拉开了第二次工资制度改革的序幕。从政府机关和事业单位来看，此次工资制度改革主要表现为以下内容：①国家机关、事业单位行政人员、专业技术人员均实行以职务工资为主要内容的结构工资制。结构工资制将工资分为基础工资、职务工资、工龄津贴和奖励工资4个部分，职务工资一职数级，相近职务间工资额上下交叉。②为鼓励中小学校和中等专业学校、技工学校的教师、幼儿教师和护士长期从事本职业，除按规定发给工龄津贴外，另外分别加发教龄津贴和护士工龄津贴。③建立了正常晋级增资制度。每年根据国民经济计划完成情况，适当安排国家机关、事业单位工作人员的工资增长指标。④建立了分级管理的工资体制。此次工资制度改革，一是废除了大一统的等级工资制，为进一步理顺工资关系打下了基础；二是解决了职级不符问题，缓解了过去长期存在的一些矛盾。

3) 第三次全国工资制度改革

1993年10月，中央政府在总结和汲取前两次工资制度改革经验教训基础上，对全国工资制度进行了第三次重大改革。此次改革是在科学分类基础上，依据按劳分配原则建立起了体现政府机关、事业单位和企业不同部门和行业类型特点的工资制度，并将事业单位和企业人员工制度与政府部门工资制度分割开来。对公共部门来讲，此次工资制度改革表现出了以下特点：①国家机关、事业单位分别执行不同的工资制度，机关干部、机关工人、事业单位管理人员、事业单位技术人员以及事业单位工人分别执行各自的工资标准。②事业单位引入了竞争、激励机制，工资增长开始与年度考评挂钩。③机关工作人员工资随国民经济发展有计划地增长，随生活费用价格指数变动而调整，并在此基础上制定了正常增资制度。在事业单位中，专业技术人员、职员和工人也开始实行分类工资标准。

1993年后，按照第三次工资制度改革的要求，政府部门的工资制度有三点变化。一是开始实行职务级别工资制(也称职级工资制)。职级工资制由职务工资、级别工资、基础工资、工龄工资组成。职务工资，按政府部门公务人员所担任职务来确定相应职务工资，职务工资随着职务和任职年限变化而变动，年度考评连续两年在称职以上的，可在本职务工资标准内晋升一个工资档次；政府部门公务人员级别共分15级，级别工资按公务人员资历和能力确定，在原级任职期间连续五年考评为称职或连续三年考评为优秀的，可在本职务对应级别内晋升一个级别；基础工资按维持公务人员基本生活费来确定的，各职务人员均执行相同基础工资；工龄工资按工作年限增加，直至退休当年为止。

二是事业单位实行不同类型的工资制度。事业单位管理人员执行职员职务等级工资制、专业技术人员执行各类专业技术职务工资制。事业单位人员标准工资由职务工资(固定工资)和事业单位人员津贴(灵活工资)两项构成。事业单位人员津贴以编制部门核定的全额拨款、差额拨款、自收自支三种不同类型预算管理形式来确定不同的津贴比例。

三是政府部门和事业单位工人实行不同类型的工资制度。政府部门技术工人实行技术等级工资制，其工资由岗位工资、技术等级工资和奖金三部分构成；普通工人实行岗位工资制，其工资由岗位工资和奖金两部分组成。事业单位的技术工人实行技术等级工资制，其工资包括技术等级工资和岗位津贴两部分；普通工人实行等级工资制，工资包括等级工资和津贴两部分。

2. 2006年以来中国公共部门薪酬制度改革取得的成就

与前三次工资制度改革不同，2006年的薪酬制度改革不仅涉及内容多，而且改革力度更大。此次改革主要涉及4个内容：一是政府公务员实行职务与级别相结合的工资制度；二是事业单位实行岗位绩效工资制度；三是完善政府部门和事业单位的津贴和补贴制度；四是调整政府部门和事业单位的离退休人员待遇。下面从政府部门和事业单位两个方面来介绍2006年以来我国薪酬制度改革取得的成就。

1) 政府部门薪酬制度改革

2006年以来，政府公务员薪酬制度改革主要体现在以下几个方面。

(1) 将改革工资制度与清理和规范津贴补贴相结合。在此次改革中，清理和规范公务员的津贴和补贴，始终是改革的重中之重，因为通过改革，能够建立严格、规范、统一的薪酬制度和新的收入分配制度，严肃纪律，为进一步深化改革奠定基础。在清理津贴和补贴、摸清底数的基础上，结合了公务员职级工资制改革，将一些地方和部门的部分津贴和补贴纳入基本工资，适当提高基本工资占工资收入的比重，优化公务员工资收入结构；对津贴补贴进行规范，合理确定水平，科学规范项目，分类分步调控，严格监督管理，为规范公务员和事业单位工资收入分配秩序奠定基础。

(2) 简化基本工资结构，强化薪酬的激励功能。在此次改革中，将公务员现行基本工资结构由职务工资、级别工资、基础工资、工龄工资简化为职务工资、级别工资，同时，合理设计工资标准，既保证低职务人员适当的工资标准，又适当加大不同职务、级别的工资差距。职务工资主要体现公务员的岗位职责大小，一个职务对应一个工资标准，为体现岗位职责差异，领导职务和非领导职务对应不同的职务工资标准；级别工资主要体现公务员的资历、职务和工作实绩，每一级别设若干个工资档次，公务员根据所任职务、德才表现、工作实绩和资历，来确定级别和工资档次，解决过去存在的切块偏多、功能重叠问题。同时，适当拉开不同职务级别间的工资差距，进一步理顺工资关系，更好体现公务员的职责和贡献大小。

(3) 适当向基层倾斜。为了鼓励广大基层公务员安心本职工作，公务员职级工资制改革方案中采取了相应的倾斜措施：适当加大不同职务对应级别的交叉幅度，将公务员对应级别数由现行15个增加到27个，各职务对应的级别数相应增加，科员、办事员从现在对应的6个级别增加到9个级别，副科级从现在5个级别增加到8个级别，给低职务公务员提供了充分的级别晋升空间；加大级别工资的比重，使晋升级别对提高工资发挥更大作用；实行级别与工资待遇挂钩，使公务员在不晋升职务的情况下也能提高待遇，从而缓解了因职数限制而晋升职务难的问题。

(4) 完善正常增资办法，实现工资调整的制度化、规范化。在此次改革中，结合公务员基本工资结构调整，相应调整了公务员正常晋升工资的办法。公务员晋升职务后，职务工资和级别工资均相应提高；累计2年和5年年度考评合格者，可晋升一个工资档次和级别工资等级。

在改革公务员薪酬制度的同时，此次改革还相应完善了政府部门工人的工资制度。技术工人实行岗位技术等级工资制，基本工资由技术等级(职务)工资、岗位工资、奖金三项构成。因奖金在实践中未发挥应有作用，此次改革适当调整了政府部门工人的级别工资结构，取消奖金，简化为技术等级(职务)工资和岗位工资两项。技术等级(职务)工资根据技术水平高低确定，一个技术等级(职务)对应一个工资标准；岗位工资根据工作难易程度和工作质量确定，按初级工、中级工、高级工三个技术等级和技师、高级技师两个技术职务设置，分别设若干工资档次。普通工人级别工资由岗位工资、奖金两项简化为岗位工资一项。

2) 事业单位薪酬制度改革

事业单位薪酬制度改革主要体现在如下几个方面。

(1) 与深化事业单位体制改革相适应。此次事业单位收入分配制度改革，在内容和方法步骤上，都充分考虑了相关配套改革的要求和进程。

(2) 建立体现事业单位特点的收入分配制度。

① 事业单位在功能性质、资源配置、管理方式、用人机制等方面都不同于政府部门，鉴于此，事业单位薪酬制度改革在制度模式上突出了岗位和绩效的激励功能，工作人员的收入与岗位职责、工作业绩和实际贡献相联系，事业单位总体收入水平与单位完成社会公益目标任务及考核情况相联系；在运行机制上，为适应事业单位聘用制和聘期管理需要，工作人员按考评结果每年增加一级薪级工资。

② 事业单位实行岗位绩效工资制度，岗位绩效工资包括岗位工资、薪级工资、绩效工资和津贴补贴，其中岗位工资和薪级工资为基本工资。岗位工资主要体现工作人员所聘岗位的职责和要求，是基本工资的主体部分。这次改革与事业单位聘用制度改革和岗位管理相适应，根据

各岗位的特点，在现行各职务序列基础上，分别对专业技术岗位、管理岗位、工勤技能岗位设置不同岗位等级，对同一层级专业技术岗位进行适当细分，以体现不同岗位等级之间的差别，实行"一岗一薪，岗变薪变"。薪级工资主要体现工作人员的工作表现和资历，实行"一级一薪，定期升级"。

③ 根据实际运行需要，专业技术人员和管理人员设置了65个薪级，工人设置了40个薪级，对不同岗位规定不同的起点薪级，每年考评合格，可提高一个薪级工资。基本工资中增设体现资历因素的部分，有利于工作人员随工作年限延长而增加工资，鼓励人们做好本职工作。绩效工资主要体现为工作人员的工作业绩和实际贡献。国家对绩效工资实行总量调控，事业单位在核定的绩效工资总量内享有分配自主权，使绩效工资与工作人员表现、业绩相联系，合理拉开差距，调动工作人员积极性；而通过将绩效工资总量与单位完成社会公益目标任务及考核情况相联系，可促进事业单位不断提高公益服务的能力和水平，避免片面追求经济效益，忽视社会效益。

(3) 完善工资正常调整机制。事业单位在收入分配制度改革基础上，逐步建立适应事业单位整体改革要求的工资正常调整机制。

(4) 完善高层次人才的分配激励约束机制。在进一步完善各项激励措施、执行政府特殊津贴的同时，采取一次性奖励、发放特殊津贴、建立重要人才国家投保制度等措施，对部分急需人才实行协议工资、项目工资等灵活多样的分配办法，通过实施一流人才、一流业绩、一流报酬的管理模式，充分调动高层次人才的积极性、主动性和创造性。

(5) 建立分级管理体制，健全收入分配宏观调控机制。为适应经济体制转轨和分级管理财政体制的要求，此次改革，一方面明确了中央、地方和部门的管理权限；另一方面进一步顺了分配关系，规范了分配秩序，为充分发挥地方和部门在调控管理和监督检查等方面的作用奠定了基础，逐步形成了统分结合、权责清晰、运转协调、监督有力的宏观调控体系。

9.3 公共部门人员福利管理

9.3.1 公共部门人员福利概述

1. 福利的含义

福利(benefits)是组织为改善员工生活条件和健康状况，确保员工生活质量不致下降所采取的措施的总称。例如，组织为其员工提供的各类保险以及一些有关健康改善、安全保障、休假和保育的方案和设施等。福利属于间接薪酬，一般与工作效率无关。

2. 福利的特征

福利具有补偿性、均等性、集体性和补充性等特征。

(1) 补偿性。福利是组织为其员工所提供的一种经济性补偿，是对员工生活、健康和人身安全的必要保障。

(2) 均等性。福利不是针对组织中哪一个人或哪一群人的，而是针对组织中所有员工的，具有显著的分配均等性特征。

(3) 集体性。员工福利的提供形式之一是集体性福利，这种福利主要通过集体消费或共同使用福利设施的方式来分享。组织福利的有些项目具有一定的公共品和准公共品性质。

(4) 补充性。员工福利是对按劳分配的补充，是为避免组织员工因劳动能力、供养人口以及疾病等所导致的生活水平下降或消费能力不足而提供的必要物质补充。

3. 福利的种类

福利的种类繁多，形式多样，按不同标准可以划分为不同类型。

(1) 按是否具有强制性，可将福利分为法定福利和自愿性福利。其中，法定福利通常包括社会保险、住房公积金、公休假日和法定节假日等。自愿性福利包括如下几种类型：①带薪假期，如病假、休假等；②健康和保障福利，如健康护理、残疾人保护、牙科和视力保健、退休计划、附加失业救济和人寿保险等；③员工服务(employee services)，如个人所得税补助、运动和娱乐活动、受教育的学费折扣及教育和培训补贴等；④额外薪酬(premium pay)，包括从事危险性较强工作的风险工资(hazard pay)和值班补贴等；⑤其他福利，如子女托保设施、子女受教育设施、上下班通勤、免费餐、组织为其员工提供的子女学费贷款担保和学费援助等。

(2) 按福利存在和支付的性质，可将福利分为经济性福利和非经济性福利。其中，经济性福利主要包括如下几种类型：①额外货币收入，如节假日加薪、分红和物价补贴等；②住房性福利，如免费单身宿舍、夜班宿舍，廉价公房出租或以低价出售给本组织员工的住房，以及住房补贴等；③交通性福利，如为员工提供的上下班交通费补贴、免费或廉价班车等；④餐饮性福利，如免费或低价工作餐、误餐补助及工作时间免费食品和饮料等；⑤教育培训福利，如在职或短期脱产培训和进修补贴或补助等；⑥医疗保健福利，如免费定期体检及防疫注射、药费或滋补营养品报销或补贴、职业病免费防护、免费或优惠疗养等；⑦意外补偿金，如工伤补偿费、伤残生活补助、死亡抚恤金等；⑧离退休福利，包括退休金、公积金等；⑨带薪休假，如法定假日和病假、产假、带薪事假和探亲假等；⑩其他生活性福利，如洗理补贴、防暑降温和取暖补贴、优惠或免费提供的工作服和其他产品、有组织的文体活动(如晚会、舞会、郊游、野餐、体育竞赛等)、公共部门自建文体设施(健身房、阅览室、棋牌活动室等)、免费或折扣价电影、旅游津贴、免费车船订票服务，等等。非经济性福利包括如下几种类型：①咨询服务，如心理和身体健康咨询、法律咨询、理财咨询等；②保护性服务，如平等就业权利保护、投诉检举的反报复保护、个人隐私权保护等；③工作环境保障，如工作环境卫生保障、员工参与民主化管理等。

4. 福利的作用

福利是一种间接经济报酬，也是一种纯保健因素，对员工不具有激励作用。从福利性质和特征看，福利主要具有如下几个作用。

(1) 增加员工收入，提高员工及其家庭的生活水平和生活质量。作为一种经济报酬，福利直接影响着员工的收入水平，进而影响员工及其家庭的消费水平和生活质量。而且，虽然员工退休后收入水平较在职时会有较大幅度降低，但员工在职时组织和国家为其交纳的组织性福利(如人寿保险、企业年金等)和社会保险等，则可在一定程度上保障其退休后的生活维持在一定标准之上。

(2) 凝聚员工士气。作为一种保健因素，福利虽然不能激发员工工作的积极性、主动性和创造性，但能够强化员工对组织的认同感和归属感，从而达到凝聚员工士气的作用。

(3) 降低员工流失率。员工流失有多方面原因，收入达不到预期要求而使生活水平和生活质量难以得到提升和改善，是其重要原因之一。但是，较高的福利待遇，从一定程度上弥补了直接薪酬不高的不足，具有留住员工、降低员工流失率的作用。

(4) 吸引优秀员工。规避风险、追求收入稳定，是人性的重要表现之一。与绩效工资和奖金等比较，福利具有较强的稳定性，这种稳定性往往会成为员工选择行业和组织的重要参照之一，因此，具有稳定且较高福利待遇的组织，通常成为多数人甚至一些能力突出、业绩优秀者争相选择的对象。

9.3.2 公共部门常见的几种福利项目

尽管福利的种类繁多，不胜枚举，但就公共部门而言，常见的福利项目主要有法定福利、组织性福利、生活福利和带薪假期四大类。

1. 法定福利

法定福利，也称公共福利，是指国家或地区性法律、政策所规定的具有一定强制性的福利形式，如社会保险、住房公积金、公休假日和法定休假日等。对于社会保险，我们将留待下一节专门介绍，下面简单介绍一下住房公积金、公休假日和法定休假日。

(1) 住房公积金。住房公积金是用人单位和在职员工共同缴存的长期住房储金。住房公积金制度是国家法律规定的重要的住房社会保障制度，具有强制性、互助性、保障性。用人单位必须依法履行缴存住房公积金的义务。住房公积金由两部分构成：一是员工个人每月按规定从工资中扣缴的部分；二是用人单位每月按规定为员工缴存的部分。员工个人缴存的住房公积金以及单位为其缴存的住房公积金，实行专户存储，归职工个人所有。

(2) 公休假日。公休假日是员工工作满一个工作周后让员工休息一定时间的制度。目前我国实行的是每周休息两天(通常为周六、周日)的制度。

(3) 法定休假日。法定休假日是指按法律规定在公休假日外所享受的节日休假制度。目前我国法定的节日休假包括元旦、春节、国际劳动节、端午节、中秋节、国庆节等。

2. 组织性福利

组织性福利是指组织根据自身发展需要及其员工需求选择提供的福利项目。在我国公共部门中，这类福利项目主要包括如下几种。

(1) 养老金。养老金，也称退休金，是指员工为组织工作期间，组织按有关规定并参照组织经营效益情况为员工提供的、供员工退休后满足生活需要的保障性费用。养老金一般在员工工作期间由组织为其交纳(指养老金中组织交纳部分)，员工退休后领取。领取时，既可按月，也可按季度或年。根据各地的生活指数，养老金通常有最低限度要求。

(2) 职业年金。职业年金(occupational pension)是公共组织根据国家相关法律规定及自身经济能力，为本组织职工交纳的用来抵御退休后养老风险的保障性费用。职业年金是一种补充性养老保险制度，既不属于社会保险，也不属于商业保险，而是一种组织性福利。职业年金主要是对公共部门职工而言，在企业，它被称为企业年金。职业年金具有增强公共部门职工养老保障能力、稳定公共部门人员队伍及合理避税的功效。中国的职业年金制度建立于2015年4月，它对社会主义市场经济体制下保障公共部门人员的养老权益，提高公共部门人员的养老保障水平，具有重要作用，是中国新型养老保险制度的有益补充。

(3) 互助金。互助金是组织及其员工自愿发起的、为援助组织中生活困难者或遭遇意外事件者而建立的基金，目的在于帮助员工渡过难关，体现了员工间的互助友爱精神，是组织文化先进性的象征。

(4) 辞退费。辞退费是组织因种种原因而辞退员工时向被辞退者支付的一定时期内的生活保障性费用。我国《公务员法》规定，被辞退的公务员，可以领取辞退费或者根据国家有关规定享受失业保险。辞退费的发放通常有一定期限。一般来讲，工作年限不足两年的，领取时间为3个月；满两年的，领取时间为4个月；两年以上的，每增加一年增发1个月，但最长不超过24个月。在出现重新就业、参军、出境或出国定居、被劳动教养或被判刑等情况之一时，辞退费停发。

(5) 住房补贴。住房补贴是组织为使员工有一个较好的居住条件和环境而提供给员工的一种福利。住房补贴主要包括如下几种形式：一是按岗位不同每月提供住房公积金；二是组织购买或建造住房后免费或低价租给或出售给员工居住；三是为员工提供免费或低价装修；四是提供购房免息或低息贷款，发放住房补贴，以及全额或部分报销员工租房费用；五是提供夜班宿舍。

(6) 交通费。交通费是指组织为便利员工上下班而提供的交通性福利。交通费主要包括如下几种形式：一是为员工免费或低费提供上下班班车；二是按规定为员工报销上下班交通费；三是发放一定数额的交通补贴。

(7) 餐饮性福利。餐饮性福利是组织为保障员工的体力和脑力消耗所需而提供的免费或低费工作餐和饮品。

(8) 医疗保健福利。医疗保健福利是组织为保障员工身体健康而免费和低费提供的体检、防疫注射、健康咨询服务和疗养等。

(9) 海外津贴。海外津贴是指一些组织为鼓励员工到海外工作而提供的经济性补偿。海外津贴标准一般按下列条件制定：职务高低、派往国家或地区的类别、派往时间的长短、家属是否陪同、工作期间回国度假时间的多少、愿意去该国或地区的人数多少等。

3. 生活福利

生活福利是组织为其员工提供的保障员工及其家庭正常生活不受影响的福利项目。生活福利主要有如下几种形式。

(1) 法律援助服务。法律援助服务包括提供法律咨询或为员工聘请律师并支付相应费用等。

(2) 健康和理财咨询服务。健康和理财咨询服务包括为员工提供心理咨询、身体健康咨询、家庭和个人理财咨询以及个人职业生涯咨询等。

(3) 贷款担保。在员工因个人原因需要向银行贷款时，组织可作为担保人向银行出具贷款担保书,以协助员工顺利获得贷款。组织可根据具体情况规定贷款担保的数额,以适当限制员工贷款数额膨胀给组织带来的不良影响。

(4) 子女教育福利。子女教育福利是组织为免除员工对子女教育的忧虑、保障员工全身心投入工作而设立的福利。子女教育福利包括如下几种形式:开办托儿所、幼儿园以及各层次、种类的学校;全额或部分报销员工子女的教育费用;为员工子女进入优质学校或升入大学提供赞助费;设立子女教育奖学金;为子女出国深造提供旅费、赞助费或奖学金等。

(5) 文娱体育福利。文娱体育福利是指组织为活跃员工的业余生活、强健员工体魄、促进员工间的彼此交流和沟通而提供的文化、艺术、体育等方面的福利,包括提供的费用开支和仪器设施等。

(6) 其他生活福利。包括洗理补贴、防暑降温补贴、冬季取暖补贴等。

4. 带薪假期

带薪假期是指组织为员工提供的不到岗工作的有薪酬福利。带薪假期主要有如下几种形式。

(1) 脱产培训。脱产培训是组织根据经济、社会和组织管理需要,按职位和职务要求,有计划地对员工所进行的离岗式教育和训练。脱产培训既是一种福利,也是一种人力资本投资行为。

(2) 病假。病假是组织为解除疾病对员工的困扰、缓解员工在患病期间的经济压力而向员工提供的有薪酬的假期。病假的获得,一方面需要员工提供规定等级的医院或其他医疗机构出具的医生证明,另一方面必须经主管部门和领导批准。

(3) 事假。事假主要包括婚假、丧假、男性员工妻子产假、搬迁假等。一般性的调休通常不作事假处理。

(4) 产假。产假是专门针对女性员工而言的。目前我国规定,女性员工单胎顺产者,给予产假98天,其中产前休息15天,产后休息83天;难产者,增加产假15天。多胞胎生育者,每多生育一个婴儿,增加产假15天。怀孕未满4个月流产者,可享受不少于2周的产假;怀孕满4个月流产者,可享受不少于6周的产假。

(5) 探亲假。探亲假的享受对象是凡在公共部门工作满1年以上、与配偶或父母不在一起,并且不能在公休节假日团聚的员工。未婚员工探望父母,每年给假一次,假期约20天;若组织当年不能提供假期或本人自愿两年探亲一次的,两年合并一次假期为45天。已婚员工探望配偶的,每年可享受一次期限为30天的假期。已婚员工探望父母的,每4年可享受一次为期20天的假期。在规定探亲假期内,本人工资照发。公共部门人员探望配偶或未婚员工探望父母的往返路费,由所在组织或部门负担;已婚员工探望父母的往返路费,在本人月标准工资30%以内的由本人自理,超过部分由所在单位负担。

(6) 旅游疗养。旅游疗养是组织全额或部分资助的一种福利,组织可根据自己的实际情况,并结合员工实际来确定旅游或疗养时间与地点。

9.3.3 公共部门福利发展趋势

近年来,随着人本化管理理念逐渐渗入到公共部门管理中去,公共部门传统的福利制度也在不断创新和发展，并出现了一些新的员工福利形式，其中，最具代表性的当属弹性福利制度。

弹性福利(flexible benefit)，也称"自助餐式"福利(cafeteria benefit)，它允许员工从多种福利项目中根据自己的需要进行选择。例如，未婚员工不选择儿童保健，但可选择附加养老金福利。夫妻双方可以选择不同的福利项目，比如一方选择子女保健，另一方选择住房或休假等。这种"自助餐式"的福利可以分成两种类型：一种是人人都需要的基本保障型，如法定福利，这种福利是必须执行的；另一种是各取所需型，这种福利可由员工根据自己偏好自愿选择。

对组织来讲，弹性福利计划具有如下几个好处：①能在不与员工发生矛盾的情况下让员工对其缴款额做出限制；②有助于招聘和留住员工；③可以对员工的态度和行为产生积极影响；④可以调整员工福利结构，便于组织及时掌握员工不同时期的需求偏好。

9.4 社会保险

社会保险是国家赋予员工的一种法定性福利，它具有强制性，是保障员工基本生存、生活、工作和安全健康的重要福利形式，被誉为社会的"安全网"和"稳定器"。

9.4.1 社会保险概述

1. 社会保险的含义

社会保险(social insurance)是国家以立法的形式强制征缴的社会保险税(费)，从而形成社会保险基金，用以对其中遭受丧失劳动能力、失去劳动机会、发生收入中断或减少等风险的成员提供基本生活保障的一种社会保障制度。社会保险是社会保障的重要内容，由养老保险、医疗保险、失业保险、工伤保险和生育保险构成。

2. 社会保险的特点

与其他社会保障制度相比，社会保险制度具有如下几个特点。

(1) 社会保险制度在一定程度上强调权利与义务的对等关系。社会保险制度是一种与就业相关联的保障制度，保障对象所享受社会保险的资格和水平与工龄长短、薪资水平等因素相联系。也就是说，被保险人对社会保险的权利在很大程度上取决于他(或她)对社会保险制度供款的多少。

(2) 社会保险共享商业保险的机制和法则。商业保险的机制是在大数法则基础上分散同质风险。社会保险之所以称为保险，是因为它的技术基础与商业保险相通，它的有效运行要求有足够数量的同质风险。

3. 社会保险的功能

社会保险是社会化大生产的产物，是社会生产力和社会经济发展的标志。社会保险的功能主要表现在以下几个方面。

(1) "安全网"和"稳定器"功能。在市场经济条件下，要实现经济增长，就必须充分利用市场机制。然而，市场机制在给经济带来效率和动力的同时，也会产生负面效应。这是因为，市场经济在通过竞争追求高效率的同时，也会排斥老、弱、病、残、伤等不能正常从事生产和劳动的人，使这些人的基本生活陷入困境或难以为继，有时可能产生严重的社会矛盾，甚至威胁社会安定及经济、社会的正常运行。市场机制的这一缺陷必须通过其他社会工具加以弥补，而社会保险就是这样一种工具。社会保险给被竞争淘汰出局者或社会中的弱势群体编织了一张"安全网"，解除人们的后顾之忧，为市场经济的高效、良性运行营造了安定的社会环境。

社会保险的"稳定器"功能表现在，社会保险可以为陷入困境或面临生存危机的人们提供必要的生活帮助和经济补偿，使他们有心理安全感，增强其对政府和社会的信任度，从而起到稳定社会秩序、安定社会成员心理的作用。

(2) 维持劳动力正常再生产的功能。社会再生产是一个周而复始的过程。作为社会再生产主体的劳动者，必须不间断地生产和再生产出劳动力，才能保证社会再生产正常进行。然而，现实中的风险是客观存在的，在社会再生产过程中，劳动者不可避免地会遭受疾病、意外伤害以及失业等的威胁，从而影响其身体健康及经济收入的正常获得，并危及劳动力再生产。社会保险则能为陷入经济困境、遇到劳动障碍的劳动者提供必要保障，使劳动力得以恢复，劳动力再生产得以延续。

(3) 收入调节功能。从某种意义上讲，社会保险就是国家通过法律手段来干预社会收入分配的工具。在现实社会中，由于人与人之间存在着先天智力以及后天努力程度、机遇、家庭出身和家庭经济条件等的差异，从而导致了个人乃至家庭间收入和生活富裕程度的不同。劳动能力较弱、家庭经济条件差、家庭负担较重的劳动者，往往因为生活拮据，加之劳动风险大，很可能陷入生活困境，导致社会中贫富差距拉大。对于上述现象，如不加以调节，久而久之必然会激化社会矛盾，最终殃及社会安定。社会保险可以借助法律手段，来强行征缴社会保险税(费)，以充实社会保险基金，而后再分配给那些收入低下或丧失收入来源的劳动者，帮助他们渡过难关，从一定程度上弥补初次分配带来的收入差距，提高分配的社会公平程度。

(4) 资金筹集功能。社会保险税(费)是依法强制征缴的，具有相对稳定性。筹集到的保险基金除了用于当前的支付外，结余部分还可用于基础设施和关系国计民生的重点项目的投资建设。此外，社会保险基金的筹集、支付及其投资，本身即是一种收入再分配和投资活动，对整个国民经济运行发挥着调节作用。当经济衰退、失业率提高时，因失业保险金给付增加，因此将从一定程度上对收入减少产生抑制作用，同时导致社会需求相对增加，从而缓解经济衰退趋势；而当经济高涨、失业率下降时，失业保险金支付将会相应减少，进而在一定程度上抑制消费，缓解经济过热趋势。

9.4.2　中国公共部门的社会保险

1. 社会养老保险

1) 社会养老保险的含义

社会养老保险是社会保险制度的重要组成部分，是国家和社会根据法律法规，为确保劳动者在达到法定退休年龄后不会因退出劳动岗位而影响其基本生活而建立的一种社会保险制度。

2) 社会养老保险的类型

根据养老保险基金的筹资模式不同,世界各国的养老保险大体可分为如下三种类型。

(1) 投保资助型。投保资助型是一种较传统的养老模式,目前为大多数国家所采用。在这种养老保险模式下,养老保险基金来源于用人单位、员工和国家三方。国家通过颁布法律来强制用人单位和员工共同缴纳养老保险费,国家通过建立养老保险基金来保障投保人退休后的生活需要。

投保资助型对受保人的养老金规定了一定的层次,具体可分为三个层次:第一层次是普遍养老金。普遍养老金是属于人人有份的养老金,不管有无工作,也不论收入多少,只要向社会保险机构缴纳过一定的保险费,在达到退休年龄后,均可享受养老保险金。第二个层次是员工养老金。员工养老金是对在职劳动者即工薪者而言的。组织员工只要按规定缴纳保险费,在达到法定退休年龄后,即可享受养老保险金待遇。通常,投保费是按其工资的一定比例缴纳的。享受这种养老保险的只有企业员工,企业主和公共部门人员一般没有这种保险项目。第三个层次是企业补充养老保险,也称企业年金。企业补充养老保险是组织为调动员工工作积极性,提高组织声誉,保证退休员工享受到更高水平的待遇而实行的养老保险。这种保险项目通常由组织单独投保。

投保资助型养老保险制度的优点:一是提供了定期的待遇支付,以确保退休人员整个退休期间的生活得到基本保障;二是通过风险分担与资源分享,尽可能地使投保人免受通货膨胀与投资风险所带来的损失;三是该制度强调待遇与收入及缴费相联系,有利于低收入者;四是该模式的资金来源稳定可靠。但在这种养老保险模式下,制度透明度差,政府承担的责任较大。

(2) 强制储蓄型。强制储蓄型养老保险也称公积金模式,是一种固定缴费模式。该模式对缴费率有具体规定,待遇由所缴费用及其利息决定。缴费和利息均存入个人账户。强制储蓄型养老保险是新加坡、智利为代表的少数国家所采用的养老保险模式。

这种养老保险模式的优点:①养老保险费来源于用人组织和员工,或由员工个人单独缴纳,强调个人自我保障,政府的责任很小。国家不直接进行财政资助,仅在税收、利率方面给予政策性支持。新加坡养老保险金由用人组织和员工共同缴纳,而智利则由员工个人缴纳。②社会化程度高。由用人组织与员工双方或员工个人缴费储蓄,不受经济成分和组织规模限制,易于推行,因而覆盖面广,社会化程度高。③有强有力的养老保险管理机构。在这种模式下,养老保险管理机构都有较强的管理能力和运营能力,如新加坡的社会养老保险由中央公积金局专门负责,不仅管理了全国的个人养老金账户,还有权调整用人组织与员工之间的缴费比例,并通过各种办法来确保养老基金增值。这种养老保险模式的缺点:①缺乏互助互济性;②养老金形式比较单一;③不利于年轻人和低薪酬员工的老年保障;④该模式可能会因为过高的缴费率而导致企业组织的国际竞争力下降,严重时甚至会带来经济滑坡。

(3) 国家统筹型。国家统筹型养老保险模式最早产生于苏联,后被一些社会主义国家较普遍采用,我国过去所实行的即是这种养老保险模式。这种养老保险模式具有如下特点:一是资金来源单一。在这种养老保险模式下,劳动者不需要缴纳任何费用,养老保险所需资金均由国家财政负担,或者说都纳入政府财政预算。二是养老金给付层次单一。根据工龄长短,对退休者退休前最后一年的工资规定高低不等的比例,以此来确定退休金数额。三是覆盖面窄。该模式实际上是国家统包的。由于财力有限,统包人数不可能过多,纳入社会保险网络的人数极为有限。如我国社会保险制度改革前,纳入社会养老保险的人数不足全国劳动者的20%,仅限于国家机关、企事业单位和部分集体企业。

3) 中国公共部门人员的社会养老保险制度

2014年10月中国开始在政府机关部门和事业单位实行社会养老保险制度。

目前中国公共部门实行的是社会统筹与个人账户相结合的社会基本养老保险制度,基本养老保险费由用人单位和个人共同负担。用人单位依法缴纳基本养老保险费,缴费比例为本单位工资总额的20%。按照新的规定,用人单位缴费部分全部纳入社会统筹基金,并以省、自治区、直辖市为单位进行调剂。养老保险社会统筹基金纳入财政专户,实行收支两条线管理,既不能占用个人账户基金,也严禁截留、挤占和挪用。个人缴费比例为本人缴费工资的8%,由单位从个人工资中代扣。个人账户全部由个人缴费形成。个人账户基金只用于公共部门人员个人养老,不得提前支取。公共部门人员跨统筹范围流动时,个人账户随同转移。在职人员或退休人员死亡,个人账户可以继承。

按照《国务院关于机关事业单位工作人员》(国发〔2015〕2号)规定,本决定实施后参加工作、个人缴费年限累计满15年的,退休后按月领取基本养老金;本决定实施前参加工作、实施后退休且缴费年限(含视同缴费年限)累计满15年的,按照合理衔接、平稳过渡原则,在领取基础养老金和个人账户养老金基础上,再依据视同缴费年限长短领取过渡性养老金;本决定实施后达到退休年龄但个人缴费年限累计不满15年的人员,其基本养老金比照《实施〈中华人民共和国社会保险法〉若干规定》计发;本决定实施前已退休人员,继续按国家规定的原待遇标准发放基本养老金,同时执行基本养老金调整办法。基本养老金由基础养老金和个人账户养老金组成。退休时的基础养老金月标准以当地上年度在岗职工月平均工资和本人指数化月平均缴费工资的平均值为基数,缴费每满1年发给1%。个人账户养老金月标准为个人账户储存额除以计发月数,计发月数则根据职工退休时城镇人口平均预期寿命、本人退休年龄、利息等因素确定。国家建立公共部门基本养老金正常调整机制和职业年金制度。

职业年金是指机关事业单位及其工作人员在参加机关事业单位基本养老保险的基础上所建立的补充养老保险制度。中国公共部门人员的职业年金制度于2014年10月正式实施。

按照2015年3月国务院办公厅颁发的《机关事业单位职业年金办法》规定,中国公共部门人员职业年金所需费用由用人单位和工作人员个人共同承担。用人单位缴纳职业年金费用的比例为本单位工资总额的8%,个人缴费比例为本人缴费工资的4%,由单位代扣,均计入职业年金个人账户。用人单位和个人缴费基数与机关事业单位工作人员基本养老保险缴费基数一致。个人缴费实行实账积累。对财政全额供款的单位,单位缴费根据单位提供的信息采取记账方式,每年按照国家统一公布的记账利率计算利息,工作人员退休前,本人职业年金账户的累计储存额由同级财政拨付资金记实;对非财政全额供款的单位,单位缴费实行实账积累。实账积累形成的职业年金基金,实行市场化投资运营,按实际收益计息。

职业年金基金投资管理应当遵循谨慎、分散风险的原则。职业年金基金投资运营收益,按规定计入职业年金个人账户。公共部门工作人员变动工作单位时,职业年金个人账户资金可以随同转移。公共部门工作人员升学、参军、失业期间或新就业单位没有实行职业年金或企业年金制度的,其职业年金个人账户由原管理机构继续管理运营。新就业单位已建立职业年金或企业年金制度的,原职业年金个人账户资金随同转移。

公共部门人员领取职业年金,必须符合如下条件之一方可:①公共部门工作人员在达到国家规定的退休条件并依法办理退休手续后,由本人选择按月领取职业年金待遇的方式。可一次性用于购买商业养老保险产品,依据保险契约领取待遇并享受相应的继承权;可选择按照本人退休时对应的计发月数计发职业年金月待遇标准,发完为止,同时职业年金个人账户余额享有继承权。本人选择任一领取方式后不再更改。②出国(境)定居人员的职业年金个人账户资金,可根据本人要求一次性支付给本人。③工作人员在职期间死亡的,其职业年金个人账户余额可以继承。

2. 社会医疗保险

1) 社会医疗保险的含义及其特点

社会医疗保险是指国家对遭受疾病困扰的参保人给予医疗、假期和其他经济补偿的一种社会保险制度。与其他社会保险相比,社会医疗保险具有如下特点:一是医疗保险承保的风险是患病、负伤及因生育等引起的生理机能由健康转变为不健康状况时所需要的医疗治愈费用,是一种与劳动者有着密切关系的社会保险;二是社会医疗保险的覆盖面广,发生率高,与其他社会保险项目交织在一起;三是社会医疗保险主要为参保者直接提供实物和医疗服务,帮助劳动者尽快恢复健康和正常的劳动能力;四是医疗保险费用具有难预测和不易控制性。

2) 社会医疗保险的原则

社会医疗保险制度在建立时所遵循的原则有以下几项。

(1) 机会均等原则。凡符合享受医疗保险待遇的参保人,有病就医、伤残用药完全依据伤病情况而定,不存在经济收入、职业、性别的限制。享受医疗保险的前提条件是患病和伤残,对退休人员、因工伤残者、长期病号和危重病人予以优先照顾。

(2) 医疗保险基金专款专用。必须确保医疗保险费用用于参保人疾病的治疗,不得挪作他用。为此就需要严格管理,严格照章办事,确保专款专用。

(3) "风险共担"原则。医疗保险具有物质帮助和救济性质,应采取政府、组织和员工三方共担的原则,以确保医疗保险基金的筹集与合理使用,互助互济。

3) 中国公共部门人员的社会医疗保险制度

中国公共部门人员真正意义上的社会医疗保险应始于1998年底国务院颁布《关于建立城镇职工基本医疗保险制度的决定》(国发〔1998〕44号)。下面简要介绍一下国务院办公厅颁发的《在京中央国家机关于公务员医疗补助暂行办法》(国办发〔2001〕55号)(以下简称《暂行办法》)的主要内容。

(1) 适用范围。该《暂行办法》适用于在北京市参加基本医疗保险的以下在京中央国家机关单位的人员:一是国务院所属部门和单位中属于实施国家公务员制度范围内的工作人员及其退休人员(含1993年以后因机构改革划转到机关服务中心的原属行政编制和行政附属编制的人员,下同);二是经中共中央组织部批准列入参照国家公务员制度管理的中央党群机关,全国人大、政协机关,各民主党派中央和全国工商联机关,以及列入参照国家公务员制度管理的其他在京中央单位的工作人员及其退休人员;三是经人事部批准列入依照国家公务员制度管理的在京中央直属事业单位的工作人员及其退休人员;四是最高人民法院、最高人民检察院机关的工作人员及其退休人员。

(2) 补助经费的用途。医疗补助经费用于补助以下开支：一是符合基本医疗保险药品目录、诊疗项目范围和医疗服务设施标准，超过基本医疗保险统筹基金最高支付限额部分的医疗费用；二是基本医疗保险支付范围内个人自付超过一定数额的医疗费用；三是医疗照顾人员按规定享受照顾所发生的医疗费用。

(3) 医疗补助经费的管理。医疗补助经费与基本医疗保险基金分开核算、专款专用，并按照收支平衡的原则严格管理。其中，医疗照顾人员的医疗补助经费单独建账、单独管理。

(4) 医疗补助的标准。按照《暂行办法》，符合本办法规定的医疗费用开支按以下标准给予补助：①在一个年度内发生的住院医疗费用(含肾透析、恶性肿瘤放化疗、肾移植后服抗排异药等纳入基本医疗保险统筹基金支付范围的门诊医疗费用，下同)超过基本医疗保险统筹基金最高支付限额的部分，5万元以下的部分补助90%，5万元以上的部分补助95%。②在一个年度内发生的住院医疗费用，在基本医疗保险统筹基金最高支付限额以下应由个人负担的部分(含个人账户支付部分)，退休人员和享受医疗照顾的司局级以上(含司局级)在职人员补助95%，其他在职人员补助90%。③在一个年度内发生的门诊医疗费用累计超过1300元(含个人账户支付部分)以上的部分，退休人员和享受医疗照顾的司局级以上(含司局级)在职人员补助95%，其他在职人员补助90%。

同时，《暂行办法》还规定："医疗照顾人员按规定在医疗服务设施、诊疗项目等方面享受照顾时发生的费用超过基本医疗保险规定支付的部分，由医疗补助经费按医疗照顾政策的规定予以补助。在享受基本医疗保险和医疗补助后，个人负担确有困难的，可由所在单位适当给予困难补助"。

对于在《暂行办法》规定的医疗补助范围之外、原享受公费医疗待遇的其他在京中央单位的工作人员和退休人员，参照本办法享受医疗补助；对少数资金筹集确有困难的事业单位，中央财政在严格审核的基础上区别不同情况在部门预算中给予适当补助。

4) 社会医疗保险的主要内容

社会医疗保险包括以下主要内容。

(1) 疾病津贴。疾病津贴是劳动者因患病而暂时离开工作岗位、失去收入来源时所获得的能维持基本生活的经济补偿。疾病津贴的计发方式主要有三种：一是与患病前工资挂钩。患病初期疾病津贴为原工资的100%，随患病期延长比例逐渐下降。二是与工龄挂钩。工龄越长，给付比例越高。三是按统一标准给付。

在疾病津贴的领取等待期，国际劳工组织建议不超过3天。领取的期限并非无限期，国际劳工组织建议，每次患病的疾病津贴给付期最长为26周。若给付期结束后疾病仍未痊愈应改为领取社会救助金。

(2) 医疗服务。医疗服务包含患者的医疗服务和被扶养者的医疗服务。患者医疗服务的主要内容包括门诊费、检查费、医治费、用药费和住院费等。被扶养者的医疗服务是向被保险人扶养的家属所提供的医疗服务。

(3) 被扶养者补助。劳动者患病后暂时失去经济来源会影响其扶养的配偶及未成年子女的生活，因此，医疗保险除向患病劳动者给付疾病津贴外，还应向其扶养的亲属给付一定数额的现金补助，但应低于疾病津贴。

(4) 病假。病假也是社会医疗保险的一部分，其期限与领取疾病津贴期限相同。在此期间，劳动者因患病无法工作，用人单位应保留其工作机会，不得将其解聘。

3. 社会失业保险

1) 社会失业保险的含义

社会失业保险是指依据国家法律，通过国家、用人单位和个人等渠道筹资建立失业保险基金，对失业的劳动者给予经济补助，以保障其基本生活需要的社会保险制度。

2) 社会失业保险的类型

按失业保险目标和范围的不同，失业保险制度可分为如下几种类型。

(1) 国家强制性失业保险。国家强制性失业保险是由政府规定实施范围，范围之内的人员无一例外地必须参加失业保险。

(2) 非强制性失业保险。非强制性失业保险主要有两类：一类是由工会等团体自愿建立，团体成员参加，政府提供大量资助。如瑞典，只要参加工会，就自动参加失业保险。另一类是参加商业性的失业保险。

(3) 失业补助制度。失业补助制度适用于经济状况经调查达到规定标准的失业者以及无资格享受正常失业保险金的失业者。澳大利亚、新西兰、阿根廷等实行的即是失业补助制度。

(4) 综合型失业保险制度。综合型失业保险制度是强制失业保险或非强制失业保险与失业补助相结合的失业保险制度。具体做法如下：在规定期限内失业者领取较高的失业保险金；若在规定期限结束后仍未就业，则领取较低的失业救助金，或在强制范围内的失业者享受失业保险金；在范围之外的失业者只能领取失业救助金。

3) 社会失业保险的内容

社会失业保险主要包括失业基本津贴、失业救助金、附加失业津贴和补充失业津贴等内容。

(1) 失业基本津贴。失业基本津贴是失业保险的主体部分，是规定时期内失业者赖以生活的主要来源。失业基本津贴的给付主要有三种形式：一是按失业前工资的一定比例给付；二是按绝对金额每月给付；三是以日绝对金额加日工资的一定比例的形式给付。失业津贴数额随失业期延长呈递减状态。失业津贴有上限和下限之分。对失业津贴给付期结束后仍未就业的失业者，改为支付仅能保证最低生活水平的失业救助金。

(2) 失业救助金。失业救助金分为三种情况：第一种是对失业津贴给付期结束后仍未就业的失业者，给付失业救助金；第二种是对没有就业的新成长劳动者和在基准期内没有就业经历或投保记录的重返劳动力市场的劳动者，在就业之前给付失业救助金；第三种是对所有失业者均给付失业救助金，不设给付期限，如澳大利亚、新西兰等国家。

(3) 附加失业津贴。附加失业津贴是失业者供养的直系亲属津贴。一般来讲，被供养者越多，津贴数额也越多。附加失业津贴通常以固定金额形式或失业者原工资的一定比例给付。

(4) 补充失业津贴。补充失业津贴是用人单位为其员工提供的津贴，用以提高员工失业后的生活水平。

关键术语

报酬	薪酬	内在报酬
外在报酬	直接薪酬	间接薪酬
外部公平	内部公平	个人公平
工资	基本工资	绩效工资
奖金	津贴	薪酬制度
基本工资制度	工资标准	技术等级工资制
职务工资制	职等工资制	结构工资制
职级工资制	薪酬曲线	薪酬等级
薪酬管理	薪酬体系	薪酬结构
宽带薪酬	薪酬构成	薪酬水平
福利	职业年金	住房公积金
带薪休假	弹性福利	社会保险
社会养老保险	社会医疗保险	社会失业保险

复习思考题

1. 报酬与薪酬有何区别和联系？简要说明报酬结构体系。
2. 绩效工资的特征是什么？
3. 在制定和实施奖金制度时应注意哪些问题？
4. 津贴有何特点？津贴可分为哪几类？
5. 薪酬的作用有哪些？
6. 公共部门薪酬的影响因素有哪些？
7. 常见的基本工资制度有哪些？
8. 薪酬设计的一般程序是怎样的？
9. 公共部门薪酬管理的作用有哪些？
10. 公共部门薪酬管理应坚持哪些原则？
11. 薪酬体系有哪两种类型？各有何优缺点？
12. 与窄带薪酬相比，宽带薪酬有何优势？
13. 与2006年前的薪酬制度改革相比，2006年后中国公共部门的薪酬制度有哪些重要调整？
14. 福利的特点有哪些？福利的作用是什么？
15. 弹性福利有哪些好处？
16. 社会保险的主要功能有哪些？
17. 社会养老保险包括哪几种类型？各有何特点？
18. 简述中国公共部门人员现行的社会保险制度。
19. 社会医疗保险应遵循的原则是什么？社会医疗保险的主要内容有哪些？
20. 失业保险制度包括哪几种类型？失业保险的内容是什么？

本章案例

我国基层政府所属事业单位薪酬制度改革问题

第10章　公共部门人员聘用与关系管理

【学习引导】本章主要介绍聘用制度及公共部门聘用的一般程序，讨论聘用合同的特征以及聘用合同与劳动合同的区别，介绍公共部门人员辞职、辞退和退休管理的相关问题，最后探讨公共部门人员的申诉、控告及人事争议仲裁问题。

本章的学习重点：一是聘用制度、聘用合同以及聘用合同与劳动合同的区别；二是公共部门人员辞职、辞退和退休的条件与程序；三是公共部门人员申诉和控告的条件和程序，以及人事争议仲裁的特征和程序。

随着我国改革开放的不断深入和法治化进程的不断加快，用人单位与员工间的权利义务关系越来越明晰化，并逐渐被相关法律法规确定下来，劳动过程中劳动关系双方在出现分歧、矛盾和利益冲突时无章可循、无法可依的问题正在得到根本性解决。根据市场经济发展的需要，我国于1994年和2007年陆续颁布了《中华人民共和国劳动法》(以下简称《劳动法》)和《中华人民共和国劳动合同法》(以下简称《劳动合同法》)，从而使企业的劳动关系得到了明晰，为经济活动中劳动关系双方分歧、矛盾和冲突的解决提供了有力的法律支持；2009年8月和2018年12月，全国人民代表大会常务委员根据中国社会主义市场经济发展需要，先后两次对《劳动法》进行修改、补充和完善，《劳动合同法》也于2012年12月进行了第一次修订。2002年，国务院转发了原人事部《关于在事业单位试行人员聘用制度意见》的通知，要求事业单位除按照国家公务员制度进行人事管理的和转制为企业以外的组织和部门均实行人员聘用制度。2005年，我国又颁布了《中华人民共和国公务员法》(以下简称《公务员法》)，该法已于2006年1月1日正式实施，2018年12月第十三届全国人民代表大会常务委员会对《公务员法》进行了第一次修改。针对私人部门和公共部门劳动关系和人事关系变化及发展的需要，近年来国家又颁布了一系列配套或补充性条例、办法和规定。至此，与市场经济体制和法治化相适应的有关各类组织劳动人事关系管理的法律法规体系已基本成型。

10.1　公共部门人员聘用

10.1.1　公共部门聘用制度及其一般程序

1. 聘用制度

聘用制度是指用人单位与工作人员通过签订聘用合同，确定双方聘用关系，明确双方责任、权利、义务的一种人事管理制度。聘用制度的实施，使传统的人事管理由身份管理向岗位管理、由行政任用关系向平等协商的聘用关系转变。用人单位实行聘用制度一般应坚持单位自主用人、个人自主择业、政府依法监管和公正、平等、竞争、择优的原则；用人单位对工作人员聘用需要在确定的编制数额和人员结构比例范围内进行。

聘用制度不同于聘任制。聘用制度是以合同的形式确定用人单位与职工基本人事关系的一种用人制度，即工作人员在用人单位的身份属性通过与用人单位签订聘用合同来确定；而聘任制是用人单位通过契约形式确定与工作人员关系的一种任用方式，聘任制属于用人单位内部具体工作岗位的管理制度，受聘人员拟任岗位或职务一般通过公开竞争取得，聘任关系既可通过签订聘任合同，也可通过签订聘约、颁发聘书或签订目标责任书予以确定。

2. 公共部门聘用的程序

(1) 成立聘用工作委员会，制定聘用工作方案。聘用工作委员会由用人单位分管人力资源管理工作的领导以及人力资源管理、纪检监察部门的主管和职工代表组成。聘用专业技术人员的，还应当聘请有关专家参加。人员的聘用、考评、续聘、解聘等事项由聘用工作委员会提出意见，报本单位领导班子集体决定。聘用工作方案应经职工代表大会通过。未建立职工代表大会的，应经职工大会或者工会通过。

(2) 用人单位制定聘用工作方案应当报行政主管部门和同级政府人事行政部门备案。

(3) 公布聘用岗位、岗位职责、聘用条件、待遇、聘期及聘用办法等事项。

(4) 通过本人申请、民主推荐、公开招聘等形式产生应聘人选。

(5) 聘用工作委员会对应聘人员进行考试或考评，择优确定拟聘人选，公示拟聘结果。

(6) 用人单位领导班子集体讨论并决定受聘人员，公布聘用结果。

(7) 订立聘用合同。

10.1.2 聘用合同

1. 聘用合同的含义

聘用合同是用人单位与劳动者按照国家有关法律和政策规定，在平等自愿、协商一致基础上订立的关于履行有关工作职责的权利和义务关系的协议。聘用合同作为一种合同形式，它不仅具有一般合同的特征，而且也有自身特点，这些特点将该合同与劳动合同及公务员任用合同等其他合同区别开来，使聘用合同成为一种独立类型的合同。

聘用合同明确界定了合同期限、工作时间、薪酬待遇、劳动条件、工作纪律、合同的修订和解除条款、违约责任、争议处理方法等。我国事业单位聘用合同范本如表10.1所示。

2. 聘用合同的特征

(1) 特定性。特定性是就聘用合同的签订主体而言的。聘用合同主体的一方必然是具有履行岗位职责能力的自然人，且能正常工作，对于实行执业资格制度岗位的应聘者，还应具有相应的执业资格证书；聘用合同主体的另一方应是事业单位和社会团体，是劳动力的租用者或使用者。聘用合同只能在上述主体间签订。这种主体的特定性是区别劳动合同和其他合同的重要标志。

(2) 弱法定性和强制性。一般来讲,聘用合同是按平等自愿、协商一致的原则以书面形式签订的。从内容上看,聘用合同包括必备条款、约定条款和专项条款。必备条款有聘用合同期限、岗位及其职责要求、岗位纪律、工作条件、工资待遇、聘用合同变更和终止条件、违反聘用合同的责任;约定条款包括试用期、培训和继续教育、知识产权保护和解聘提前通知时限等,这些条款可经当事人协商约定。由此可见,聘用合同中的权利和义务,有的是由法律直接规定、必须遵守的,具有强制性;有的则可通过协商议定,如约定条款,具有弱法定性。当然,即使双方协商或约定的条款,也不得与相关法律相抵触。

(3) 是有偿、诺成、双务合同。有偿、诺成、双务是聘用合同的本质特征。有偿是指用人单位租用劳动者的劳动力使用权,劳动者为用人单位提供必要的劳动,用人单位必须付给劳动者必要的劳动报酬;诺成是指合同各方就合同主要条款表示一致性意见,这种一致性意见并不依赖于物的交付;双务是指合同当事人双方均享有权利和承担义务,这种权利和义务是对应的、一致的。

表10.1　事业单位聘用合同(范本)

甲方:聘用单位
　　名称:_____　　法定代表人或委托代理人:_____
　　地址:_____　　邮政编码:_____
　　联系电话:_____
乙方:受聘人员
　　姓名:_____　性别:_____　出生年月:_____
　　身份证号码:_____　　住址:_____
　　联系电话:_____

根据《国务院办公厅转发人事部关于在事业单位试行人员聘用制度意见的通知》(国办发[2002]35号)和_____规定,甲乙双方在平等自愿、协商一致的基础上,签订如下聘用合同条款,共同遵照履行。本合同自双方签订之日起生效。

1. 聘用合同期限
本合同期限按下列第_____项执行:
(1) 本合同期限为____年,自____年____月____日至____年____月____日止。试用期为____个月,自____年____月____日至____年____月____日止。
(2) 本合同期限自签订之日起算,至乙方达到国家规定的退休年龄之日终止。
(3) 本合同期限自签订之日起算,至_____工作任务完成时止。试用期为____个月,自____年____月____日至____年____月____日止。

2. 聘用岗位及职责要求
(1) 甲方聘用乙方在_____部门从事_____岗位的工作。
(2) 由甲方确定乙方的岗位职责要求,具体内容如下:
　①_____;
　②_____;
　③_____。
(3) 乙方服从甲方的工作安排,按照岗位职责要求按时完成甲方规定的工作任务,达到规定的工作质量标准。
(4) 在聘期内,甲方可以根据工作需要,与乙方协商后,调整乙方的工作岗位。

3. 岗位纪律

(1) 甲方有权按照岗位职责，建立健全各项考核制度，做到职权清晰、责任明确、考核严格、奖惩分明。

(2) 乙方应严格遵守国家和本地方的各项法律、法规，遵守甲方的各项规章制度和岗位纪律，服从甲方的领导和管理。

(3) 乙方如违反规章制度和岗位纪律，甲方有权进行批评教育，按照有关规定给予相应的处理。

4. 岗位工作条件

(1) 甲方保障乙方履行职责所需的物质技术条件，提供必需的工作条件和有效的劳动安全卫生防护措施。甲方提供乙方的岗位工作条件须以书面形式告知乙方。

(2) 甲方严格执行国家有关职工工作时间和工休假日等规定，对乙方实行符合职业特点的工作日制。

(3) 甲方应当根据工作需要为乙方提供职业道德、专业技术、业务知识、安全生产和规章制度等方面的培训。

5. 工资福利与社会保险待遇

(1) 甲方根据国家政策和单位的有关规定、乙方从事的岗位以及乙方的工作表现、工作成果和贡献大小，以货币形式按时足额支付乙方的工资待遇。乙方工资的构成和标准如下：_____

(2) 乙方工资调整，奖金、津贴、补贴以及特殊情况下的工资支付等，均按照国家政策和单位的有关规定执行。

(3) 乙方享受国家和单位规定的各项福利待遇。本合同中未尽的权益，乙方在合同期内因工或非因工负伤、致残、疾病及死亡等事宜按照国家政策和单位的有关规定执行。

(4) 参加社会保险的单位，甲方按照国家和地方的有关规定按期为乙方缴付失业保险金、医疗保险金、养老保险金以及其他社会保险金。乙方个人应缴纳的部分可以由甲方从乙方的工资中代为扣缴，统一办理有关手续，并及时以书面形式告知乙方。

6. 聘用合同的变更

(1) 甲乙双方协商一致，可以变更本合同的相关内容。

(2) 本合同订立时所依据的法律、法规、规章和政策已经发生变化的，应当依法变更本合同的相关内容。

(3) 本合同确需变更的，由甲乙双方按照规定程序签订《聘用合同变更书》(附件一)，以书面形式确定合同变更的内容。

(4) 乙方年度考核或者聘期考核不合格，甲方可以调整乙方的岗位或安排其离岗接受必要的培训后调整岗位，并向乙方出具《岗位调整通知书》(附件二)，对本合同做出相应的变更。

7. 聘用合同的解除

(1) 甲方、乙方双方经协商一致，可以解除本合同。

(2) 乙方有下列情形之一的，甲方可以随时单方面解除本合同：

① 连续旷工超过10个工作日或者1年内累计旷工超过20个工作日的；

② 未经甲方同意，擅自出国或者出国逾期不归的；

③ 违反工作规定或者操作规程，发生责任事故，或者失职、渎职，造成严重后果的；

④ 严重扰乱工作秩序，致使甲方、其他单位工作不能正常进行的；

⑤ 被判处拘役、有期徒刑缓刑以及有期徒刑以上刑罚收监执行，或者被劳动教养的。

对在试用期内被证明不符合本岗位要求又不同意单位调整其工作岗位的，甲方也可以随时单方面解除本合同。

(3) 乙方有下列情形之一，甲方可以单方面解除本合同，但是应当提前30日以书面形式通知乙方：

① 乙方患病或非因工负伤医疗期满后，不能从事原工作也不能从事由甲方安排的其他工作；

② 乙方年度考核或者聘期考核不合格，又不同意甲方调整其工作岗位的，或者虽同意调整工作岗位，但到新岗位后考核仍不合格的。

(续表)

(4) 乙方有下列情形之一的，甲方不得解除本合同：
① 乙方患病或者负伤，在规定的医疗期内的；
② 女职工在孕期、产期和哺乳期内的；
③ 因工负伤，治疗终结后经劳动能力鉴定机构鉴定为1至4级丧失劳动能力的；
④ 患职业病以及现有医疗条件下难以治愈的严重疾病或者精神病的；
⑤ 乙方正在接受纪律审查尚未做出结论的；
⑥ 属于国家规定的不得解除本合同的其他情形的。
(5) 有下列情形之一的，乙方可以随时单方面解除本合同：
① 在试用期内的；
② 考入普通高等院校的；
③ 被录用或者选调为公务员的；
④ 依法服兵役的。
除上述情形外，乙方提出解除本合同未能与甲方协商一致的，乙方应当坚持正常工作，继续履行本合同；6个月后再次提出解除本合同仍未能与甲方协商一致的，即可单方面解除本合同。
(6) 本合同订立时所依据的客观情况发生重大变化，致使合同无法履行，经甲乙双方协商不能就变更合同达成协议的，双方均可以单方面解除本合同。
(7) 有下列情形之一的，甲方应当根据乙方在本单位的实际工作年限向其支付经济补偿：
① 甲方提出解除本合同，乙方同意解除的；
② 乙方患病或者非因工负伤，医疗期满后，不能从事原工作也不能从事由甲方安排的其他工作，甲方单方面解除本合同的；
③ 乙方年度考核或者聘期考核不合格，又不同意甲方调整其工作岗位的，或者虽同意调整工作岗位，但到新岗位后考核仍不合格，甲方单方面解除本合同的。
经济补偿以乙方在甲方每工作1年，支付其本人1个月的上年月平均工资为标准；月平均工资高于当地月平均工资3倍以上的，按当地月平均工资的3倍计算。
(8) 合同解除后，甲方应当为乙方开具《解除聘用合同证明书》(附件三)，并办理相关手续。甲、乙双方应当在3个月内办理人事档案转移手续。甲方不得以任何理由扣留乙方的人事档案，乙方不得无故不办理档案转移手续。符合规定的经济补偿条件的，甲方应当按照国家和本地方的有关规定给予乙方经济补偿。
(9) 乙方在涉密岗位工作的，解除本合同应当遵守国家有关涉密人员管理的规定。
8. 聘用合同的终止
(1) 有下列情形之一的，本合同终止：
① 本合同期限届满；
② 甲、乙双方约定的合同终止条件出现；
③ 乙方按照国家有关规定退休或退职的；
④ 乙方死亡或者被人民法院宣告死亡的；
⑤ 甲方被依法注销、撤销或者解散的。
(2) 聘用合同终止后，甲方应当为乙方开具《终止聘用合同证明书》(附件四)，并办理相关手续。
9. 聘用合同的续签
本合同期满前，甲乙双方协商一致，可以按照规定的程序续签聘用合同，续签聘用合同应当在聘用合同期满前30日内办理。续签的聘用合同期限和工作内容等由双方协商确定，并签订《聘用合同续签书》(附件五)。聘用合同期满，没有办理终止聘用合同手续而存在事实聘用工作关系的，视为延续聘用合同，延续聘用合同的期限与原合同期限相同，但最长不超过乙方达到退休年龄的年限。
10. 违反聘用合同的责任
(1) 甲方违约责任
① 甲方有下列情形之一的，应当向乙方支付赔偿金：
一是克扣或者无故拖欠乙方工资的；

(续表)

二是解除本合同后,未依照有关规定给予乙方经济补偿的。支付赔偿金的标准为:＿＿＿＿＿＿
＿＿＿＿＿＿＿＿＿。
② 因甲方违反本合同约定而造成乙方损失的,甲方应当按照乙方的实际损失承担赔偿责任。甲方违反本合同约定,造成乙方中断履行合同的,应继续履行合同,同时负责赔偿在合同中断期间乙方的经济损失。

(2) 乙方违约责任
① 乙方经甲方出资培训,原约定的服务期未满而提出解除本合同的,应当向甲方赔偿培训费,标准为:＿＿＿＿＿＿＿＿＿＿＿＿＿＿＿＿＿＿＿＿＿。
② 乙方违反本合同的约定,使用或者允许他人使用甲方的知识产权、技术秘密的,应当依法承担法律责任。
③ 因乙方违反本合同约定而造成甲方损失的,乙方应当按照甲方的实际损失承担赔偿责任。乙方违反本合同约定,造成甲方中断履行合同的,应继续履行合同,同时负责赔偿在合同中断期间甲方的经济损失。

(3) 双方共同约定的其他违约责任条款
①＿＿＿＿＿＿＿＿＿＿＿＿＿＿＿＿＿＿＿＿＿＿＿＿＿＿＿＿＿＿＿＿＿＿＿＿＿。
②＿＿＿＿＿＿＿＿＿＿＿＿＿＿＿＿＿＿＿＿＿＿＿＿＿＿＿＿＿＿＿＿＿＿＿＿＿。
……

11. 双方约定的其他事项
(1)＿＿＿＿＿＿＿＿＿＿＿＿＿＿＿＿＿＿＿＿＿＿＿＿＿＿＿＿＿＿＿＿＿＿＿＿。
(2)＿＿＿＿＿＿＿＿＿＿＿＿＿＿＿＿＿＿＿＿＿＿＿＿＿＿＿＿＿＿＿＿＿＿＿＿。
……

12. 争议处理
甲乙双方因履行聘用合同发生争议的,由当事人双方协商解决。当事人也可以自争议发生之日起60日内向有管辖权的人事争议仲裁委员会申请仲裁;对仲裁裁决不服的,可以自收到仲裁裁决之日起15日内向甲方所在地或者聘用合同履行地的基层人民法院提起诉讼。一方当事人在法定期间内不起诉又不履行仲裁裁决的,另一方当事人可以向人民法院申请执行。

13. 附则
(1) 甲方有权根据国家和本地方的法律、法规及有关政策的规定,制定本单位的规章制度,并以适当方式公告,或告知乙方,作为履行本合同的依据。乙方应当熟知本单位的规章制度,并严格遵守。
(2) 本合同一式三份,聘用单位和受聘人员当事人双方各执一份,一份存入受聘人员个人档案。

    甲方(盖章)   乙方(签字盖章)

法定代表人或
委托代理人(签字盖章)
     年　月　日   年　月　日

    合同登记机关(盖章):   登记人(盖章):

    登记日期　年　月　日

3. 聘用合同与劳动合同的区别

虽然聘用合同与劳动合同具有诸多相同或相似之处,无论是签订聘用合同还是签订劳动合同,均标志着劳动者与用人单位建立了合法的人事和劳动关系,然而,两者的区别也较为明显,这突出地表现在以下几个方面。

(1) 合同本身的法律性质不同。通常来讲,聘用合同所调整的是公共组织及其工作人员的人事管理行为和工作人员行为规范,属于公法调整范畴;而企业劳动合同规范的是企业与劳动者之间的劳动关系,属于私法调整范畴。

(2) 合同主体的权利义务不同。企业的劳动合同属纯粹民事合同,合同中所规定的权利义务对当事人来讲基本是平等的。公共组织及其工作人员要履行的公益责任和义务,西方理论称为"特别权力关系",聘用合同在实际履行中的权利和义务经常是不对等的,国家有权要求公共组织工作人员如无正当理由拒不履行应负的责任和义务将受惩戒处置。此外,公共组织工作人员所从事的工作是社会公益性质的。

(3) 处理争议时审查的内容有所不同。在涉及人事争议时,对公共组织当事人权利义务的审查,不仅要以合同规定为依据,在某些情况下,还要对其"特别权力关系"(是否履行公共责任和义务)进行审查;而企业普通劳动者对此点审查是可以免除的。

(4) 用人单位的主体权力不同。企业在与劳动者签订劳动合同时具有较为完整的主体权利,而公共组织在与个人签订合同时表面上看具有完整的主体权利,实际上这种权力是不完整的,主要表现在公共组织的主体权力要受政府干预和控制。如招聘是在政府编制确定的基础上发生的,办理进入手续要受政府规定的程序控制,否则便不能发生正式人事法律关系;公共组织在确定工作人员薪酬时,也要受来自政府的财政控制;等等[①]。

10.2 公共部门人事关系管理

10.2.1 公共部门人员辞职与辞退管理

1. 公共部门人员辞职和辞退的含义

辞职是指公共部门人员根据自己的意愿,依照法律和政策规定,申请终止与公共部门的劳动人事关系的行为。辞职是法律赋予公共部门人员的一项权利。公共部门人员辞职包括辞去公职或辞去领导职务两种情况。辞去公职也就是辞去现任职位,终止与原公共部门的劳动人事关系以及相应的权利、义务和薪酬待遇。辞去领导职务则指辞去现任领导职务,脱离自己所处的领导岗位,终止相应的权利、义务关系和享受的薪酬待遇。辞职制度的建立,为公务员择业保留了余地,既有利于凝聚人心、促进人员合理流动,也有利于人才的健康成长与发展。

辞退是指公共部门依据法律和政策规定,通过一定的法定程序,解除公共部门人员全部职务关系的行政行为。辞退无须事先征得拟辞退人员的同意,是公共部门依法做出的单方面行为。辞退是法律赋予公共部门的选择员工的权利。

2. 公共部门人员辞职和辞退的特点

辞职的特点表现在以下几个方面:①辞职是公共部门人员的基本法定权利。我国宪法规

---

① 刘霞.关于聘用合同与劳动合同区别的思考[J]. 中国人才,2007(7).

定,劳动权是公民的基本权利之一,其中也包括择业权。辞职作为公共部门人员择业的一种权利,完全由个人支配和决定,任何组织、部门和个人均无权干预。②辞职必须按法定程序行事。公共部门人员行使个人权利时必须以不损害国家、社会、集体和他人合法权益为前提。辞职必须按照法定程序,在不影响原单位工作的情况下进行。③辞职人员享受辞职待遇。辞职人员辞职后可按有关规定获得各种人事关系证明,并享有在规定范围内重新就业和连续计算工龄的权利。④辞职主体受法律限制。虽然辞职是公民享有的权利,但对在公共部门工作的人员来讲,并非所有人员都可以根据自己的意愿随意申请辞职,特别是在涉及国家安全和公共部门重要机密等特殊岗位上任职的公务人员,国家有关法律规定其不得随意辞职。

辞退的特点表现在以下几个方面:①辞退员工是公共部门的法定权利。②辞退员工必须基于相应的法律事实。只有在符合法定条件的情况下,公共部门才能辞退相应的人员,没有法律事实,公共部门不能辞退其人员。③辞退员工必须遵循法定程序,不符合法定程序的辞退行为是一种无效的行为。④被辞退员工享有法定待遇。辞退不是一种惩戒行为,而是对相关人员的处理行为,这种行为往往会给被辞退者造成一定损失,所以需要必要的补偿。按照有关规定,被辞退人员可以享受失业保险及领取一定的辞退费。

3. 公共部门人员辞职和辞退的条件

(1) 辞职的条件。我国《公务员法》规定,公务员有下列情形之一的,不得辞去公职:①未满国家规定的最低服务年限的;②在涉及国家机密等特殊职位任职或离开上述职位不满国家规定的脱密期限的;③重要公务尚未处理完毕,且须由本人继续处理的;④正在接受审计、纪律审查,或者涉嫌犯罪,司法程序尚未终结的;⑤法律、行政法规规定的其他不得辞去公职的情形。

对于担任领导职务的公务人员,《公务员法》规定:担任领导职务的公务员,因工作变动依照法律规定需要辞去现任职务的,应当履行辞职手续;担任领导职务的公务员,因个人或者其他原因,可以自愿提出辞去领导职务;领导成员因工作严重失误、失职造成重大损失或者恶劣社会影响的,或者对重大事故负有领导责任的,应当引咎辞去领导职务;领导成员应当引咎辞职或者因其他原因不再适合担任现任领导职务,本人不提出辞职的,应当责令其辞去领导职务。

(2) 辞退的条件。我国《公务员法》规定,公务员有下列情形之一的,予以辞退:①在年度考核中,连续两年被确定为不称职的;②不胜任现职工作,又不接受其他安排的;③因所在机关调整、撤销、合并或者缩减编制数额需要调整工作,本人拒绝合理安排的;④不履行公务员义务,不遵守公务员纪律,经教育仍无转变,不适合继续在机关工作,又不宜给予开除处分的;⑤旷工或者因公外出、请假期满无正当理由逾期不归连续超过15天,或者一年内累计超过30天的。

对有下列情形之一的公务员,不得辞退:①因公致残,被确认丧失或者部分丧失工作能力的;②患病或者负伤,在规定的医疗期内的;③女性公务员在孕期、产假、哺乳期内的;④法律、行政法规规定的其他不得辞退的情形。

在辞退公务人员时,按照管理权限,辞退决定应当以书面形式通知被辞退人员。被辞退人员可以领取辞退费或者根据国家有关规定享受失业保险。公务员辞职或者被辞退,离职前应当办理公务交接手续,必要时按照规定接受审计。

4. 公共部门人员辞职和辞退的程序

公共部门人员辞职的一般程序是：①本人提出书面辞职申请。②在接到员工辞职申请后，相关人事任免机关要对申请者的条件进行审查，符合法定条件的，才予以批准。我国法律规定的任免机关审批期限为90天，超过期限而未予答复的，可视为同意。但在审批期限内，申请人不得擅自离岗，否则作擅自离职处理。③辞职申请被批准后，员工应及时办理相关手续，以保证公务执行的连续性，如果辞职人员任职期间涉及财务工作，还需要进行相应的财务审计，其后任免机关才可以为其办理辞职手续。

辞退公务员需要按法定程序进行：①所在单位在核准事实基础上，经领导集体研究提出辞退建议，并填写辞退人员审批表，按管理权限报任免机关审批。②任免机关人事部门对辞退事由进行审核。③任免机关审批。做出辞退决定的，要以书面形式通知呈报单位和被辞退人员，同时抄送行政机关人事部门备案。被辞退人员如有不服，可依据辞退通知书按法定程序进行申诉。

10.2.2 公共部门人员退休管理

1. 公共部门人员退休的含义

退休是公共部门人员达到一定年龄或完全丧失工作能力后，按照法定条件和程序，离开工作岗位并按规定领取退休金或养老金的行为。公共部门人员的退休制度是国家制定并颁布实行的关于退休方式、条件、待遇和安置管理等法律和政策的总称。

公共部门人员的退休方式包括自愿退休和强制性退休两种。自愿退休是建立在自愿基础上的，而强制性退休是建立在公共部门人员履行法定退休义务基础上的。

2. 公共部门人员退休的条件

公共部门人员退休条件是指公共部门人员获得享受退休待遇资格所应达到的基本要求，包括退休年龄和工作年限两个方面。

各国所规定的退休年龄有较大不同，但一般均规定退休的最高年龄和允许申请退休年龄，即强制退休年龄和自愿退休年龄。在规定退休年龄时，一般还配以相应的工龄要求和参加社会保险的时间限制，依据工作性质和身体状况，制定出不同的年龄标准。纵览世界各国的退休制度，关于退休年龄和工龄的规定，大致有以下4种类型。

第一种，公共部门人员必须达到一定的年龄和工作年限方可退休，两者缺一不可。例如东欧一些国家规定，男60岁，满25年工龄，女55岁，满20年工龄，方可退休；德国则规定，男65岁，女60岁，最低工龄不低于10年的，可以退休。

第二种，公共部门人员只有在年龄和参加保险年限同时符合规定时，才可退休。例如日本规定，男女退休年龄均为60岁，参加社会保险时间应满20年。

第三种，依身体状况不同可提前退休或延迟退休。例如美国规定，凡身体致残者，工龄5年以上，即可退休；相反，身体健康，还能胜任工作者，可以延迟退休。

第四种，退休年龄因工作性质不同而不同。例如法国规定，办公室工作人员年满60岁，从事流动服务工作的满55岁，工龄最低15年，可以退休。

我国公共部门人员的退休条件如下所述：①凡男年满60周岁，女干部年满55周岁(副县处级以上或副高级职称以上女干部现已调整为60周岁，女职工年满50周岁），或丧失劳动能力的公共部门人员，应当退休。②凡男年满55周岁，女年满50周岁，且工作年限满20年的，或工作年限满30年的公共部门人员，经本人申请及任免机关批准后，可以提前退休。③中央、国家机关的部长，省、自治区、直辖市的党委书记、省长、主席、市长和相当职务的干部，退休年龄可延长至65岁；教授、研究员和相当于该级职称的高级专家，经所在单位报请省、自治区、直辖市政府或中央、国家机关部委批准，可延长退(离)休年龄，但最长不超过70岁。

3. 公共部门人员退休待遇

公共部门人员退休待遇是公共部门人员退休制度的核心内容，主要由一定时期的社会经济发展水平和社会保险制度等共同决定。公共部门人员的退休待遇关系着公共部门人员退休后的基本生活，也关系着整个公共部门工作人员的切身利益，是社会安定和社会经济发展的重要因素。

中国公共部门人员的退休待遇主要由以下几方面组成。

(1) 政治待遇。政治待遇是指公共部门人员退休后所享有的各种政治权利，比如按退休前后相应的职务级别参阅一些重要文件、听报告、参加部分会议的权利，了解党和国家的方针、路线、政策的国内外重大事件的权利，参加民主自治管理以及参加政府及其他公共部门、社区等组织的民主选举的权利，等等。退休公共部门退休人员的政治待遇原则上由专门的管理和服务机构统一管理。

(2) 生活待遇。目前中国公共部门退休人员的生活待遇因退休时间的不同，分领取退休金和领取养老保险金两种情况。

① 退休金待遇规定。公共部门职工与干部退休待遇依工龄长短，按月领取退休金，其标准一般为本人工资的60%~70%，领取至死亡时为止；特殊行业和职业，如教师等，退休时工龄达到30年的，领取原工资100%的定额退休金；对于做出特殊贡献的，如全国劳动模范、劳动标兵等，在退休时保持荣誉者，或在革命和建设中有特殊贡献者，部队军级以上单位授予英雄称号的转业、复员军人，退休时仍然保持荣誉者，可享受较高退休待遇，其标准可高于一般退休标准的5%~15%。

② 离休待遇规定。离退是指1949年10月1日前参加革命工作、享受供给制待遇的干部，以及1948年底以前在解放区工作、享受政府薪金待遇的干部等，男年满60周岁，女年满55周岁，离开工作岗位后享受离休待遇，发给本人退休前100%的养老金，并分不同时期加发生活补贴。

公共部门人员退休后，可享受原单位所在地区同职级在职人员的地区津贴。

(3) 其他福利待遇。公共部门退休人员其他的福利待遇主要由如下两部分组成。

① 公共部门退休人员在职时享受的医疗和伤残保险待遇、住房待遇、防暑降温和冬季取暖福利待遇以及物价补贴待遇等，退休后仍然享有。

② 特殊性福利待遇。我国公共部门退休人员的特殊福利待遇主要有三种形式：一是特殊贡献补贴。这是国家对获得全国劳动模范、"三八"红旗手等荣誉称号的人员以及由省、自治区和直辖市人民政府认定的在各条战线有特殊贡献的公共部门人员、部队军以上单位授予的战斗英雄称号及其认定的对作战、军队建设等有特殊贡献的转业、复员军人，在退休时仍保持其

荣誉的一种鼓励。同时，国家为鼓励公共部门人员到艰苦的边远地区工作，对长期在这些地区工作的人员，退休时根据工龄长短，分别提高5%~10%的退休金计发标准。二是护理费。护理费是国家对因工致残退休人员特设的一项待遇。凡因工致残、生活不能自理的退休公共部门人员，可根据情况发给一定数额的护理费，其标准由当地政府根据当地情况确定。三是易地安家补助费。公共部门人员退休后易地安置的，由原单位发给安家补助费；到农村安家的，发给建房补助费。

10.2.3 公共部门人员的申诉、控告与仲裁

申诉、控告与仲裁是维护公共部门人员合法权益的重要措施，是公共部门人员权利受损后的补救制度，同时也是公共部门人力资源管理的重要组成部分。申诉、控告和仲裁制度的建立，是公共部门管理规范化、民主化、法治化的象征，是社会法治化进程的重要标志。

1. 公共部门人员申诉制度

1) 公共部门人员申诉的含义

公共部门人员申诉是公共部门人员享有的基本权利之一，是指公共部门人员因对所在公共组织或国家行政机关做出的涉及本人权益的人事处理决定不服，而依法向原处理单位的主管部门或做出该人事处理的机关的上一级机关提出的要求重新处理的请求。

2) 公共部门人员申诉的特点

(1) 申诉主体是在公共部门工作的公共部门人员。

(2) 申诉客体是公共部门对公共部门人员做出的被认为是侵害员工合法权益的决定和行为。

(3) 公共部门人员的申诉处理机关是法定的特定机关，申诉过程要遵循特定的法律程序，有准司法程序的特征。

(4) 申诉的目的是对公共部门做出的有损员工权益的处理决定和行为给予必要的修正，以保障公共部门人员的合法权益，树立公共部门的良好社会形象。

3) 公共部门人员申诉的范围

公共部门人员申诉权具体包括要求申诉受理权、要求变更或撤消处理决定权、要求赔偿损失或挽回影响的权利等。根据不同的申诉内容，公共部门人员申诉的范围也不同。

(1) 不服本组织做出的行政处分或其他人事处理决定而提起申诉。当公共部门人员对所在单位做出的处分、辞退或者取消录用、降职、定期考核定为不称职、免职、申请辞职或提前退休未予批准、未按规定确定或者扣减工资、福利和保险待遇以及法律法规规定可申诉的其他情形等人事处理决定不服时，可以自知道该人事处理之日起30日内向原处理机关申请复核；对复核结果不服的，可以自接到复核决定之日起15日内，按规定向同级公务员主管部门或者做出该人事处理的机关的上一级机关提出申诉；也可以不经复核，自知道该人事处理之日起30日内直接提出申诉。对省级以下机关做出的申诉处理决定不服的，可以向做出处理决定的上一级机关提出再申诉。行政机关公务员对处分不服向行政监察机关申诉的，按照《中华人民共和国行政监察法》的规定办理。

(2) 不服行政监察机关做出的行政处分决定而提出申诉。当公共部门人员对行政监察机关给予自己的行政处分不服时，或认为监察机关对有关本人的人事处理决定不合理时，可依法向原行政监察机关或上一级监察机关提出申诉。

在国家行政制度和人事行政管理体制中，行政监察机关也同样具有直接给予公共部门人员行政处分的权力，但这一权力是有限的。一是只能给予同级行政机关公共部门人员处分，且必须经过同级行政机关的批准；二是行政监察机关只能对公共部门人员行使撤职以下的行政处分。当公共部门人员认为监察机关超越权限，对处理决定不服时，可以提出申诉。如果认为监察机关的处分不合理，也可以申诉。此外，行政监察机关有权对公共部门人员所提起的行政机关对公共部门人员所作的人事处理决定依法进行裁决。当公共部门人员对监察机关的裁决结果不服时，也可以提出不服监察机关行政处分的申诉，这一申诉的受理机关一般是上一级行政监察机关。

4) 公共部门人员申诉的条件

一般来讲，公共部门人员申诉要符合下列几个条件。

(1) 必须是由受到处分或其他处理的当事公共部门人员提出，而且必须有法定的事由。非处分的公共部门人员对受处分的公共部门人员所受的待遇不服时，不构成申诉条件。

(2) 必须有涉及公共部门人员个人权益的已经生效的人事处理决定。如果处理决定正在研究中，尚未形成正式决定，则说明对公共部门人员权益的侵害事实尚未发生，此时不能提出申诉。

(3) 公共部门人员对处理决定不服。"不服"的含义是认为涉及自己的处理不正确、不公正、不客观、不合法。公共部门人员认为自己根本不应该受到处分，处分是违法的，超越了处分机关的权限；或者受到的处分或其他处理决定过于严厉，不恰当，不合理。

(4) 申诉必须在法定期限内提出，延期申诉，受理机关可以不予受理。

(5) 公共部门人员申诉必须以书面的正规形式提出。

5) 公共部门人员申诉的一般程序

公共部门人员申诉案件的处理有严格的法定程序。我国公共部门人员申诉处理的程序如图10.1所示。

图10.1　中国公共部门人员申诉处理的一般程序

(1) 申请复核。复核是指公共部门人员在接到所在单位的人事处理决定后，因对处理决定不服而在法定时间内向原处理单位提出重新审查和处理的意见和要求。复核不是公共部门人员申诉的必需程序。如果公共部门人员对通过复核解决本人问题缺乏信心或有其他原因时，也可不经复核而直接向同级公共部门人员主管机关或原处理单位的上一级机关直接提出申诉。申诉复核时，申诉复核人需提交复核申请书，并附上原处理机关的处理决定书。原处理机关应当自接到复核申请书后的30日内做出复核决定。

对年度考评定为不称职决定不服的，必须经原处理单位复核后方可提出申诉。

(2) 提出申诉。公共部门人员在对原处理单位的复核决定不服时,可以向同级人民政府人事部门或行政监察机关提出申诉,也可以不经原处理机关复核而直接向有管辖权的机关提出申诉。但年度考评定为不称职的人事处理决定除外。

公务员提出申诉应当在接到行政机关人事处理决定之日起30日内或接到复核决定之日起15日内提出。因不可抗等正当理由在规定期限内未能提出申诉的,经审理申诉机关批准可适当延长期限。如无正当理由,超过规定期限提出申诉,受理机关可不予受理。公共部门人员提出申诉时,应当向受理机关递交申诉申请书。申诉应当由受到人事处理的个人提出,如本人丧失行为能力或者死亡,可由其近亲属代为提出。

(3) 受理立案。对公共部门人员提出的申诉,受理机关应在接到申诉书之日起30日内,区别不同情况做出予以受理或不予受理的处理决定,同时告知申诉人。决定受理的,立案审理;不予受理的,以书面形式告知申诉人,并说明理由。申诉材料不齐备,限期补正,过期不补的视为不再申诉。受理申诉的机关在决定受理公共部门人员申诉后,应当组织临时性公正委员会负责审理申诉案件。公正委员会一般由政府人事部门中与申诉事项有关的工作机构的负责人组织,且人数应为不少于3人的单数。在审查、确定公共部门人员申诉的条件具备、符合要求后,由受理机关承办人进行登记,建立案卷。

(4) 调查复审。立案后,承办人应立即在以下几项规定期限内就申诉内容展开调查,被申诉单位应提出相关的证据和文件。调查内容主要包括:调阅与案件有关的全部材料,并做阅卷记录;将有必要进行调查核实的内容整理出来,拟出核查方案;受理机构承办人依法要求当事人双方提供证据资料。当事人应积极配合,不得无理拒绝;必要时,受理机构承办人可向证人调查,要求提供证言、物证等。在调查基础上,公正委员会依法对申诉案件进行审理。审理过程中,可向当事人提供表达意见和提供新资料的机会。审理一般公开进行。

在审理基础上,对申诉案件进行再次审核。在综合分析后,经公正委员会讨论,做出复审决定,并写出复审报告。复审决定以书面形式(复审决定书),由做出决定的机关直接送达申诉人和做出行政处分或复审决定的原单位。复审决定书要注明是否允许继续申诉。复审决定书要载明的内容包括以下几项:①申诉人姓名、单位、职务及其他基本情况;②原处理单位的名称,以及做出人事处理决定和复核决定时所认定的事实、理由及适用的法律法规和政策;③申诉的事项、理由及要求,受理申诉机关认定的事实、理由及适用的法律、法规和政策;④受理申诉机关的处理决定;⑤做出决定的日期等。

在复审期间,原处理机关对公共部门人员的人事处理决定继续执行。当处分机关的上级主管机关在受理申诉期间,认为必要时,可依据当事人的申请和自身的职权,全部或部分中止原处理决定的执行,原处理机关则应当对错误的处理决定予以及时纠正。

(5) 再申诉。如果公共部门人员对申诉受理机关做出的复审决定仍不服时,可在接到复审决定书的一定期限内,向复审机关的上一级行政机关或上一级监察机关,提出再申诉。

(6) 最终裁决。上一级行政或监察机关,在接到申诉后,在规定时间内,按前述法定的程序进行再审核,直到做出最终的裁决决定。至此,申诉过程即告完结。如果公共部门人员对最终裁决依然不服,可以通过信访渠道,继续反映问题,但这不再属于申诉程序。申诉受理机关的最终裁决结果必须执行。

2. 公共部门人员控告制度

1) 控告的含义

公共部门人员控告是指公共部门人员就所在组织、部门及其工作人员因违法违纪和失职而造成的对其合法权益存在侵害的行为，以书面或口头形式依法向有关部门进行揭发、举报、控诉以及提请法律援助和保护，并要求对违法乱纪者依法给予惩处的法律行为。

控告与申诉不同，两者的区别主要表现在以下几个方面。

(1) 两者的目的不同。申诉的目的是使处理机关改变或撤销对自己的处理规定，以便恢复自己的合法权益，并使已经受到的损失得到补偿；而控告的目的不仅是使自己的合法权益得到恢复和补偿，还要求依法追究实施不法侵害的机关或人员的法律责任。

(2) 两者的致因不同。一般来讲，引起申诉的原因是公共部门人员对已发生效力的处理决定不服，要求重新审查处理；而引起控告的原因是公共部门人员的合法权益受到不法侵害，要求对责任人给予惩处。

(3) 功能不同。申诉的重点是为了保护公共部门人员的合法权益，及时纠正原处理单位做出的不当处理；而控告的重点是公共部门人员对行政机关及其领导人的监督，以保证其执法和行政行为的准确、严肃。

2) 控告的特点

与一般性的控制不同，公共部门人员控告具有如下几个特点。

(1) 控告的主体是受到侵害的公共部门人员本人。

(2) 控告的客体是行政机关及其工作人员侵犯控告者合法权益的行为事实，属于行政机关内部的具体行政行为。

(3) 公共部门人员控告的目的不仅是要求恢复和补偿自己的合法权益，还要求有关部门制止这种违纪违法和失职行为，并对实施不法侵害的机关或个人追究法律责任。

(4) 公共部门人员的控告属行政程序上的控告，不属于司法控告，只能依照行政程序进行，不能提出行政诉讼。

3) 公共部门人员控告的种类

公共部门人员控告行为有两类：一是公共部门及其工作人员的违法或不当行为，给公共部门人员的合法权益带来损害，受侵害的公共部门人员可依法向控告的受理机关提出控告，要求恢复其合法权益，并依法追究违法违纪者的行为责任。这类控告与公共部门人员切身利益密切相关，是公共部门人员控告制度的主要内容。二是因公共部门及其工作人员的违法和不当行为，给社会公众或非特定人员的合法权益造成损害，公共部门人员出于良知和正义，向受理机关依法控告这一违法违纪行为。这类控告行为与公共部门人员切身利益无直接关系，是公共部门人员作为公民的义务使然。这里所说的公共部门人员依法控告是针对第一类控告行为而言的。

4) 公共部门人员实施控告的条件

(1) 公共部门人员控告的主体必须是权益受到侵害的公共部门人员本人。控告的目的是保护其自身权益，而不是保护他人权益。未受侵犯的公共部门人员不能成为控告人，也不能代受害者行使控告权。

(2) 当公共部门人员的自身权益受到非法侵害时，才能提起控告。换句话说，只有当侵害公共部门人员权益的行为事实上存在时,公共部门人员才能对这一客体进行控告。

(3) 控告内容必须与公共部门人员身份有关,且必须有明确的控告理由。

(4) 被控告人必须是明确的单位或人员。没有明确的被控告单位或人员,无法追究其责任,因此不能提起控告。

(5) 被控告单位或人员属于受理控告的部门管理,即在受理部门管辖的范围内。

(6) 控告一般以法定的正规书面形式提出。

5) 公共部门人员控告的程序

为了保障公共部门人员的合法权益不受侵害,同时使侵害公共部门人员权益的单位和个人受到应有的惩罚,公共部门人员可依照法定程序向上级行政机关或行政监察机关提起控告。受理机关则根据以下程序来办理公共部门人员的控告案件。

(1) 提出控告。当公共部门人员认为自己的合法权益受到不法或不当侵害时,依法向上级部门或直接向行政监察机关提出对实施侵害行为的单位或人员的控制。控告者应明确被控告的单位或人员,并提供权益受侵害的事实以及侵害人实施侵害的具体行为,受理机关以便确定是否受理和立案,并为受理机关的案件调查提供基础。控告应由受侵害者本人提出,若本人丧失行为能力或死亡,可由其近亲属代为提出。公共部门人员控告应递交控告书。

(2) 立案受理。上级主管部门或行政监察机关在接到公共部门人员控告书后,要对控告人提出的情况进行初步审查和判断。当断定被控告者确有违法违纪侵害公共部门人员合法权益的行为、需要追究责任时,应给予立案。若遇到重要的控告案件,还要向本级人民政府或上一级行政监察机关备案。

(3) 调查。控告案件立案后,受理控告部门应迅速组织力量,在一定时间内进行深入细致的调查。调查中,要认真听取被调查人的陈述和辩解,寻找证人证言,收集相关证据。必要时,还要根据案件调查需要,聘请有关单位、团体、人员以及具有专门知识和技术的人员参加调查工作,获得充分的事实证据,辨明案件的根本性质。

(4) 做出处理决定。受理控告部门应在调查基础上区分不同情况,根据相关法规和政策,做出处理决定。当受理控告部门认定被控告者无违法违纪行为,或虽有违纪行为但不需要追究行政责任时,应当依照立案时的批准程序销案,并告知被调查人及其所在单位;而当受理控告部门认定需要依照有关规定对违法违纪的被控告者做出处理决定或建议时,应报经本级人民政府和上一级行政监察机关同意,做出决定。受理控告部门的处理决定必须以正式书面形式送达有关单位或人员。受理控告部门应在规定期限内尽快做出处理决定,使公共部门人员所受的侵害和损失降至最低限度。若发现被控告者确有错误,应尽快予以纠正,减少不必要的重复控告。

(5) 执行处理决定。被控告者在收到受理控告部门做出的处理决定或建议后,应在规定期限内执行决定,并将执行情况及时通报受理控告部门。对拒不执行处理决定的单位和个人,做出处理决定的部门要采取强制措施予以执行;构成严重犯罪情节的,还要依法追究其法律责任。

3. 公共部门人事争议仲裁制度

人事争议仲裁作为解决和协调公共部门人事关系、化解公共部门内部矛盾的重要途径,在公共部门人力资源管理过程中发挥着重要作用。

1) 人事争议仲裁的含义

人事争议是指人事关系主体间在人事管理过程中，因权利义务发生分歧而引起的争议。人事争议仲裁则指对公共部门指定的第三者依照有关法律和政策规定，按照法定程序，对公共部门人事关系及与人事关系有关的争议所做出的裁决行为。人事争议仲裁属行政司法范畴，是一种行政仲裁。

2) 公共部门人事争议仲裁的特征

公共部门人事争议仲裁不同于一般的民商仲裁，它具有如下几方面特征。

(1) 仲裁委员会与行政机关密不可分，一般由人力资源管理部门的代表来担任仲裁委员会主任。

(2) 实行地域管理和级别管理相结合的原则。

(3) 当事人一方可以请求仲裁，即不实行仲裁协议制度，发生纠纷，当事人一方请求仲裁，仲裁机构即应受理。

(4) 人事争议仲裁实行"一裁两审制"。

3) 公共部门人事争议仲裁时应遵循的基本原则

(1) 公正平等原则。这一原则要求仲裁机关在处理人事争议案件时，必须以事实为根据，在对案件事实得出正确结论基础上，按照国家有关法律法规和政策规定来正确区分是非标准，依法公正处理案件，而且对双方当事人在适用实体法和程序法上要一律平等，不偏不倚，平等地对待和保护双方当事人的合法权益。

(2) 及时合理原则。及时原则是指仲裁要按严格时限要求来受理和处理案件，在无实体法可依据时，要按合理性原则予以恰当处理。

(3) 独立性原则。独立性原则要求人事争议仲裁委员会在处理人事争议案件时要具有独立性，不能受任何组织和个人的干预。

4) 公共部门人员在提起人事争议仲裁时应注意的问题

(1) 申请者必须是与人事争议案件有直接利害关系的党政群机关、事业单位及其工作人员。党政群机关、事业单位和工作人员之间表现为一种行政隶属关系，或者是管理与被管理的关系，或已确立聘(任)用合同关系。发生人事争议的当事人若无行为能力、限制行为能力或者死亡的，可由其法定代理人或监护人代为提出仲裁申请，并参与调解和仲裁活动。

(2) 必须有明确的被申请人及具体的申诉请求和事实、理由。若作为申请方的当事人不知道另一方当事人是谁，被申请人不明确，就无法解决人事争议。同时还要有明确、具体的仲裁请求以及相关事实理由。

(3) 必须是属于人事争议仲裁受案范围内的人事争议。我国有关法规政策所确定的仲裁管辖范围为：一是党政群机关与工作人员之间因录用、调动、履行聘任合同发生的争议；二是事业单位与工作人员之间因辞职、辞退、工资、考评、回避以及履行聘任合同或聘用合同发生的争议；三是依照法律法规和政策规定可以仲裁的人才流动争议和其他人事争议。

(4) 必须属于人事争议仲裁机构管辖，即必须向有管辖权的仲裁机构提出。如，市一级仲裁委员会负责处理市属单位和市内跨区的人事争议案件；区一级仲裁委员会负责处理区属单位的人事争议案件。

(5) 申请者申请人事争议仲裁时，必须以书面方式向有管辖权的人事争议仲裁机构提交仲裁申请书。仲裁申请书主要包括下列事项。

① 申请者的姓名、性别、年龄、职业、工作单位和住址、电话、邮编等。如果申请人是单位，则应写明单位的名称、地址、法定代表人或者主要负责人的姓名、职务、电话。

② 被申请者的名称，即单位的全称、地址，法定代表人的姓名、性别、年龄、职务、联系电话、邮编。如果被申请者是个人，则应写明其姓名、性别、年龄、职业、工作单位和住址、电话、邮编。

③ 申请仲裁的具体请求和所依据的事实、理由。

④ 受理仲裁的机构名称。

⑤ 申请人签章，并注明申请提出的日期。

⑥ 附注：应写明申请书副本和有关证据材料的份数。

(6) 必须在规定时限内提出仲裁。当事人应当自知道或应当知道其权利被侵害之日起60日内，以书面形式向有管辖权的仲裁委员会申请仲裁。

5) 公共部门人事争议仲裁机构

公共部门人事争议仲裁的受理机构是公共部门内部具有相对独立性的司法行政机关。我国规定，国家公务员管理部门设立人事仲裁公正厅，处理国务院各部委、国务院直属事业单位以及各部委直属在京事业单位的人事争议，跨省(自治区、直辖市)的人事争议；省(自治区、直辖市)、副省级市、地(市)、县(市、区)设立人事争议仲裁委员会，分别负责处理管辖范围内的人事争议。

仲裁委员会由同级人民政府有关部门代表、同级工会代表和有关专家组成。仲裁委员会设主任1人、副主任2~4人和委员若干人。主任可由同级人民政府分管人事工作的负责人或政府人事行政部门的主要负责人担任，副主任和委员可以聘请有关方面的人员担任。仲裁委员会的组成人员应当是单数。

仲裁委员会下设办事机构，负责案件受理、仲裁文书送达、档案管理、仲裁费用的收取和管理等日常工作。办事机构设在同级人民政府人事行政部门。

仲裁委员会处理人事争议案件，实行仲裁庭制度。仲裁庭由3名以上(含3名)的单数仲裁员组成，仲裁委员会指定1名仲裁员担任首席仲裁员；简单的人事争议案件，仲裁委员会可以指定1名仲裁员独立处理。

有下列情形之一的，仲裁员应自行申请回避，当事人和代理人有权以口头或书面形式申请其回避：① 本案当事人或者与当事人、代理人有亲属关系的；② 与本案有利害关系的；③ 与本案当事人、代理人有其他关系，可能会影响公正裁决的。

仲裁委员会可以聘任政府有关部门人员、专家学者和律师为专职或兼职仲裁员。兼职仲裁员与专职仲裁员在执行仲裁公务时享有同等权利。

6) 公共部门人事争议仲裁的程序

公共部门人事争议仲裁程序如下所述。

(1) 申请仲裁。当事人应当在人事争议发生之日起60日内，以书面形式向仲裁委员会申请仲裁，并按被申请者数量递交仲裁申请书副本。

(2) 受理仲裁。仲裁委员会收到仲裁申请书后,应当在15日内做出受理或者不予受理的决定。决定受理的,应在7日内将仲裁申请书副本送达被申请者,并组成仲裁庭。决定不予受理的,应当以书面形式通知申请者,并说明不予受理的理由。

被申请者应当在收到仲裁申请书副本之日起15日内提交答辩书和有关证据。仲裁委员会收到答辩书后,应当在5日内将答辩书副本送达申请者。被申请者未按时提交或者不提交答辩书的,不影响仲裁程序的进行。

(3) 调解。仲裁庭处理人事争议应先行调解,在查明事实、分清责任的基础上促使当事人双方自愿达成协议。协议内容不得违反法律、法规。

调解达成协议的,仲裁庭应根据协议内容制作调解书。调解书应当写明仲裁请求和当事人协议的结果。调解书由仲裁庭成员签名,加盖仲裁委员会印章,送达双方当事人。调解书经双方当事人签收后,即发生效力。调解未达成协议或调解书送达前当事人反悔的,仲裁庭应当及时进行仲裁。

(4) 审理。仲裁应当开庭进行。当事人协议不开庭的,或者仲裁庭认为不宜开庭的,可以书面仲裁。决定开庭审理的,仲裁庭应于开庭前5日内将开庭时间、地点等通知当事人。仲裁申请者经书面通知无正当理由不到庭或者未经仲裁庭许可中途退庭的,视作撤回仲裁申请。被申请者经书面通知无正当理由不到庭或未经仲裁庭许可中途退庭的,以缺席处理。与人事争议有利害关系的第三者,可以申请参加仲裁,或者由仲裁委员会通知其参加仲裁。第三者申请参加仲裁的,准许权由仲裁委员会确定。

当事人参加仲裁活动可以委托1~2人代理。委托他人代理的,应当向仲裁委员会提交委托书。委托书应明确委托事项和权限,并由委托人签名或者盖章。

(5) 裁决。仲裁的裁决应按多数仲裁员意见做出,少数仲裁员的不同意见应记入笔录。仲裁庭不能形成多数意见时,裁决应按首席仲裁员意见做出。仲裁庭对重大的或者疑难的人事争议案件,可提交仲裁委员会讨论决定。仲裁委员会做出的决定,仲裁庭应当执行。

仲裁庭应在裁决做出后5日内制作裁决书。裁决书要写明仲裁事实、争议事实、裁决理由、裁决结果、仲裁费用的负担和裁决日期。对生效的裁决,当事人必须履行。当事人不履行的,仲裁委员会可以发出执行催告通知,并通知有关单位协助执行。

聘用制度	聘用合同	辞职
辞退	退休制度	申诉
控告	人事争议仲裁	

1. 公共部门聘用的一般程序是怎样的?
2. 聘用合同的特征有哪些?聘用合同与劳动合同有何区别?
3. 公共部门人员辞职的特点有哪些?公共部门人员辞职的条件是什么?
4. 公共部门人员辞退的特点是什么?公共部门人员辞退有何条件要求?

5. 我国公共部门退休人员的待遇是怎样的？
6. 公共部门人员申诉有何特点？申诉的程序是怎样的？
7. 公共部门人员控告有何特点？公共部门人员控告应符合什么条件？程序是怎样的？
8. 人事争议仲裁应遵循哪些原则？人事争议仲裁的程序是怎样的？
9. 公共部门人员在提起人事争议仲裁时应注意哪些问题？

如何认定事业单位工作人员旷工事实及辞退程序是否合法

参考文献

[1] 埃文·M.伯曼,詹姆斯·S.鲍曼,乔纳森·P.韦斯特,等.公共部门人力资源管理[M]. 2版.萧鸣政,等译.北京：中国人民大学出版社,2008.

[2] 葆琳·格雷汉姆.玛丽·帕克·芙丽特：管理学的先知[M].北京：经济日报出版社, 1998.

[3] 简·莱恩.新公共管理[M].北京：中国青年出版社,2004.

[4] 加里·德斯勒.人力资源管理[M].12版.刘昕,译.北京：中国人民大学出版社,2012.

[5] 肯尼思·克洛克,琼·戈德史密斯.管理的终结[M].北京：中信出版社,2004.

[6] 劳埃德·L.拜厄斯,莱斯利·W.鲁.人力资源管理[M].6版.李业昆,等译.北京：华夏出版社,2002.

[7] 雷蒙德·A.诺伊,约翰·霍伦拜克,拜雷·格哈特,等.人力资源管理：赢得竞争优势[M].3版.刘昕,译.北京：中国人民大学出版社,2001.

[8] 雷蒙德·A.诺伊,等.人力资源管理：赢得竞争优势[M].7版.刘昕,译.北京：中国人民大学出版社,2013.

[9] 雷蒙德·A.诺伊.雇员培训与开发[M].徐芳,译.北京：中国人民大学出版社,2001.

[10] 路易斯·R.戈梅斯-梅西亚,戴维·B.鲍尔金,罗伯特·L.卡迪.人力资源管理[M].5版.张正堂,蒋建武,等译.北京：北京大学出版社,2011.

[11] E·H.施恩.职业的有效管理[M].上海：三联书店,1992.

[12] 帕特里夏·基利,史蒂文·梅德林,等.公共部门标杆管理：突破政府绩效的瓶颈[M].北京：中国人民大学出版社,2002.

[13] 乔治·T.米尔科维奇,杰里·M.纽曼.薪酬管理[M].6版.董克用,等译.北京：中国人民大学出版社,2002.

[14] 约瑟夫·J.马尔托奇奥.战略薪酬：人力资源管理方法[M].2版.周眉,译.北京：社会科学文献出版社,2002.

[15] 丹尼尔·A.雷恩,阿瑟·G.贝德安.管理思想史[M].6版.孙健敏,黄小勇,李原,译.北京：中国人民大学出版社,2016.

[16] 陈天祥.公共部门人力资源管理及案例教程[M].北京：中国人民大学出版社,2011.

[17] 陈振明. 政府再造：西方"新公共管理运动"述评[M]. 北京：中国人民大学出版社，2003.

[18] 陈维政，余凯成，等. 人力资源管理[M]. 北京：高等教育出版社，2002.

[19] 邓益洲. 劳动用工管理典型案例、经验教训与风险应对[M]. 北京：中国法制出版社，2010.

[20] 董克用. 人力资源管理概论[M]. 3版. 北京：中国人民大学出版社，2011.

[21] 董克用，李超平. 人力资源管理概论[M]. 5版. 北京：中国人民大学出版社，2019.

[22] 方振邦. 公共部门人力资源管理[M]. 北京：中国人民大学出版社，2014.

[23] 付亚和. 工作分析[M]. 上海：复旦大学出版社，2004.

[24] 付亚和，许玉林. 绩效考核与绩效管理[M]. 北京：电子工业出版社，2004.

[25] 郭咸纲. 西方管理学说史[M]. 北京：中国经济出版社，2003.

[26] 郭咸纲. 西方管理学说史[M]. 4版. 北京：世界图书出版社，2010.

[27] 李和中. 公共部门人力资源学[M]. 武汉：武汉大学出版社，2008.

[28] 刘平青，等. 职业生涯与自我管理[M]. 北京：清华大学出版社，2011.

[29] 刘昕. 现代人力资源管理教程[M]. 北京：中国人事出版社，2009.

[30] 刘沂，赵同文，等. 公共部门人力资源管理概论[M]. 上海：华东理工大学出版社，2002.

[31] 刘建军. 领导学原理[M]. 上海：复旦大学出版社，2001.

[32] 马克思. 资本论(第1卷)[M]. 北京：人民出版社，2004.

[33] 马克思，恩格斯. 马克思恩格斯全集(第23卷)[M]. 北京：人民出版社，1956.

[34] 马克思，恩格斯. 马克思恩格斯选集(第3卷)[M]. 北京：人民出版社，1972.

[35] 孙柏瑛，祁光华. 公共部门人力资源管理[M]. 3版. 北京：中国人民大学出版社，2010.

[36] 孙柏瑛，祁光华. 公共部门人力资源开发与管理[M]. 2版. 北京：中国人民大学出版社，2009.

[37] 权锡哲，魏冠明. 新员工培训管理实务手册[M]. 北京：人民邮电出版社，2012.

[38] 滕玉成，俞宪忠. 公共部门人力资源管理[M]. 北京：中国人民大学出版社，2003.

[39] 滕玉成，于萍主编. 公共部门人力资源管理[M]. 2版. 北京：中国人民大学出版社，2008.

[40] 王丽娟，何妍. 绩效管理[M]. 北京：清华大学出版社，北京交通大学出版社，2009.

[41] 王伟杰. 典型劳动争议案例处理实务[M]. 经济管理出版社，2012.

[42] 吴志华. 公共部门人力资源管理[M]. 北京：高等教育出版社，2011.

[43] 谢晋宇. 人力资源开发概论[M]. 北京：清华大学出版社，2005.

[44] 姚先国，柴效武. 公共部门人力资源管理[M]. 北京：科学出版社，2004.

[45] 赵曼，陈全明. 公共部门人力资源管理[M]. 2版. 北京：清华大学出版社，2010.

[46] 赵光忠. 人力资源管理模板与操作流程[M]. 北京：中国经济出版社，2004.

[47] 赵秋成. 公共部门人力资源开发与管理[M]. 北京：中国商业出版社，2008.

[48] 赵秋成. 公共部门人力资源管理[M]. 大连：东北财经大学出版社，2006.

[49] 张德. 人力资源开发与管理[M]. 2版. 北京：清华大学出版社，2001.

[50] 赵曙明. 人力资源战略与规划[M]. 北京：中国人民大学出版社，2002.

[51] 中国人民大学劳动人事学院. 领导干部人力资源管理培训教程[M]. 北京，中国人民大学出版社，2006.

[52] 朱飞. 绩效激励与薪酬激励[M]. 北京：企业管理出版社，2010.

[53] 朱勇国. 工作分析与研究[M]. 中国劳动社会保障出版社，2006.

[54] 戴维·奥斯本，等. 改革政府：企业精神如何改革着公共部门[M]. 上海：上海译文出版社，1996.

[55] 黄欢. 对口培训：人事合作服务区域发展的典范[J]. 中国人才，2007(9).

[56] 李敏. 国外公务员分类管理的经验及启示[J]. 重庆科技学院学报(社会科学版)，2011(19).

[57] 鲁先圣. 制度的力量[J]. 廉政瞭望，2002(11).

[58] 孙宝文. 美国公务员制度的演变逻辑：职位分类制的角度[J]. 特区经济，2013(4)：87-88.

[59] 孙荣. 公共部门人力资源管理的思考：制度与价值[J]. 中国人才，2008(17)：6.

[60] 吴木銮. 公共部门的宽带薪酬：比较与前瞻[J]. 中国行政管理，2010(2)：71-76.

[61] 杨柳. 公共人力资源管理制度简述[J]. 今日科苑，2010(8)：115.

[62] 刘霞. 关于聘用合同与劳动合同区别的思考[J]. 中国人才，2007(7).

[63] DICK W，Carey L. The systematic design of instruction(3rd ed.)[M]. Foreman，1990.

[64] GUFFERIDGE T G. Organizational Career Development[M]. Jossey-Bass Inc.，1993.

[65] KIRKPATRICK D. Evaluating Training Programs[M]. Berrett-Koehler Publisher，1994.

[66] HUGHES O. Public Management and Administration：An Introduction (2nd ed.)[M]. Macmillan Press Ltd.，1998.

[67] MARTOCCHIO J，JOE J. Strategic Compensation[M]. Pearson，2002.

[68] LEAP T L，CRINO M D. Personnel，Human Resource Management[M]. Macmillan Press Ltd.，1989.

[69] BENNIS W G. Why Leaders Can't Lead：The Unconscious Conspiracy Continues[M]. Jossey-Bass Publishers，1990.

[70] SPENCER L M，SPENCER S M. Competence at Work：Model for Superior Rerformance [M]. New York：John Riley & Sons，1993.